GORLEBENER TURMBESETZERINNEN

Leben im Atomstaat

Im atomaren Ausstiegspoker
ist unser Widerstand
der Joker

Herausgegeben von einigen aus dem Kreis der
TurmbesetzerInnen und UnterstützerInnen,
die zu diesem Zweck eine GbR gegründet haben.

Produziert wurde dieses Buch im **Eigenverlag**

Gorlebener TurmbesetzerInnen,
Leben im Atomstaat
– Im atomaren Ausstiegspoker ist unser Widerstand der Joker –

1.Auflage: 3.000, Wendland im Oktober 1996
ISBN 3-928117-06-8
Preis: 20 DM, 19 SFr., 146 ÖS

Herausgeberin und Redaktionsgruppe:
TurmbesetzerInnen GbR:
Francis Althoff, Helmuth Jacob, Kerstin Rudek, Peter Bochnig.

Fotos und Graphiken:
Fotos wurden im Freundes- und Bekanntenkreis gesammelt. Das Copyright der Fotos verbleibt bei den Fotographen. Ebenfalls verbleibt das Copyright der Graphiken bei den ZeichnerInnen.

Druck:
RADIX - druck GmbH, Hannover

Vertrieb:
Bestellungen direkt an die HerausgeberInnen:
TurmbesetzerInnen GbR
c/o Rondel
29439 Lüchow
fax: 05849 - 378 ,
eMail: leon.ardo@t-online.de

Preis: 20 DM zuzüglich Versandkosten.
Rabatte für WiederverkäuferInnen: 30%, Partie 11/10
Vertrieb für den Buchhandel: Alte-Jeetzel-Buchhandlung und Verlag, Lüchow

Alle an der Entstehung dieses Buches beteiligten Menschen haben auf ein Honorar verzichtet. Der Verkaufspreis ist mit 20 DM niedrig gehalten, um die Auseinandersetzung und Hintergründe anläßlich der Schadensersatzklage durch die BRD möglichst Vielen zugänglich zu machen. Wenn Geld übrigbleibt, wird dies dem Anti-AKW-Widerstand zufließen. Die Prozesse oder die drohende Schadensersatzsumme werden durch den Verkaufserlös nicht finanziert, dafür wird es andere Lösungen geben (Solifeten, Spenden, Klagefonds-Anteile ...).
Unterstützung erhielten wir bei der Buchproduktion von der Aspirina D7-Stiftung mit einem zinslosen Darlehen sowie von der Heinrich-Böll-Stiftung mit einem Druckkostenzuschuß.

Inhalt

Vorneweg   6

Erstes Kapitel:
Radioaktive Irrwege   11

Atome, Radioaktivität und Atommüll	*Helmuth Jacob*	12
"Entsorgung"	*Jochen Stay*	17
Atommülltransporte	*Ralf Michels*	22
Katastrophenschutzpläne	*Kerstin Rudek*	28
Gesundheitliche Risiken durch radioaktive Strahlung	*Herbert Waltke*	31
Endlagerdilemma - weltweit	*Helmuth Jacob*	42
Salzstock Gorleben-Rambow	*Helmuth Jacob*	50

Zweites Kapitel:
Atommüllrepublik Deutschland   61

Ahaus	*Hartmut Liebermann*	64
Asse II - Die erste Lüge der Entsorgungsspirale	*Andreas Wessel*	70
"Atomaargau"	*Axel Mayer*	75
Gorleben	*Francis B. Althoff*	80
Der Atomstandort Greifswald/Lubmin	*Markus Maaß, Mario Meusel, Martin Graffenberger*	86
Atommüllkippe Morsleben	*Andreas Fox*	95
Schacht Konrad - Maßstab für ein Endlager?	*Andreas Wessel*	100

Drittes Kapitel
PlutoniumWAAn 107

Einleitung		108
Atomkraft für Strom und Bombe	*Hans Großmann*	109
Bombige Aussichten	*Helmuth Jacob*	117

Viertes Kapitel
Atomfilz 123

Einleitung	*Francis B. Althoff*	124
Filz in Gorleben	*Francis B. Althoff*	126
Geschäft mit dem Schrott	*Francis B. Althoff*	134
Kontrollkumpanei	*Francis B. Althoff*	138
Vereinsmeierei	*Francis B. Althoff*	142
Monopole - Banken - Versicherungen	*Francis B. Althoff*	148
Atommüllmilliardäre	*Francis B. Althoff*	152
Der Staat der "Stromer"	*Lutz Mez*	158
Gorleben Millionen	*Karl-Friedrich Kassel und Jörn Rehbein*	165

Fünftes Kapitel
Justitia atomaris 185

Firma Deutschland	*Dieter Magsam*	186
Wendländischer Klagefonds	*Rolf Wilhelms*	192
Die Salzrechte des Grafen Bernstorff	*Reiner Geulen*	194
Nacht über Gorleben	*Andreas Graf v. Bernstorff*	198
Zu den Demonstrationsverboten im Wendland und anderwärts	*Wolf-Dieter Narr*	202
Solidaritäts-Rechts-Schutz-Kasse	*E.A. Gorleben*	210
Verschärfungen im Polizei- und Strafrecht als Spiegel der gesellschaftlichen Entwicklung?	*Andreas Wessel*	212

Sechstes Kapitel
Leben im Widerstand
219

Schächte dicht !	*TurmbesetzerInnen*	220
Der Widerstand hört einfach nicht auf ...	*TurmbesetzerInnen*	225
Wir sind die Chaoten !	*Bäuerliche Notgemeinschaft*	234
"Legal, illegal, scheißegal ...!"	*Wolfgang Ehmke*	238
Wendländischer Tauschring statt Zinssystem	*Rainer Brumshagen*	242
Warum dieser Widerstand ?!	*Kerstin Rudek*	247

Siebtes Kapitel
Sonnige Zukunft
253

Atomausstieg	*Helmuth Jacob*	254
Sonnenenergie	*Helmuth Jacob*	259
Laßt 1000 Türme blühen !	*Dieter Schaarschmidt*	275

Hinterher   279

Anhang
281

Chronologie der Gorlebener Atomanlagen und des Widerstandes (1977 - 1996)	282
Abkürzungen	300
Die AutorInnen	303
Fotoliste	306
Literaturhinweise	308

Vorneweg

Hintergrund für dieses Buch ist, daß wir TurmbesetzerInnen wegen einer Besetzung der Bohrtürme des Erkundungsbergwerkes für ein atomares Endlager in Gorleben eine Schadensersatzklage der Bundesrepublik Deutschland an den Hals bekamen – weil für 24 Stunden die Arbeiten behindert worden sein sollen. Die Besetzungsaktion liegt schon einige Jahre zurück. Es war der 21. und 22. Juni 1990. Die Aktion war zeitgleich zur Machtübernahme von Rot/Grün in Hannover, die in ihrer Regierungserklärung ebenfalls bekundet hatten, ein mögliches Endlager Gorleben zu kippen.

Eigentlich wäre alles „normal" verlaufen: Eine der bestbewachtesten Baustellen der BRD mit vier Meter hohen Mauern, Zäunen und Wachschutz wird in einer Blitzaktion mit zusammengebastelten Holzleitern und einer Portion Entschlossenheit besetzt, Transparente ausgerollt und nach 24 Stunden wieder verlassen. Etwas Öffentlichkeit ist da, Funk/Fernsehen, und damit wird über die Nachrichten bekundet, daß solche Symbole wirtschaftlicher Interessen, beim „Volk" Widerstand hervorrufen. Danach erfolgt die übliche Polizeirepression: ED-Behandlung, Ermittlungen wegen Straftatbeständen etc.. Die Strafverfahren werden vor dem Amtsgericht in Dannenberg 1992/93 eingestellt. Doch dann bekommen wir 14 BesetzerInnen im Juni 93 wenige Tage, ja Stunden, vor der Verjährungsfrist für Schadensersatzansprüche, Mahnbescheide zugestellt. Die BRD fordert von uns Schadensersatz für Stillstandskosten.

Dies ist der Punkt, der es so wichtig macht, viel Zeit, viel Arbeit und viel Geld zu investieren, um gegen diese unangemessene Vorgehensweise einer Zivilklage zu kämpfen. Wir sollen 130.000 DM Stillstandskosten zahlen, weil die Arbeiten 24 Stunden ruhen mußten: Erstens haben 130.000 DM auf beiden Seiten unterschiedliche Bedeutung: auf der einen Seite werden ständig Summen in Milliardenhöhe verschoben, ohne daß es jemanden direkt trifft – auf der anderen Seite bedeuten die 130.000 DM bei uns Existenzbedrohung. Zweitens läuft hinter den Kulissen ein Machtspiel um das Nadelöhr „Endlager der Atomkraft": Da geht's prinzipiell um die Frage, wer die Kosten übernehmen soll, die Müllverursacher oder wir mit unseren Steuergeldern. Drittens kann ganz leicht mit „Mahnbescheiden" Widerstand zumindest bezüglich solchen auf Öffentlichkeit basierenden Aktionen finanziell niedergerungen werden. ... Oder ist die Tatsache, daß „SIE" zu solch plumpen Mitteln wie Mahnbescheiden greifen, etwa ein Eingeständnis, daß sie sich ihrer Sache nicht mehr so sicher sind?

Wir werden den Verdacht nicht los, daß unser Verfahren nur Folge einer ganz anderen Entwicklung ist. Daß der Salzstock in Gorleben als mögliches Endlager ungeeignet ist, wovon wir überzeugt sind, klingt in der öffentlichen Auseinandersetzung immer wieder durch. Darin zeigt sich auch die Ratlosigkeit der Atomiker, was den Atommüll betrifft. Ohne Aussicht auf die Lösung des Atommüllproblems – keine Genehmigung der AKW: Also muß an der Erkundung des Salzstocks festgehalten werden. Das Problem läßt sich zwar durch eine Genehmigung längerer Zwischenlagerzeiträume auf die lange Bank schieben, aber es bleiben viele Einzelprobleme:

- daß eine Privatperson in Eigentumsrechten durch Enteignung der Salzrechte beschnitten werden müßte (Salzrechte des Grafen von Bernstorff, dem der Wald auf dem Salzstock um das Erkundungsbergwerk herum gehört);

- daß bezüglich gesundheitlicher Gefährdung durch den Betrieb eines atomaren Endlagers Wissenschaftler gegensätzlicher Meinung sind und niemals (bis zur Katastrophe) geklärt sein wird, was uns erwartet;

- daß auch ein gehöriges Atommülltransportproblem vorhanden ist (siehe Castor);

- daß es weltweit keine Atommüllendlager-Erfahrungen gibt;

- daß eine Verfilzung von Staats- und Wirtschaftsinteressen existiert;

- daß sich ein Atomstaat nicht mit einer Demokratie vereinbaren läßt;

- daß die Kosten mächtig ansteigen und

- daß sich nun auch die AKW-Betreiber weigern, diese „Erkundungskosten" zu übernehmen, wozu sie nach dem Atomgesetz verpflichtet sind.

Vor allem der letzte Punkt, der im Vergleich zu den anderen eigentlich völlig nebensächlich ist, war ursprünglich wohl der Anlaß, warum wir von der BRD auf Schadenersatz für Stillstandskosten zivilrechtlich beklagt werden. Die knapp 300 DM tatsächlicher Schaden am Zaun werden es wohl nicht sein. Aber die BRD, vertreten durch Bundesminister für Umwelt, Naturschutz und Reaktorsicherheit, wiederum vertreten durch den Präsidenten des Bundesamtes für Strahlenschutz in Salzgitter, ist in der Klemme, weil die AKW-Betreiber sich weigern, die Kosten für die Erkundungsarbeiten weiterhin zu zahlen, wozu sie per Endlagervorausleistungsverordnung verpflichtet sind. Da läuft ebenfalls ein Verfahren auf Verwaltungsgerichtsebene, welches wohl auch noch einige Instanzen vor sich hat. Wenn, wie im Braunschweiger Verwaltungsgerichtsurteil (1. Instanz), die Betreiber Recht bekommen und die Kosten nicht übernehmen, muß die BRD sich absichern und einen eigenen finanziellen Schaden gering halten. Daher forderte die BRD vom Land Niedersachsen Schadensersatz wegen Verzögerungskosten aufgrund nicht erteilter Baugenehmigungen (das Verfahren ist in der 2. Instanz vor dem Oberlandesgericht Celle gegen das Land Niedersachsen entschieden worden) und als „Anhängsel" gab es ja auch die 24 Stunden Stillstand unserer Besetzungsaktion. Doch an dieser Stelle liegt ein qualitativer Unterschied: In der Kette sind es mit Energieversorgern, BRD und Land Niedersachsen „Institutionen" mit ihrem juristischen Apparat, hier wird niemand persönlich zur Rechenschaft gezogen. Erst bei uns wird diese Ebene verlassen, uns würde ein Urteil gegen uns persönlich betreffen und es hätte darüber hinaus Auswirkungen auf alle ähnlichen Widerstandsaktionen. Einzelne BürgerInnen würden ihre Demonstrationsrechte beraubt. Aktionen nach Art der Turmbesetzung ließen sich nur noch mit Rückendeckung von Umweltschutzorganisationen wie beispielsweise Greenpeace durchführen. In Bezug auf die Mündigkeit der BürgerInnen wäre dies ein gesellschaftlicher Rückschritt.

Juristisch werden bei dem Verfahren eine ganze Menge Fragen aufgeworfen, die den Prozeßverlauf bestimmen. Handelt es sich bei den „Erkundungsarbeiten" um eine Privatveranstaltung einer Interessengemeinschaft oder ist es ein öffentliches Projekt, welches von der Thematik her automatisch als „notwendiger Aufwand" Widerstand hervorruft, eben auch Besetzungen mit Stillstandskosten. An dieser Stelle geht es allgemein um das Demonstrationsrecht. Dieses ist nicht immer a priori eindeutig, wie das Bundesverfassungsgerichtsurteil zu Sitzblockaden zeigt. Manchmal ergibt sich erst höchstinstanzlich, was Recht ist. Da die Ernsthaftigkeit der Erkundungsarbeiten angezweifelt werden muß, stellt sich die Frage, wo denn ein Schaden bei „Stillstand" liegen könnte, es müßte doch ein „Gewinn" sein. In einem Vertragswirrwarr von Eigentum, Verpachtung und Beauftragung von Firmen ist es schwer zu erkennen, daß der BRD ein Schaden entstanden sein kann. Wenn Schaden, dann bei anderen – aber dazu müssen deren Verträge untereinander durchleuchtet werden. Selbst bei der Definition des Schadens wird eine Tagespauschale angesetzt, obwohl die Besetzung der Schachttürme längst nicht alle Arbeiten am Erkundungsbergwerk stillegen konnte. Und so gibt es weitere größere und kleinere Ungereimtheiten bis hin zu der unlogischen Geschichte, daß die BRD den ausführenden Firmen die MwSt. bezahlt, sie von diesen zurückerhält und von uns noch einmal fordert.

Nachdem uns im Juni 93 die Mahnbescheide zugestellt wurden, mußten wir erst einmal kapieren, was passiert ist. Wieso kommt direkt ein Mahnbescheid, ohne daß vorher eine Forderung erhoben wurde? Was müssen wir jetzt tun? Woher erhalten wir Unterstützung? Jedenfalls war klar, daß wir die 130.000 DM weder bezahlen wollen, noch können. Klar war auch, daß wir keinem Händel zustimmen wollen, um die Summe zu minimieren. Und klar war auch, daß wir juristische Hilfe benötigen. Wir legten beim Landgericht Lüneburg Widerspruch ein und so begann das Verfahren. Durch Veranstaltungen, Spenden und Solidarität vieler Menschen bekamen wir die Kosten für diese Instanz zusammen. Parallel bedeutete es aber

126.901,10

auch viel Arbeit, weil wir die Hintergründe verstehen müssen, um den juristischen Widerstand gegen die Schadensersatzansprüche zu untermauern. Dabei haben wir uns mit den Verträgen, laufenden Verfahren und der politischen und wirtschaftlichen Bedeutung des „Erkundungsbergwerks" auseinandersetzen müssen. Wir wurden am 3. Mai 95 vom Landgericht Lüneburg dazu verurteilt, die volle Summe von 126.901,10 DM plus Zinsen an die Bundesrepublik Deutschland zu zahlen. Dagegen haben wir beim Oberlandesgericht Celle Berufung eingelegt. Für uns hat dieses Vorgehen des Staates, Widerstand durch Schadensersatzklagen mundtot zu machen, eine so große persönliche und politische Bedeutung, daß wir gegebenenfalls auch den Bundesgerichtshof und das Bundesverfassungsgericht anrufen werden. Die Chancen auf einen gerichtlichen Erfolg sind auch vor dem Oberlandesgericht Celle vorhanden. In der Regel findet die politische Dimension einer solchen Streitfrage jedoch erst an höherer Stelle Gehör.

Finanziell haben wir Rückendeckung, da von Leuten außerhalb des Kreises der TurmbesetzerInnen ein Fonds eingerichtet wurde, um die Anwalts- und Gerichtskosten für die weiteren Instanzen dieses Verfahrens abzudecken. Über Veranstaltungen, Benefitzkonzerte, Spenden und den Verkauf unserer Info-Broschüre sind mittlerweile die zu erwartenden Kosten für die zweite Instanz abgedeckt. Dies nimmt uns den finanziellen Druck und ermöglicht es, das Verfahren weiter durchzuführen. Inhaltlich sind wir durch unsere Recherche an Punkte herangekommen, die ansonsten nicht so konzentriert und in allgemeinverständlicher Form gebündelt vorliegen. Außerdem leben wir hier im Wendland und sind alltäglich von den Auswirkungen eines möglichen atomaren Endlagers samt der Transportgefahren, die vom Atommüll ausgehen, betroffen. Für uns muß der Widerstand gegen die Machenschaften der Atommafia in den Alltag eingebunden sein, wenn wir leben wollen.

Wir haben unter anderem folgende Gründe, dieses Buch zu schreiben: Erstens ist es an der Zeit aktuelle Informationen zu oben genannten Themen in Buchform zu veröffentlichen, da seit geraumer Zeit wenig Neues dazu erschienen ist. Zweitens, um innerhalb des Prozesses eine offensive Position einzunehmen. Egal, mit welchem Urteil der Prozeß endet, in jedem Fall ist aus der Auseinandersetzung mit dem Prozeß dieses Buch hervorgegangen. Damit ist der Versuch, AtomkraftgegnerInnen durch politische Prozesse einzuschüchtern, nicht aufgegangen.

„Sie versuchen einen neuen Knüppel, um Widerstand zu zerschlagen. Sorgen wir dafür, daß er zwischen ihren eigenen Beinen landet."

Die TurmbesetzerInnen

Erstes Kapitel

Radioaktive Irrwege

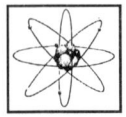

Helmuth Jacob

Atome, Radioaktivität und Atommüll

Um Einblick und Verständnis in die Tragweite der Atommüllproblematik zu erhalten, ist es sinnvoll bei den kleinsten Teilchen anzufangen, den Atomen. Daher muß dieses Buch mit einer Reihe von Erklärungen und Definitionen beginnen. Falls es später in den Beiträgen nötig wird, werden die Zusammenhänge eingehender erläutert (siehe z.B. *Gesundheitliche Risiken durch radioaktive Strahlen, Seite 31*).

Ein Atom besteht aus Atomkern und elektrisch negativ geladenen **Elektronen**, die den Kern auf Umlaufbahnen, oder besser gesagt auf Schalen, umkreisen. Der Atomkern setzt sich aus positiv geladenen **Protonen** und elektrisch neutralen **Neutronen** zusammen. Dabei ist der Atomkern winzig klein, sein Durchmesser beträgt etwa 10^{-12}cm. Welche Masse ein Atom besitzt, ist alleine durch die Anzahl aus Protonen und Neutronen vorgeben, die Elektronen tragen nahezu nichts zur Atommasse bei.

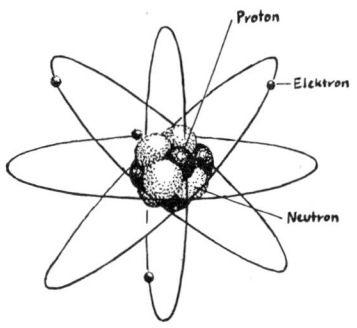

Kleiner Exkurs
Die neusten wissenschaftlichen Erkenntnisse, daß selbst die Protonen und die Neutronen aus noch kleineren Teilchen, den sog. **Quarks**, bestehen und auch diese Quarks eventuell aus noch kleineren Teilchen zusammengesetzt sind, ist für das Verständnis radioaktiver Phänomene (noch) unwichtig. (siehe „Der Spiegel" 7/96)

In der Natur kommen 81 unterschiedliche stabile Elemente vor und zusätzlich zwei Elemente, welche radioaktive Strahlen aussenden und instabil sind: Uran und Thorium. In der Chemie und Elementarphysik werden die Elemente nach ihren Eigenschaften sortiert im sogenannten Periodensystem dargestellt. Jedes Element wird durch die Anzahl der Protonen im Kern bestimmt, kann aber eine davon abweichende und unterschiedliche Anzahl von Neutronen besitzen. Bei gleichen Elementen (gleiche Protonenzahl) aber unterschiedlicher Neutronenzahl wird von den **Isotopen** eines Elementes gesprochen.

Radioaktiver Zerfall bedingt unterschiedliche Arten von Strahlung

- **Alpha - Strahlung**. Aus einem „schweren Atomkern" wird ein Heliumkern (zwei Protonen und zwei Neutronen) ausgestoßen und Energie freigesetzt.

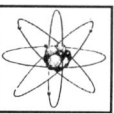

- **Beta - Strahlung.** Hier ist der Vorgang noch komplexer: in einem „schweren Atomkern" wird ein Neutron in ein Proton umgewandelt, wobei gleichzeitig ein Elektron entsteht, welches abgestoßen wird. Auch hierbei wird Energie freigesetzt.

Bei diesen beiden Vorgängen entsteht ein neuer andersartiger Atomkern, der in der Regel ebenfalls radioaktiv ist.

Zu den radioaktiven Strahlen gehören außerdem:

- **Gamma - Strahlung**: Diese nicht aus Masseteilchen mit elektrischer Ladung bestehende Strahlung, läßt sich mit elektromagnetischen Wellen vergleichen, ähnlich dem sichtbaren Licht, nur mit sehr viel kürzerer Wellenlänge.
- **Neutronen - Strahlung**: Aus dem Betrieb im Reaktor sind in den „abgebrannten" Brennelementen freie Neutronen in Bewegung.

In der Natur kommen lediglich zwei radioaktive Stoffe vor: Uran und Thorium. Beide besitzen eine sehr hohe Halbwertzeit (siehe *unten*), daher existieren diese Elemente in unserer Erdkruste. Wahrscheinlich sind sie neben einer Reihe anderer bei der Entstehung unseres Planeten entstanden. Alle anderen waren aufgrund ihrer „kürzeren Halbwertzeit" verschwunden. Die heute existierenden radioaktiven Elemente (außer Uran und Thorium) stammen aus der millitärischen und „zivilen" Nutzung der Atomenergie. Beim Einsatz von Kernbrennstoffen entstehen im Reaktor zwei unterschiedliche Zerfallstoffe: **Spaltprodukte** und **Transurane**. Spaltprodukte sind radioaktive Elemente, die durch die Spaltung des Urankerns in zwei (oder mehr) Teile entstehen. Ihnen gehören circa 50 verschiedene Elemente unterschiedlicher Massenzahlen an. Transurane dagegen bilden sich durch Aufnahme von Neutronen. Sie haben höhere Massenzahlen als das (Natur-) Uran-235. Dazu gehören Neptunium, Plutonium, Americium und Curium mit unterschiedlichen Massenzahlen.

Halbwertzeit

Die Zerfallsgeschwindigkeit der radioaktiven Elemente ist nicht von äußeren Umständen (Temperatur, Aggregatzustand etc.) abhängig, sondern ist eine Eigenschaft des Atomkerns. Stets zerfällt in der Zeiteinheit der gleiche, für das betreffende Element kennzeichnende Bruchteil seiner Atome. Die Zeit, innerhalb der genau die Hälfte seiner Ausgangsmenge zerfällt, ist die **Halbwertzeit**.

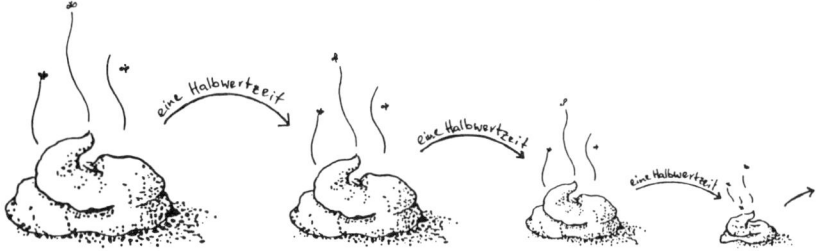

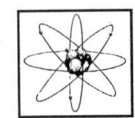

Einige Halbwertzeiten von in der Natur nicht vorkommender, alleine unter Verantwortung der Atomindustrie (und aus millitärischen Zwecken) entstandener strahlender Substanzen sind hier aufgelistet:

Halbwertzeiten

Bezeichnung	chemisches Zeichen	Halbwertzeit	Strahlungsart
Tritium 3	H	12 Jahre	Beta
Strontium 90	Sr	28 Jahre	Beta
Americium 241	Am	458 Jahre	Alpha, Gamma
Plutonium 240	Pu	6.600 Jahr	Alpha, Gamma
Plutonium 238	Pu	24.400 Jahre	Alpha, Gamma
Technetium 99	Tc	210.000 Jahre	Beta
Neptunium 237	Np	2.100.000 Jahre	Alpha, Gamma
Jod 129	J	17.000.000 Jahre	Beta, Gamma
Uran 236	U	24.000.000 Jahre	Alpha, Gamma

Diese Zusammenstellung ist wahllos aus der Liste radioaktiver Bestandteile bestrahlter Brennelemente der AKW entnommen. In welchen Mengenanteilen diese Elemente im Atommüll vorkommen, soll an dieser Stelle genausowenig diskutiert werden, wie die Gefahren, die für alles Leben auf dieser Erde dadurch entstehen. Hier geht es um die Zeiträume, die bei Fragen einer „sicheren Endlagerung" des Atommülls bedacht werden müssen. Es gibt seit dreieinhalb Milliarden Jahren menschliches Leben auf der Erde. Vor etwa einer Generation begann der Atomwahn, der eine Unzahl in der Natur nicht vorkommender radioaktiver Stoffe hervorbringt und dafür verantwortlich ist, daß die Folgen Millionen von Jahren zu spüren sein werden.

Atommüll

Fast der gesamte auf der Erde existierende Atommüll kommt neben der militärischen Nutzung aus dem Betrieb der AKW. Nur ein ganz geringer Anteil stammt aus medizinischen oder anderen technischen Gebieten (meist für Meßzwecke, Präparate etc.). Müll der zuletzt genannten Bereichen besteht zudem in der Regel aus kurzlebigen (siehe *Halbwertzeit*) Isotopen, so daß das eigentliche Atommüllproblem die AKW sind.

Gerade die Einteilung nach Radioaktivität (Bq/g), gemeint ist die Anzahl der Zerfälle von Teilchen pro Sekunde bezogen auf ein Gramm des Stoffes, macht aber längst keine Aussage über die Gefährlichkeit des Mülls. Je nach Strahlungsart (Alpha, Beta, Gamma, Neutronen), Halbwertzeit und unterschiedlicher Empfindlichkeit beim betroffenen lebenden Organismus können bei gleicher Radioaktivität gänzlich

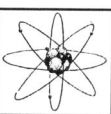

unterschiedliche Gefährdungen vorliegen. (siehe *Gesundheitliche Risiken durch radioaktive Strahlen, Seite 31*).

Einteilung radioaktiver Abfälle			
	hochradioaktiv	mittelradioaktiv	schwachradioaktiv
Handhabbarkeit	bedarf steter Kühlung Abschirmung bei Handhabung	Abschirmung bei Handhabung	weder noch
Einteilung nach der IAEA (Internationale Atom Energie Argentur) nach Radioaktivität (Bq/g)	100.000.000 bis 1.000.000.000.000 Bq/g	1.000 bis 100.000.000 Bq/g	bis 1.000 Bq/g
nur in Deutschland existierende Einteilung basierend auf den Auswirkungen bezüglich Endlagerung	wärmeentwickelnder Abfall 1.000.000 bis 1.000.000.000.000 Bq/g	vernachlässigbar wärmeentwickelnder Abfall bis 1.000.000 Bq/g	

Welche Mengen an radioaktivem Müll beim AKW-Betrieb verursacht werden, soll an einem in Deutschland üblichen 1.300 Mw_{el} - Reaktor erläutert werden:
- Bei der Gewinnung von Natururan werden je nach Urangehalt der Lagerstätte 220.000 bis 2.160.000 Tonnen Erz gefördert um 1 Tonne Natururan zu erhalten. Circa 85% der in dem insgesamt geförderten Material enthaltenen Radioaktivität bleiben im nicht verwertbaren Erzanteil als Abfall zurück. Darin sind auch noch andere giftige Stoffe (z.B. Vanadium, Molybdän, Blei) enthalten. Dieser Abfall wird meist hinter riesigen Dämmen als Schlamm abgelagert ohne besonderen Trinkwasserschutz.
- Bei der Anreicherung des Natururans entstehen aus 240 Tonnen Natururan die 30 Tonnen, die in den Brennstäben eines 1.300 Mw_{el} Reaktors jährlich gebraucht werden.
- Im Reaktor findet zwar nicht direkt eine Volumenzunahme statt, aber eine enorme Zunahme an Radioaktivität und zwar um den Faktor 1 : 1.000.000, da instabile und radioaktive Atomkerne entstehen.
- Falls der Weg über die Wiederaufarbeitung beschritten wird, vergrößert sich das Abfallvolumen nochmals enorm. Aus den 30 Tonnen Schwermetall (Uran, Plutonium), die etwa 15 m³ an Volumen entsprechen, werden 220 m³ Abfall (zuzüglich „Verpackungsmaterial") aller Art.
- Zusätzlich kommen noch 10 bis 100 m³ Abfälle aus anderen Anlagen wie Zwischenlager und Konditionierung dazu.

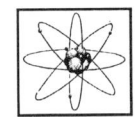

So entstehen in Deutschland beim Betrieb von 20 Leistungsreaktoren mit insgesamt etwa 22.400 MW$_{el}$ Leistung Jahr für Jahr:
- 500 bis 550 Tonnen Schwermetallabfälle (Uran, Plutonium)
- 3.000 m³ Abfälle aus Betriebsabfällen und
- etwa 1.700 m³ Abfälle aus der Forschung.

Bis Ende 1993 waren in Deutschland etwa 7.000 Tonnen wärmeentwickelnde Abfälle angefallen. Davon lagern 2.800 Tonnen in kraftwerkseigenen Lagern und 4.300 Tonnen wurden zur Wiederaufarbeitung nach La Hague und Sellafield transportiert. Von diesen 4.300 Tonnen sind bisher etwa 2.500 Tonnen verarbeitet und warten auf den Rücktransport nach Deutschland. Zusätzlich existieren 9,4 Tonnen Brennelementabfälle vom Hochtemperaturreaktor Hamm-Uetrop, der nie in Betrieb war, die zu 8,3 Tonnen in Ahaus gelagert sind und zu 1,1 Tonnen in der Kernforschungsanlage Jülich.

Für wärmeentwickelnde Abfälle liegen genehmigte Lagerkapazitäten vor:
- bei den Reaktorblöcken etwa 6.700 Tonnen Schwermetall
- in den Zwischenlagern Gorleben, Ahaus und Greifswald etwa 5.900 Tonnen Schwermetall.

Als Kapazitätserweiterung sind beantragt:
- 500 Tonnen Schwermetall in Obrigheim bzw. Phillipsburg
- 2.500 Tonnen Schwermetall sind in Ahaus
- 200 Stellplätze für Castorbehälter in Greifswald.

Für gering wärmeentwickelnde Abfälle, die zu 40% aus der Wiederaufarbeitung stammen, sind bisher genehmigt 128.000 m³ Lagervolumen. Zusätzlich beantragt sind 212.000 m³ an Lagervolumen.

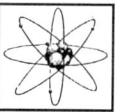

Jochen Stay

„Entsorgung"

„Entsorgung" heißt das Zauberwort, wenn über die strahlenden Hinterlassenschaften der Atomindustrie geredet wird. Der folgende Beitrag zeigt am Beispiel der hochradioaktiven abgebrannten Brennelemente aus Atomkraftwerken, wie die reale Situation rund um den Atommüll aussieht und entzaubert die Sorglosigkeits-Propaganda von Energiewirtschaft und Bundesregierung.

In der öffentlichen Debatte wird der Begriff „Entsorgung" oftmals falsch verstanden. Entsorgung bedeutet mitnichten, daß die Sorgen und Probleme, die durch die Produktion langanhaltend strahlender Stoffe in Atomkraftwerken entstehen und vor allem die kommenden Generationen gefährden, aus der Welt geschafft und gelöst würden. Nein, Entsorgung bedeutet, daß lediglich die Sorgen und Nöte der AKW-Betreiber mit ihren radioaktiven Hinterlassenschaften gelöst werden, indem der Bevölkerung vorgegaukelt wird, es gäbe eine funktionierende Lösung für das Atommüll-Problem. Die gängigen Entsorgungskonzepte dienen dem Zweck, das Problem örtlich oder zeitlich zu verschieben, um für einige Jahre Ruhe zu haben.

Jährlich werden in den Atomkraftwerken 25 bis 30 Prozent der im Reaktorkern eingesetzten Brennelemente ausgewechselt. Diese sogenannten „abgebrannten" Brennelemente sind noch über unendlich lange Zeiträume heiß und hochradioaktiv. Sie werden unter Wasser aus dem Reaktorkern in das benachbarte sogenannte Abklingbecken bugsiert, bleiben also unter der Reaktorkuppel. Der Name des Beckens täuscht. Denn lediglich die Probleme mit den kurzlebigen radioaktiven Stoffe können durch diese Lagerung vermindert werden. Der große Anteil unvorstellbar langlebiger Isotope bleibt auch nach vieljähriger Aufbewahrung in diesem Becken erhalten. Selbst nach Jahren wäre der Aufenthalt neben einem aus dem Abklingbecken gehobenen Brennelement sofort tödlich.

Diese kraftwerksinternen Zwischenlager haben logischerweise nur eine begrenzte Aufnahmekapazität. Bei neueren Atomkraftwerken wurde das Becken deshalb gleich größer dimensioniert. Trotzdem füllen sich die Brennelement-Ständer im Wasser mit jedem Jahr mehr und mehr. Damit die Betriebszeit des Reaktors nicht durch die Aufnahmefähigkeit des Abklingbeckens begrenzt wird, mußten sich die AKW-Betreiber einiges einfallen lassen. Die erste Idee nannten sie Kompaktlagerung. Da wird die gleiche Menge heißer Atommüll einfach dichter gepackt. Dies ist zwar mit zusätzlichen Gefahren verbunden, wurde aber inzwischen in fast allen Kraftwerken eingeführt. Doch auch die Kompaktlagerung hat ihre Grenzen. So bleibt irgendwann nur noch ein Weg, um die Profite der Energiekonzerne aus der Atomstromproduktion weiter zu gewährleisten: Brennelemente müssen aus dem Abklingbecken abtransportiert werden, um wieder Platz für weiteren Atommüll zu schaffen. Doch wohin mit dem strahlenden Zeug? Da helfen „Entsorgungskonzepte" weiter.

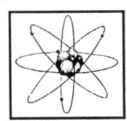

In den letzten Jahrzehnten war es üblich, die abgebrannten Brennelemente nach einer Lagerzeit von sechs Monaten bis einigen Jahren in Castor-Behältern zu den Wiederaufarbeitungsanlagen (WAA) ins Ausland zu bringen. Nachdem der Bau einer großen WAA in der Bundesrepublik erst in Gorleben und Dragahn und schließlich auch in Wackersdorf gescheitert ist, sind die Ziele der gefährlichen Transporte die Anlagen im französischen La Hague am Ärmelkanal und im britischen Sellafield an der Irischen See. Wiederaufarbeitung klingt so schön nach Recycling, hat damit aber so gut wie nichts zu tun. In Frankreich ist mensch viel direkter und nennt die Anlage 'Usine Plutonium' (Plutoniumfabrik). Dies ist auch der eigentliche Zweck der WAA. Das im AKW entstandene eine Prozent Plutonium wird in einem komplizierten mechanischen und chemischen Verfahren aus den Brennelementen abgetrennt. Plutonium ist der Ausgangsstoff zum Atomwaffenbau. Deshalb verfügen die westeuropäischen Atommächte Frankreich und Großbritannien über diese Technologie.

Was, so könnte mensch sich jetzt fragen, will der Nicht-Atomwaffenstaat Deutschland mit diesem Ultra-Gift? Es gibt in der Bundesrepublik, seit Franz Josef Strauß in den sechziger Jahren Atomminister in Bonn war, Bestrebungen, den Griff zur Bombe vorzubereiten, um im Falle einer Entscheidung pro atomare Aufrüstung technisch vorbereitet zu sein. Dies hat dazu geführt, daß inzwischen im sogenannten Bundesbunker im hessischen Hanau tonnenweise Plutonium aus der Wiederaufarbeitung im Ausland lagert und sich alle Welt mißtrauisch fragt, was die Deutschen mit dieser Menge eigentlich anfangen wollen. Der neben der Bomben-Option geplante Verwendungszweck für das Plutonium, der Einsatz im Reaktortyp „Schneller Brüter" ist inzwischen gescheitert. In ganz Europa konnte nur eine Pilotanlage, der „Superphenix" im französischen Maleville für einige pannenreiche Wochen betrieben werden. Die deutsche Anlage, für Milliarden in Kalkar am Niederrhein gebaut, ging glücklicherweise nie in Betrieb.

Das überschüssige Plutonium wird nun in den letzten Jahren mehr und mehr zu sogenannten MOX-Brennelementen verarbeitet. Ein Kuriosum ohnegleichen. Erst wird das Zeug in der WAA aufwendig und teuer vom Uran abgetrennt, um es danach wieder aufwendig und kostenintensiv mit Uran zu vermischen. „Vernichtet" wird das Plutonium auch dadurch nicht. Ein Teil bleibt beim MOX-Einsatz erhalten, ein Teil entsteht neu durch die Uranspaltung im Reaktor und ein Teil wandelt sich in noch langlebigere strahlende Stoffe um.

Doch zurück zur WAA: Neben der Abtrennung von Plutonium wird in der Anlage auch das in den Brennelementen noch vorhandene Uran wiedergewonnen. Wird hier der in den Hochglanzbroschüren der Atomindustrie gerühmte „Brennstoffkreislauf" verwirklicht? Das sogenannte WAU (Wiederaufgearbeitetes Uran) kann zwar theoretisch wieder zu neuen Brennelementen verarbeitet werden, dies wird jedoch nirgends praktiziert. Dafür gibt es vor allem zwei Gründe: Zum einen ist die Wiederaufarbeitung so teuer, daß der Welturanmarkt weitaus preiswerteren Brennstoff anbieten kann. Somit ist es ökonomisch unsinnig, WAU zu verwenden. Zum anderen ist das Uran aus der WAA mit stärker strahlenden Stoffen verunreinigt. Dadurch wird

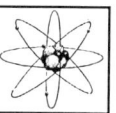

die Weiterverarbeitung unter Strahlenschutzgesichtspunkten sehr kompliziert. So wird der Brennstoffkreislauf zur Atommüllspirale: Das Uran aus La Hague und Sellafield wird zum teuersten strahlendem Abfall aller Zeiten und harrt seiner „Entsorgung".

In der WAA wird kein Atommüll vernichtet. Das Gegenteil ist der Fall. Durch das aufwendige Verfahren werden zahlreiche Betriebsstoffe und Anlagenteile kontaminiert. Nach dem WAA-Prozeß haben wir es vom Volumen her mit der zehnfachen Menge zu tun. Der hochradioaktive WAA-Müll wird in Glas eingeschmolzen und in Stahlkokillen verpackt. Der schwach- und mittelaktive Müll wird in La Hague in Fässer gefüllt. Diese werden in eine Betonummantelung gesteckt, auf einem Freigelände neben der WAA gestapelt, mit einer Schutzfolie bedeckt und schließlich unter Erde begraben. Unterhalb dieses schlichten Zwischenlagers entspringt ein Bach, der inzwischen stark radioaktiv belastet ist.

Auch direkt aus den riesigen Atomfabriken von La Hague und Sellafield werden Unmengen strahlender Stoffe an die Umwelt abgegeben. Die Strände nahe der Anlagen sind hochgradig plutoniumbelastet, weil viele Millionen Liter radioaktiver Abwässer ins Meer geleitet werden. Das inzwischen gängige Verfahren zur Ermittlung von Meeresströmungen in der Nordsee ist es, die Menge der strahlenden Partikel aus Sellafield zu messen, die sich in einer bestimmten Meeresregion befinden. In Tschernobyl sind nach offiziellen Angaben radioaktive Stoffe in einer Größenordnung von 50 Millionen Curie ausgetreten. Der genehmigte Grenzwert für die neue WAA in Sellafield erlaubt eine jährliche Freisetzung von 24 Millionen Curie. Zwei Jahre Sellafield ist einmal Tschernobyl. Rund um die Anlage erkranken mehr und mehr Kinder an Leukämie. Dies nennen die deutschen Stromkonzerne „Entsorgung" und das Atomgesetz spricht von „schadloser Verwertung".

Was ist also heute der eigentliche Grund, warum weiterhin Jahr für Jahr 60 bis 100 Castor-Transporte von deutschen AKW zu den WAA rollen? Verfolgen wir den Weg der Brennelemente, so wird uns schnell klar, warum dieser wahnwitzige Atommüll-Tourismus weiter betrieben wird. Nach der Ankunft in La Hague und Sellafield werden die Behälter in riesige Wasserbecken getaucht und dort entladen. Diese sogenannten „Eingangslager" übertreffen die Lagerkapazität der Abklingbecken in den Reaktoren um ein vielfaches. In diesen nuklearen Hallenbädern schlummert der Atommüll für Jahre oder gar Jahrzehnte vor sich hin. Hier wird überdeutlich, was Entsorgung wirklich bedeutet. Da ist in den Hochglanzbroschüren der Atomlobby der Satz zu lesen: „Wir entsorgen unsere Reaktoren durch jährliche Transporte zur Wiederaufarbeitung ins Ausland." Punkt. Diese Politik läßt sich schlicht und einfach mit „aus den Augen, aus dem Sinn" übersetzen. Wir wissen zwar eigentlich spätestens seit Tschernobyl, daß Radioaktivität keine Grenzen kennt. Trotzdem scheinen Verdrängungsmechanismen noch besser zu funktionieren, wenn die Gefahr in einen anderen Staat exportiert wird.

Wenn mensch sich dann noch bewußt macht, daß die Verträge zwischen den deutschen Stromkonzernen und den WAA-Betreiberfirmen vorsehen, daß jedes

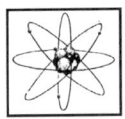

Gramm Atommüll, das irgendwann den Weg ins Ausland angetreten hat und jedes Gramm, welches zusätzlich beim WAA-Prozeß entsteht, eines Tages zurückgenommen werden muß, wenn mensch feststellt, daß diejenigen PolitikerInnen, ManagerInnen und TechnikerInnen, die vor Jahrzehnten den „Entsorgungsweg" Wiederaufarbeitung erfunden haben, inzwischen längst pensioniert oder begraben sind, dann wird klar, daß das Problem einfach um eine Generation verschoben wurde, ohne irgendeiner Lösung näherzukommen. Ganz im Gegenteil: Durch den zusätzlich in der WAA erzeugten strahlenden Abfall, der in den nächsten Jahren zu einer riesigen Atommüllschwemme, zuerst über die französisch-deutsche Grenze, führen wird, haben wir uns von einer überschaubaren Handhabung des Problems weiter entfernt denn je. Hunderte Transporte schwach- und mittelaktiven Mülls in eine neu zu errichtende Lagerhalle in Ahaus und hochaktiver Kokillen in die Gorlebener Castor-Halle stehen bevor.

Weil der Weg über die ausländischen WAA zwar einen attraktiven Zeitgewinn im Atommüll-Poker bringt, aber erhebliche Kosten verursacht, war die deutsche Atomgemeinde seit Jahren auf der Suche nach einem alternativen „Entsorgungspfad". Im Frühjahr 1994 war es schließlich soweit. Das Atomgesetz wurde geändert und zur bis dahin vorgeschriebenen Wiederaufarbeitung kam als zweite Möglichkeit die sogenannte „direkte Endlagerung" hinzu. Diese Methode gilt zwar als deutlich kostengünstiger, hat nur einen Haken, der für die Bevölkerung dramatische Folgen haben kann, die Atomiker aber scheinbar nicht im Geringsten stört: Es gibt für hochradioaktiven Atommüll weltweit kein Endlager, und es ist auf absehbare Zeit auch nicht mit der Inbetriebnahme eines solchen zu rechnen.

Um ein AKW betreiben und damit Atommüll produzieren zu dürfen, müssen die Stromkonzerne den Behörden einen „Entsorgungsvorsorgenachweis" liefern. Da wird allerdings kein Konzept für die absolut sichere Verfahrung über unendliche Zeiträume verlangt, sondern lediglich eine Angabe des Verbleibs für die nächsten sechs Jahre. Zusätzlich, mensch denkt ja auch an kommende Generationen, muß es „Fortschritte bei der Suche nach einem Endlager" geben. Es muß also kein fertiges und sicheres Endlager geben, sondern lediglich „Fortschritte". Unter anderem deshalb wird im eigentlich ungeeigneten Salzstock Gorleben fleißig weitergebuddelt. Jeder Meter Schacht oder Stollen ist ein Fortschritt bei der Suche nach einem Endlager. Der Fachbegriff in Gorleben lautet „Eignungshöffigkeit": Solange die vage Hoffnung besteht, der Salzstock könnte eventuell geeignet sein, heiße hochradioaktive Abfälle sicher aufzubewahren, so lange ist es völlig legal, daß der Atommüllberg weiterwächst. Ein berühmter Vergleich: Mit dem Betrieb von Atomkraftwerken verhält es sich wie mit einem Flugzeug, bei dem jetzt, wo das Flugbenzin zur Neige geht, festgestellt wird, daß vergessen wurde, eine Landebahn zu bauen. Das Flugzeug kreist jetzt über Lüchow-Dannenberg, über Ahaus, über Greifswald, Salzgitter und Morsleben. ... Übrigens: Die deutsche Atomgemeinde ist stolz darauf, daß sie weltweit bei der Suche nach einem Endlager für hochaktiven Müll am weitesten fortgeschritten ist. Die früheste Inbetriebnahme des Endlagers Gorleben, wenn überhaupt, ist im Jahr 2010 möglich.

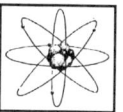

So wird aus der „direkten Endlagerung" eine „direkte Langzeit-Zwischenlagerung mit offenem Ende". Statt den teuren Umweg über La Hague und Sellafield zu gehen, sollen die Brennelemente zukünftig direkt aus den Abklingbecken in Castor-Behälter gepackt werden, die zugleich als Transport- und Lagerbehälter dienen. Die Brennelementlager Gorleben GmbH (BLG) hat sich auf eine Lagerzeit von 40 Jahren im oberirdischen Zwischenlager eingestellt. Kürzlich schlug der energiepolitische Sprecher der CDU/CSU-Bundestagsfraktion vor, die Behälter einfach 100 Jahre in der offenen Castor-Leichtbauhalle stehenzulassen. Zwar sind sie für so lange Zeiten überhaupt nicht konstruiert, aber für die Dauer einer Amtszeit eines energiepolitischen Sprechers werden sie hoffentlich dichthalten. Die BLG, Tochterfirma der atomstromproduzierenden Energiekonzerne, hat öffentlich erklärt, daß sie lediglich für den Zeitraum von 40 Jahren Verantwortung für den strahlenden Abfall übernimmt. Was danach mit dem Zeug geschieht, ist nicht mehr ihr Problem. Letztendlich erleben wir in Gorleben und in den ähnlichen Hallen im westfälischen Ahaus und im vorpommerschen Greifswald eine Fortsetzung der Methode, das Atommüllproblem einfach den kommenden Generationen zu überlassen, wobei die damit überbrückten Zeiträume im Vergleich zur WAA nochmal deutlich ausgeweitet werden.

Manchmal, besonders gerne bei Podiumsdiskussionen mit den Atomikern, werden Anti-Atom-AktivistInnen gefragt, was sie denn an konstruktiven Vorschlägen zum Verbleib der strahlenden Hinterlassenschaften des Atomzeitalters anzubieten haben. Da fordert die Anti-Atom-Bewegung seit 25 Jahren, keine AKW zu bauen, und eines der Hauptargumente ist die Unlösbarkeit des Atommüll-Problems. Und diejenigen, die trotzdem Reaktoren bauen ließen, wollen nun von uns wissen, was mit dem gefährlichen Zeug passieren soll. Dabei würde eine Äußerung aus Anti-Atom-Kreisen, diese oder jene Lagerungsmethode wäre etwas weniger riskant, sofort dazu führen, daß die Atomindustrie den Vorschlag mit Handkuß übernimmt. So haben die Betreiber des AKW Philippsburg mit Schmunzeln zur Kenntnis genommen, daß Niedersachsens Umweltministerin Monika Griefahn und mit ihr viele Anti-Castor-AktivistInnen argumentierten, der Transport abgebrannter Brennelemente nach Gorleben sei unnötig, da im Abklingbecken von Philippsburg noch genügend Platz sei. Schließlich gab es Zeiten, so erklärten sie öffentlich, in denen sich die Anti-AKW-Bewegung aufgrund des Gefahrenpotentials vehement gegen die Kompaktlagerung unter der Reaktorkuppel gewehrt hatte. Dies habe sich nun scheinbar relativiert.

Konstruktive Mitarbeit an der Frage, wo denn der am wenigsten schlechte Platz für den Atommüll ist, kommt für uns erst ab dem Tag in Frage, an dem sämtliche Atomanlagen stillgelegt sind. Jede vorher beginnende Diskussion über „Entsorgung" dient, wie die bisherigen Konzepte auch, einzig und allein der Absicherung des Weiterbetriebs der AKW. Andersherum: Gelingt es der Bewegung, die Verschleierungstaktik der Industrie mit ihren „Entsorgunskonzepten" zu enttarnen, dann kommt sie ihrem Ziel, der sofortigen Stillegung aller Atomanlagen, ein gutes Stück näher.

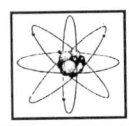

RALF MICHELS
Atommülltransporte

Es gibt eine Menge Gründe, um sich mit dem Thema Atomtransporte auseinanderzusetzen. Jeder einzelne der über 100.000 weltweit jährlich stattfindenden Transporte innerhalb der Brennstoffspirale bietet einen Anlaß zur Kritik. Dabei stehen zwei Aspekte im Vordergrund:

1. Atomtransporte sind ein Zweig der Atomindustrie und schaffen die Voraussetzungen für das Weiterbestehen derselben.

2. Atomtransporte sind gefährlich, sie stellen ein extrem hohes Risikopotential und eine ständige Strahlenbelastung dar.

Ohne Transporte gibt es keine Brennstoffspirale. Ohne Uranerz und Uranaufbereitung gibt es kein Yellow Cake und kein Uranoxid, keine Uranhexafluorid, kein Brennelementewerk; ohne Brennelemente kein AKW, ohne AKW keine WAA. Bei jedem dieser Verarbeitungsschritte fällt dreierlei an: Transportbedarf, Müll und Profit. Jeder Verarbeitungsschritt findet in der Regel an einem anderen Ort statt. Die Brennstoffdealer sind "global players", Konzerne mit weltweiten Verbindungen. Jedes Gramm Uran und Plutonium, welches in der BRD auftaucht, wurde über diverse Länder- und Kontinentgrenzen befördert. Die globale Verseuchung durch Atomenergie gibt es nicht erst seit den Atombombentests oder seit Tschernobyl, sie ist vielmehr Bestandteil der Energiegewinnung durch Kernspaltung.

Die auf den nächsten Seiten dargestellte Streckenkarte der Brennelemte- und Glaskokillen-Transporte per Bahn beschränkt sich auf die BRD. Dies hat vor allem pragmatische, aber auch strategische Gründe: (die abgeschlossenen Transportkampagnen wie vom HTR Hamm nach Ahaus sind nicht berücksichtigt)

- Das Datenmaterial für dieses Segment ist schlicht am besten recherchiert.

- Die Erkennbarkeit und das Aufspüren solcher Transporte auch "unterwegs" ist möglich und bietet Handlungsperspektiven. Denn die Atomanlagen sind gut vergittert und geschützt, Bahnanlagen hingegen für viele Formen des Protestes und Widerstandes offen und nutzbar.

- Große oder wenigstens erkennbare Widerstandsaktivitäten der hiesigen Anti-Atom-Bewegung richteten und richten sich gegen Atommülltransporte, z.B: Castor und Gorleben, Castor und Ahaus, Blockaden von Atommüll vor den AKW Brokdorf, Brunsbüttel, Krümmel, Neckarwestheim, Gundremmingen, Philippsburg, aber auch Blockaden von sog. schwach- und mittelaktivem Atommüll in Morsleben (Endlager) und von teilabgebrannten Brennelementen aus Greifswald.

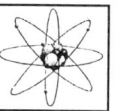

- Atommülltransporte, besonders solche "hochradioaktiven Atommülls", bilden neben den Plutonium- und Uranhexafluoridtransporten das größte Risiko und Gefahrenpotential aller nuklearen Beförderungen.

- Mit der geplanten "Rückführung" des vermehrten Atommülls aus den WAA in La Hague und Sellafield nach Gorleben, Ahaus, Schacht Konrad usw. wird sich die Anti-Atom-Bewegung in den nächsten Jahren intensiv beschäftigen.

- Atommülltransporte schaffen Verbindungen zwischen den verschiedenen Standorten, BI und auswärtigen Gruppen.

- An den Atommülltransporten läßt sich eines der größten Probleme der Atomenergienutzung anschaulich machen: Es kann keine praktikable Lösung des Atommüllproblems geben. Die Transporte dienen nur dazu, den Müll hin- und herzufahren, bis niemand mehr von seiner Existenz weiß.

Atomtransporte werden der Öffentlichkeit weitgehend verheimlicht. Nur im Nachhinein ist es möglich, in einigen Bundesländern (u.a. Niedersachsen und Hamburg) Auskunft über die Anzahl und Art der meldepflichtigen Transporte von Brennstoffen zu erhalten. Ungefähre Streckenangaben, die ebenso wie die Transporttermine nicht immer mit den von  engagierten Initiativen gemachten Beobachtungen zusammenpassen, wurden von den Umweltministerien auf Nachfrage mitgeteilt. Die Herstellung einer kritschen Öffentlichkeit ist angesichts weit verbreiteten offiziellen Schweigens und Verharmlosens ein Ziel dieser Seiten. Die folgende kleine Datensammlung möchte Argumentationen untermauern, vorhandene Kenntnisse zwischen Initiativen weitergeben und einen Überblick über einen Ausschnitt des weltweiten Nuklearhandels ermöglichen.

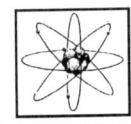

Bekannte Transportstrecken abgebrannter Brennelemente in der BRD auf der Bahn

Brokdorf und Brunsbüttel:
AKW Brunsbüttel - Wilster - Elmshorn - Hamburg (sowohl über Hbf als auch über Elbgaustr.) - Rangierbahnhof Hamburg Maschen, - Rotenburg Sagehorn - (wahrscheinlich Osnabrück - Münster) - (wahlweise Hamm oder Recklinghausen) - Ruhrgebiet - Rangierbahnhof Köln-Gremberg - Bonn - Trier - Ehrang - Appach (weiter über Metz/Woippy Paris - Valognes - La Hague oder ??? - Sellafield)

Stade:
AKW Stade - Buxtehude - Rangierbahnhof Hamburg Maschen - ab Maschen weiter wie Brokdorf

Krümmel:
AKW Krümmel -Geesthacht - Bergedorf - Hamburg Maschen - ab Maschen weiter wie Brokdorf

Unterweser:
AKW Unterweser - Delmenhorst - Bremen - Nienburg - Ruhrgebiet - Köln-Gremberg - ab Köln weiter wie oben

Würgassen:
AKW Würgassen Lauenförde - Göttingen - Rangierbahnhof Hannover-Seelze (dort ab ca. 22.30 Uhr) - Hamm - Ruhrgebiet - Köln-Gremberg - ab Köln weiter wie oben

Grohnde:
AKW Grohnde - Hameln - Rangierbahnhof Hannover-Seelze - ab Seelze weiter wie Würgassen

Der zentrale Rangierbahnhof für die AKW im Süden und Südwesten ist **Mannheim**. Hier werden die Waggons umrangiert. Es können bis Mannheim folgende Strecken angenommen werden:

AKW Biblis - Worms - Mannheim

Metz/Woippy - Saarbrücken - Mannheim

Philippsburg:
AKW Philippsburg Graben-Neudorf - (wahlweise Bruchsal - Heidelberg oder Wiesental) - Mannheim

Neckarwestheim:
AKW Neckarwesteheim - Strassentransport nach Kirchheim - Heilbronn - Heidelberg - Mannheim

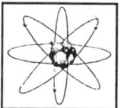

Obrigheim:
AKW Obrigheim - Strassentransport bis Heilbronn - Heidelberg - Mannheim

Gundremmingen:
AKW Gundremmingen - Offingen - Ulm - Stuttgart-Kornwestheim - Bruchsal - Mannheim

Ohu:
AKW Isar - München Rangierbahnhof - Augsburg - Ulm - weiter wie Gundremmingen

Die beobachtete Route des ersten Castor-Transportes nach Gorleben:
Philippsburg - Graben-Neudorf - Mannheim - Aschaffenburg - Hanau - Gelnhausen - Fulda-Bebra - Eichenberg - Göttingen - Northeim - Hildesheim - Lehrte - Celle - Uelzen - Dannenberg.
Dauer: etwa 8 Stunden Fahrzeit.

Die beobachtete Route des ersten Glaskokillentransportes nach Gorleben:
La Hague - keine Angaben - Strasbourg - in Lauterbourg über die Grenze - Wörth - Ludwigshafen - Worms - Darmstadt-Krainichstein - Aschaffenburg - Fulda - Bebra - Kassel - Altenbeken - Herford - Minden - Nienburg - Verden - Uelzen - Dannenberg.
Dauer: etwa 17 Stunden.

Aus betriebsinternen Gründen oder um Transporte zusammenzufassen, sind immer Abweichungen von den hier beschriebenen Strecken möglich.

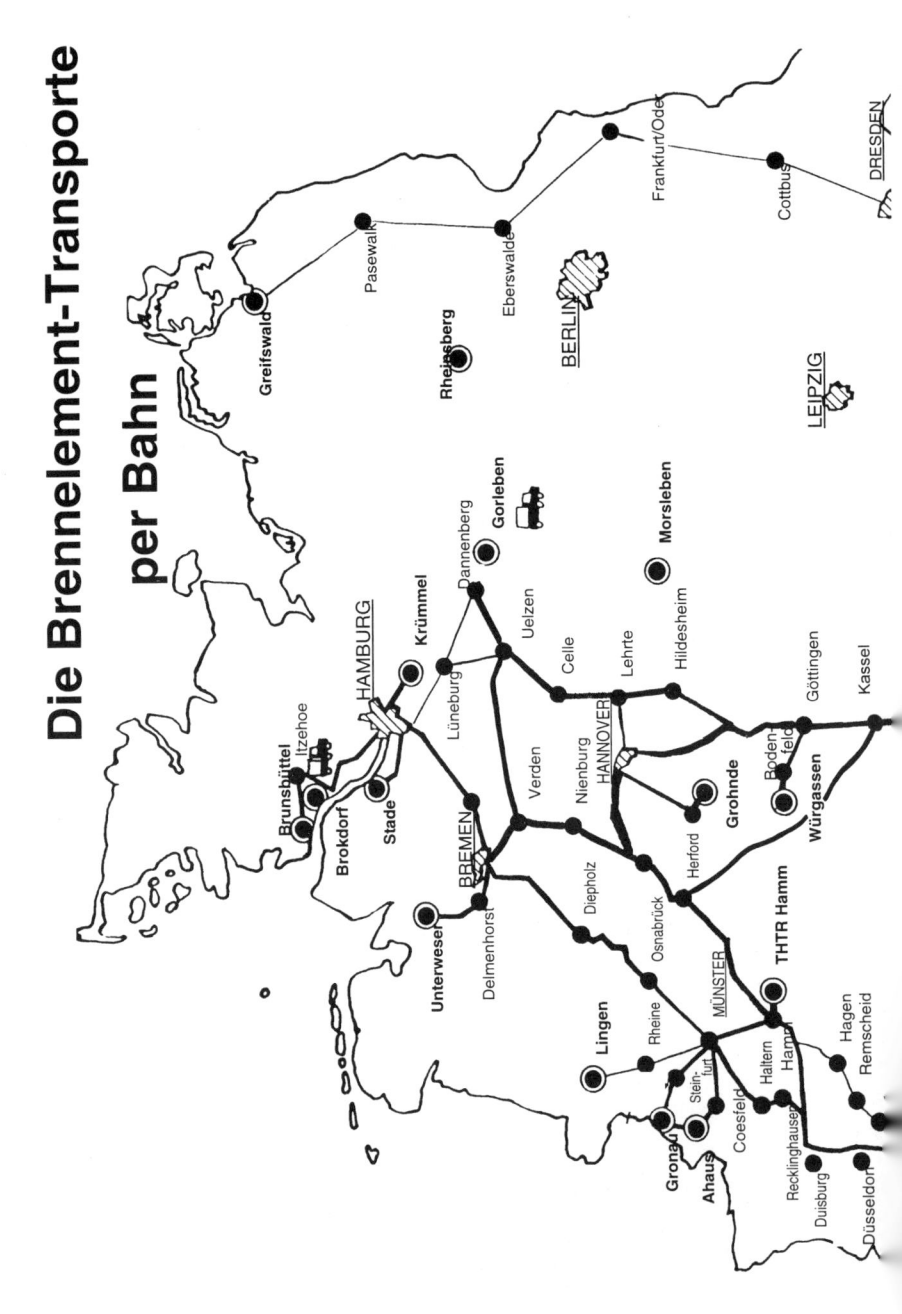

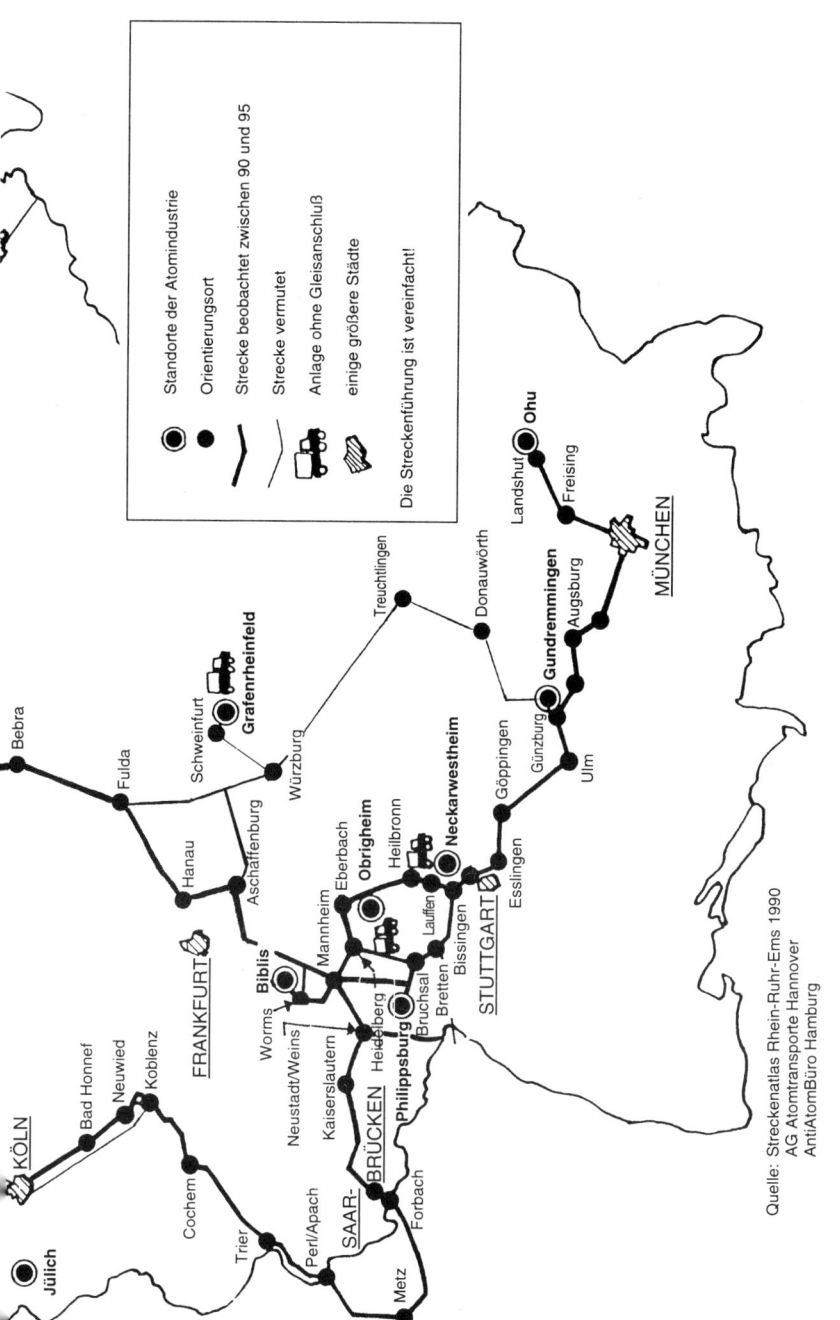

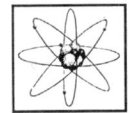

Kerstin Rudek
Katastrophenschutzpläne

**Landkreis
Lüchow-Dannenberg**
Der Oberkreisdirektor

Landkreis Lüchow-Dannenberg -Postfach- 29432 Lüchow (Wendland)	Amt	:	Ordnungsamt
	Abteilung.	:	323
	Sachbearbeiter:		
	Dienstgebäude:		Königsberger Str. 10
	Zimmer	:	
	Tel.-Durchwahl :		05841/120-

Datum und Zeichen Ihres Schreibens	Mein Zeichen	Datum
22.01.1996	OA 321.14-Ste/Fr	14.02.96

Katastrophenschutz im Zusammenhang mit kerntechnischen Anlagen

Sehr geehrte ,

der Katastrophenschutzplan des Landkreises Lüchow-Dannenberg enthält keinen speziellen Sonderplan für kerntechnische Unfälle. Nach den Aussagen der zuständigen Bundes- wie Landesbehörden sind durch die für den Transport bzw. die Aufbewahrung genehmigter radioaktiver Materialien im Zwischenlager getroffenen Sicherungsvorkehrungen Sonderpläne der Katastrophenschutzbehörden nicht erforderlich.

Dies gilt auch für Castorbehälter, weil deren genehmigte Konzeption nach dem Stand von Wissenschaft und Technik die erforderliche Vorsorge gegen Schäden durch die Aufbewahrung sicherstellt. Die Schutzfunktionen werden dabei im wesentlichen durch die Transport- und Lagerbehälter selbst erfüllt, und zwar auch im Hinblick auf einen etwaigen Transportunfall. Die Durchführung eines Castortransports bedarf gem. § 4 des Atomgesetzes der Genehmigung des Bundesamtes für Strahlenschutz.

Die Zuständigkeit für Gefahrenabwehrmaßnahmen liegt im übrigen nicht beim Landkreis, sondern beim Gewerbeaufsichtsamt Lüneburg, das zur Sonderbehörde der Gefahrenabwehr gem. § 97 des Niedersächsischen Gefahrenabwehrgesetzes bestimmt wurde.

Mit freundlichem Gruß

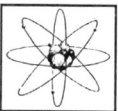

Es gibt also keine Katastrophenschutzpläne für einen atomaren Unfall irgendeiner Art. Einer anfänglichen Empörung hierüber folgt die Frage: ist das wahr? Mit Sicherheit nicht, denn Atomunfälle haben sich ereignet, ereignen sich und werden sich ereignen. Und auch wenn die Profiteure dieser unverantwortbaren Industrie kein Interesse daran haben, Menschen vor größtmöglichem Schaden zu schützen, so haben sie doch das Interesse, Katastrophen möglichst zu begrenzen, zu ihrem eigenen Nutzen, nämlich weiter Geld am Atomstrom zu verdienen und Uran und Plutonium für Atombomben verfügbar zu haben.

Warum wird aber die Existenz von Katastrophenschutzplänen verleugnet?

Weil durch das Bekanntwerden der Hohn und die Verachtung deutlich würden, welchen Wert Menschenleben im Atomstaat einnehmen. Wäre es möglich, bei einem Atomunfall Menschen zu retten? Oder würden kaltblütig Sperrzonen errichtet - je nach Ausmaß der Verstrahlung - hier kommt keineR rein aber auch keineR raus. Katastrophenschutzpläne solchen Inhalts hätten natürlich Entsetzen und Widerstand zur Folge.

Angenommen der Inhalt der Pläne wäre humaner und wohlverpackt.

Beispielsweise könnten Maßnahmen zur Evakuierung der Bevölkerung, dem Einsatz von staatlichen Kräften, wie Polizei, BGS und Feuerwehr, Säuberung von verstrahltem Gebiet, usw. usf. denkbar sein. Dann gäbe es bei Veröffentlichung solcher Pläne Ansatzpunkte für Kritik und Anlaß zur Sorge. Es würde nach kurzer Auseinandersetzung mit den möglichen Schutzmaßnahmen klar, daß sie - wie gut auch immer geplant und durchgeführt - nie ausreichend wären, ihren Zweck zu erfüllen.

Wieviel Gewalt wird angewendet werden müssen, um Menschen aus einem Haus zu evakuieren, das verstrahlt ist? Niemand würde in einem brennenden Haus verweilen, aber Radioaktivität sieht, hört, riecht, schmeckt und fühlt mensch nicht. Und wie läßt sich verstrahlter Boden, Luft und Wasser reinigen? Oder Häuser? Und wenn alles Verstrahlte weggeworfen würde, wohin? Es strahlt! Egal wo, über Jahrtausende hinweg.

Was passiert mit BürgerInnen, die sich mit solchen Fragen beschäftigen und verzweifelt Antworten suchen, aber keine Lösungen für das Problem finden? Werden sie aus der Auswegslosigkeit auf den Glaubenssatz aufspringen, den der Oberkreisdirektor von Lüchow-Dannenberg, Klaus Poggendorf, aus seiner persönlichen Motivation der Käuflichkeit, des Profits und dem Zwang nach Macht vertritt: „Katastrophenschutzpläne" für einen Atomunfall sind "nicht erforderlich", weil "nach dem Stand von Wissenschaft und Technik die erforderliche Vorsorge gegen Schäden ..." sichergestellt ist?

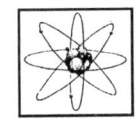

Wahrscheinlich würden sich (viel zu) viele Menschen ihren eigenen Kopf machen, denn der Versuch der Verharmlosung ist zu dumm und zu dreist, um beruhigen zu können, ein atomarer Unfall sei gar nicht möglich.

Diese Aussage ist ein Schlag ins Gesicht der Opfer, Toten, Lebenden und Angehörigen von Tschernobyl und allen anderen Atomkatastrophen sowie Atombombenabwürfen. Denn es ist gleich, ob ein Atomkraftwerk unbeabsichtigt explodiert oder eine Atommacht beabsichtigt Atombomben wirft, es ist gleich in den Auswirkungen auf die machtlosen betroffenen Menschen.

Für jede kleine Industrieanlage besteht die Vorschrift eines Katastrophenschutzplanes. Es ist unwahrscheinlich und unglaubwürdig, daß für Atomanlagen und Atomtransporte keine Katastrophenschutzpläne existieren. Es ist nur nicht gewollt, daß der Inhalt dieser Papiere bekannt wird. Wie es aussieht, aus gutem Grund.

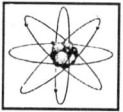

HERBERT WALTKE
Gesundheitliche Risiken durch radioaktive Strahlung

Was ist radioaktive Strahlung und wie wirkt sie auf lebendes Gewebe?

Von **Radioaktivität** spricht man, wenn nicht stabile Atomkerne sich spontan unter Freisetzung von Energie in stabile Atomkerne umwandeln. Die freigesetzte Energie wird in Form von Strahlung an die Umgebung abgegeben. Im wesentlichen unterscheidet man drei verschiedene Strahlenarten: die Alpha-, die Beta- und die Gamma-Strahlung (α -, β -, χ - Strahlung). Atomkerne setzen sich aus positiv geladenen Protonen und elektrisch neutralen Neutronen zusammen. Nur Atomkerne mit einer bestimmten Anzahl von Protonen und Neutronen sind stabil und kommen in der Natur vor. Von dieser Regel gibt es nur wenige Ausnahmen.

In der Natur findet man in geringen Mengen Radioaktivität, z.B. Kalium -40, Uran -235. Man spricht von natürlicher Radioaktivität. Die Zahlen 40 bzw. 235 kennzeichnen die Masse eines Atomkerns. Es ist Summe der Zahl der Protonen und der Neutronen.

Künstliche Radioaktivität entsteht unter anderem in Atomkraftwerken bei der Spaltung von Uran. Bei der Spaltung eines Uranatomkerns entstehen dabei zwei leichtere Atomkerne, z.B. Cäsium -137 und Strontium -90. Diese Atomkerne sind instabil. Sie wandeln sich unter Abgabe von Gamma- und Beta-Strahlung in andere Atomkerne um. Außerdem entstehen bei jeder Spaltung zwei bis drei Neutronen, die weitere Uranatomkerne spalten können (Kettenreaktion). Die Masse der Teilchen nach der Spaltung ist geringer als die Masse des Uranatomkerns (Massendefekt). Diese Massendifferenz wird in Energie umgewandelt. Die bei der Spaltung erzeugte Energie ist im Vergleich zu Energien aus chemischen Umwandlungen gewaltig. So wird bei der Spaltung von einem kg Uran -235 die gleiche Energie erzeugt wie bei der Explosion von 20.000 Tonnen des Sprengstoffs TNT.

Alpha-Strahlung: Bestimmte Stoffe sind "Alpha-Strahler", d.h. bei ihrem Zerfall werden sogenannte Alpha-Teilchen frei, die positiv geladen sind und eine geringe Durchdringungsfähigkeit haben. Ihre Gefährlichkeit liegt in der Möglichkeit der Aufnahme ("Inkorporation") in lebende Organismen durch Nahrung, Atemluft und Haut. Der gefährlichste Alpha-Strahler ist Plutonium 239, zum einen wegen seiner extremen Giftigkeit (Lungenkrebs) zum anderen wegen der langen Halbwertzeit (HWZ) von 24.100 Jahren.

Beta-Strahlung: Sie geht aus von beim radioaktiven Zerfall freiwerdenden Elektronen. Sie wird z.B. durch 1 mm Aluminium oder 2 mm Kunststoff aufgehalten. Wichtige Betastrahler sind z.B. Tritium (HWZ 12,3 Jahre), Cäsium 137 (30,2 Jahre),

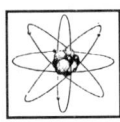

Strontium 90 (28,1 Jahre) und Jod 131 (8,2 Tage). Auch Betastrahler werden inkorporiert. Die Gefährlichkeit besteht darin, daß der Organismus nicht zwischen "normalen" und strahlenden Elementen unterscheidet. So wird deshalb radioaktives Jod z.B. in der Schilddrüse angereichert oder Strontium (chemisch dem Calcium ähnlich) im Knochen.

Gamma-Strahlung: Hier handelt es sich um beim radioaktiven Zerfall freiwerdende elektromagnetische Strahlung (Wellenstrahlung, prinzipiell dem Licht vergleichbar). Sie breitet sich mit Lichtgeschwindigkeit aus und hat eine große Durchdringungsfähigkeit. Zu ihrer Abschirmung werden oft zentimeterdicke Platten aus Blei verwendet.

Neutronenstrahlung: Sie wird erzeugt von sogenannten Neutronen (elektrisch nicht geladenen Teilchen), die u.a. bei der künstlichen Kernspaltung von Uran 235 entstehen. Die frei werdenden Neutronen lösen neue Kernspaltungen aus und bewirken so die Kettenreaktion. Die Neutronen haben eine hohe Durchdringungsfähigkeit. Sie lassen sich praktisch kaum durch Blei oder Metalle abschirmen („Der Fußball, der nicht von der Wand abprallt, sondern hindurch geht"). Hierfür werden Kunststoffe oder Wasser verwendet (sogenannte Moderatoren). Neutronenstrahlung ist hauptsächlich verantwortlich für die rasche Materialermüdung von Werkstoffen in Atomanlagen.

Röntgenstrahlung: Sie entsteht durch elektromagnetische Manipulation ("Röntgenröhre"). Sie ist wie die Gamma-Strahlung Wellenstrahlung von hoher Durchdringungsfähigkeit. Röntgenstrahlen sind biologisch ungefähr doppelt so wirksam wie Gamma-Strahlen.

Strahlung bewirkt, wenn sie in Gewebe eindringt, Ionisationen. Das bedeutet das Entstehen von geladenen Teilchen durch das "Herausschlagen" von Elektronen aus der Hülle der Atome. Durch diesen physikalischen Vorgang entstehen Radikale, die chemisch sehr aggressiv sind. Sie können auf vielfältige Art und Weise Reaktionen auslösen und so die Zellstrukturen und -funktionen auf allen Ebenen schädigen.

Strahlenschäden am Menschen werden unterschieden, je nachdem, ob sie ihn selbst (somatische Schäden) oder seine Nachkommen (Mißbildungen und genetische Schäden) betreffen. Bei den somatischen Schäden unterscheidet man wiederum die akuten Frühschäden von den nichtbösartigen und bösartigen (Krebs) Spätschäden.

Eine andere Art der Unterscheidung ist die zwischen stochastischen und nichtstochastischen Schäden (Stochastik = Zufallslehre). Nichtstochastische Schäden sind dosisabhängig, und es existiert ein Schwellenwert, unter dem meist keine Schäden zu erkennen sind. Hierzu zählen u.a. die akute Strahlenkrankheit, nichtbösartige Schäden wie beispielsweise Linsentrübung, Hautveränderungen, Mißbildungen oder Störungen der Fruchtbarkeit.

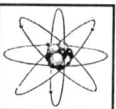

Stochastische Schäden haben keinen Schwellenwert und das Ausmaß des Schadens ist unabhängig von der Höhe der Dosis. Wichtigstes Beispiel für einen stochastischen Schaden ist die Krebserkrankung, aber auch Mißbildungen und Erbschäden gehören dazu.

Ein wichtiges Prinzip der biologischen Strahlenwirkung ist, daß jede einzelne Schadensart unabhängig von jeder anderen entstehen kann und daß das Ausbleiben einer Schadensart nicht unbedingt bedeutet, daß nicht eine andere auftreten kann.

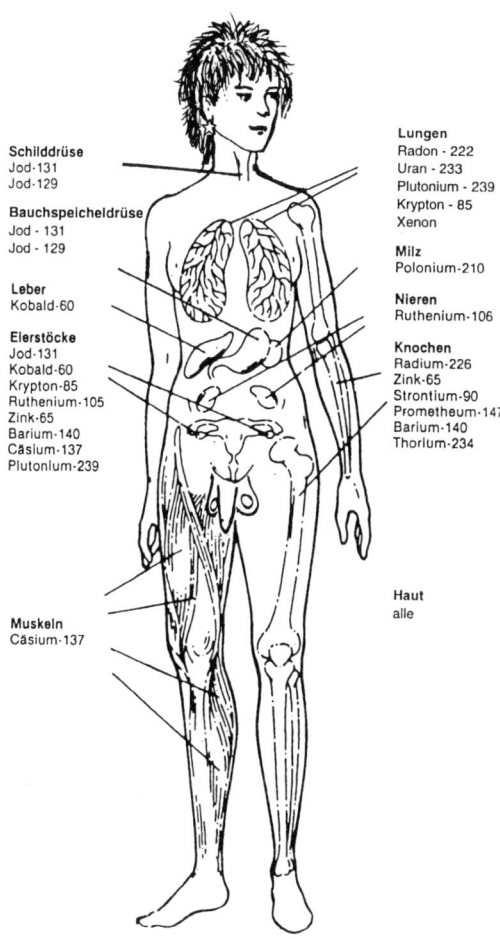

Wo sich radioaktive Stoffe im Körper konzentrieren

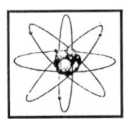

Ende der 70er Jahre entdeckte man, daß auch ohne Strahlenwirkung auf vielfältige Weise in der Zelle Radikale entstehen und daß der Organismus über Möglichkeiten verfügt, diese unschädlich zu machen (zelluläre Reparatursysteme).

Daraufhin wurde von atomfreundlichen Wissenschaftlern die Theorie aufgestellt, daß lebende Organismen wegen dieser Reparatursysteme sich an niedrige Strahlendosen "gewöhnen", ja daß sogar eine Art "Abhärtung" erfolge.

Alle neueren strahlenbiologischen und epidemiologischen Befunde widersprechen dieser Behauptung. Im Gegenteil: im Niedrigdosisbereich sind die Schäden aus vielerlei Gründen höher als es die Dosis vermuten läßt.

Wie wird Strahlung gemessen und wie Ihre Wirkung bewertet?

Physikalisch gesehen ist Strahlung nichts anderes als "Transport von Energie durch den Raum". Die Energie, die dabei abgegeben wird, kann man zumeist messen.

Die E n e r g i e d o s i s mißt aufgenommene Energie pro Masse. Ihre Einheit ist das Gray (Gy). Dabei ist 1 Gy = 1 Joule pro kg. Die verschiedenen Strahlenarten wirken sich bei gleicher Energiedosis auf biologisches Gewebe unterschiedlich aus. So ist z.B. Alpha-Strahlung 20 mal so biologisch wirksam wie Gamma-Strahlung. Der Unterschied in der biologischen Wirksamkeit wird mit der Festlegung von sogenannten Q u a l i t ä t s f a k t o r e n (Q-Faktoren) annähernd genau bestimmt:

Relative biologische Wirksamkeit der Strahlenarten	
Strahlenart	Qualitätsfaktor
Beta, Gamma	1
Röntgen	2
Neutronen	10
Alpha	20

Die Ä q u i v a l e n t d o s i s berücksichtigt die unterschiedliche biologische Wirksamkeit. Sie errechnet sich aus der Energiedosis multipliziert mit dem Qualitätsfaktor. Ihre Einheit ist das Sievert (Sv, früher: rem).

1 Sv = 1 Joule pro kg   1 rem = 0,01 Sv.

Der Qualitätsfaktor kann natürlich nicht einfach gemessen werden, sondern ist Ergebnis von Schätzungen und Experimenten. Seine Festlegung ist somit immer auch abhängig vom jeweiligen Stand der Wissenschaft. Da die Meinungen unter den Wissenschaftlern nicht nur in dieser Frage oft weit auseinanderklaffen, ist die Festlegung des Q-Faktors (und damit letztendlich die Risikoabwägung von radioaktiver Strahlung) auch immer eine politische Entscheidung. Ein Beispiel hierzu

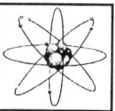

aus jüngerer Zeit ist der Streit um die Einschätzung der Neutronenstrahlung (Kuni-Gutachten).

Das Problem der Grenzwerte

Um unter anderem das gesundheitliche Risiko im Umgang mit radioaktiver Strahlung festzulegen, werden G r e n z w e r t e per Gesetz erlassen. Dies geschieht in der Regel auf Vorschlag von wissenschaftlichen Gremien oder Institutionen wie z.B. der nationalen oder internationalen Strahlenschutzkommissionen. Spätestens seit Tschernobyl ist auch Laien klar, daß ein Grenzwert nicht Unbedenklichkeit bedeutet, sondern nur Risiko abschätzt.

Wesentliche Grundlage der heute gültigen Grenzwerte ist die Auswertung des "größten strahlenbiologischen Experiments der Menschheitsgeschichte". Gemeint ist der amerikanische Atombombenabwurf auf Hiroshima und Nagasaki.

Hier zeigt sich exemplarisch, wie unsicher die Grenzwert-Festlegung insgesamt ist. Ausgangspunkt war die Einschätzung der internationalen Strahlenschutzkommission (ICRP) die 1977 von 125 zusätzlichen Krebstoten pro 1 Million Menschen ausging, die jeweils mit 0,01 Sv (= 1 rem) bestrahlt worden sind; anders ausgedrückt: 125 zusätzliche Krebstote pro 1 „Millionenrem". 1990 schätzt die gleiche Kommission das Risiko auf 800 - 1000 zusätzliche Krebstote pro 1 "Millionenrem". Das bedeutet eine Erhöhung des Risikos um das 6,4- bis 8-fache (!) innerhalb von 13 Jahren.

Schlußfolgerung: Würden die Grenzwerte diesen neuen Erkenntnissen angepaßt, so wäre ein „Normalbetrieb" von Atomanlagen unter den jetzigen Bedingungen unmöglich.

Nach welchen Kriterien Grenzwerte festgelegt werden und welchen Zielen sich die ICRP verpflichtet fühlt, zeigt ein Auszug aus ihrer Veröffentlichung im Jahre 1993: „Der grundlegende Rahmen des Strahlenschutzes muß notwendigerweise sowohl soziale als auch wissenschaftliche Beurteilungen umfassen, da es das primäre Ziel des Strahlenschutzes ist, einen angemessenen Schutzstandard für den Menschen zu gewährleisten, ohne die nützlichen Anwendungen, die Anlaß für Strahlenexposition sind, unnötig einzuschränken. Außerdem muß angenommen werden, daß selbst geringe Strahlendosen einige gesundheitlich schädliche Wirkung erzeugen können. ... Die meisten Entscheidungen über menschliche Aktivitäten sind in einer Abwägung des Nutzens gegenüber Kosten und Nachteilen eingeschlossen mit dem Ergebnis, daß eine bestimmte Handlungsweise oder Anwendung lohnt oder nicht lohnt. Weniger üblich ist auch die Erkenntnis, daß eine Anwendung so durchgeführt werden sollte, daß sie für den Einzelnen oder die Gesellschaft den größtmöglichen Nettonutzen erbringt. Dies ist kein Prozeß, weil die Ziele des Einzelnen und der Gesellschaft voneinander abweichen können. ..." (aus: ICRP 60, Seite 36, 1993).

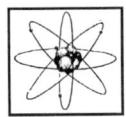

Der Streit um die Bewertung der Niedrigstrahlung

Noch fragwürdiger ist die offizielle Grenzwert-Politik im sogenannten Niedrigdosisbereich. Das betrifft die Strahlenbelastung, der z.b. Beschäftigte und Bevölkerung im Normalbetrieb von Atomanlagen ausgesetzt sind. Hierzu gehören auch die Atomtransporte.

Die offiziellen Kommissionen haben die Erkenntnisse aus Hiroshima und Nagasaki der Einfachheit halber auf den Niedrigdosis-Bereich übertragen. Dies ist ein äußerst zweifelhaftes Vorgehen, wenn man bedenkt, daß es sich bei dem Atombombenabwurf um eine einmalige, kurzzeitig von außen einwirkende, im wesentlichen aus Gamma-Strahlung bestehende Strahlung handelte, während man es im Niedrigdosisbereich vorwiegend mit in den Körper aufgenommener Strahlung zu tun hat. Dabei ist auch von Bedeutung, daß die menschlichen Organe sehr unterschiedlich auf radioaktive Strahlung reagieren (unterschiedliche Strahlensensibilität). So leuchtet es auch Laien ein, daß die Auswirkungen auf die Gesundheit verschieden sind, je nachdem, ob der menschliche Körper mit der gleichen Dosis einmalig von außen bestrahlt wird oder ob in vielen kleinen Einzeldosen über einen langen Zeitraum z.B. das Knochenmark geschädigt wird. Wichtig ist dabei außerdem auch noch das Lebensalter des Menschen: Kleinkinder sind um ein Vielfaches strahlensensibler als beispielsweise alte Menschen.

Diese Vereinfachung ist der ICRP aber noch nicht ausreichend, denn darüberhinaus bedient sie sich eines weiteren Mittels, um das Risiko Niedrigstrahlung herunterzurechnen: Die Einführung sogenannter "Dosisreduktionsfaktoren". Man behauptet, ohne dafür den wissenschaftlichen Nachweis zu erbringen, daß Niedrigstrahlung relativ harmloser sei als hohe Strahlendosen. Der Grund seien bestimmte Anpassungsvorgänge der Zellen, die im Niedrigdosisbereich wirksam seien.

Genau das Gegenteil belegen Erkenntnisse aus der Strahlenbiologie, die Prof. Scholz wie folgt zusammenfaßt: "Neuere Erkenntnisse auf dem Gebiet der Strahlenwirkungen und Strahlenfolgen erhärten den Verdacht, daß Radioaktivität im niedrigen Dosisbereich wesentlich gefährlicher ist als offiziell verkündet wird. ... Das Strahlenkrebsrisiko für Gamma- und Röntgenstrahlen könnte demnach bei diagnostischer Strahlenanwendung und bei Emissionen aus Atomanlagen mindestens 30-fach höher sein als bislang angenommen wird. ... Epidemiologische Untersuchungen in Fallout-Gebieten und bei den Arbeitern in Atomwaffenfabriken lassen ein Krebsrisiko der Betroffenen erkennen, das deutlich höher ist, als nach den Erfahrungen von Hiroshima und Nagasaki zu erwarten wäre. Die Dauerbelastung, vorwiegend mit inkorporierter Radioaktivität, könnte wesentlich folgenreicher sein als die einmalige Bestrahlung von außen."

Anlaß zu größter Besorgnis geben die jetzt schon sichtbaren Auswirkungen des Tschernobyl-Fallouts in der Ukraine und in Belorußland: Immunschwäche

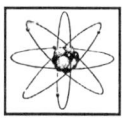

("Tschernobyl-Aids"), Schilddrüsenkrebs und Diabetes bei Kindern - allesamt Befunde, die aus Hiroshima/Nagasaki unbekannt waren.

Als Fazit nochmals Prof. Scholz: "Aus Hiroshima und Nagasaki haben wir gelernt, daß Gamma-Strahlung bis in niedrige Dosisbereiche Krebs auslösen kann und daß beim Umgang mit Röntgenstrahlen höchste Vorsicht geboten ist. Welche Folgen die radioaktiven Emissionen aus Atomanlagen haben, wird uns Tschernobyl lehren. Eines steht jetzt schon fest: Die gesundheitlichen Auswirkungen sind größer, als AKW-Betreiber und ihre Lobby es beschwören."

Das Beispiel Krümmel

Ungewöhnliche Häufungen von Krebserkrankungen bei Beschäftigten und Anwohnern von Atomanlagen sind kein neues Phänomen. Wurde noch vor einiger Zeit von Atombetreibern sogar ein positiver Effekt auf die Gesundheit der Exponierten herbeigeredet ("Hormesis"-Lehre), so lassen die neueren strahlenbiologischen und epidemiologischen Befunde in erdrückender Deutlichkeit diese „wissenschaftlichen" Gedankenspiele ins Reich der Fabeln und Wunschvorstellungen verschwinden.

Dennoch: auch wenn die Ergebnisse unabhängiger Wissenschaftler immer mehr zeigen, daß vor allem die Auswirkungen der Niedrigstrahlung leichtfertig unterschätzt wurden, werden daraus noch längst keine Konsequenzen für den Gesundheitsschutz der Bevölkerung gezogen. Ein beklemmendes Beispiel, wie selbst eine erdrückende Beweislast an Indizien nicht ausreicht gegen die Interessen von Politik und Atomwirtschaft, ist die Geschichte des AKW Krümmel.

Der Reaktor in Krümmel ging 1983 in Betrieb. Sechs Jahre später traten in unmittelbarer Umgebung des AKW innerhalb von vier Jahren 11 Leukämien auf.

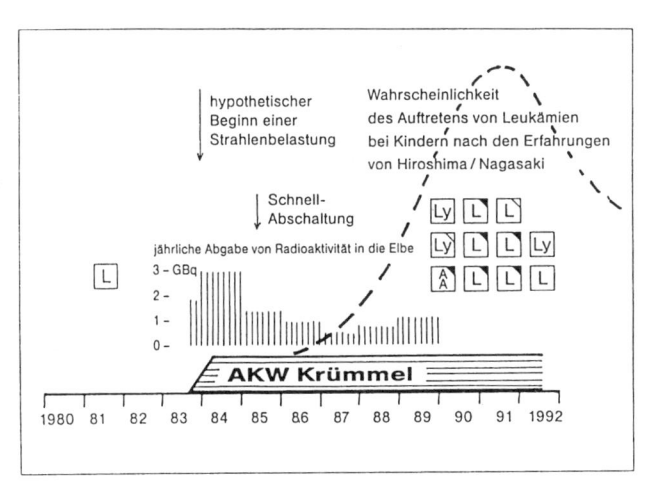

Betriebszeit des AKW Krümmel und Erkrankungsjahr der an Leukämie (L), Lymphom (Ly) und aplastischer Anämie (AA) erkrankten Kinder ☐ Jugendlichen ☐ und Erwachsenen ☐ in der Elbmarsch Stand: März 1993

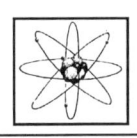

Statistisch dürfte in dieser Bevölkerungsgröße nur alle 20 Jahre ein Leukämiefall auftreten.

Eine Reihe von Indizien sprechen dafür, daß das AKW Verursacher der Leukämien ist:
1. Leukämien haben eine Latenzzeit je nach Art, zwischen 5-10 Jahren. Latenzzeit nennt man die Zeit, die zwischen dem auslösenden Schaden und dem Ausbruch einer Krankheit vergeht. Sie treten nach aller bisherigen Erfahrung als erste der durch Niedrigstrahlung verursachten Krebserkrankungen auf. Andere Krebsarten haben eine viel längere Latenzzeit. Das gehäufte Auftreten der Leukämien um Krümmel in zeitlichem Bezug zur Inbetriebnahme des AKW deckt sich mit den bisher gemachten Erfahrungen an anderen Atom-Standorten. Auch das gehäufte Auftreten vor allem bei Kindern stützt die Annahme, daß radioaktive Strahlung die Ursache ist. Kinder sind bekanntlich viel strahlensensibler als Erwachsene und damit einem deutlich höheren Risiko ausgesetzt.
2. Die betroffenen Familien wohnen auf der dem AKW gegenüberliegenden Elbseite 0,5 bis max.4,5 km vom Reaktor entfernt. Sie wohnen genau dort, wo unter bestimmten meteorologischen Bedingungen die radioaktiven Emissionen bevorzugt niedergehen.

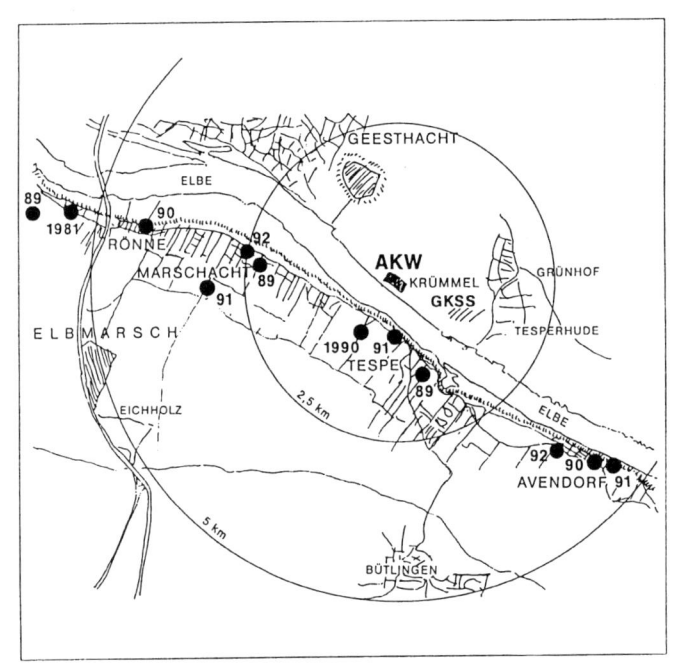

● Wohnungen und Erkrankungsjahr der an Leukämie, Lymphom oder aplastischer Anämie erkrankten Kinder, Jugendlichen und Erwachsenen in der Elbmarsch.
Stand: März 1993

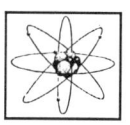

3. Auf Grund der besonderen geologischen Besonderheiten kommt es im Wohngebiet der betroffenen Familien zu einer Anhäufung von anfangs nur minimal konzentrierten radioaktiven Stoffen. Dafür sorgt eine Art „örtlicher Passat" der aus der unterschiedlichen Erwärmung von Geest und Marsch resultiert.

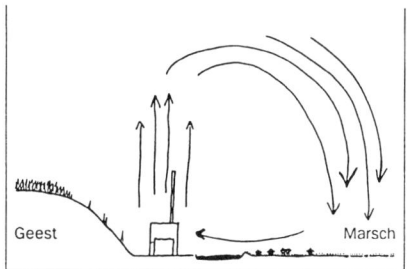

Geest   Marsch

4. Die betroffenen Familien ernähren sich vorwiegend mit Produkten aus den eigenen Gärten.

5. 1991 konnten Bremer Wissenschaftler anhand von Chromosomenuntersuchungen eine erhöhte Strahlenbelastung in der Elbmarsch feststellen.

6. Baumscheibenuntersuchungen von Bäumen aus der Elbmarsch wiesen ebenfalls auf eine erhöhte radioaktive Belastung im fraglichen Zeitraum hin.

Die Leukämiehäufungen wurden, wie so oft, nicht von Betreibern oder Behörden aufgedeckt, sondern durch private Untersuchungen eines Arztes. Erst als erhebliche Unruhe in der Bevölkerung entstand, wurden Zwei-Länder-Expertenkommissionen eingesetzt. Das Betriebsgelände des AKW befindet sich in Schleswig-Holstein, die betroffenen Ortschaften gehören zu Niedersachsen. Diese Kommissionen waren natürlich je nach politischer Couleur der Experten in ihrem Urteil gegensätzlich. Wegen zahlreicher Risse in Rohrleitungen war das AKW insgesamt für 18 Monate abgeschaltet worden. Während dieser Zeit entbrannte der Streit um Krümmel als Verursacher der Leukämien auf das Heftigste, aber der schleswig-holsteinische Energieminister Möller (SPD) entschied sich im Oktober 1994 gegen alle Bedenken für die Wiederinbetriebnahme des Reaktors.

Wie so oft setzte sich die Atomindustrie letztendlich durch, da natürlich, wie immer bei umweltmedizinischen Problemen, ein Kausalzusammenhang zwischen auslösender Ursache und Krankheit nicht herzustellen ist. Im Zweifel für den Profit und gegen die Gesundheit.

Die Leukämien häufen sich seitdem weiter: Im August 1995 erkrankte ein zehnjähriger Junge, und im Juni 1996 wurde eine Leukämie bei einem dreijährigen Jungen neu entdeckt. Aber das AKW produziert munter weiter, denn sowohl HEW als auch Betreiber die Behörden in Kiel sehen keinen Grund um abzuschalten. ...

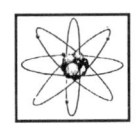

Das „Otto-Hug-Zahnprojekt"

Anfang der 60-er Jahre konnte anhand einer amerikanische Studie eine erhöhte Strontium-90-Belastung in Milchzähnen festgestellt werden. Die Ergebnisse dieses "St.-Louis-Programms" haben die amerikanische Öffentlichkeit sehr beunruhigt und mit dazu beigetragen, daß 1963 die oberirdischen Atombombenversuche eingestellt wurden.

In Deutschland gab es bislang keine Bestandsaufnahme der Radioaktivität in Milchzähnen als Indikator für den Einbau sogenannter "knochensuchender" Nuklide. Dies wäre eine der Voraussetzungen, um die Folgen des Tschernobyl-Fallouts und die Emissionen von Atomanlagen abzuschätzen.

Seit 1991 mißt das Otto-Hug-Institut (Vorstandsmitglieder u.a. Prof. Scholz und Prof. Lengfelder) die Radioaktivität in Milchzähnen von Kindern, die in den verstrahlten Gebieten um Tschernobyl leben. Es soll dabei die Frage geklärt werden, inwieweit "Tschernobyl-Aids" (Anämie, Blutungsneigung, Immunschwäche) und andere Krankheiten mit der Niedrigstrahlung aus dem Tschernobyl-Fallout in Zusammenhang stehen.

Gleichzeitig werden auch in Deutschland Milchzähne untersucht, um so weiter Hinweise für die radioktive Belastung der Kinder zu finden. Es sei nochmals betont, daß es sich um die einzige Arbeit auf diesem Gebiet in Deutschland handelt. Somit besteht die einmalige Gelegenheit, durch große Beteiligung an der Untersuchung mit dazu beizutragen, die Gefahren aufzuzeigen, die von Atomanlagen im Normalbetrieb ausgehen.

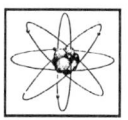

Das Zahnprojekt des Otto-Hug-Strahleninstituts

Wir sammeln Milchzähne

Wir bitten die Kinder (ab Geburtsjahrgang 1983), uns ihre Milchzähne (ausgefallen oder gezogen) zu schenken. Wer sich ungern davon trennt, möge uns wenigstens einen Schneidezahn oder einen Backenzahn (besser von beiden je einen!) schicken.

Wir bitten Eltern, Kindergärtnerinnen und Kindergärtner, Lehrerinnen und Lehrer, Zahnärztinnen und Zahnärzte, uns dabei zu unterstützen.

Und so wird's gemacht:

1. Milchzähne mit Wasser, Seife und Bürste gründlich säubern; anschließend trocknen;

2. die Zähne einzeln in eine Tüte stecken (muß nicht Plastik sein, besser wäre eine selbstgefaltete Tüte aus festem Papier) und mit einem Papiertaschentuch o.ä. polstern;

3. der Tüte einen Zettel beigeben, auf dem vermerkt sind:
   (a) Name und Adresse
   (b) Geburtsdatum (Monat/Jahr)
   (c) Geburtsort (Postleitzahl, alt und neu)
   (d) genauer Wohnort (möglichst mit Ortsteil)
   1. der Mutter im letzten Drittel der Schwangerschaft
   2. des Kindes im ersten und zweiten Lebensjahr

4. verschicken (als Brief mit festem Umschlag und ausreichend frankiert)

an: Otto-Hug-Strahleninstitut
Medizinische Hilfsmaßnahmen e. V.
Jagdhornstraße 52
81827 München

Es handelt sich um eine wissenschaftliche Studie, bei der bisher unbekannte Zusammenhänge erarbeitet werden sollen. Es ist keine Routineuntersuchung, aus der prognostische Schlüsse oder individuelle Handlungsanweisungen gezogen werden können. Aussagen sind nur in der Gesamtschau sämtlicher Meßdaten möglich und werden zu gegebener Zeit veröffentlicht. Wir bitten um Verständnis, wenn wir keine Einzelergebnisse mitteilen, und auch, wenn wir uns - wegen der großen Zahl der Einsendungen und unserer begrenzten Arbeitskraft - nicht für die Zusendung eines Zahnes bedanken und nur in Ausnahmefällen Anfragen, die das Projekt betreffen, beantworten können.

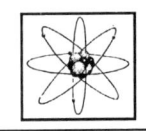

Helmuth Jacob

Endlagerdilemma – weltweit

Es zeigt sich immer wieder, daß mit der Atomtechnik aus Technikwahn etwas begonnen wurde, dessen Ende nicht bekannt ist. Statt damit aufzuhören und zuerst das Ende (die Endlagerung des hochradioaktiven Mülls) zu lösen, werden Tonne für Tonne die Lebensbedingungen zukünftiger Generationen verbaut.

Ein Blick auf die momentan angedachten „Endlagerkonzepte" zeigt, daß es kein „ideales Wirtgestein" gibt. Egal welches Konzept verfolgt wird, es gibt immer Vor- und Nachteile für das entsprechende „Endlager". Wie soll da eine Entscheidung getroffen werden, die Verantwortungsbewußtsein für die Nachwelt erkennen läßt?

Endlagerung in Salz

Prinzipiell gibt es bei Salz als „Wirtgestein" zwei Möglichkeiten: die Endlagerung in Salzkissen und die in Salzstöcken. In Salzkissen sind Natrium-, Kalium-, Magnesium- und Calciumsalze übereinander in Schichten abgelagert. Diese Salzschichten sind in den Salzstöcken durch den Aufstiegsprozeß stark verfaltet. Eine Endlagerung wärmeentwickelnder Abfälle ist nur in Steinsalzschichten aus Natriumclorid (NaCl) sinnvoll.

Vorteile beim Salz:

- Falls das Hutgebirge vollständig erhalten ist, gilt es, wegen seiner Wasserundurchlässigkeit, als natürliche Barriere.
- Wegen der hohen Wärmeleitfähigkeit des Salzes können örtlich auftretende Wärmebelastungen gleichmäßig verteilt werden.
- Die Fließfähigkeit des Salzgesteins bewirkt ein selbständiges Verschließen von Hohlräumen.

Nachteile beim Salz:

- Eindringende wäßrige Lösungen erfordern aufgrund hoher Korrosivität sehr hohe Anforderungen an die Behältermaterialien (z.B. Titan-Palladium-Legierungen).
- Kontaminierte Lösungen gelangen ohne große Hindernisse aus dem Endlagerbereich. Salz hat kaum Barrierecharakter.
- Verfaltungen in Salzstöcken erfordern Sicherheitsabstände von wärmeempfindlichen Salzbereichen.
- Technisch erstellte Hohlräume haben nur geringe mittelfristige Stabilität.
- Wassereinbrüche in den Hauptschacht müssen absolut ausgeschlossen werden, da wegen der Lösbarkeit des Salzes, Folgen nicht beherrschbar sind.
- Die Lösbarkeit des Salzes macht technische Barrieren beim Verschließen des Endlagers unwirksam. Die Barriere kann einfach umflossen werden.

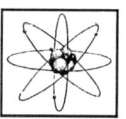

- Salz besitzt geringe Durchlässigkeit für Gase. Dies bedingt zusätzliche Maßnahmen gegen etwaige Gasentwicklung, da ansonsten der Berstdruck im Salz zu groß werden kann.
- Der Informationsdienst „Strahlentelex" 230-231/1996 berichtet über Untersuchungen von D. Ronen und B. Berkowitz vom Weizmann-Institut in Rehovot. Bei diesen Untersuchungen an der Westküste des Toten Meeres wurde in einer 100.000 Jahre alten Salzschicht festgestellt, daß Grundwasser sogar mit höherer Geschwindigkeit durch diese sickert als durch das umgebende Gestein. Das widerspricht der bisherigen Vorstellung, Salz sei undurchlässig für Flüssigkeiten.

Diese Schwachpunkte beim Salz als Endlagergestein müssen durch technische Mittel beherrscht und ausgeglichen werden. Keinesfalls ist Salz das „ideale Endlagerwirtgestein".

Endlagerung in Granit

Vor allem in Schweden wird unter internationaler Beteiligung die Endlagerung in Granitgesteinen erforscht. Dabei wird Reinstkupfer als Behältermaterial für wärmeentwickelnde Abfälle untersucht.

Vorteile bei Granit:

- Hohlräume besitzen eine große Stabilität und lassen eine prinzipielle Rückholbarkeit zu.
- Es gibt in geringen Tiefen mächtige Lagerstätten, die zudem aufgrund ihres geringen Wertes als Bodenschatz wenig von unbeabsichtigten menschlichen Eingriffen gefährdet sind.
- Granitgestein ist wenig wasserlöslich, kaum wasserdurchlässig und falls zirkulierende Wässer vorhanden sind, sind diese nicht aggressiv oder korrosiv. Dies bedeutet geringe Anforderungen an Behältermaterialien.
- Hohlräume, Schächte und Stollen lassen sich relativ leicht so verfüllen, daß hohe Dichtigkeit erreicht wird. Barrieren werden durch entweichende kontaminierte Flüssigkeiten nicht so leicht „umflossen".
- Radioaktive Metallionen werden an aktiven Granitoberflächen fixiert. Damit wird ein Entweichen an die Biosphäre verzögert.

Nachteile bei Granit:

- Es können große Klüfte mit hoher Durchlässigkeit und sehr kurzen Laufzeiten bis zur Biosphäre vorhanden sein.
- Erdbeben können neue und sehr wegsame Klüfte entstehen lassen.
- Geringe thermische Leitfähigkeit bedingt eine geringe thermische Belastbarkeit. Damit werden längere Abklingzeiten in Zwischenlagern notwendig.
- Granitgestein macht eine schonende Auffahrung der Hohlräume nötig, damit Störungen im Gestein vermieden werden.

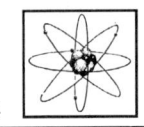

Endlagerung in Sedimentgesteinen:

An Sedimentgesteinen werden vorrangig Tone in Belgien, Italien und der Schweiz untersucht.

Vorteil bei Ton:

- Tone besitzen eine hohe Plastizität, so daß Hohlräume rasch wieder verschlossen werden.
- Es gibt keine Fließwege für kontaminierte Wässer.
- Kontaminierte Metallionen werden an aktiven Tongrenzflächen angelagert und damit am Entweichen gehindert.

Nachteile bei Ton:

- Es ist keine Hohlraumstabilität vorhanden. Außerdem gibt es bisher kaum Erfahrung mit Bergbau in Tonschichten.
- Tone sind thermisch sensibel. Dies bedeutet wieder, daß die lokale Wärmelast gering gehalten werden muß und damit sehr lange Abklingzeiten in Zwischenlagern.
- Im Ton können wasserleitende Sandschichten vorhanden sein.
- Tone enthalten Wasser und damit ein Transportmedium für kontaminierte Stoffe.
- Das Transportverhalten von Radionukliden in Ton ist noch unerforscht und daher muß zuerst eine Grundlagenforschung stattfinden.

Endlagerung im Meer

Vorstellungen in Richtung einer Endlagerung in den Weltmeeren basieren hauptsächlich auf der Überlegung einer Verdünnung der radioaktiven Belastung. Die Unverantwortlichkeit dieser Handlungsweise ergibt sich aus der Tatsache, daß es keine Schwellendosis für radioaktive Belastung gibt. Die meisten Staaten (u.a. Niederlande, Schweiz, Schweden und Deutschland) verzichten seit den achtziger Jahren ganz auf Meeresversenkung. Andere Staaten, wie z.B. Rußland wenden diese Methode aber immer noch für schwach- und mittelradioaktiven Müll an.

Endlagerung durch „Transmutation"

Mit diesem schönen Begriff ist gemeint, daß in speziellen Reaktoren langlebige radioaktive Stoffe in solche kürzerer Halbwertzeit umgewandelt werden. Es sieht auch erst einmal verlockend aus, wenn die „Nachsorgezeit" auf 100 Jahre statt 10 Millionen Jahre reduziert werden könnte. Aber weder technisch, noch finanziell, noch zeitlich (wegen fehlender Grundlagenforschung) läßt sich dieser Traum verwirklichen. Nur absolute Atomenergiebefürworter wie Frankreich und Japan denken noch darüber nach.

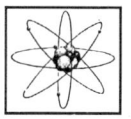

Endlagerung im Weltraum

Auch diese Möglichkeit gehört in den Bereich der Träume. Die Idee, die dahinter steckt, sieht vor, atomaren Müll mit einer Raumfähre auf eine Umlaufbahn zu schicken und von da in die Sonne zu „schießen". Aber:

- Für die bisher vorhanden 100 000 Tonnen hochradioaktiver Abfälle wären etwa ebenfalls 100 000 Flüge notwendig. Es müßte ein absolut reibungsloser Dauerverkehr machbar sein.
- Dieser Dauerverkehr wäre mit wahnsinnigem energetischen und finanziellen Aufwand verbunden. Nebenbei bemerkt hat mensch einmal mit der Atomenergie begonnen, um Energie zu gewinnen.
- Bei so vielen Flügen sind Unfälle geradezu zwangsläufig.
- Nicht zuletzt ließe sich keine internationale Akzeptanz für dieses Konzept erwarten.

Endlagerung in der Südsee

In „Der Spiegel" 29/1996 wurde von einem amerikanisch-russischen Projekt berichtet: Atommüll (inklusive Plutonium) soll auf der Pazifik-Insel Palmyra unterirdisch gelagert werden. Solche Ideen sind nicht neu. Bereits vor der Standortbenennung gegen Gorleben, existierten Vorstellung: „Ab in die Südsee" mit dem Atommüll.

Doch jetzt wird sogar auf Regierungsebene, unter Einbeziehung einflußreicher Wirtschaftsunternehmen, diese Spinnerei verhandelt. Deutsche Unternehmen, wie die Gesellschaft für Nuklear-Behälter (GNB) und auch Siemens sind mit von der Partie. Da die GNB Tochter der deutschen Stromkonzerne ist, ist der Kreis der Atomprofiteure wieder einmal vereint. Ja selbst, daß U.S.-Gesetze für dieses Vorhaben geändert werden müßten, scheint offensichtlich kein Hinderungsgrund zu sein.

Das Palmyra-Atoll im Pazifischen Ozean liegt etwa zwischen Hawaii und Tahiti. Ob in Zukunft neben Öl-Katastrophen auch mit Atom-Katastrophen auf den Meeren gerechnet werden muß?

Bei fast allen „Konzepten" wird von einer „nicht-rückholbaren" Lagerung hochradioaktiven Atommülls ausgegangen. Dies bedeutet, das Lager muß so sicher sein, daß **nie** mehr jemand damit in Berührung kommt bzw. kommen muß. Da drängt sich das Bild der ägyptischen Pharaonen-Gräber auf – auch die sollten niemals aufgebrochen werden.

Aller Voraussicht nach, so ist unsere Einschätzung, wird sich der Ansatz in Richtung „kontrollierte Lagerung" verschieben, mit unermeßlich teuren Folgen an technischem Aufwand und Bewachung. Umso wichtiger wird unsere Forderung, jegliche Atommüllproduktion einzustellen.

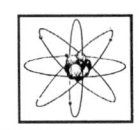

Es gibt weltweit kein atomares Endlager. Einige Endlager-Entwicklungen seien hier kurz angedeutet. Überall zeigt sich, daß mit der Atomkraft ein „Geist" zum Leben erweckt wurde, der die Natur nicht mehr verläßt.

U.S.A.

In den sechziger Jahren wurde ein Salzstock in Texas auf seine mögliche Eignung untersucht. Der Salzstock war jedoch früher schon einmal zwecks Salzgewinnung ausgebeutet worden. Daß dabei Salzlösungen auf undefinierte Weise aus dem Salzstock verschwunden waren, reichte als Beweis der Nichteignung des Salzstockes. Die Untersuchungen wurden eingestellt.

Der zweite Versuch begann Anfang der achtziger Jahre mit der Untersuchung von Tuffgestein des Berges Yucca Mountain in Nevada (nördlich von Las Vegas). Eine Vielzahl gravierender Risiken sind dabei deutlich geworden: einige Berge vulkanischen Ursprungs in unmittelbarer Nähe sowie die Nähe zur San-Andreas-Spalte (Verwerfung in der Erdkruste) deuten auf enorme tektonische Risiken hin (Gefahr von Vulkanausbrüchen, Erdbeben...). Aufgegeben wurden die Untersuchungen zwar noch nicht, aber eine Inbetriebnahme ist nicht in Sicht.

Konsequenterweise wurde kurzerhand umgeschwenkt und jetzt beginnt die Suche nach „Langzeit-Zwischenlagern" (für einen Zeitraum von 100 Jahren). Zu einer Standortbenennung kam es dazu jedoch noch nicht.

Schwachradioaktive Abfälle sollen nach der Stillegung aller oberflächennahen Lager in „Endlager aus Beton" eingebracht werden. Eine Realisierung bleibt aber aufgrund massiver Widerstände weit hinter allen Zeitplänen, daher wird bei den Reaktoren kompaktiert und zwischengelagert.

Schweiz

In der Schweiz existieren klare Vorgaben, aber keine Entscheidungen. Auffällig ist, daß Zwischen- und Endlager für begrenzte Kapazitäten geplant sind. Dies bedeutet, daß keine neuen AKW geplant werden und somit der Abfall limitiert bleibt.

Vorgesehen sind zwei Endlager, jedoch sind keine Standorte definitiv benannt worden. Als Wirtgestein ist entweder kristallines Gestein oder Tone/Sedimente in der Nordschweiz geplant. Bis auf Weiteres soll erst einmal im beantragten Zwischenlager „Würenlingen" zwischengelagert werden.

Für schwach- und mittelradioaktive Abfälle ist der Endlagerstandort „Wellenberg" von der „NAGRA" (siehe dazu *Atomaargau, Seite 75*) benannt worden.

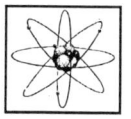

Schweden

Schwedische Untersuchungen in Granitgesteinen mußten an verschiedenen Standorten durch Widerstände der betroffenen Kommunen ohne Ergebnis beendet werden. Daher gehen die Bemühungen in Richtung Errichtung, Inbetriebnahme und Betrieb eines „unterirdischen Laboratoriums" zur grundsätzlichen Erforschung für ein Endlager in Granit (in Westschweden).

Für schwachradioaktive Abfälle basiert das Sicherheitskonzept auf einer „wirkungsvollen Verdünnung" freiwerdender kontaminierter Stoffe in Grund- und Oberflächenwässern. Das Endlager liegt in geringer Tiefe (50m) unter den Küstengewässern.

Großbritannien

Hier gibt es keine konkreten offiziellen Vorstellungen – nur, daß in etwa 100 Jahren ein Endlager für hochradioaktive Abfälle vorhanden sein soll.

Mittelradioaktive Abfälle, vor allem aus Windscale/Sellafield sollen in einem geologischen Endlager abgelegt werden. Die ursprünglichen Untersuchungen an zwölf Standorten mußten aufgrund interner Querelen, Angst vor einem politischen Desaster und heftigem Widerstand aufgegeben werden. Letztendlich fiel die Entscheidung am Tisch für den Standort Sellafield, weil der Wegfall von Transporten ein einleuchtendes Argument darstellte.

Auch bei schwachradioaktiven Abfällen zeigen die Briten Ratlosigkeit. Nach der Einstellung der Meerversenkung wurden die Abfälle bei Sellafield lose vergraben und mit Tonschichten abgedeckt. Diese Art der „Endlagerung" wurde Ende der achtziger Jahre gestoppt. Heute werden die Abfälle in Containern auf einer „Freiluft-Betonstruktur" abgestellt oder zwischengelagert, bis sie möglicherweise zusammen mit den mittelradioaktiven Abfällen ins geologische Endlager Sellafield eingebracht werden können.

Frankreich

Anfang der achtziger Jahre wurde in Frankreich unter stenger Geheimhaltung ein Standort (Auriat im Massiv Central) ausgewählt, der erkundet werden sollte. Aufgrund heftiger Proteste mußten die Bohreinrichtungen jedoch wieder abgebaut werden.

Um Mißtrauen in der Bevölkerung zu beseitigen, mußte Frankreich im Dezember 1991 per Gesetz festlegen, daß in Frankreich die (End-) Lagerung ausländischer Abfälle untersagt ist. Die staatliche Firma COGEMA produziert in der Wiederausarbeitungsanlage La Hague den größten Teil hochradioaktiver Abfälle, wovon wiederum der Großteil von ausländischen Kunden verursacht wird. Per Gesetz ist jetzt sichergestellt, daß in einem geplanten Endlager kein Müll der COGEMA-Kunden eingelagert werden darf.

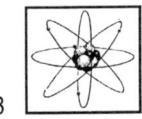

Mit dieser Akzeptanzverbesserung sollen nun ein oder zwei Standorte gesucht werden für unterirdische Forschungslaboratorien zur Untersuchung möglicher Endlagerbedingungen.

Schwachradioaktive Abfälle werden in Frankreich oberflächennah endgelagert. Ein solches Endlager wurde 1992 bei La Hague nach Ausschöpfung der Lagerkapazität stillgelegt. Die sicherheitstechnischen Bedingungen sind katastrophal. Mit etwas verbesserter Technik ging ein zweites Endlager für schwachradioaktiven Müll in Soulaines-Dhuys (Departement Aube) in Betrieb.

Osteuropa

Über den Stand der „Endlager-Konzepte" der Staaten in Osteuropa liegen keine Daten vor. Jedoch liegt die Vermutung nahe, daß auch dort kein sicheres Endlager-Konzept existiert. Im Gegenteil lassen Beispiele der vergangenen DDR-Praxis nichts Gutes vermuten. „Im ersten AKW Rheinsberg wurde Flüssigmüll mit Zement verfestigt und zu einem Betonmonument vergossen. Der feste radioaktive Abfall wurde in Übereinstimmung mit osteuropäischer Praxis in ausbetonierte Kammern im Freien „abgeworfen", in die es kräftig hineinregnete." So ist es dem Beitrag „Die Entstehung radioaktiver Abfälle und ihre Endlagerung" von Gerhard Schmidt in dem vom IPPNW 1995 herausgegebenen Buch „Die Endlagerung radioaktiver Abfälle – Risiken und Probleme" zu entnehmen.

49

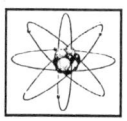

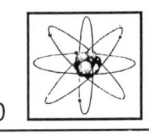

Helmuth Jacob
Salzstock Gorleben-Rambow

Die Entstehung des Salzstocks

Aufgrund zahlreicher Tiefbohrungen und geophysikalischer Messungen ist die Struktur des Untergrunds in Norddeutschland recht gut bekannt. In der norddeutschen Tiefebene gibt es 200 Salzstöcke, einer davon ist der Salzstock Gorleben-Rambow. Lange Zeit war nur vom Salzstock Gorleben die Rede, dies ist jedoch nur ein „Teilsalzstock", der sich bis zu dem auf ehemals DDR-Gebiet liegenden Ort Rambow erstreckt. Daher ist die Bezeichnung Salzstock Gorleben-Rambow treffender.

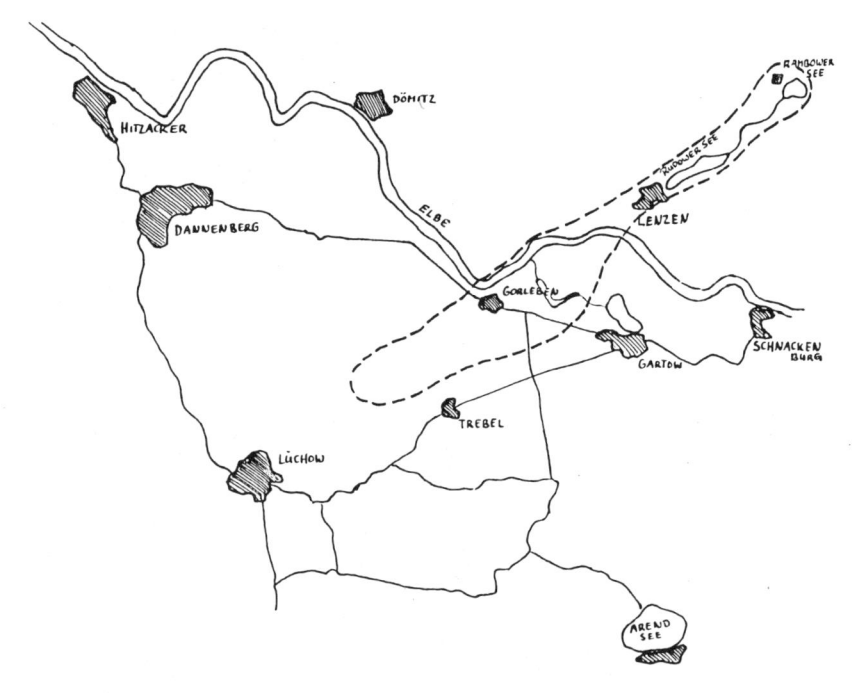

Aus vorliegenden Meßdaten kann die erdgeschichtliche Entwicklung der vergangenen Jahrmillionen abgeleitet werden. Vor ca. 220 Millionen Jahren, zu Beginn der sogenannten „Zechstein-Zeit", drang von Nordwesten her ein flaches Meer nach Mitteleuropa und bedeckte teilweise das heutige Festland. Ursache für Ablagerungen (Sedimente) aus dieser Zeit ist ein Verdampfen des Wassers bei einem wüstenhaften Klima. So entstanden bis zu 1.000 Meter mächtige Schichten aus Steinsalz, Kalisalz, Anhydrit und Salzton. Danach hat sich der Grund des „Meeres"

immer weiter abgesenkt und wurde in den nachfolgenden erdgeschichtlichen Zeitabschnitten (Trias, Jura, Kreide, Tertiär) mit Kalk-, Sand-, Schluff- und Tongesteinen überlagert. Diese Deckschichten erreichten Dicken von 2.000 bis 4.000 Meter.

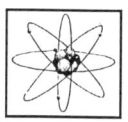

Durch die zunehmende Überlagerung entstand ein entsprechender Druck auf die darunter liegenden Schichten. Die Salzablagerungen aus der Zechstein-Zeit ließen sich aber nicht so stark verdichten, wurden plastisch und bekamen daher aufgrund geringerer Dichte Auftrieb. Außerdem begannen sie aus Bereichen höheren Drucks in solche geringeren Drucks zu „fließen". Wenn es zu einem Durchbruch der Salze durch das „Deckgebirge" kam, entstanden steil aufragende „Salzstöcke".

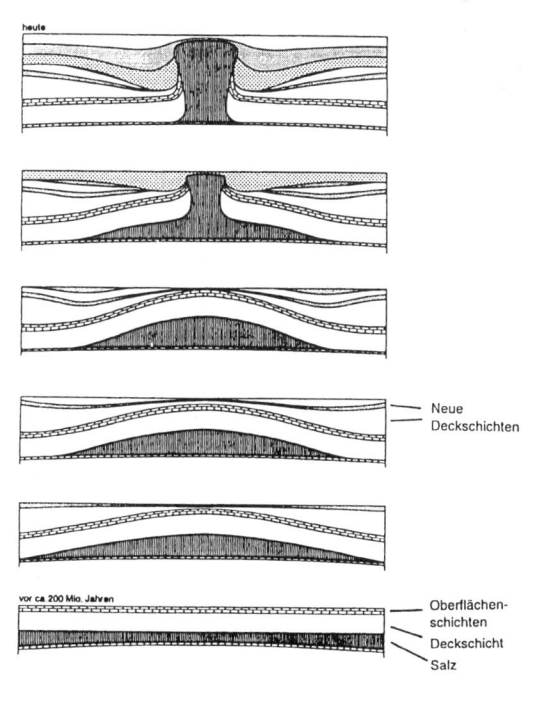

Der Salzaufstieg setzt sich solange fort, bis ein Dichteausgleich des Salzkörpers mit den umgebenden Gesteinen erreicht ist. Theoretisch müßte der Salzkörper bis über die Erdoberfläche hinaus steigen, doch dies findet bei keinem der Salzstöcke in Norddeutschland statt. Es kommt ein weiterer Vorgang mit ins Spiel: Bei Annäherung an die Erdoberfläche kommt der Salzstock in den Einflußbereich des Grundwassers. Die Salze werden gelöst (abgelaugt) und mit den Grundwasserströmen abtransportiert. Dieses obere Ende des Salzstockes, wo die Ablaugung stattfindet, wird „Salzspiegel" genannt. Rückstände des Ablaugungsvorgangs führen zu einer Anreicherung von nicht lösbaren Rückständen, wie Anhydrit und Ton, welche zu einem porösen, wasserdurchzogenen „Gipshut" verbacken werden.

Ein Salzstock ist also in Bewegung und reagiert auf sich verändernde klimatische Bedingungen. So hat es auch in Mitteleuropa in der jüngsten erdgeschichtlichen Vergangenheit Bedingungen gegeben, unter denen ein höherer Aufstieg der Salzstöcke als heute möglich war. Das geschah unter subpolaren Klimabedingungen in den Kaltzeiten als der Dauerfrost eine Grundwasserneubildung verhinderte, weil Wasser nicht versickern konnte. Es entstanden sogar Aufbeulungen an der Erdoberfläche. In den Warmzeiten wurde Salz verstärkt abgelaugt, dadurch konnten Senken an der Erdoberfläche entstehen, weil Deckgestein und Gipshut nachsackten. So ist auch die Entstehung des Rudower Sees zu erklären.

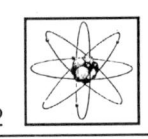

Der Teilsalzstock Gorleben ist durch seismische Messungen gut bekannnt. Genau über dem Scheitel des Rambower Teils liegt eine grabenartige Geländesenke mit zwei Seen und vermoorten Wiesen, die von einem Höhenzug begrenzt wird. In der Verlängerung beider Seen hat die Elbe zwischen Lenzen und Gorleben einen auffallend geraden Verlauf und knickt davor und dahinter ebenfalls in auffallend geradlinigem Verlauf in Südost-Nordwest-Richtung ab. Der Richtungswechsel erfolgt in beiden Fällen im Randbereich des Salzstockes. Auch die Seege, ein Nebenfluß der Elbe weist diese Besonderheiten beim Eintritt in den Salzstockbereich auf. Sie knickt dreimal deutlich ab und bildet sogar einen langgestreckten See, den Laascher See, über dem Salzstock. All dies deutet darauf hin, daß der Salzstock noch in der letzten Kaltzeit aufgestiegen ist und seine Deckschichten emporgewölbt wurden. In der gegenwärtigen Warmzeit (seit etwa 10.000 Jahren) finden weiterhin Auslaugungen statt, die zu Einbruchsenken (den Seen) geführt haben. Durch PTB-Bohrungen ist nachgewiesen, daß Grundwässer in den unteren Schichten extrem hohe Salzgehalte aufweisen. Der Salzstock Gorleben-Rambow steigt also weiterhin auf.

Standortbenennung

Wie es zur Standortbenennung für das Erkundungsbergwerk Gorleben kam, ist mit allerlei Geheimnissen behaftet. Der erste Schritt bei der Suche nach einem möglichen Endlager für radioaktiven Müll geht auf eine Studie des Jahres 1962 der damaligen Bundesanstalt für Bodenforschung (der heutigen Bundesanstalt für Geowissenschaften und Rohstoffe in Hannover) zurück. Ergebnis der Studie war, daß die Endlagerung in einem Salzstock als die sicherste aller Möglichkeit angesehen wurde. Zwischen 1973 und 1975 führte die KEWA (Kernbrennstoff-Wiederaufarbeitungs-Gesellschaft) eine Standortsuche durch. Dabei wurden 24 in Niedersachsen gelegene Standorte überprüft und als Ergebnis empfohlen, an drei Standorten (Lutterloh, Lichtenholz und Wahn), nähere Untersuchungen durchzuführen. Diese Untersuchungen begannen, wurden jedoch von der Albrecht-Landesregierung nicht zuletzt aufgrund von Widerstand von Seiten der Bevölkerung gestoppt. Die Bundesregierung akzeptierte, daß die Landesregierung einen eigenen Vorschlag zur Standortbenennung machen wollte.

Albrechts Entscheidung

Daraufhin wurde die Standortwahl für den Teilsalzstock Gorleben im Februar 1977 öffentlich bekanntgegeben. Formal basiert diese Entscheidung der Albrechtschen Landesregierung auf folgenden geologischen Kriterien:

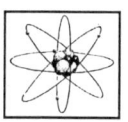

1. Der Salzstock sollte durch frühere Bohrungen oder bergmänischer Aktivitäten möglichst unberührt sein, um unkontrollierte Eingriffe in das System Salzstock zu vermeiden.
2. Der Salzstock sollte eine für die Aufnahme radioaktiver Abfälle ausreichende Größe besitzen, die außerdem das Vorkommen mächtiger reiner Steinsalzpartien wahrscheinlich erscheinen läßt. Große Partien reinen Steinsalzes werden als Voraussetzung für die Endlagerung wärmeentwickelnder Abfälle angesehen.
3. Die Salzstockoberfläche sollte nicht mehr als 400 m unter Gelände liegen und nicht zu hoch an die oberflächennahen Grundwasserhorizonte reichen.
4. Die engere Standortregion sollte keine nutzbaren Lagerstätten (einschließlich Grundwasserreserven) enthalten.

Die Bundesregierung akzeptierte diese Entscheidung widerspruchslos.

Sicherlich spielte es in diesem Zusammenhang eine wichtige Rolle, daß ab dem 13. Mai 1976 die Genehmigung von AKW fortan vom „Vorsorgenachweis" einer „hinreichenden Entsorgung" abhängig war. Im September des gleichen Jahres wurde das Atomgesetz entsprechend geändert. Damit mußte für den Betrieb von AKW ein „Entsorgungsvorsorgenachweis" für jeweils sechs Jahre im voraus erbracht werden. Die Wiederaufarbeitung des verbrauchten Atombrennstoffs war zwingend vorgeschrieben und die „Direkte Endlagerung" sollte erforscht werden. Dies sind sicherlich Rahmenbedingungen der Albrechtschen Entscheidung für Gorleben als Standort für das geplante „Nukleare Entsorgungszentrum".

Aber jeder gesunde Menschenverstand spürt, daß da ganz andere Gründe eine viel größere Rolle gespielt haben müssen. Durch die Festlegung auf Salz als Endlagergestein, den untersuchten Salzformationen in Niedersachsen, dem Druck einen Ansatz zur Atommüllagerung finden zu sollen, mußte die niedersächsische Landesregierung einen Standort benennen. Die Wahl für Gorleben in Lüchow-Dannenberg ist daran gekoppelt, daß der Landkreis sehr dünn besiedelt ist, außer Landwirtschaft wenig nennenswerte Industriezweige aufweist und vor allem wie eine Halbinsel von drei Seiten vom Gelände der DDR umgeben war. Im Falle einer Katastrophe wäre der Landkreis leicht abzuriegeln gwesen.

Widerstand

Trotzdem lief nicht alles so, wie es in den Köpfen der Regierenden (bzw. der AKW-Betreiber) geplant war. Zwar beantragte die DWK (Deutsche Gesellschaft zur die Wiederaufarbeitung von Kernbrennstoffen) am 31. März 1977 die erste Teilerrichtungsgenehmigung zum Bau des „Entsorgungszentrums" und die Reaktorsicherheits- und Strahlenschutzkommission (RSK und SSK) gaben am 20. Oktober 1977 grünes Licht. Parallel wuchs der Widerstand gegen die Pläne. Zweifel an der geplanten „Nuklraren Entsorgung" mündeten erst einmal im Bericht einer Expertenkommission unter internationaler Beteiligung im „Gorleben Report", der 2.200 Seiten stark im Februar 1979 fertig war. Vom 28. März bis 3. April 1979 fand dazu in Hannover das „Gorleben-Hearing" statt. Weder DWK noch RSK oder SSK äußerten sich dabei zu ihrem Konzept, sondern ließen in letzter Minute zweiundzwanzig ausländische Experten einfliegen, die sie in den Rededuellen vertreten sollten. Insgesamt kam dabei heraus, daß die Pläne unzureichend und mit vielen Risiken behaftet sind, die zu katastrophalen Großunfällen führen können.

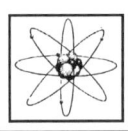

Nicht zuletzt der Widerstand innerhalb der Bevölkerung und der Treck nach Hannover mit über 350 Treckern vom 25. bis 31. März 1979, sowie die Abschlußkundgebung in Hannover mit über 100.000 TeilnehmerInnen ließen Albrecht in seiner Regierungserklärung vom 16. Mai 1979 die Wiederaufarbeitungsanlage für politisch nicht durchsetzbar erklären. Doch trotz der legendären Besetzung der Bohrstelle 1004 und Errichtung des Hüttendorfes „Freie Republik Wendland" ab 3. Mai 1980 wurde am Vorhaben für die „Erkundungsarbeiten" für ein atomares Endlager festgehalten. Das Hüttendorf wurde am 4. Juni 1980 unter massiver Polizeigewalt, die bundesweit Proteste auslöste, gewaltsam geräumt.

Mehrbarrierenmodell

Am 20.04.1983 hat die Bundesregierung in den „Sicherheitskriterien für die Endlagerung radioaktiver Abfälle in einem Bergwerk" die Endlagerung von radioaktivem Abfall als „wartungsfreie, zeitlich unbefristete und sichere Beseitigung dieser Abfälle" definiert. Hauptschutzfunktion soll ein Mehrbarrierensystem bilden. Neben den „technischen Barrieren", wie das Einschmelzen in Glas, die Aufbewahrung in Lagerbehältern und das Verfüllen der Kammern und Schächte, sollen im Salzstock die „natürlichen Barrieren", das Salz selbst und das umgebende Deckengebirge, diese Schutzfunktionen erfüllen. Wie schwammig und interpretierbar diese Kriterien sind, ist schon fast nebensächlich, wie auch der Begriff der „Eignungshöffigkeit" zeigt, der immer wieder in der Diskussion bezüglich einer möglichen Eignung des Salzstockes vorkommt. Es ist einfach nicht klar definiert, was mit all diesen „Kriterien" eindeutig gemeint ist und welche Folgen ein Nichterfüllen hätte.

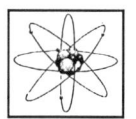

Die Tatsache, daß die Herrschenden (seien es die Marionetten aus der Politik oder die wahren Drahtzieher des Kapitals, hier in Form der EVU und AKW-Betreiber) die Bevölkerung mit Scheinkriterien und Scheinargumenten an der Nase herumführen, ist spätestens seit 1983 bekannt. 1983 erschien im Auftrag der Physikalisch-Technischen Bundesanstalt Braunschweig der Abschlußbericht von Prof. Dr. K. Duphorn zur geologischen Gesamtinterpretation des Gorlebener Salzstockes. Darin ist nachgewiesen, daß von den vier Albrechtschen Entscheidungskriterien für den Standort Gorleben lediglich das erste, die „geologische Jungfräulichkeit", erfüllt ist. Selbst dieses Kriterium (von Menschenhand unverritzter Salzstock) ist nur formal erfüllt, „das damit angestrebte Schutzziel, nämlich die Vermeidung von unkontrollierten wasserwegsamen Eingriffen wird durch bis mindestens 170 m tief in den Salzstock eingeflossene Schmelzwasser und bis mindestens 100 m tief eingespülte Schmelzwassersande und -kiese in Frage gestellt. Bei der Verritzung des Salzstocks Gorleben ist die Natur dem Menschen um 400.000 bis 500.000 Jahre zuvorgekommen" (siehe „Endlger-Hearing Braunschweig", September 1993, Tagungsband II des Niedersächsischen Umweltministeriums). Die drei anderen Kriterien werden eindeutig nicht erfüllt.

All diese Erfahrungen, Erkenntnisse und Mahnungen werden nicht beachtet und ignoriert: Aus rein wirtschaftlichen Interessen wird an den „Erkundungsarbeiten" festgehalten. Der Betrieb der AKW ist an die Suche nach einem geeigneten Endlager für den entstehenden Atommüll gekoppelt. In Gorleben sind 1,5 Milliarden verbaut, 3,7 Milliarden sollen es mindestens werden. Bezahlen müssen die Atomkraftwerksbetreiber (Endlagervorausleistungsverordnung), aber die sind selbst nicht mehr vom Standort Gorleben überzeugt und versuchen sich gerichtlich unter anderem wegen der voraussichtlichen Nichteignung des Salzstockes Gorleben von der „Heranziehung zu Vorausleistungen" zu befreien (Urteil der 2. Kammer des Verwaltungsgericht Braunschweig vom 18. August 1994). Die Unsicherheit, wer letztendlich die „Erkundungskosten" für Gorleben zu tragen hat, ist sicherlich auch ein Hintergrund für die Klagen der „Bundesrepublik gegen das Land Niedersachsen" (Oberlandesgericht Celle, Februar 1996) und der „Bundesrepublik gegen uns TurmbesetzerInnen" (Landgericht Lüneburg, Mai 1995) wegen „Stillstandskosten".

Atomgesetzänderung

Doch zurück zu den neusten Entwicklungen bezüglich der Standortsuche für ein atomares Endlager. Am 19.07.1994 ist das Siebte Änderungsgesetz zum „Gesetz für die friedliche Verwendung der Kernenergie und den Schutz gegen ihre Gefahren" (Atomgesetz) in Kraft getreten. Darin wird in § 9a erstmalig die Gleichstellung zwischen schadloser Verwertung (Wiederaufarbeitung) und „geordnete Beseitigung radioaktiver Reststoffe durch direkte Endlagerung" festgeschrieben. Diese Änderungen waren nach den Pleiteprojekten WAA Wackersdorf und Schneller Brüter Kalkar sowie wegen des schwieriger werdenden Weges über die Wiederaufarbeitung im Ausland konsequent. Damit wird der Druck, die Problematik einer „direkten

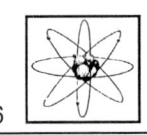

Endlagerung" zu klären, drängender. In Satz (3) des § 9a des Atomgesetzes bleibt es Aufgabe des Bundes, Anlagen zur Sicherstellung und Endlagerung radioaktiver Abfälle einzurichten.

Weitere Studien

Nachdem jahrelang nichts in Richtung Suche nach alternativen Standorten zu Gorleben geschehen war, hat die Bundesanstalt für Geowissenschaften und Rohstoffe (BGA) im August 1995 eine Literaturstudie herausgegeben, in der Alternativen zu Gorleben untersucht werden. Von 41 untersuchten Salzstöcken bleiben vier übrig, die nach Ansicht der Geologen in die weitere Diskussion einzubeziehen sind:

- Waddekath (Sachsen-Anhalt, Niedersachsen)
- Wahn (Niedersachsen)
- Zwischenahn (Niedersachsen) und
- Gülze-Sumte (Mecklenburg-Vorpommern, Niedersachsen).

In einem zweiten Teil der genannten Studie wurden bereits im November 1994 von 28 potentiell geeigneten Regionen „nichtsaliner Formationen" (Kristallinvorkommen) fünf als näher untersuchungswürdig genannt:

- Bayerisches Kristallin im Fichtelgebirge
- Bayerisches Kristallin im nördlichen Oberpfälzer Wald
- Saldenburg-Granit in Bayern
- Graugneis und Granit von Kirchberg im Erzgebirge/Vogtländischen Schiefergebirge (Sachsen) und
- Pretzsch-Prettin auf der Halle-Wittenberger Scholle (Sachsen, Sachsen-Anhalt, Brandenburg).

Diese Studie liegt vor, ist öffentlich, findet jedoch wenig Beachtung. Für Angela Merkel besteht auch zur Zeit kein Handlungsbedarf: „Wir haben keine Erkenntnisse, daß es Standorte unter den aufgeführten gibt, die besser geeignet sind als Gorleben." Doch falls sich am Ende der Erkundungen herausstellen sollte, „daß die Eignung nicht da ist", habe man durch diese Studie Erkenntnisse, die dann weiter verwendet werden. Es hat jedoch absolut keinen Sinn, die Bevölkerung von Standort zu Standort mit dem atomaren Müll zu bedrohen. Das Problem muß von der Wurzel her angepackt werden: Aufhören, weiteren strahlenden Müll zu produzieren und gemeinsam auf internationaler Ebene mit Wissenschaftlern ohne die Einflußnahme der wirtschaftlichen Interessensvertreter eine vertretbare Lösung für den „atomaren Fehltritt" unserer Generation zu suchen.

Greenpeace bewertet den oben genannten Abschlußbericht der BGR folgendermaßen: „Der Endlagerbericht zu Granit ist von bemerkenswert schlechter fachlicher Qualität und erweckt den Eindruck völlig lustlos erstellt worden zu sein. Er entspricht nicht dem neusten Wissensstand; sollte Granit einmal ernsthaft für die Endlagerung in Betracht gezogen werden, würde dieser Bericht nicht weiterhelfen und man müßte wieder bei Null beginnen. Konkreter und fachlich besser ist der Bericht zu

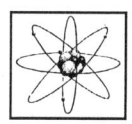

Salzformationen; es werden darin vier Standorte vorgeschlagen, die alle -wie Gorleben- in Niedersachsen oder nahe der niedersächsischen Grenze liegen. ... Was die Salzstöcke insgesamt auszeichnen soll, sind optimale Tiefenlage, ausreichendes Volumen, vollständige Überdeckung mit tonigen Sedimenten und Unberührtheit durch andere Aktivitäten. Am Standort Gülze-Sumte weisen die tonigen Barriereschichten allerdings Lücken auf. Ein Schwachpunkt der anderen drei Salzstöcke ist das möglicherweise stark deformierte Innengefüge, was bedeuten könnte, daß keine ausreichenden Steinsalzvolumina zur Verfügung stehen".

Gorleben selbst ist in diesem Bericht interessanterweise überhaupt nicht erwähnt, obgleich es sehr naheliegend gewesen wäre, es als Vergleichsmaßstab heranzuziehen. Es ist nicht schwer, die Gründe dafür zu erraten: Eines, der laut BGR bedeutungsvollsten Kriterien, die vollständige Überdeckung mit Ton, wird in Gorleben nicht erfüllt. Allein aus diesem Grund wäre Gorleben aller Voraussicht nach rasch und eindeutig aus dem Auswahlverfahren herausgeflogen. Seine anderen negativen Eigenschaften (z.B. die Existenz einer Rinne im oberen Teil des Salzstockes und das relativ geringe verfügbare Volumen) hätten die BearbeiterInnen gar nicht mehr heranziehen müssen.

Zeithorizont

Auch weiterhin wird bezüglich „Endlager" alles in der Schwebe gehalten und nicht nach tatsächlichen Lösungen gesucht. Wahrscheinlich hoffen die Verantwortlichen immer noch auf „eine Endlagermöglichkeit im Ausland", um sich der Problematik nicht stellen zu müssen, beziehungsweise keine klare Entscheidung verantworten zu müssen. Es gibt nur einen Weg zur tatsächlichen Lösung des Problems: mit der weiteren Produktion von Atommüll aufzuhören.

Daß wir dies der Menschheit und dem Leben auf dem Planeten Erde schuldig sind, zeigt deutlich eine Betrachtung des Zeithorizontes: die Diskussion, ob die radioaktiven Abfälle 24.000 Jahre, Hunderttausende von Jahren oder „nur" 10.000 Jahre sicher endgelagert werden müssen, ist geradezu grotesk. Die Atomtechnik ist gerade einmal 50 Jahre alt, das Christentum besteht seit 2.000 Jahren, aus der Zeit davor liegen für das Gebiet der Bundesrepublik keine schriftlichen Überlieferungen über eine menschliche Besiedelung vor, die letzte Eiszeit ging vor 10.000 Jahren zu Ende. Mit den Gefahren der radioaktiven Abfälle werden wir für etwa die gleichen Zeiträume in der Zukunft verantwortlich sein und dies neben Ozonloch, Treibhauseffekt, Überbevölkerung und Klimakatastrophe. Es wird höchste Zeit, sich diesen Problemen zu stellen und zu handeln.

Atomrecht/Bergrecht

Was da als „Erkundungsbergwerk" tituliert wird, hat den Hintergrund, daß damit das Vorhaben nach „Bergrecht" ohne besondere Genehmigungshürden stattfinden kann und eine atomrechtliche Genehmigung umgangen wird. Doch dies ist der reinste Etikettenschwindel. Faktisch, schon alleine, da mittlerweile weit über eine Milliarde DM verbaut sind, entsprechen die Schächte genau den Vorgaben für ein Endlagerbergwerk für Atommüll. Hier sollen Sachzwänge geschaffen werden, die später jede Diskussion beeinflussen werden.

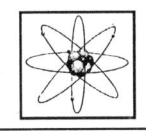

Atomrechtliche und bergrechtliche Verfahrensschritte im Endlagerprojekt Gorleben

Endlagerprojekt Gorleben gliedert sich in

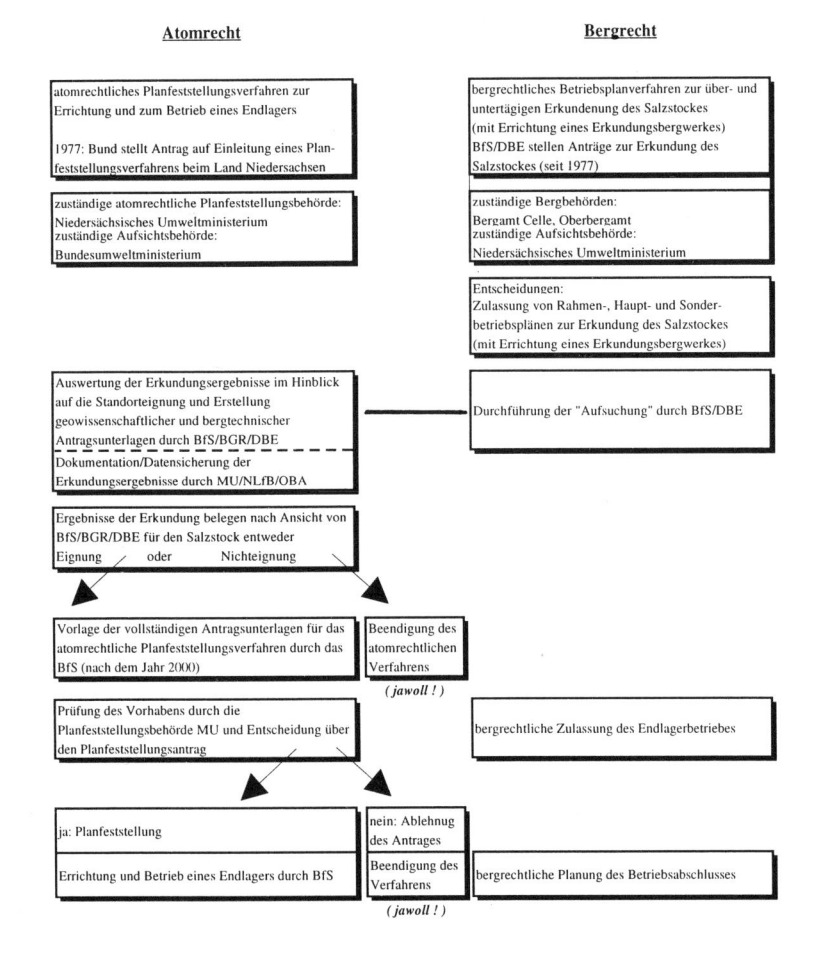

Atomrecht **Bergrecht**

atomrechtliches Planfeststellungsverfahren zur Errichtung und zum Betrieb eines Endlagers

1977: Bund stellt Antrag auf Einleitung eines Planfeststellungsverfahrens beim Land Niedersachsen

bergrechtliches Betriebsplanverfahren zur über- und untertägigen Erkundenung des Salzstockes (mit Errichtung eines Erkundungsbergwerkes)
BfS/DBE stellen Anträge zur Erkundung des Salzstockes (seit 1977)

zuständige atomrechtliche Planfeststellungsbehörde:
Niedersächsisches Umweltministerium
zuständige Aufsichtsbehörde:
Bundesumweltministerium

zuständige Bergbehörden:
Bergamt Celle, Oberbergamt
zuständige Aufsichtsbehörde:
Niedersächsisches Umweltministerium

Entscheidungen:
Zulassung von Rahmen-, Haupt- und Sonderbetriebsplänen zur Erkundung des Salzstockes (mit Errichtung eines Erkundungsbergwerkes)

Auswertung der Erkundungsergebnisse im Hinblick auf die Standorteignung und Erstellung geowissenschaftlicher und bergtechnischer Antragsunterlagen durch BfS/BGR/DBE
Dokumentation/Datensicherung der Erkundungsergebnisse durch MU/NLfB/OBA

Durchführung der "Aufsuchung" durch BfS/DBE

Ergebnisse der Erkundung belegen nach Ansicht von BfS/BGR/DBE für den Salzstock entweder
Eignung   oder   Nichteignung

Vorlage der vollständigen Antragsunterlagen für das atomrechtliche Planfeststellungsverfahren durch das BfS (nach dem Jahr 2000)

Beendigung des atomrechtlichen Verfahrens
(jawoll !)

Prüfung des Vorhabens durch die Planfeststellungsbehörde MU und Entscheidung über den Planfeststellungsantrag

bergrechtliche Zulassung des Endlagerbetriebes

ja: Planfeststellung
Errichtung und Betrieb eines Endlagers durch BfS

nein: Ablehnung des Antrages
Beendigung des Verfahrens
(jawoll !)

bergrechtliche Planung des Betriebsabschlusses

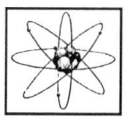

„Eignungshöffigkeit"

In der Diskussion taucht immer wieder dieser Begriff auf, ohne daß klar definiert ist, was damit eigentlich gemeint ist. Für den Bund besteht diese „Eignungshöffigkeit" solange, bis die „Nicht-Eignung" endgültig bewiesen ist. Als ein Kriterium wird die „Sicherheitsanalyse" genannt. In naivem Glauben an die Wissenschaft soll die Ausbreitung der radioaktiven Stoffe über Jahrhunderttausende und Jahrmillionen berechnet werden. Aber bei jedem Rechenprogramm im Computer kann nur das herauskommen, was als komplexe, sich gegenseitig beeinflussende Randbedingungen vorher eingegeben wird. Welcher Mensch will sich anmaßen, die Ereignisse der Natur oder die Eingriffe durch Menschen für solche Zeiträume verbindlich vorherzusagen, denn dies sind die wichtigsten „Randbedingungen" für eine Vorhersage, was mit dem strahlenden Atommüll im Salz passieren wird.

Wenn über eine mögliche „Eignung" von etwas geredet wird, müßte eigentlich klar sein, wann genau diese „Eignung" nicht vorliegt. Aber bei aller Untersuchungsaktivitäten bezüglich der „möglichen Eignung" des Gorlebener Salzstockes wird peinlichst vermieden, genau so etwas festzulegen. Es gibt keine verbindlichen Abbruchkriterien für die Untersuchungen und Beurteilung der „Eignungshöffigkeit". Es soll untersucht werden, und danach bestimmt werden, nach welchen Kriterien entschieden wird. Dies ist Betrug, denn die Kriterien werden nach der gewünschten Endscheidung bestimmt werden. Es sind nur schwammige und wieder alles offenlassende Antworten zu erhalten. Dr. Röthemeyer vom BfS hat als mögliche Abbruchkriterien für die Untersuchungen in Gorleben ein „zu geringes Steinsalzvorkommen" sowie „einen unbeherrschbaren Laugenzufluß" während der Erkundungsphase genannt. Wie „zu gering" bzw. „unbeherrschbar" definiert ist, hat er nicht verraten.

Dreibeiniges Rennpferd

In dem Artikel „Standort Gorleben, als Endlager völlig ungeeignet!" von der GREENPEACE-Gruppe Saar ist das Gleichnis vom dreibeinigen Rennpferd nachzulesen, welches die Absurdität der Erkundungsarbeiten in Gorleben verdeutlicht (Internet http://www.infos.de/EnergieWende/gorleb.htm): Wer ein Rennpferd kaufen möchte, wird eine längere Check-Liste von Punkten haben, auf die zu achten ist. Zeigt sich aber schon auf den ersten Blick, daß das arme Tier nur drei Beine hat, ist eine weitere Untersuchung, etwa des Gebisses oder der Ohren nicht mehr erforderlich. Die Beschaffenheit von Deck- und Nebengebirge in Gorleben bedeutet für ein Endlager das Gleiche, wie das Fehlen eines Beines für ein Rennpferd.

Die weitere Untersuchung des Salzstockes selbst ist somit völlig sinnlos und reine Geld- und Zeitverschwendung. Das Salzstock-Innere kann noch so günstige Eigenschaften aufweisen (was im übrigen keineswegs bewiesen ist), die schlechten Eigenschaften des Deckgebirges können damit ebensowenig ausgeglichen werden, wie der gesunde Kreislauf eines Pferdes das Fehlen eines Beines kompensiert.

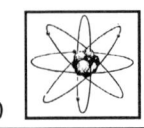

Konsequenzen

Fest steht, daß die Endlagerung auf wissenschaftlich-technischer Ebene ganz anders angegangen werden muß, als dies bisher in Deutschland und auch weltweit der Fall ist. Die Methodik der Herangehensweise muß klar und eindeutig entwickelt werden:

- eine wissenschaftlich fundierte Verfahrensweise für die Standortwahl,
- ein methodisches Instrumentarium für den Eignungsnachweis, daß auch Ausschlußkriterien beinhalten muß,
- ein Rahmen für umfassende Öffentlichkeitsbeteiligung bei allen Teilschritten und
- ein Kriterienkatalog mit Bedingungen, die zur Nichteignung führen können.

Da es trotz weltweiter Forschungs-, Entwicklungs- und Pilotprojektanstrengungen nicht gelungen ist, den Wissenschaftsstreit unter den Experten auszuräumen, muß die Vorstellung einer dauerhaft wartungsfreien, nicht-rückholbaren Lagerung des Atommülls in Zweifel gezogen werden. Das Vertrauen in ein Endlager als „Endlösung" ist von der Angst vor einem langfristig unsicheren Zustand abgelöst worden, der ein späteres Eingreifen zwecks Kontrolle, Reparatur und Sanierung zum Selbstschutz zukünftiger Generationen unmöglich macht. Zugänglichkeit für Kontrollen und Rückholbarkeit für Wartung müssen im Gegensatz zum ursprünglichen Konzept der wartungsfreien Endlagerung nun in Betracht gezogen werden. Dies bedeutet, daß eine dauerhaft aktiv bewachte Lagerung als Alternative zur Endlagerung diskutiert werden muß.

Aus allem, was bisher an Wissen über die gesamte Problematik vorliegt, gibt es nur eine Schlußfolgerung: Wer über Endlagerung spricht, kommt nicht daran vorbei, zunächst über Atomausstieg zu reden. Solange keine Lösung für den Umgang mit Müll vorliegt, darf kein neuer produziert werden.

Zweites Kapitel

Atommüllrepublik Deutschland

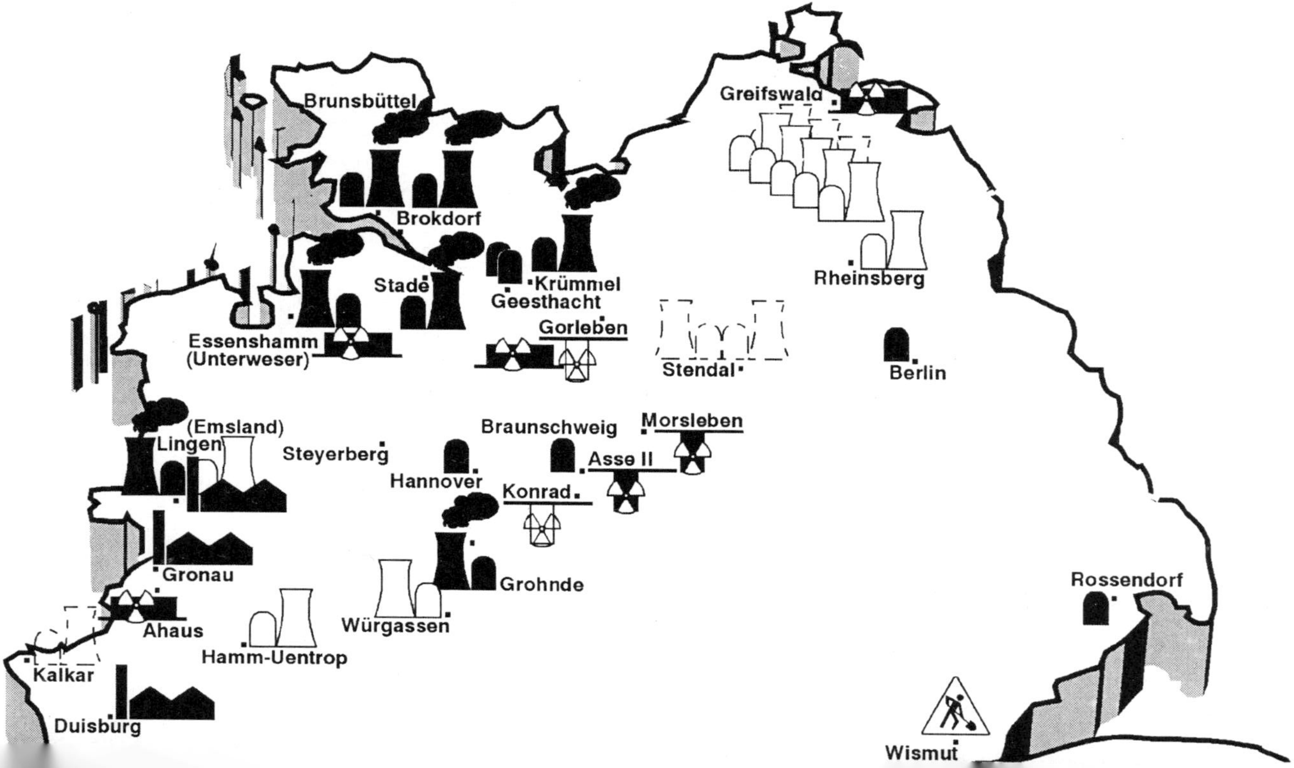
Brunsbüttel
Brokdorf
Stade
Krümmel
Geesthacht
Gorleben
Essenshamm
(Unterweser)
Greifswald
Rheinsberg
Stendal
Berlin
(Emsland)
Lingen
Steyerberg
Hannover
Braunschweig
Morsleben
Asse II
Konrad
Gronau
Grohnde
Ahaus
Würgassen
Hamm-Uentrop
Kalkar
Duisburg
Rossendorf
Wismut

Legende

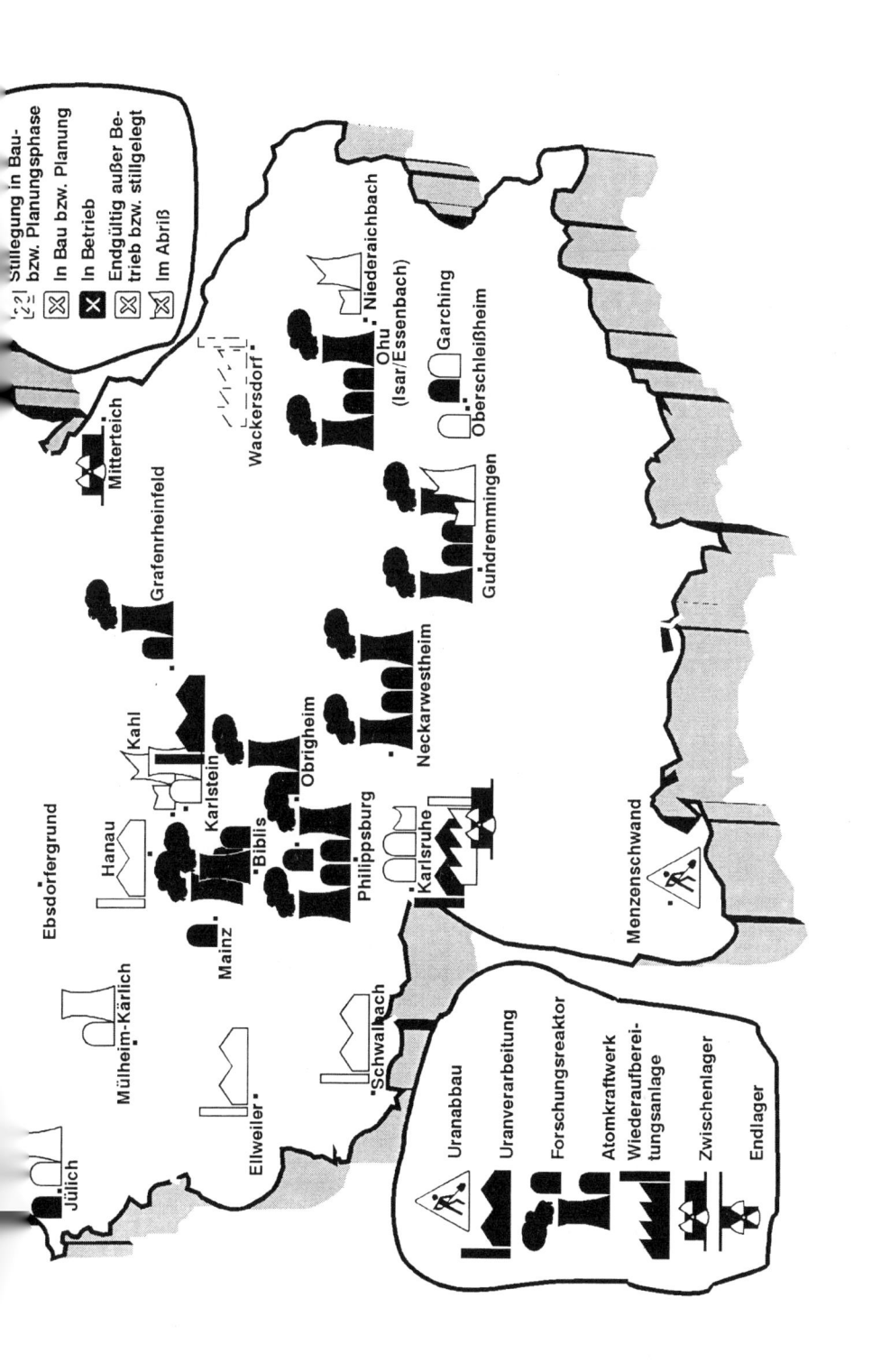

- Stilllegung in Bau- bzw. Planungsphase
- In Bau bzw. Planung
- In Betrieb
- Endgültig außer Betrieb bzw. stillgelegt
- Im Abriß

Standorte

- Jülich
- Mülheim-Kärlich
- Ellweiler
- Hanau
- Ebsdorfergrund
- Mainz
- Schwalbach
- Kahl
- Karlstein
- Biblis
- Obrigheim
- Philippsburg
- Karlsruhe
- Neckarwestheim
- Mitterteich
- Grafenrheinfeld
- Wackersdorf
- Niederaichbach
- Ohu (Isar/Essenbach)
- Garching
- Oberschleißheim
- Gundremmingen
- Menzenschwand

Anlagentypen

- Uranabbau
- Uranverarbeitung
- Forschungsreaktor
- Atomkraftwerk
- Wiederaufbereitungsanlage
- Zwischenlager
- Endlager

HARTMUT LIEBERMANN
Ahaus

Pläne für die Errichtung eines zentralen Zwischenlagers für abgebrannte Brennelemente aus Atomkraftwerken (AKW) wurden in der BRD erstmals im September 1977 bekannt. Zwar war zu diesem Zeitpunkt gerade erst das Konzept des „integrierten Entsorgungszentrums" Gorleben (mit Eingangslager, Wiederaufarbeitungsanlage und Endlager) neu entwickelt und dessen späteres Scheitern noch nicht absehbar, doch war sich die Atomindustrie schon damals darüber im Klaren, daß dessen Realisierung Jahre dauern würde. Daher benötigte man Zwischenlösungen, um den laufenden Betrieb und den damals noch geplanten Ausbau der AKW garantieren zu können.

Standortsuche

In einer durch den Bundesverband Bürgerinitiativen Umweltschutz (BBU) in die Öffentlichkeit gebrachten internen Studie der Deutschen Gesellschaft für Wiederaufarbeitung von Kernbrennstoffen (DWK) wurden dafür sechs mögliche Standorte in Betracht gezogen: Krümmel (Schleswig-Holstein), Meppen (Niedersachsen), Borken (Hessen), Karlstein und Wertheim (Bayern) sowie Ahaus (Nordrhein-Westfalen). Einziges Kriterium für die Auswahl dieser Standorte: An allen befand sich bereits ein ausreichend großes Grundstück im Besitz eines Energieversorgungsunternehmens (EVU), so daß man unnötige Zeitverluste vermeiden zu können glaubte. Im Oktober 1977 erklärte sich das Land NRW bereit, aus „gesamtstaatlicher Verantwortung" (so Ministerpräsident Kühn, SPD) ein Brennelement-Zwischenlager (BEZ) aufzunehmen. Hintergrund waren die damaligen bundespolitischen Verhältnisse: Die SPD/FDP-Bundesregierung wollte von der niedersächsischen CDU-Landesregierung (Ministerpräsident Albrecht) die Unterstützung für Gorleben, zum Ausgleich dafür bot das SPD-geführte NRW die Aufnahme eines BEZ an. Damit war die Entscheidung für (oder besser gesagt: gegen) Ahaus gefallen.

Geplant war zunächst der Bau eines Naß-Zwischenlagers für 1.500 t radioaktiven Schwermetalls, wobei die Kühlung der Brennelemente (BE) durch Lagerung in einem großen Wasserbecken und über ein Wärmetauschsystem mit Kühltürmen erfolgen sollte. In Ahaus regte sich sofort Widerstand gegen diese Pläne: Die Bürgerinitiative „Kein Atommüll in Ahaus" wurde gegründet, begann mit einer Informationsarbeit über die möglichen Gefahren der Anlage und fand in mehreren Unterschriftenaktionen gegen das BEZ rege Unterstützung. Ein öffentliches Genehmigungsverfahren, das nach der damaligen Fassung des § 6 Atomgesetz nicht vorgesehen war, konnte durchgesetzt werden. Vor dem für Februar 1979 angesetzten behördlichen Anhörungstermin demonstrierten 3000 Menschen aus NRW und den benachbarten Niederlanden in Ahaus gegen die BEZ-Pläne. Auf dem Anhörungstermin, selbst in der mit fast 1000 Menschen gefüllten Ahauser Stadthalle, wurde das Fehlen der in Auftrag gegebenen Gutachten bemängelt und die Vertagung der Erörterug bis zu deren Fertigstellung und Veröffentlichung gefordert – mit Erfolg: Der Termin wurde abgebrochen.

Neues Konzept

Nachdem kurze Zeit später Niedersachsens Ministerpräsident Albrecht die WAA in Gorleben für politisch nicht durchsetzbar erklärt und für das geplante Eingangslager (jetzt auch Zwischenlager) ein anderes („inhärent sicheres") Konzept gefordert hatte, wurden auch für Ahaus die Pläne geändert. Das Naßlagerkonzept wurde aufgegeben zugunsten der trockenen Lagerung von BE in Transportbehältern der Familie „Castor". 1983 wurde hierzu ein Anhörungstermin durchgeführt. Wie sich später zeigte, eine reine Alibiveranstaltung, denn trotz zahlreicher Schwachpunkte, die im Rahmen einer sechstägigen Erörterung von der BI und ihren Sachbeiständen vorgebracht worden waren, wurde der Bau des Lagers im Oktober 1983 durch die Stadt Ahaus genehmigt. Ungeachtet einer Klage des Landwirts Hermann Lenting, dessen Hof direkt neben der geplanten Anlage liegt, wurde im Sommer 1984 mit dem Bau begonnen. Allerdings verfügte das Oberverwaltungsgericht (OVG) Münster im Mai 1985 in einem Eilverfahren einen vorläufigen Baustop, der drei Jahre Bestand hatte. In der Zwischenzeit arbeitete eine Koalition aus Betreiberfirma Brennelement-Zwischenlager-Ahaus (BZA), Stadt Ahaus, Land NRW und Physikalisch-Technischer Bundesanstalt (PTB) fieberhaft daran, den festgefahrenen Kahn „wieder flott zu machen" (so der damalige NRW-Wirtschaftsminister Jochimsen). Dies gelang dann schließlich, als beim OVG Münster plötzlich nicht mehr der 10. (Bau-)Senat, den den Baustop erlassen hatte, sondern der 21. (Atom-)Senat für das Verfahren zuständig erklärt wurde. Dieser hob 1988 den Baustop auf und erklärte wenig später die Baugenehmigung für rechtmäßig. Das Bundesverwaltungsgericht in Berlin bestätigte diese Entscheidung ein Jahr später, und im Herbst 1989 war die Lagerhalle dann fertiggestellt. Sie entspricht in Konzept und Ausmaß exakt dem Gorlebener Castor-Lager, nur daß sie außen verklinkert ist (zwecks „Einpassung in die Münsterländer Parklandschaft", wie es damals hieß). Dafür ist sie allerdings von keinem Erdwall umgeben.

Eingelagert werden konnte in die Halle zunächst noch nichts: Zwar hatte die PTB im Jahr 1987 bereits eine atomrechtliche Einlagerungsgenehmigung für Leichtwasserreaktor-Brennelemente (LWR-BE) erteilt, jedoch wurde auch dagegen Klage erhoben (wieder durch Hermann Lenting sowie durch ein Mitglied der BI, Hartmut Liebermann), wodurch der Vollzug zunächst behindert wurde. Dazu kam die politische Zusage der NRW-Landesregierung, daß Ahaus Zwischenlager bleiben müsse und nicht zum Endlager werden dürfe: Daher dürfe es erst in Betrieb gehen, wenn andernorts die Inbetriebnahme eines Endlagers als „gesichert erscheint". Diese Formulierung tauchte erstmals in der Erklärung der Regierungschefs von Bund und Ländern zur Entsorgungsfrage auf, die im September 1979 veröffentlicht worden war. In den folgenden Jahren wurde sie immer wieder bekräftigt. Dennoch waren in Ahaus die Befürchtungen, daß das BEZ faktisch ein Endlager werden könnte, nie abgerissen: Einerseits, weil die Untersuchungen in Gorleben die Brauchbarkeit des dortigen Salzstockes für ein Endlager immer unsicherer erscheinen ließen, andererseits, weil die Genehmigung für das BEZ trotz der Bezeichnung „Zwischenlager" bereits für 40 Jahre erteilt worden war!

Argwohn bestand auch hinsichtlich der Verläßlichkeit des „Entsorgungsjunktims" der Landesregierung. Daß dieser Argwohn berechtigt war, zeigte sich Ende der 80er/Anfang der 90er Jahre: 1989/90 fand ein weiteres Genehmigungsverfahren statt, da nunmehr auch die Kugelbrennelemente aus dem Thorium-Hochtemperaturreaktor (THTR 300) Hamm-Uentrop in Ahaus gelagert werden sollten. Auf zwei öffentlichen Erörterungsterminen in den Jahren 1989 und 1990 machten die Vertreter der Landesregierung deutlich, daß für diese BE ihr Junktim nicht gelte, da es hier ja um die Stillegung eines Reaktors gehe. Diese sei ohne die rasche Verbringung der Kugelbrennelemente nach Ahaus gefährdet. Die BI warf in dem Zusammenhang der Landesregierung Zynismus vor, da sie sich selbst in die von ihr nun beklagte Klemme gebracht hatte: Sie hatte nämlich 1985 bei der Betriebsgenehmigung für den THTR das BEZ Ahaus als Entsorgungsnachweis festgeschrieben, obwohl zu diesem Zeitpunkt noch nicht einmal feststand, ob dieses jemals fertiggestellt werden würde.

Trotz aller Proteste erteilte das jetzt zuständige Bundesamt für Strahlenschutz (BfS) im März 1992 die atomrechtliche Einlagerungsgenehmigung für THTR-BE im BEZ Ahaus. Zugleich wurde die sofortige Vollziehbarkeit angeordnet, wodurch die aufschiebende Wirkung der Klage, die auch dagegen eingereicht wurde, ausgehebelt wurde. Das OVG Münster genehmigte dieses Vorgehen in einer Eilentscheidung im Juli gleichen Jahres.

Erste Einlagerung

Der erste Castor-Transport von Hamm nach Ahaus am 25.6.92 wurde in Gronau und Ahaus von DemonstrantInnen zu blockieren versucht, jedoch räumte ein massives Polizeiaufgebot rasch die Gleise. Drei weitere Transporte wurden im gleichen Jahr durchgeführt. Es handelte sich dabei um ausgediente BE, die während der wenigen Jahre Betriebszeit des THTR angefallen waren und auf dem Gelände des Reaktors gelagert waren. Die eigentliche Entleerung des Reaktorkerns erfolgte erst im

Laufe des Jahres 1994. In diesem Jahr fanden über 50 Transporte statt. Einige davon, die vorher bekannt wurden, wurden von Protestaktionen und symbolischen Blockaden in Münster oder Ahaus begleitet. Während der Transporte kam es immer wieder zu Pannen. So gab es mehrfach Fehlalarme im Behälterüberwachungssystem des BEZ, die zu Transportverschiebungen führten. Im Sommer 1994 wurden einige Behälter in Hamm mit dem falschen Edelgas (Argon statt Helium) befüllt und mußten nach Hamm zurückgebracht werden, weil die Dichtigkeitsüberwachung so nicht funktionieren konnte. Seit dem Abschluß der Transporte Anfang 1995 lagern 305 Castor-THTR/AVR-Behälter mit THTR-BE in Ahaus.

Für die Bürgerinitiative „Kein Atommüll in Ahaus" war der Abschluß der THTR-BE-Transporte nach Ahaus Anlaß, eine Aktion mit dem Motto „Jetzt reicht's – Wir stellen uns quer!" zu starten: Fast 500 Menschen aus Ahaus und Umgebung erklärten im Juli 1995 öffentlich in einer ganzseitigen Zeitungsanzeige, einen weiteren Wortbruch der Landesregierung und weitere Atommüll-Transporte welcher Art auch immer nach Ahaus nicht mehr hinnehmen zu wollen. Für diesen Fall wurde eine Blockade angekündigt.

Weitere Pläne

Für den Erfolg dieser Anzeigenaktion waren auch die Ausbaupläne für das BEZ entscheidend, die 1993 bekanntgeworden waren:

- Für das BEZ wurde die Verwendung eines neuen Behältertyps („Castor V") beantragt. Dies würde die Erhöhung der Kapazität der Lagerhalle von 1.500 t auf 4.200 t mit sich bringen.
- Außerdem wurde auch beantragt, BE aus Foschungsreaktoren in Ahaus zu lagern. Vor allem wird dabei an die hochangereicherten Brennelemente (HEU-BE) des umstrittenen Reaktors FRM II gedacht, der in Garching bei München entstehen soll. Im dortigen Genehmigungsverfahren wird Ahaus als Entsorgungsnachweis angeführt.
- Die Genehmigungsunterlagen für diese beiden Anträge lagen vom 23.3. bis 23.5. 96 öffentlich aus. Für September 1996 ist ein öffentlicher Erörterungstermin geplant. Über 2.000 Menschen haben Einwendungen gegen das Vorhaben erhoben.
- Vor allem aber sorgte die Nachricht vom geplanten Bau einer weiteren Lagerhalle in Ahaus für Unruhe: Diese soll ca. 3mal so groß wie die bestehende sein und sogenannten „schwach- und mittelradioaktiven Müll" aufnehmen. Vor allem ist dabei gedacht an den Müll, der aus den WAA in Frankreich und England zurückgenommen werden muß. Beantragt ist eine Lagerdauer von 60 Jahren. Für Empörung sorgten in Ahaus Bemühungen der Stadtverwaltung, ihre politische Einwilligung zu diesem Vorhaben zu geben und sich dafür fürstlich entlohnen zu lassen: 160 Millionen DM soll die Stadt Ahaus, verteilt auf 20 Jahre ab Baubeginn, vom BZA erhalten, wenn sie dem Bau der Anlage keine Steine in den Weg legt. Trotz des Protestes von 2000 Menschen vor dem Rathaus hat die CDU-Mehrheit des Ahauser Rates, unterstützt von einigen SPD-lern, diesem Vertrag mit BZA am 30.Juni 1993 zugestimmt.

Im November 1995 hat die Stadt Ahaus auch die Baugenehmigung erteilt. Die Einlagerungsgenehmigung nach § 3 der Strahlenschutzverordnung wurde durch die Bezirksregierung Münster am 9. Juli 96 erteilt. Hierbei spielte die Landesregierung NRW eine üble Rolle: Entgegen der Koalitionsvereinbarung vom Sommer 1995 wurde weder die Öffentlichkeit an diesem Verfahren beteiligt noch wurden unabhängige kritische Gutachter eingeschaltet. Trotz dieser politischen Unterstützung für die EVU und trotz der erteilten Genehmigungen werden die Betreiber zur Zeit nicht mit dem Bau der Halle beginnen. Sie haben angekündigt, einen Antrag auf Lagerung von Brennelementen auch in der neuen Lagerhalle für „schwach- und mittelradioaktiven Müll" stellen zu wollen. Erst wenn dieser genehmigt sei, solle über den Bau entschieden werden. Hintergrund dafür ist die offene Frage, ob der Zug künftig Richtung Wiederaufarbeitung oder direkte Endlagerung geht. Die EVU wollen sichergehen, daß sie die Halle bei allen Varianten füllen können. Die Ahauser Stadtspitze zittert derweilen um ihren Haushalt, da sie bereits für dieses Jahr die ersten 10 Millionen von der BZA eingeplant hat.

Hinsichtlich der atomrechtlichen Genehmigung für das BEZ fand am 11.3.96 zum ersten Mal eine mündliche Verhandlung über die Klage vor dem OVG Münster statt: Obwohl die Klage bereits seit 1989 anhängig ist, war bis dahin noch keine Verhandlung zustande gekommen, da das BfS immer wieder Änderungsgenehmigungen (insgesamt bisher sechs) erteilt hat, die in das Verfahren einbezogen werden mußten. Auch nach der Verhandlung am 11.3. ist noch kein Urteil ergangen. Obwohl davon ausgegangen werden mußte, daß der 21. Senat nach seiner bisherigen Vorgehensweise, vor allem in dem Eilverfahren zur THTR-BE-Lagerung, die Genehmigung absegnen und die Klage verwerfen würde, sah er sich nach dem Verhandlungsverlauf dazu nicht in der Lage: Die Kläger präsentierten nämlich ein neues Gutachten von Prof. Dr. Schlich, in dem dieser erhebliche Mängel des Castor-Behälterkonzeptes vortrug, die BfS- und BZA-Fachleute nicht parieren konnten. Daher wurde die Verhandlung vertagt und den Beklagten Zeit zur schriftlichen Erwiderung auf das Gutachten Schlich gegeben. Zur Zeit werden noch Schriftsätze ausgetauscht. Die Fortsetzung der Verhandlung wird voraussichtlich am 29. Oktober 1996 stattfinden.

Kontaktadresse:
Bürgerinitiative „Kein Atommüll in Ahaus" e.V.
Auf der Haar 2
48683 Ahaus
Tel.: 02561 - 71 01
Fax: 02561 - 43 473

Andreas Wessel
Asse II – Die erste Lüge der Entsorgungsspirale

1965 ging das ehemalige Salzbergwerk Asse II bei Wolfenbüttel in den Besitz der bundeseigenen Gesellschaft für Strahlen- und Umweltforschung (GSF) über. Damit begann in der BRD die Geschichte der „Endlagerung" von Atommüll. Das Institut für Tieflagerung der GSF hatte von der Bundesregierung den Auftrag in der Asse Versuche zur Lagerung von Atommüll durchzuführen. Zur Ruhigstellung und Irreführung der mißtrauischen Bevölkerung wurde zunächst der Begriff „Versuchslagerung" geprägt. Nach den Versprechen der Betreiberfirma GSF sollte zunächst die Eignung des Salzbergwerkes für die versuchsweise Einlagerung von Atommüll geprüft werden. Ohne jeden weiteren Nachweis einer Standsicherheit des Grubengebäudes wurde dann bereits 1967 mit der Einlagerung von leichtradioaktivem Atommüll begonnen. Das alte Grubengebäude, das zwischen 1906 und 1963 beim Abbau des Salzes entstand (bis 1925 Kalisalz, danach Steinsalz), besteht aus über 100 Abbaukammern auf 15 Sohlen zwischen 490 Meter und 800 Meter Tiefe. Die Hohlräume dieser Kammern haben ein Gesamtvolumen von ca. 3,5 Millionen Kubikmetern.

Verschiedene Einlagerungstechniken wurden getestet

Von April 1967 bis Ende 1978 wurden ca. 125.000 Fässer mit Atommüll in den Hohlräumen verklappt. Die Fässer mit leichtradioaktiven Abfällen wurden z.B. in Viererreihen senkrecht übereinander gestellt oder in bis zu 13 Lagen übereinander gestapelt, mal mit, mal ohne Kontrollgängen zwischen den Reihen. Da sich diese Techniken jedoch als zu zeit- und personalaufwendig gestalteten, wurden die Fässer ab 1974 aus einem Schaufellader über eine Böschung gekippt und mit losem Salz abgedeckt. Zu den geringeren Kosten kam nach Betreiberangaben der Nebeneffekt, daß das Personal nun nicht mehr allzu übermäßig strahlenbelastet wurde. Diese bis zuletzt angewandte Sicherheitstechnologie nannte sich „Einpökelverfahren".

Der mittelaktive Atommüll wurde auf ähnlich niedrigen Sicherheitsniveau „entsorgt": Die Fässer, die aufgrund ihrer hohen Oberflächenstrahlung noch einen Abschirmbehälter erhielten, wurden von der 490 Meter-Sohle durch ein Bohrloch auf die darunterliegende „hermetisch abgeschlossene" 511 Meter-Sohle im freien Fall ihrer (oder unserer?) strahlenden Zukunft überlassen. Das heißt nichts anderes, als daß, spätestens mit Anwendung dieser letztgenannten Einlagerungstechniken, aus dem ehemals propagierten Versuchslager ein reales „Endlager für radioaktive Abfälle" wurde, denn diese z.t. aufgeplatzten Behälter sind nicht mehr rückholbar.

Nebenbei eingelagert: 24 kg Plutonium

Das gesamte nukleare Inventar beträgt den offiziellen Angaben zufolge ca. 200.000 Curie. Darin enthalten sind die nicht mehr zugänglichen ca. 14.300 Fässer mittelaktiven Atommülls mit offiziell ca. 24 kg Plutonium und ca. 26 kg Uran 235. Die Beimengung von max. 15 g Kernbrennstoff und Plutonium pro Faß wurde seit September 1967 vom Oberbergamt Clausthal-Zellerfeld und von der Physikalisch-Technischen Bundesanstalt (PTB), heute Bundesamt für Strahlenschutz (BfS), genehmigt. Wieviel angereichertes Uran und wieviel Plutonium tatsächlich eingelagert wurde, wird die Menschheit vermutlich nie mehr erfahren. Die Kontrollen des Mülls beschränkten sich auf Dosismessungen und „Wischproben" an der Faßoberfläche. Plutonium kann auf diese Weise jedoch überhaupt nicht nachgewiesen werden. Die Namen der Lieferanten flößen indes ebenfalls wenig Vertrauen ein: neben allen AKW wurde auch von NUKEM und TRANSNUKLEAR angeliefert, und sogar die Bundeswehr war mit 236 Fässern dabei.

Ab 1976 galt bei der GSF das Motto: legal, illegal, scheißegal

Seit diesem Jahr ist nach der 4. Novelle des Atomgesetzes ein öffentliches Planfeststellungsverfahren für Atommüllendlager vorgeschrieben, in dem die Sicherheit nachgewiesen werden muß. Dies interessierte die Betreiber, die der Atommafia ihren ersten Entsorgungsdruck nahmen, herzlich wenig. Erst 1978 wurde die „Versuchsendlagerung" auf Intervention eines FDP-Kreistagsabgeordneten abgebrochen. Die Einstellung der industriellen Einlagerung war jedoch noch lange nicht das Ende von Asse II. Nach wie vor wird das „Versuchsendlager" von der GSF als unterirdisches Forschungslabor weiter betrieben. Mehrere Generationen von GeologiestudentInnen gehen durch diese Meß-Labors, um sich dort die Sicherheit bundesdeutscher Atomtechnologie von gut bezahlten Animateuren vorführen zu lassen.

Asse II heute: Forschungslabor für das geplante Endlager Gorleben

Nicht nur „harmlose Meßtechnik" wird in der Asse getestet, auch Versuche mit realen Strahlenquellen werden hier gefahren, um Erkenntnisse für ein „geplantes Endlager Gorleben" zu erhalten. Die wohl bekannteste geplante „versuchsweise" Einlagerung von 30 Glaskokillen aus der US-amerikanischen Atomwaffenschmiede

Hanford, die jedoch aufgrund politischen Drucks und einer völlig unklaren Genehmigungslage Ende 1992 abgeblasen wurde.

Bereits 1984 wurden für ca. 40 Millionen DM Glaskokillen speziell angemischten Inhalts hergestellt. Da in Asse II keine Kernbrennstoffe verwendet werden dürfen, mußten WAA-Abfälle verwendet werden. Die Kokillen sollten in der Asse fünf Jahre liegen, um „Langzeitauswirkungen" auf das Salz zu beobachten. Danach war eine Zwischenlagerung in der Gorlebener Castorhalle vorgesehen, um die Behälter schließlich „irgendwann im 21. Jahrhundert" im Gorlebener Salzstock endzulagern. Jedoch besaß das Gorlebener Zwischenlager noch gar keine gültige Genehmigung für hochradioaktiven Müll, und die Eignung des Gorlebener Salzstockes für ein Endlager ist nach wie vor als Wunschdenken der Betreiber anzusehen. Die bereits installierten technischen Vorrichtungen für die Durchführung der Versuche haben den Steuerzahler nebenbei 178 Millionen DM gekostet.

Im Übrigen bestand nicht mehr die Notwendigkeit einer drohenden weiteren Verschärfung des Konfliktes um diesen Test, da mit dem Endlager Morsleben ein sogenanntes Testfeld für Versuche mit hochradioaktivem Müll zur Verfügung stand. Die weiteren Versuche, die in der Asse von der PTB und der GSF auch im Verbund mit der TU Braunschweig und der Uni Clausthal gefahren werden, bestehen im Wesentlichen aus bergtechnischen Versuchen im Zusammenhang mit dem Verschluß von Bohrlöchern als technische Barrieren, dem Verfüllen von Einlagerungskammern, der Entwicklung von Berechnungsverfahren zur Abschätzung von Grundwasserbewegungen sowie Versuchen zur Erlangung weiterer geologischer Erkenntnisse zur Prognose der Langzeitsicherheit von potentiellen Endlagern. So werden z.B. auch Pollux-Behälter mit elektrischen Wärmequellen eingelagert, um das Verhalten des Salzes durch thermische Beanspruchung für die direkte Endlagerung von abgebrannten Brennelementen zu testen.

Zur Zeit läuft nach Angaben des Bundesforschungsministeriums noch ein Versuch mit radioaktivem Material. Bei Auslauguntersuchungen an Zementproben werden sogenannte radioaktive „Tracer" verwendet. Weitere Versuche mit radioaktivem Material sind derzeit angeblich nicht geplant.

Unternehmen Zukunft: Verfüllung alter Abbaue mit Salz

Aufgrund der eigenen gebirgstechnischen Untersuchungen in der Asse fanden die Wissenschaftler schließlich heraus, daß auch die Asse selbst nicht als standsicher anzusehen ist. Bereits Anfang der achtziger Jahre haben kritische Wissenschaftler darauf hingewiesen, daß die großen alten Hohlräume aufgrund der Konvergenzneigungen des Salzes einzustürzen drohen, wenn sie nicht verfüllt werden. Nachdem die zuständigen Behörden zunächst abwiegelten, schlossen sie sich später jedoch der Auffassung an und diskutierten noch einige Jahre über die anzuwendenden Verfahren und Materialien. Die Verfüllung der alten Abbaue zur Stabilisierung des gesamten Grubengebäudes, die entgegen dem Protest von Bürgerinitiativen ohne Öffentlichkeitsbeteiligung genehmigt wurde, hat Anfang 1996 begonnen.

Diese einzigartige Maßnahme, die ca. 15 Jahre lang täglich 1.200 Tonnen Salz in den Schacht befördern soll, kostet den Steuerzahler ca. 250 Millionen DM. Daß diese Kosten nicht auf den Atomstrompreis umgelegt werden, versteht sich von selbst; die Kosten trägt das Bundesforschungsministerium. Das Verfüllmaterial ist das Salz des Salzberges von Ronnenberg, südlich Hannover. An diesem Deal verdient die Deutsche Bahn AG diesmal nur durch die Zurverfügungstellung des Schienenweges. Durchgeführt werden die Transporte der insgesamt 3 Millionen Tonnen Salz durch die Verkehrsbetriebe Peine-Salzgitter, die in Zukunft auch den Atommüll in den Schacht Konrad transportieren sollen.

Ob ein Absaufen des Schachtes und die damit einhergehende Gefährdung des Grundwassers mit der Verfüllung tatsächlich verhindert werden kann, bleibt abzuwarten. Einzelne Laugenvorkommen (sozusagen riesige im Salz eingeschlossene Wasserblasen) sind in den letzten Jahren bereits aufgetreten und wurden von dem Filz aus Genehmigungsbehörden und Betreibern regelmäßig verharmlost. Die Nachbarschächte Asse I und Asse III sind jedenfalls schon vor vielen Jahren abgesoffen.

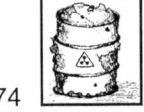

Die fernere Zukunft des ersten bundesdeutschen Atommüllendlagers könnte noch einige Generationen AtomkraftgegnerInnen beschäftigen, da an eine Stillegung und Schließung nicht gedacht wird. Für die Einstellung des Betriebes muß eine Stillegungsgenehmigung mit öffentlichem Planfeststellungsverfahren nach § 9 Atomgesetz durchgeführt werden, in dem die Langzeitsicherheit nachgewiesen werden muß. Da bereits 1978 bei Einstellung der Einlagerung allen Beteiligten klar war, daß eine Langzeitsicherheit schon nach damaligen Maßstäben nicht nachweisbar sein wird, werden sich kommende Generationen von Geologen um so schwerer tun, die erforderliche Sicherheit in einem öffentlichen Verfahren nachzuweisen, selbst nach den undurchschaubaren eigenen Maßstäben des Verbundes aus Atombetreibern und Genehmigungsbehörden. Die Forderung nach einer Stillegung und Sanierung des Endlagers Asse II bleibt jedoch auf dem Tisch, solange von dieser Anlage Gefahren ausgehen. Die Antwort auf die Frage, wie denn eine Sanierung aussehen kann, bleibe ich bewußt schuldig, denn eines sehe ich ebenso wie der 1995 verstorbene Professor für Physik, Jens Scheer: „Sollen doch die politisch Verantwortlichen nach erfolgter Stillegung aller Atomanlagen und Beendigung des Atomprogramms das in den großen Atomforschungszentren vieltausendfach versammelte Gehirnschmalz einzig auf den Zweck orientieren, die relativ am wenigsten gefährliche Behandlung des Atommülls herauszufinden - ich werde dennoch jedes Konzept kritisieren, denn jedes wird zum Gesundheitsschaden und Tod von Menschen führen, und kein zustimmendes Wort dazu wird je über meine Lippen kommen."

Kontaktadresse

Aktion Atommüllfreie Asse
Seban Seehafer
Anton-Ulrich Straße 33
38304 Wolfenbüttel

AXEL MAYER

"Atomaargau"

Das atomare Risiko in der schweizerisch-deutschen Hochrheinregion nimmt zu

Rütteln und Gegenrütteln

In der Nacht wollten sie kommen, die geländegängigen Vibratorfahrzeuge. In der Nacht, denn dann ist das Erdreich ruhig und schwingungsfrei, und tausende eingesteckte Geophone könnten dann die Reflexionen der ausgelösten schwachen Erdbebenwellen störungsfrei aufzeichnen und auswerten. Die Vibrationsfahrzeuge der Nationalen Genossenschaft zur Lagerung radioaktiver Abfälle (NAGRA) sollten den deutsch-schweizer Untergrund erkunden, um ein atomares Endlager zu realisieren, ein Projekt, gegen das sich Widerstand regt.

Für solche Versuche ist allerdings eine Genehmigung der betroffenen badischen Gemeinden erforderlich. In Gailingen, einer kleinen badischen Gemeinde, wollte die NAGRA den Bürgermeister und den Gemeinderat überzeugen. Doch vor dem internen NAGRA-Gemeinderatsgespräch veranstaltete die örtliche BUND-Gruppe eine Podiumsdiskussion zum Thema Atommüllagerung. Es wurde die größte Veranstaltung in der Geschichte der kleinen Ortsgruppe. Der größte Saal der kleinen Gemeinde war übervoll und auch die örtlichen Medien beider Länder waren gut vertreten. Zwei Vertreter der NAGRA diskutierten mit einem badischen BUND-Mitarbeiter und einem schweizerischen BI-Vertreter, und die Stimmung war eindeutig gegen die geplanten Rüttelversuche und gegen das geplante Endlager. Zum geplanten Gegenrütteln, zu einer Traktorrallye mit Schanzenspringen wurde aufgerufen. Beton- und Pflasterrüttler sollten die empfindlichen seismologischen Messungen stören. Die anwesenden Gailinger Gemeinderäte spitzten die Ohren und verhinderten am folgenden Tag durch einen Gemeinderatsbeschluß die mögliche Konfrontation. Nur der Bürgermeister stimmte für die NAGRA-Pläne. Der Gemeinderat untersagte der NAGRA Aktivitäten auf Gemeindegrund.

Dies war der Startschuß für viele Veranstaltungen zwischen Basel und Bodensee. Die NAGRA allerdings schickte keine Vertreter mehr zu öffentlichen Diskussionen. Gailingen, Hohentengen, Dettighofen und andere Gemeinden haben die NAGRA-Anträge abgelehnt. Die örtliche Badische Zeitung titelte: "Das Meß-programm leidet an Schwindsucht. Zwei der drei Meßlinien auf deutschem Gebiet können nicht weiterverfolgt werden". Zwanzig Kilometer fehlen der NAGRA noch für ihr Meßkataster.

Endgültig aufgegeben hat die Schweizer Atomlobby ihre Pläne allerdings noch nicht. Sie hofft auf eine Beruhigung der Gemüter und auf die Ergebnisse interner

Gespräche mit Bürgermeistern und GemeinderätInnen. Auf solche internen Gespräche verstehen sich die Akzeptanzforscher der NAGRA besser als auf öffentliche Pro- und Contra-Diskussionen.

Alte Atomanlagen im Grenzgebiet

Die atomaren Endlagerpläne in Gorleben und im Schacht Konrad werden von der bundesdeutschen Anti-Atombewegung sehr intensiv diskutiert. Die atomaren End- und Zwischenlagerpläne der Schweiz am Hochrhein, mit den Gorlebener Plänen durchaus vergleichbar, wurden bisher nur in einem sehr engen Radius um die geplanten Anlagen wahrgenommen.

In der Schweiz erzeugen fünf Leichtwasserreaktoren in Gösgen, Leibstadt, Beznau I und II und in Mühleberg elektrischen Strom. Vier dieser Anlagen stehen im schweizerisch-deutschen Grenzgebiet. Zu diesem atomaren Gefährdungspotential kommt noch das hinter der Grenze gelegene PSI. Hinter dem harmlos klingenden Namen "Paul-Scherrer-Institut" verbirgt sich das große eidgenössische Atomforschungszentrum. Dort wird Atommüll gelagert, verbrannt und Plutonium verarbeitet. Vor Jahren wurde bekannt, daß waffenfähiges Plutonium aus Los Alamos, USA, ins PSI transportiert wurde, um dort weiterverarbeitet zu werden. Radioaktive Stoffe, die nur aus dem Kamin des dortigen Atommüllofen stammen können, wurden schon im benachbarten Landkreis Waldshut nachgewiesen, wie die Bundesregierung bei der Beantwortung einer parlamentarischen Anfrage der GRÜNEN zugeben mußte. Gegen diese Häufung von Atomanlagen hatte es immer schon Proteste gegeben, insbesondere gegen das AKW Leibstadt, dessen Kühlturmfahne im ganzen Südschwarzwald zu sehen ist und von dem auch das Badenwerk Strom bezieht.

LEIBSTADT

Jetzt rühren sich die verschiedenen Umweltgruppen wieder, neue Bürgerinitiativen gründen sich und auch die grenzüberschreitenden Kontakte werden intensiviert. Bei einem Treffen Anfang April 1992 in Waldshut gründeten BUND-Gruppen, Bürgerinitiativen, Elterngruppen, Ärzteinitiativen, VertreterInnen von Grünen und SPD eine neue, grenzüberschreitende Dachorganisation nach dem Vorbild der badisch-elsässischen BI. In der Versammlung wurde ein Hauptziel formuliert: "Die Verhinderung des Atomklos Hochrhein".

Neue Gefahren

Denn wenn es nach dem Willen der Schweizer Atomlobby geht, soll das atomare Risiko noch vergrößert werden. Zu den bestehenden Atomanlagen sollen noch kleine Zwischenlager in den vorhandenen AKW, ein zentrales Zwischenlager in Würenlingen und ein atomares Endlager, das "Gorleben am Hochrhein", kommen. Das große, zentrale Zwischenlager soll dem Paul-Scherrer-Institut in Würenlingen angegliedert werden. Obwohl es in dieser kleinen Gemeinde direkt beim bestehenden Atomforschungszentrum bereits eine unerklärlich große Krebshäufigkeit gibt, hat die Gemeinde den Zwischenlagerplänen zugestimmt. Kein Wunder, denn der Bürgermeister arbeitet nebenher noch im PSI, und dem angekündigten Geldsegen aus der Tasche der StromkundInnen kann eine Gemeinde im Aargau nur schwer widerstehen. Die ausgeschütteten Franken der Atomlobby erfüllen ihren Zweck.

Konkret sind in Würenlingen ein Verbrennungsofen für Atommüll, eine Atommüllfabrik und das zentrale Zwischenlager für alle Arten von Atommüll geplant. Die Wiederaufbereitungsanlagen in England und Frankreich, die den Schweizer Atommüll aufarbeiten, wollten den Restmüll möglichst bald wieder los sein und nach Würenlingen bringen. Das atomrechtliche Genehmigungsverfahren für das Zwischenlager, den Verbrennungsofen und die Atommüllfabrik ist angelaufen.

Viele Einsprüche kommen aus den in der Hauptwindrichtung liegenden Gebieten, aus dem Schwarzwald, aus Südbaden. Sogar die Stadt Freiburg zählt zu den EinwenderInnen.

Doch stärker noch als diese Zwischenlagerpläne werden gerade jetzt die Schweizer Endlagervorhaben im

Grenzgebiet diskutiert. Die Sprecherin der ökologischen Ärzteinitiative im BUND, Barbara Dohmen: "Die Aktivitäten der NAGRA haben viele Menschen aus ihrer Lethargie gerissen. Altanlagen plus Zwischenlager plus Endlager, das hat das Faß zum Überlaufen gebracht."

Gegründet wurde die NAGRA 1972, zu einem Zeitpunkt, als im AKW Leibstadt bereits Atommüll produziert wurde. Die gleiche Situation also wie im Bundesgebiet. Das "Flugzeug Atomenergie" wurde gestartet. Auf die Idee, eine Landebahn – sprich: Endlagerung - zu bauen, kamen die Verantwortlichen erst später. Aufgabe der NAGRA ist es, geeignete Endlagerstandorte zu finden. Zu diesem Zweck macht das Unternehmen sehr aufwendige Messungen und Bohrungen.

Akzeptanzerhöhung

Eine andere wichtige Aufgabe der NAGRA ist die Öffentlichkeitsarbeit. Dafür stehen jährlich ca. zwei Millionen Schweizer Franken zur Verfügung. "Für die NAGRA ist die politische Akzeptanz ihres Projekts ebenso wichtig wie die Realisierbarkeit aufgrund der geologischen Gegebenheiten" erklärte NAGRA-Geschäftsleiter Hans Issler. Um diese Akzeptanz zu erreichen, werden weder Kosten noch Mühen gescheut. Große, teure Werbekampagnen werden abgewickelt, eine Fachzeitschrift erreicht alle Geologen und Geologinnen der Schweiz, regelmäßig und kostenlos wird der NAGRA-Report verschickt. Ein besonderes Augenmerk aber gilt den Multiplikatoren. Journalisten und Journalistinnen, LehrerInnen und insbesondere die GemeinderätInnen der Bohrstandorte werden intensiv "betreut".

Die Akzeptanzforschung hat aus den Niederlagen der Atomlobby bei Wyhl in Deutschland und Kaiseraugst in der Schweiz ihre Lehren gezogen. Die Fehler von damals werden nicht wiederholt. An diesen Orten hatte sich der Widerstand entzündet, weil sich die Betreiber auf einen Standort versteift hatten. Heute werden geschickt viele Gemeinden und Kantone gegeneinander ausgespielt. Eine andere wichtige Lehre der Betreiber war die "Atomisierung von Entscheidungsprozessen", das heißt, die Perfektionierung der berühmten Salamitaktik. 1972 wurde die NAGRA gegründet, im Jahr 2020 soll das Endlager fertig werden. Welcher Politiker, welche Umweltgruppe hat so einen langen Atem, kann so lange planen? Und bis zum Jahr 2020 werden Entscheidungsschritte in viele kleine Teilschritte zergliedert.

Immer wenn große Entscheidungen anstehen, berichten die Medien, demonstrieren die BürgerInnen, und gerade das will die NAGRA nicht. Still und heimlich versucht sie einen Fuß in die Tür zu bekommen. Hat sie in einer Gemeinde Fuß gefaßt, beginnt die Multiplikatorenarbeit mit Geld und Macht.

Stein der Weisen - Granit oder Gneis?

Ziel der NAGRA war über viele Jahre ein Endlager im Granit oder Gneis. „Granit oder Gneis?" werden viele fragen, die die Gorlebener Diskussion um den

Salzstock kennen. Bei den Geologen bestimmt das Gestein das Bewußtsein. In der Schweiz gibt es keine Salzstöcke, darum sagten die Geologen der Atomlobby, Granit und Gneis seien das geeignetste Endlagermedium. Das sagten sie, denn zwischenzeitlich mußten sie die Sprache den veränderten geologischen Bedingungen anpassen. Ein einigermaßen geeigneter Granit wurde nur an einer einzigen Stelle der Nordschweiz gefunden. Und die Endlagerfähigkeit dieses kleinen Gebiets wird selbst vom Chefgeologen der NAGRA, Marc Thury, in Zweifel gezogen.

Nachdem die Hoffnung auf eine geeignete Granitendlagerstätte beerdigt werden mußte, paßte sich plötzlich die Sprache der veränderten Realität an. Jetzt wurden Sedimente ins Gespräch gebracht. Ablagerungsgesteine wie der Opalinuston und die untere Süßwassermolasse sollen auf einmal genauso sicher wie Granit und Gneis sein.

Wieder einmal begannen umfangreiche geologische Untersuchungen, und wieder einmal erstreckten sich diese Untersuchungen insbesondere auf das Grenzgebiet am Hochrhein. Zur "Abrundung der Messungen in der Schweiz" waren jetzt aber auch seismologische Messungen in Südbaden nötig.

Diese geplanten Messungen zu verhindern, ist eines der Ziele des BUND und der neuen grenzüberschreitenden Umwelt-Dachorganisationen am Hochrhein. Der Hochrhein darf nicht zum Atomklo werden!

Kontaktadresse:
Axel Mayer
c/o BUND Baden-Württemberg
Wilhelmstraße 24a
79098 Freiburg i. Br.

Francis B. Althoff

Gorleben

Politik der verbrannten Erde

Erste Erfahrungen mit dem Atomstaat sammelten die Menschen im Landkreis Lüchow-Dannenberg 1973 bei den letztendlich nach Jahren erfolgreichen Protesten gegen die angedrohten AKW Langendorf und Landsatz, nahe Gorleben. Als in der aufgeschreckten Bevölkerung im November 1976 außerdem Gerüchte um ein geplantes Atommüllager auftauchten, hielt sich Niedersachsens CDU-Ministerpräsident „Strahlemann" Ernst Albrecht bei Nachfragen bedeckt. Erst am 22.2.1977 wagte er es, die Öffentlichkeit mit seiner Entscheidung für ein „Nukleares Entsorgungszentrum" (NEZ) zu konfrontieren. Konkret hieß dies, Gorleben solle zum Atomklo ausgebaut werden, bestehend aus Zwischenlagern, Wiederaufarbeitungsanlage (WAA) und Endlager.

Die „Deutsche Gesellschaft für die Wiederaufarbeitung von Kernbrennstoffen" (DWK) erpreßte von den meisten GrundeigentümerInnen, mit der „Alternative", entweder 4,10 DM pro Quadratmeter oder Enteignung, große Teile des bei einer verheerenden Waldbrandkatastrophe 1975 „freigewordenen" Geländes. Nicht nur diese unverschämte Vorgehensweise, sondern vor allem Augenzeugenberichte, nach denen vor dem Brand aus Privatflugzeugen Flüssigkeiten abgelassen wurden, brachte der DWK die Übersetzung „Die Waldbrandkatastrophe" ein.

Gorleben soll leben

Eine erste Großdemonstration im März 1977 brachte 20.000 Menschen auf die Beine. Während AtomkraftgegnerInnen damit begannen, das Gelände wiederaufzuforsten, verlegte der Atomstaat Teile seines Observations- und Bespitzelungsapparates ins Wendland. Die Belagerung der Provinz begann.

Die bundesweiten Aktionstage „Gorleben soll leben" im Oktober 1978 unterstrichen neben vielen anderen Protesten, daß das Atomprojekt gegen den Willen der Bevölkerung nur schwerlich durchsetzbar ist. Es sollte aber noch bis zum März 1979 dauern, daß angesichts von 100.000 Menschen, die sich unter dem Motto „Albrecht, wir kommen" in der Residenzstadt Hannover versammelten, dieser einsah, schlauer vorgehen zu müssen. Er erklärte eine WAA im Landkreis Lüchow-Dannenberg für politisch nicht durchsetzbar. In einem Brief an Kanzler Schmidt vom 8.6.79 wurde seine bis heute folgenreiche eigentliche Taktik deutlich:

„Sehr geehrter Herr Bundeskanzler, ... in der Tat ist es dieser Teil des NEZ (die WAA), der vor allem die Ängste der Bevölkerung auf sich gezogen hat. Entscheidend für die Richtigkeit dieser Prognose ist allerdings, daß die Bevölkerung uns glaubt, daß das Projekt der WAA nicht weiterverfolgt wird... Ich habe deshalb Vokabeln wie „für diese Politiker-Generation" gebraucht, alles Begriffe, die interpretationsfähig sind und über die gesprochen werden kann. Entscheidend ist, daß die Arbeiten zur Vorbereitung eines Endlagers weitergehen, und daß die Entsorgungskoppelung nicht den Betrieb der vorhandenen Kernkraftwerke lahmlegt und den Bau weiterer verhindert..."

Turm und Dorf könnt ihr zerstören, aber nicht unsere Kraft, die es schuf

Um diese durchgesickerte Volksverarschung zu durchkreuzen, wurde Mitte März 1980 damit begonnen, auf dem geplanten Endlagergelände, das nach einer Bohrstelle benannte „Hüttendorf 1004" zu errichten. Am 3. Mai folgten 5.000 Menschen einem Besetzungsaufruf und gründeten die „Freie Republik Wendland". Dreiunddreißig Tage später wurde das Dorf durch den damals größten Polizei- und BGS-Einsatz (10.000 Beamte) geräumt.

Im Mai 1981 gab der Samtgemeinderat Gartow seine Zwischenlagerentscheidung zugunsten der DWK bekannt. Der Baubeginn im Januar 1982 wurde von lebhaften Protesten begleitet. 10.000 bekundeten ihren Willen zum Widerstand beim legendären Festival „Tanz auf dem Vulkan".1983 gab es erneut eine Entscheidung für eine WAA im Landkreis, diesmal in Dragahn. Circa 300 Traktoren traten dagegen in Aktion, der Protest war massenhaft und hielt lange an. Das Projekt wurde 1985 aufgegeben und nach Wackersdorf verlegt, wo mit wenig Widerstand gerechnet wurde. Im Oktober 1984 brachte die Inbetriebnahme der Zwischenlagerhalle für schwach- und mittelaktiven Atommüll, erschwert durch Barrikaden und Menschenketten, den ersten Faßtransport und damit den ersten **Tag X**.

Das Sorgenkonzept

Die Anlagen in Gorleben spielen eine Schlüsselrolle im sogenannten „Entsorgungskonzept" der Atommüllproduzenten. Deren Meiler dürfen laut AtG (Atomgesetz) nur dann in Betrieb gehen, wenn ein „Nachweis der gesicherten Entsorgung" erbracht werden kann. Aber dieser Nachweis kann weltweit nicht erbracht werden. Überall stoßen WissenschaftlerInnen auf gewaltige Probleme, und es bleibt vollkommen unklar, wie das gefährliche Strahlenerbe über Jahrtausende so gelagert werden könnte, daß es mit Sicherheit nicht, katastrophale Folgen nach sich ziehend, in die Biosphäre gelangt.

Speziell in Gorleben haben sich sämtliche Kriterien der Eignung des Salzstocks zum Endlager als nicht erfüllbar und daher nicht genehmigungsfähig herausgestellt. (Vergleiche *Salzstock Gorleben-Rambow, Seite 50*)

Ein genehmigungsfähiges Endlager ist aber laut AtG für den Weiterbau von AKW und Zwischenlagern zwingend vorgeschrieben, ihr Betrieb und Weiterbau damit vollkommen illegal.

Das Abfallager (ALG)

Das heute bereits halbvolle „Abfallager" wurde am 27.10.1983 trotz heftiger Proteste nach §3 der Strahlenschutzverordnung für 10.600 m³ schwach- und mittelradioaktiven Atommüll ohne Herkunftsbeschränkung vom Gewerbeaufsichtsamt (GAA) Lüneburg genehmigt. Spätestens seit dem Transnuklearskandal (1987) wurde die Überforderung des GAA als Aufsichtsbehörde offensichtlich. Sehr schnell wurde aus der Faßlagerung „ohne Herkunftsbeschränkung" die „ohne Inhaltsangabe".

Von 1.290 nach dem Skandal beschlagnahmten Fässern unbekannter Herkunft und unbekannten Inhalts wurden bis Oktober 1995 gerade einmal 361 im Atomforschungszentrum Jülich untersucht. Entdeckt wurden dabei Fässer mit unerlaubtem „Kernbrennstoffgehalt, kernbrennstoffhaltige Innenbehälter, unverfestigter Schlamm unter einer Betonschicht, unerlaubte Nuklide und Flüssigkeiten". Nach der Prüfung geht die Reise der Problemfässer teilweise ins untaugliche „Endlager" Morsleben, zum Konditionieren nach Duisburg Wanheim (GNS) oder wieder zurück nach Gorleben. Sind die Gorlebener Einlagerungskriterien nicht erfüllt, muß der schwer herausfindbare Absender seinen Müll zurücknehmen oder auf den Weg zur Umkonditionierung schicken. So mußte das AKW Neckarwestheim 30 Fässer zu hoch strahlenden Inhalts zurücknehmen. Ein Teil der im „Abfallager" gestapelten Fässer hatte Risse, andere waren aufgebläht.

Wie die „Fachgruppe Radioaktivität" der BI Lüchow-Dannenberg nachwies, sind die Meßgeräte der vier äußeren Strahlungsmeßstellen völlig ungeeignet und zudem fehlplaziert. Differenzen von 50% in den Meßergebnissen sind keine Seltenheit. Trotz dieser unglaublichen Zustände hat die Betreiberin, die Brennelement-lagergesellschaft Gorleben (BLG) 1992 einen Bauantrag für eine zweite Halle gestellt. Auch titulierte WAA-Abfälle und andere Behältertypen dürfen seit 13.9.1995 in der garagenartigen Blechhalle abgestellt werden.

Das Transportbehälterlager

Diese Halle, in der 420 Castor-Behälter schmoren sollen, wurde 1983 von der Physikalisch Technischen Bundesanstalt (PTB) für 1.500t abgebrannte Brennelemente genehmigt. Das Bundesamt für Strahlenschutz (BfS) erweiterte im Juni 1995 die Genehmigung auf 3.800t und die zusätzliche Einlagerung von Glaskokillen aus der WAA.

Aus dem heißen Castor-Behälter (Castor IIa), in dem die abgebrannten Brenn-elemente transportiert und gelagert werden, kann bei Undichtigkeiten ein radioaktives Potential vergleichbar mit der Strahlung von 40 Hiroshimabomben entweichen. Die Brennelemente müssen permanent gekühlt werden. In den AKW geschieht dies im Wasser der Abklingbecken, in der Gorlebener Castorhalle wird es mit unserer aller Atemluft versucht. In den Hallenwänden und im Dach befinden sich Luftschlitze. Die

Luft tritt seitlich ein, umstreicht die Behälter, erwärmt sich dabei und strömt ungefiltert aus den Dachschlitzen wieder aus.

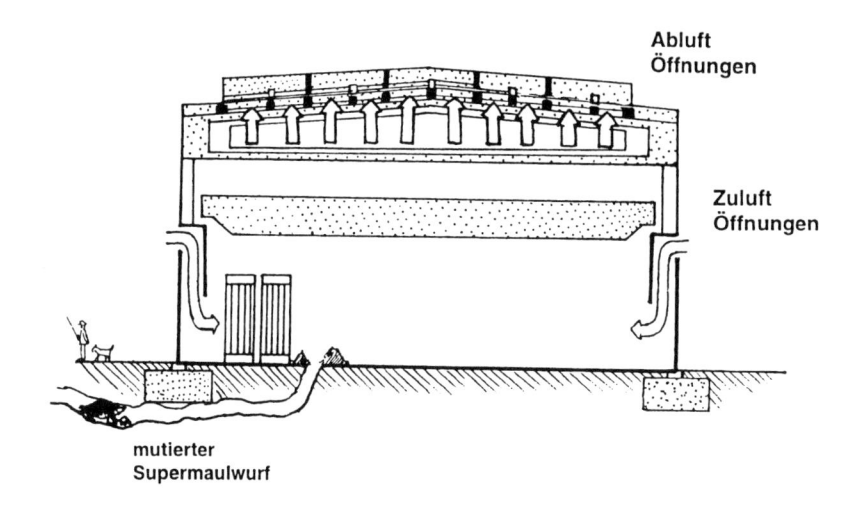

Abluft Öffnungen

Zuluft Öffnungen

mutierter Supermaulwurf

Über 10 Jahre konnte erfolgreich die Inbetriebnahme der Castorhalle verhindert werden. Einen Tag vor dem 9. Tschernobyl-Gedenktag, am 25.4.95, wurde der erste Castor mit abgebrannten Brennstäben aus dem AKW Philippsburg gegen Tausende, sich ihm in den Weg stellenden Menschen, nach Gorleben durchgeboxt. Obwohl in dem AKW-eigenen Zwischenlager, wie bei allen deutschen AKW, noch ausreichend Lagerkapazitäten frei sind.

1983 reichten Lüchow-Dannenberger BürgerInnen Klage ein gegen den Betrieb des Zwischenlagers. Das Hauptsacheverfahren hierzu ist seit 13 Jahren nicht entschieden. Sowohl abgebrannte Brennelemente als auch Glaskokillen wurden aufgrund von vorläufigen Gerichtsentscheidungen bereits in der Castorhalle eingelagert. Ob das Lager rechtmäßig betrieben wurde, bleibt bis zum Ausgang des Hauptsacheverfahrens abzuwarten. Für die BLG ist diese juristische Frage ebenso irrelevant, wie die ihrer Meinung nach dem „Bereich Restrisiko" zugehörige Sicherheit des Castorbehälters.

Das Unfallrisiko bei Transporten wird in einem Gutachten der Gruppe Ökologie (GÖK) auf 1:1000 geschätzt. Die Gorlebener Betreiberin BLG spielt sämtliche Risiken in Anzeigen und bunten Werbeblättchen herunter. Auch werden nicht haltbare Fakten, wie ein angeblicher Brandversuch am Transportbehälter „mit erheblich höheren Temperaturen (1200°C) und doppelt so langer Dauer wie vorgeschrieben" angepriesen. Auf Anfrage der GÖK konnte von der BLG dazu nichts belegt werden. Sämtliche „Härtetests" der Behälter finden zudem ohne radioaktiven Inhalt statt. Die im Castor verpackten Brennstäbe würden im Ernstfall schon bei einem den Behälter aufheizenden Brandunfall von 400°C zerbersten. Unfälle mit Aceton, Butan oder Propan, bei denen Temperaturen von 1600°C entstehen, werden erst gar nicht in Betracht gezogen.

Der TÜV Hannover geht in einem Gutachten auf die Folgen eines Flugzeugabsturzes ein (Gutachten zum Transportbehälterlager Gorleben, S.167). Darin gibt der TÜV zwar ausnahmsweise einmal zu, daß bestehende Grenzwerte nicht eingehalten werden können, bagatellisiert die radioaktive Gefahr aber in menschenverachtender Weise. Je nach Vegetationsperiode und wegen des „realistischen Verzehrverhaltens" nach Bekanntwerden einer solchen Katastrophe, sei die Strahlenexposition gering. ...

Beim zweiten Castortransport, den Glaskokillen aus der WAA La Hague, Frankreich, wurde der Vorwurf erhoben, wir würden völkerrechtliche Verträge und die nationale Verantwortung nicht tragen wollen. Wir sind gegen jeglichen Atommülltourismus, also auch gegen dessen Kutschieren von deutschen AKW nach England oder Frankreich.

Auch neue Erkenntnisse über die wesentlich stärker als bislang behauptete biologische Wirksamkeit von Neutronenstrahlung (Kuni-Gutachten) konnten den Atomstaat bislang nicht von seinem dringend benötigten Alibi-Vorhaben abbringen. Es soll mit allen Mitteln und koste es, was es wolle, suggeriert werden, ein Teilschritt des „Entsorgungskonzeptes" funktioniere problemlos.

Die Pilotkonditionierungsanlage (PKA)

Eine mit Sofortvollzug versehene erste Teilerrichtungsgenehmigung (TEG) für die PKA drückte die damalige niedersächsische CDU/FDP-Koalition kurz vor den Landtagswahlen 1990 durch. Alle Privatklagen gegen den Bau wurden gerichtlich abgewiesen. Der Bau dieser Versuchsanlage, in der radioaktive WAA-Abfälle umgepackt werden und Konditionierungstechniken zur Zwischen- und Endlagerung ausprobiert werden sollen, ist so gut wie abgeschlossen (Stand Juli 1996). Die ersten sogenannten Kalthantierungsversuche ohne radioaktives Material sind angekündigt. Unklar bleibt, ob in dem Kernstück der PKA, der „heißen Zelle", Brennelemente (BE) zerschnitten werden. Einen Antrag hierzu zog die Betreiberin (GNS) wieder zurück, auf die Option wurde jedoch nicht verzichtet. Auch das Bundesumweltministerium (BMU) hält das Zerschneiden der BE selbst vor der bereits angeordneten „direkten Endlagerung" für notwendig. Dabei würden die Hüllenrohre zerstört und radioaktive Strahlung freigesetzt.

Die PKA soll eine weltweit erste Versuchsanlage werden, es gibt keine Erfahrung mit Risiken und Nebenwirkungen. Wir wollen nicht als „Labormäuse" für die Atommafia herhalten!

Kontaktadresse:
Bürgerinitiative
Umweltschutz
Lüchow-Dannenberg
Drawehner Straße 3
29439 Lüchow
Tel.: 05841 - 4684
Fax: 05841 - 3197

MARKUS MAAß / MARIO MEUSEL / MARTIN GRAFFENBERGER
Der Atomstandort Greifswald/Lubmin

Ungefähr 15 km Luftlinie östlich der 60.000-Einwohner-Stadt Greifswald, direkt neben dem Seebad Lubmin in einem Wald- und Heidegebiet liegt einer der größten Atomstandorte Deutschlands. In der Nähe der polnischen Grenze und am Ufer der Ostsee wurde hier zunächst im Zuge der Wende durch den öffentlichen Druck die Stillegung von fünf Atomreaktoren erreicht.

Phönix aus der Asche

Als 1990 die EVU die DDR-Stromwirtschaft unter sich aufteilten, ließen sie die Kernreaktoren in Greifswald, Rheinsberg und Stendal bewußt außen vor: Die alten Reaktoren wollten sie überhaupt nicht übernehmen, die noch im Bau befindlichen erst dann, wenn alle Genehmigungen erteilt worden wären und gewinnbringend Strom produziert werden könnte. Die aktiven AKW standen mehrfach vor dem GAU und waren nicht einmal auf den West-Sicherheitsstandard zu bringen.

Sämtliche verstrahlten Reaktoren in Greifswald (5) und Rheinsberg (1) wurden stillgelegt, die noch nicht fertigen Blöcke in Greifswald (3) und Stendal (2) nicht mehr weitergebaut. Offiziell wurde ein beschleunigter Abriß des Kernkraftwerkes Greifswald "bis zur grünen Wiese" als Firmenpolitik der im Besitz der Treuhandanstalt verbliebenen Energiewerke Nord (EWN) verkündet. Durch die Entscheidung zum schnellen Abriß wurde der alternative „sichere Einschluß" zu keinem Zeitpunkt in Erwägung gezogen.

Im September 1992 bekundete die westdeutsche Atomindustrie jedoch plötzlich großes Interesse am KKW-Gelände Greifswald/Lubmin: Der damalige Preussen Elektra-Chef H. Krämer erklärte, daß in Greifswald ein neues Zwischenlager für radioaktive Abfälle errichtet werden solle. Krämer begründete die Notwendigkeit des Zwischenlagerbaus ausdrücklich mit den zu erwartenden Engpässen bei der atomaren Abfallbeseitigung in Westdeutschland und den begrenzten Zwischenlagerkapazitäten im Zwischenlager Gorleben. Die neuen Planungen für das Zwischenlager gingen also offen von einem bundesweiten Ansatz aus, eine mögliche Beschränkung auf ostdeutschen Atommüll wurde nicht erwähnt.

Das geplante Zwischenlager – so groß wie nötig oder so groß wie möglich? – Die Verschleierungstaktik

Unmittelbar nach Verkündung der Zwischenlager-Pläne von Preussen-Elektra veröffentlichte GREENPEACE im Oktober 1991 Zahlen über die vorgesehene Größe des Lagers. Aus der GREENPEACE–Studie ging hervor, daß die geplante Lagerkapazität von 200.000 m^3 allein für schwach- und mittelradioaktiven Abfall nach dem Bedarf der westdeutschen Atomindustrie ausgerichtet war. Die Zahlen wurden sofort dementiert. Ein Vierteljahr später, Anfang 1992, erklärte die Firmenleitung der EWN, daß ab jetzt die Orientierung „auf die Errichtung eines Zwischenlagers, das größenmäßig nur das Volumen der in Greifswald und Rheinsberg anfallenden Abfälle fassen soll", erfolge. Konkret sei die Errichtung einer Zwischenlagerhalle mit einem Volumen von 150.000 m^3 vom EWN-Aufsichtsrat beschlossene Sache.

Bereits am 17.10.1991 hatte der Schweriner Landtag mit den Stimmen aller Fraktionen dem Bau eines Zwischenlagers in Greifswald zugestimmt, wenn darin ausschließlich Atommüll aus den KKW Greifswald und Rheinsberg eingelagert wird. Doch dieser Beschluß hat keinerlei bindende Wirkung: Er bezieht sich ausdrücklich nur auf die Zwischenlagerung "abgebrannter" Brennelemente. Die Genehmigung für derartige Zwischenlager obliegt aber dem Bundesamt für Strahlenschutz (BfS), das direkt dem Bundesumweltministerium unterstellt ist. Die Genehmigung von Zwischenlagern für schwach- und mittelradioaktive Abfälle erfolgt hingegen in Landeshoheit. Als daher das Landesparlament in Schwerin am 09.04.1992 auf Antrag der Opposition auch die Beschränkung der Einlagerung von schwach- und mittelradioaktiven Abfälle auf Greifswalder und Rheinsberger Abfälle festschreiben sollte, verhinderte die Regierungskoalition aus CDU und FDP die Annahme des entsprechenden Beschlusses. So erklärte im Juli 92 auch H. Steinkemper, Atomrechtsexperte im Bundesumweltministerium, es gebe nach geltendem Recht keine Möglichkeit, ein "regional begrenztes" Zwischenlager zu errichten.

Am 30.04.1992 stellte die GNS dann tatsächlich bei der Landesregierung von Mecklenburg-Vorpommern einen Antrag auf Errichtung und Betrieb eines Zwischenlagers für schwach- und mittelradioaktive Abfälle − genau in der von GREENPEACE 1991 genannten Größe von 200.000 m^3 − ungeachtet des zwischenzeitlich vollzogenen Schwenks in der Bedarfsargumentation der als Auftraggeber fungierenden EWN (vgl. oben). Inzwischen wurde ein neues aus Mitteln der Nachfolgeorganisation der Treuhand finanziertes Unternehmen als Betreiberfirma des Zwischenlager Nord (ZLN) gegründet.

Die damalige Umweltministerin von Mecklenburg-Vorpommern erklärte jedoch zum Zwischenlager-Antrag der GNS: Sie sei froh, daß die beantragte Größe des Zwischenlagers dem Lagerbedarf für den Abriß der Greifswalder und Rheinsberger Blöcke entspreche. Jedoch: Bis heute liegt keine ausreichend exakte Abschätzung des vorhandenen schwach- und mittelradioaktiven Inventars in Greifswald und Rheinsberg vor. Die langfristige Nutzung des Lagers ist nach den Aussagen der Ministerin Merkel und der Geschäftsführung der EWN derzeit nicht verbindlich festlegbar.

„Umwidmung" oder Step by Step zum Castor Endlager

Im April 1993 erfolgte der Genehmigungsantrag zur "Umwidmung" eines Achtels der ZLN-Lagerhalle in ein Brennelementlager gemäß § 6 Atomgesetz (AtG) beim BfS in Salzgitter. Für den Fall, daß dieser Genehmigungsantrag scheitern sollte, kann die GNS die Lagerfläche dann immer noch für schwach- und mittelradioaktive Abfälle nutzen, sobald die im April 1992 beantragte Genehmigung aus Schwerin eintrifft.

Aus den im Sommer 1992 bekannt gewordenen Unterlagen zum Antrag auf einen Bauvorbescheid wurde deutlich, daß die geplante Kapazität des Zwischenlagers deutlich größer ist als die bei einem Abriß der Reaktoren in Greifswald und Rheinsberg anfallende radioaktive Abfallmenge. Das Teillager für hochradioaktive Abfälle ist dreimal so groß wie nötig.

Inzwischen hat sich die GNS aus den Genehmigungsverfahren unter Zurücklassung wichtiger Tentakel in Form der Geschäftsführer von EWN- und ZLN-GmbH zurückgezogen. Bauherr, Betreiber und damit auch finanziell verantwortlich ist die Zwischenlager Nord GmbH, die zu 100% aus dem Bundeshaushalt finanziert wird. Mit anderen Worten genehmigen hier staatliche Behörden einem staatlichen Unternehmen den Bau eines Atommüllagers, das die privaten westdeutschen Stromkonzerne dann in Zukunft zur „Lösung" ihrer Müllprobleme verwenden können.

Second Hand für Osteuropa

Während die nicht verstrahlten Blöcke 7 und 8 fast vollständig entkernt wurden, wird am Block 6 akribisch versucht, Strategien für den Abbau der radioaktiv verseuchten Reaktoren zu erproben.

Die Reaktoren werden nun zum Teil in den ehemaligen Ostblock verkauft. Neben Teilen und Maschinen des Maschinenhauses wurden aber auch alle noch verwendbaren Brennelemente (BE) verkauft. Zuletzt gingen 235 BE für jeweils eine symbolische Mark nach Paks in Ungarn. Dort werden sie in einen AKW eingesetzt, daß selbst von den ungarischen Behörden als „schrottreif" eingestuft wird. Ungarn entsorgt diese BE in der russischen Wiederaufarbeitungsanlage des Atomzentrums Maljak. An die USA sind im Mai 96 einige Tonnen frischer Uranbrennelemente verkauft worden, um dort zu neuen BE für West-AKW umgearbeitet zu werden.

Verwischung des Atommüllursprungs: Konditionierung, Versandlager

Die alten Konditionierungsanlagen für Atommüll sind inzwischen zum Atommülldrehpunkt der Republik avanciert. Hier wird nicht nur der hauseigene Atommüll für das Atommüll-„Endlager" in Morsleben/Sachsen-Anhalt vorbereitet, sondern auch größere Mengen westdeutschen Atommülls. Das geht einher mit Dutzenden von Atomtransporten von den Kraftwerken nach Lubmin und dann wieder zurück zum KKW oder nach Morsleben und Gorleben.

Für die Konditionierungsarbeiten wurde im Block 6 ein vom Volumen und vom Gesamt-Strahlungsinventar unbegrenztes Zwischenlager (Versandlager für radioaktive Abfälle) errichtet und genehmigt, ohne daß die Öffentlichkeit beteiligt wurde.

Im ZLN werden neue Konditionierungsanlagen eingerichtet, die eindeutig die benötigten Kapazitäten überschreiten und in ihrer technischen Ausführung die Entsorger in die Notlage versetzen, entsprechenden Westmüll nur hier aufarbeiten zu können.

ZAB - Das Naßlager auf dem Betriebsgelände

Gegenwärtig werden abgebrannte Brennelemente auf dem Betriebsgelände in einem Naßlager gelagert, dem zentralen Brennelementelager (ZAB). Das ZAB besitzt keine Dauerbetriebsgenehmigung. Aus DDR-Zeiten liegt eine Inbetriebnahmegenehmigung vor, die im Zuge des Inkrafttretens der Umweltunion am 1. Juli 1990 ohne Prüfung bis zum 30. Juni 2000 verlängert wurde. Ein von Bundesumweltminister Töpfer im August 1991 wegen sicherheitstechnischer Bedenken angeordneter Einlagerungsstopp für weitere Brennelemente wurde 1993 wieder aufgehoben. Deutlich wird in diesem Zusammenhang die keineswegs an Sicherheitsinteressen, sondern an Geschäftsinteressen orientierte Firmenpolitik beim Bau des neuen atomaren Zwischenlagers in der Lubminer Heide: Nicht der Neubau eines kleinen Brennelemente-Lagers als Ersatz für das alte ZAB und ausschließlich für den Greifswalder und Rheinsberger Bedarf wurde zunächst beantragt, sondern ein völlig überdimensioniertes Lager für schwach- und mittelradioaktive Abfälle, obwohl zunächst die Auslagerung der Brennelemente aus den Reaktorblöcken erfolgen muß, bevor mit einem Abriß der Blöcke begonnen werden kann und größerer Lagerbedarf für schwach- und mittelradioaktiven Abfall entsteht.

In den letzten Monaten des Jahres 1995 wurde das Abkling- und Umladebecken des Reaktorblockes 3 zu einer Umladeeinrichtung für die Beladung der CASTOR-Behälter umgebaut. Hier sollen dann die abgebrannten Brennelemente der Blöcke 4 und 5 in die CASTOR 440/84- Behälter eingeladen werden, die dann für die Einlagerung im Hallenschiff 8 des Zwischenlagers vorgesehen sind. Vorerst wurde die Verladeeinrichtung zur Jahreswende 1995/1996 für die Beladung dreier CASTOR-Behälter benutzt, mit deren Hilfe die 235 einige Wochen angebrannten Brennelemente aus dem Block 5 an das Kernkraftwerk Paks in Ungarn verscherbelt wurden.

Die Bedeutung des Standortes im Gesamtkonzept der (deutschen) Atomwirtschaft – Lokales Wehgeschrei oder atomare Seeligkeit?

Im Jahresbericht des Bundesamtes für Strahlenschutz 1994 heißt es: „Die Akzeptanz von Maßnahmen wird erleichtert (wenn nicht gar erst möglich), wenn Wahlmöglichkeiten (z.B. zwischen den Optionen Endlagerung und langfristiger Zwischenlagerung) bestehen". Diese klaren Worte zu täglich vor Ort erlebter Taktik fanden sich in einem Resümee eines „Workshops" über „Umwelt und Ethikaspekte der Endlagerung langlebiger radioaktiver Abfälle" im September 1994. Die Atomwirtschaft hat aus Gorleben gelernt und bringt seitdem eine sehr wirkungsvolle Taktik zum Einsatz: Zur widerstandslosen Durchsetzung von Maßnahmen der Atomindustrie wird der Öffentlichkeit die jeweils minimale und harmloseste Variante eines Vorhabens unter Verzicht der Angabe von Alternativen zur Kenntnis gebracht, durchgesetzt und die längerfristigen Vorhaben in zeitlich versetzten kleinen Portionen im Zuge von Nachgenehmigungen oder „Umwidmungen" realisiert. Dazu aktuell: Änderung des Atomgesetzes, mit vereinfachter Genehmigungsprozedur und unter Ausschluß der Öffentlichkeit. Für das Beispiel Greifswald bedeutet das die Beantragung und Genehmigung eines Lagers für den Müll von Lubmin und Rheinsberg, Schaffung entsprechender Tatsachen, Gewöhnung der Bevölkerung an die atomare Normalität und unter Ausschluß der Bevölkerung nach einiger Zeit Beantragung und Genehmigung von Nachzulassungen für weitere Einlagerungsobjekte. ...

Ausweg aus der atomenergetischen Sackgasse: Gelungener Abrißversuch, Wiederholung an allen Standorten der BRD und Reaktorneubau

Mit einer veranschlagten Lebens- und Betriebszeit handelsüblicher Kernkraftanlagen zwischen 20–30 Jahren sollte demnächst der Alterstod einer stattlichen Anzahl derartiger Anlagen eintreten. Statt dessen lesen wir unablässig von beauflagten Weiterbetriebsgenehmigungen derart betagter Museumsstücke. Die dauerhafte Lösung des Alterproblems ließe sich nur durch den Neubau bewerkstelligen. Entsprechende GAU- und tod-sichere Modelle sind bekanntermaßen in Frankreich gründlich durchgeGAUt und für sicher befunden worden. Eine Konstellation also, die der „Kerntechnik–Seele Siemens" fraglos prächtig ins Auftragsbuch passen würde. Entsprechende Optionen für den Reaktorneubau hält sich die Wirtschaft für Greifswald offen, vergleiche dazu Erklärungen von Möllemann und Rexrodt.

Vor dieser Investition steht allerdings Volkes Atommißempfinden und die damit verbundene Unmöglichkeit eines Neubaus auf grüner Wiese. Ein Problem vor dessen Lösung die Politik seit geraumer Zeit kneift und alles zu akzeptieren Willens ist, was unter größtmöglicher Somnolenz des Volkes bewilligungsfähig scheint.

Experiment Abriß auf Kosten der Bevölkerung

Unter diesem enormen Handlungsdruck kristallisieren sich auf „Anbieterseite" einige Strategien heraus: Kern aller diesbezüglichen Anstrengungen stellt dabei die „sichere Entsorgung" alter Kerntechnik mittels „in Deutschland erprobter" Abrißtechnologie dar.

Der Abriß, also das „kontrollierte" Öffnen der Büchse der Pandora, ist in der hier geprobten Art und Weise und der Dimension des absolut nicht kalkulierbaren Risikos noch nie versucht worden. So macht nicht nur die einzigartige Konkurrenzlosigkeit bei Anwendung und Verkauf einer geeigneten Abrißtechnik die Bedeutung dieses Projektes aus, sondern die prinzipielle Möglichkeit der Entfernung unsicherer alter Technik und deren Ersatz durch Neubauten! Ein Prinzip, das nunmehr weltweit mit erheblich verringertem Widerstand anwendbar ist, da an bereits vorhandenen Atomstandorten der Widerstand der betroffen Bevölkerung bereits gebrochen ist (eklatant für Greifswald). Der atomrechtliche Marathon ist dabei auf ein verschwindend kleines Mindestmaß reduziert. Soll dieses Prinzip in nächster Zeit in Deutschland Wirklichkeit werden, so muß auch konsequenterweise bereits jetzt mit der Planung entsprechend groß konzipierter (Zwischen)Lagerung begonnen werden. Eine weitere zwingende Voraussetzung für jeglichen Abriß, ist eine quantitative Vorhersage, die nach Beendigung des Greifswalder Experimentes möglich sein wird.

Was aber macht nun die Greifswalder Meiler für die Entsorgungswirtschaft so interessant?

Abgesehen von Tschernobyl, wo sich eine atomare Anlage selbst pulverisierte, ist beim Bau von KKW nie davon ausgegangen worden, diese je wieder abzubauen: Und das aus der schlichten Einsicht, daß die während der Betriebszeit stattgefundene Durchseuchung in Art und Umfang absolut nicht vorhersagbar ist und damit ein „Risikomanagement" ebenso absolut unmöglich ist. Wer immer den Abriß wagt, spielt somit Russisch–Roulett.

Das Problem liegt dabei also in der Unkenntnis. Um es zu lösen, muß eine repräsentative Anlage seziert und Punkt für Punkt ausgemessen werden. Dabei fällt eine große Datenmenge an, die aufgearbeitet werden muß. Das wäre mit jedem x–beliebigen Atommeiler möglich, aber die gewonnenen Daten damit noch lange nicht für andere Anlagen anwendbar. Das ist erst möglich, wenn mehrere Reaktoren möglichst identischer Bauart und Leistung, aber unterschiedlich langer Betriebsdauer Punkt für Punkt untersucht würden. Mit diesem Startkapital an Daten und unter Zuhilfenahme elementarer Kenntnisse der Atomphysik lassen sich jetzt für beinahe jedes kerntechnische Problem Vorhersagen zur Durchseuchung treffen, Abrißtechnologie planen und deren Sicherheit in Zahlen ausdrücken. In etwa lautet dies dann so: bei einer durchschnittlichen Bevölkerungsdichte von ... treten beim Rückbau eines Reaktors, Betriebsdauer ..., Leistung ..., in fünf Jahren ...% Spontanmortalität auf! Wobei sich diese Aussagen nur im Zusammenhang mit einer konkreten Abrißtechnologie machen und verkaufen lassen.

Der Vorteil für die Entsorger liegt klar auf der Hand: Alle Bedingungen für eine maximal erfolgreiche Realisierung eines solchen Wahnsinns sind an einem Standort, Greifswald, angetroffen worden. Aber damit nicht genug: Da das „Kümmernis" KKW Greifswald 100%-iger Staatsbesitz ist, wird dessen Bereinigung – eine Alternative ist nie in Betracht gezogen worden – auf Staatskosten (veranschlagt: 5 Mrd. DM) vorgenommen, womit also auch das finanzielle Risiko für dieses Forschungs- und Technologievorhaben beim „Staat" liegt. Die Annahme, die Vermarktung einer erfolgreichen Abrißtechnologie würde denn auch gerechterweise durch den Staat erfolgen, ist geradezu drollig–albern, so daß der Schluß gerechtfertigt scheint, daß die Bundesrepublik den treuen Entsorgern eine Lizenz zum Gelddrucken ausgestellt hat und die Energiewirtschaft kostengünstig ihrer gravierendsten Probleme entledigt wird.

Es muß dem Leser überlassen bleiben, die Lage für das Gesundheitsrisiko zu orten; ein Aspekt, der bei einem Risikomanagement und weiterem Verkauf eine sehr wesentliche Rolle spielt! Wobei dennoch darauf hingewiesen sei, daß die menschliche Generationsfolge viel zu lang ist, um frühzeitig den „Erfolg" einer „sicheren" Atomtechnologie zu bejubeln. ...

Aber ordentliche Geschäftsleute verlassen sich nicht nur darauf, einzig beim Verschwindenlassen atomarer Großtechnik konkurrenzlos das Feld der Anbieter anzuführen. Das „Projekt" wirft nebenbei noch „innovative Zerlegetechnik" ab. Eine Trivialität, die für das ITER-Vorhaben ein noch ungelöstes Problem darstellt. Es gibt noch keinen Anbieter für das präzise Zerlegen sehr großer und enorm radioaktiv verstrahlter Komponenten, wie sie beim ITER- Experiment anfallen, ein Umstand, mit dem sich vermutlich noch sehr gut verdienen läßt.

Verlagerung von Problemen ins Ausland

Im Zusammenhang mit der hier beispielhaft näher besprochenen Abrißtechnologie soll noch kurz ein weiteres denkbares Szenario angedacht werden: Das Septemberpamphlet des Deutschen Atomforums (1991) registriert mit Stand 1990 7 in Westeuropa in Bau befindliche Kernkraftwerke, 38 in Osteuropa, 22 in Asien, 5 in Lateinamerika, 3 in Nordamerika und 2 in Afrika/Nahost. Dabei ist die rege Bautätigkeit in Osteuropa und Asien auffällig. In Anbetracht des Wehklagens der EWN-Führung über die mangelhafte Zahlungsfähigkeit („die können nicht einmal den Schrottpreis" der Anlagenteile „bezahlen!") ganz besonders osteuropäischer Staaten und der unablässigen Tadelung der kerntechnischen Sicherheit in nämlichen Ländern verwundert das helfende Interesse der EU und hier ganz besonders Deutschlands eigentlich nicht mehr:

Unter der Annahme, mittels erprobter Abrißtechnologie (die Beweisführung dazu findet just in diesem Moment statt) unsichere Atomstandorte in Osteuropa beräumen zu können, wird den Herstellern führender und sicherer Kernkraftwerkstechnik der Neubau entsprechender Anlagen in Auftrag gegeben, unter der Bedingung einer EU-„Vorfinanzierung" und der Rückzahlungsmöglichkeit in „Strom". Aus der Sicht besonders der deutschen Energieindustrie ließen sich aus einem solchen Deal enorm preiswerte Stromerzeugung im Billigland, die Rohstoffquelle beim Erzeuger und die Entsorgung ebenfalls dort, als wesentliche Vorteile unterstellen. Gemessen an dem Umfang der hier zur Debatte stehenden Möglichkeiten böte für die jeweils am Geschäft interessierten Anbieter bereits die Realisierung eines Bruchteils der dargestellten Möglichkeiten die Lösung viel größerer Probleme im eigenen Land. Die wesentlichste Hürde scheint dabei der Beweis einer „sicheren" Abrißtechnologie für die recht einheitlichen russischen Reaktortypen zu sein. Auch hier ist es ein glücklicher Zufall, daß deutsche Anbieter den fraglichen Beweis in der eigenen guten Stube am Original vollziehen dürfen. ...

Fazit

Zusammenfassend kann also festgehalten werden, daß sich die deutsche Atomwirtschaft in Lubmin als einem der größten deutschen Atomstandorte mehrere Optionen offenhält. Neben der Eröffnung eines zentralen bundesdeutschen Zwischenlagers ist nach wie vor mit der Errichtung des neuen deutsch-französischen Reaktors hier vor Ort zu rechnen.

Die aus dem Abriß erstellte Datenbank erlaubt erstmals die Extrapolation auf Atomanlagen im ganzen Bundesgebiet (und selbstverständlich darüber hinaus), womit auch hier der Abriß und damit der Neubau von Reaktoren Realität wird.

Daneben geht es um die großtechnische Erprobung von Abrißtechnik, die sowohl im Zusammenhang mit dem Kernfusionsprojekt ITER, als auch im gesamten Ostblock vermarktet werden kann. Schließlich eröffnet sich mit der Weiterentwicklung und Erprobung einer Abrißtechnik für Reaktoren russischer Bauart die Möglichkeit, nach dem Abriß dieser Reaktoren an den alten Standorten neue Reaktoren zu errichten ohne auf den Widerstand zu stoßen, der an neuen Standorten zu befürchten wäre. Für den osteuropäischen Markt alles aus einer Hand!

Kontaktadresse:

Bürgerinitiative Kernenergie zur Förderung alternativer Energiekonzepte e.V.
c/o Rosmarie Poldrack
Fleischerstraße 22
17489 Greifswald
Tel./Fax 03834 - 89 21 50

ANDREAS FOX
Atommüllkippe Morsleben
Profit statt Sanierung

Ost und West in der gleichen selbstverschuldeten Verlegenheit: Wo sich die ungelöste Endlagerfrage in der alten Bundesrepublik an den Standorten Asse, Konrad und Gorleben entzündete, richtete das SED-Regime unter Ausschluß der Öffentlichkeit das aufgegebene Salzbergwerk bei Morsleben in Sachsen-Anhalt als Atommüllager her. Unmittelbar an der Grenze zu Niedersachsen gelegen, wurden hier schwach- und mittelradioaktive Abfälle sowie hochradioaktive Strahlenquellen seit 1978 abgestellt, versprüht, verkippt und versenkt. Seit 1993 wird der Einlagerungsbetrieb im Endlager für radioaktive Abfälle Morsleben ERAM ohne Nachweis der Langzeitsicherheit weitergeführt. Jetzt ist zu fürchten, daß das ERAM zum zentralen Endlager der Atomindustrie für schwach- und mittelaktive Abfälle wird.

Altlast in marodem Bergwerk

Bis 1990 wurden rund 14.300 m³ niedrig- und mittelradioaktive Abfälle und 6.892 umschlossene, teils hochradioaktive bzw. stark wärmeentwickelnde Strahlenquellen in der Schachtanlage Bartensleben/Marie bei Morsleben teils mit abenteuerlichen Techniken eingelagert.

Mit der Wiedervereinigung erhielt die Anlage auf Basis der DDR-Dauerbetriebsgenehmigung vom 22.4.1986 eine Bestandsgarantie bis zum 30.6.2000. Nach vorübergehenden Einlagerungsstopps, teilweise auch erreicht durch Rechtsverfahren, wird seit Januar 1993 wieder eingelagert. Damit betreibt die Bundesrepublik ein Endlager ohne ordentliche Planfeststellung, ohne Bürgerbeteiligung, ohne Umweltverträglichkeitsprüfung, ohne genaue Kenntnis der geologischen und hydrologischen Gegebenheiten, ohne Nachweis der Langzeitsicherheit.

Die Bergwerksanlage ist als Atommüllendlager absolut ungeeignet. So mußte schon die Gesellschaft für Reaktorsicherheit GRS im März 1991 feststellen:

- „Ein umfassender Stabilitätsnachweis für das Gesamtsystem Bartensleben/Marie ist nicht vorhanden",
- das Gesamthohlraumvolumen mit ca. 10-12 Millionen m³ ist ausreichend groß,
- der für neue Gruben nach der Niedersächsischen Bergverordnung festgelegte Abstand der Grubenbaue zu wasserführenden Schichten von 150 m wird deutlich unterschritten,
- der Anteil von Hauptanhydrit, Grauem Salzton und Kalisalzen im Grubengebäude ist erheblich,
- die im Bereich des Grubenfeldes stehenden Tiefbohrungen stellen potentielle Wegsamkeiten zwischen der Biosphäre und der Grube dar.

Die großen Kavernen wurden zum Zwecke der Salzgewinnung aufgefahren. Die Bergwerksanlage besteht aus einem vielfältig verschachtelten System von -zig Stollen, Querverbindungen und großen Kavernen auf sieben Ebenen.

Das marode Atommüllendlager Morsleben bei Helmstedt zwischen Braunschweig und Magdeburg ist seit 1993 ohne ordentliches Planfeststellungsverfahren als einziges deutsches Endlager wieder in Betrieb. BfS, DBE und Bundesumwelt bereiten eine umfassende Erweiterung vor.

Ein solch komplexes System als Endlager zu nutzen, ist schlicht verantwortungslos. Beim Ausbau zur Salzgewinnung hat man in Kauf genommen, daß das Grubengebäude danach einstürzen und/oder absaufen kann. 1996 wurde im Einlagerungsbereich ein sechs Meter langen Riß festgestellt, dessen Ursache ungeklärt bleibt. Für Morsleben sind besonders starke Störungen der geologischen Strukturen dokumentiert. Eine Störzone läuft mitten durch den Endlagerbereich.

Ständig fließen Wasser/Salzlösungen in das Endlager. Beide Schachtröhren weisen Hinterspülungen auf, im Endlager gibt es eine Vielzahl von Lösungszuflüssen. Der mit der Analyse und Bewertung dieser Zuflüsse beauftragte Gutachter Prof. A.G.Herrmann von der TU Clausthal hat daher die Einstellung der Einlagerungen mindestens bis zur Abklärung ihrer Zuflüsse gefordert.

Selbst nach den Kriterien der RSK werden für Endlager mindestens 300 Meter dicke unangetastete Salzschichten als Sperre zwischen Endlager und Biosphäre verlangt. Im Endlager Morsleben ist diese „Salzschwebe" stellenweise nur gerade 32 Meter dick, und genau hier befindet sich auch ein starker Wasser- bzw. Salzlösungszutritt. Immer noch wird angenommen, daß jährlich höchstens 20.000 m³ Wasser zufließen können. Aus den bisherigen Erfahrungen beim Absaufen von Salzbergwerken kennt man Zuflußmengen von über 500.000 m³. Dammbauten im Endlager können hier nicht helfen; der unkontrollierte Übergang radioaktiven Materials in die Biosphäre ist eine reale Gefahr. Andere Gruben der Region sind schon abgesoffen.

Endlagerung ohne Planfeststellung

Der Betrieb des Endlagers auf Basis der DDR-Betriebsgenehmigung von 1986 bedeutete bislang, daß keinerlei „wesentliche Änderungen" vorgenommen werden dürfen, ohne daß ein Planfeststellungsverfahren durchgeführt wird. Genau dies scheute das BfS als Betreiber und gleichzeitige Aufsichtsbehörde wie der Teufel das Weihwasser. So wurden bislang zweihundert Veränderungen und Erweiterungen vorgenommen, angeblich alle unwesentlich, aber essentiell für Sicherheit und Betrieb des Endlagers. Flickwerk ohne umfassendes Konzept, ohne zusammenhängende Analyse der Wechselwirkungen in der gesamten Anlage. Bis zum 30.06.2000 sollten so zunächst weitere 26.000 m³ Atommüll in Morsleben endgelagert werden.

Um sich weiter auf die alte Betriebsgenehmigung stützen zu können und ein Planfeststellungsverfahren zu vermeiden, werden bis heute die damals genehmigten Einlagerungstechniken des Abstellens schwachaktiver Abfälle in Faßlagern und des Versturzes mittelaktiver Abfälle in Kavernen verwendet.

Ausgerechnet für die riskanteren Abfälle wird damit das schlechteste Verfahren genutzt. Die Versturztechnik wurde in der „alten" Bundesrepublik in den 70er Jahren getestet und aufgegeben; sie entspricht eindeutig nicht dem „Stand der Technik". Es handelt sich um eine Art atomarer Aschenkiste: Die Abfälle werden aus bis zu 15 Metern Höhe abgekippt. Beschädigungen und Aufplatzen von Behältern, Staubentwicklung und unkontrolliertes Vermischen verschiedenster Abfälle wird hingenommen auf Kosten der Umwelt und dort beschäftigten Mitarbeiter.

Als schwachaktiv deklariertes Material wird in Faßlagern abgestellt. Vor die Faßlager aus DDR-Zeiten hat man Mauern gezogen, da die durchrostenden Fässer nicht gerade vertrauenserweckend wirkten. Bis heute gibt es keine zuverlässigen Zahlen über das radioaktive Inventar des Endlagers Morsleben.

Nur „Überraschungen" gibt es immer wieder: So überraschte das Umweltministerium Sachsen-Anhalt 1996 mit der Information, daß widerrechtlich hochradioaktives Material in Morsleben lagert. Genauso überraschend wird festgestellt, daß mittlerweile 1,2 Millionen Liter radioaktiver Flüssigkeiten auf der siebten Sohle aufgefangen wurden. Weitere 4,8 Millionen Liter sind im Zuge einer fehlgeschlagenen Einlagerungsmethode von flüssigen Abfällen versickert und vagabundieren jetzt durch Aschehaufen und Gestein.

Initiative gegen das Atommüllendlager Morsleben

Im Oktober 1990 richtete sich die erste Klage gegen den Betrieb des Endlagers Morsleben und führte zu einer zeitweiligen Einstellung der Einlagerungen. Verschiedene weitere Klagen von betroffenen Nachbarn, die durch die Unterstützung von Bürgern, von engagierten Juristen, von Institutionen und von Umweltverbänden, durch Greenpeace und durch die Bürgerinitiative gegen das Atommüllendlager ermöglicht wurden, wurden von den Gerichten immer wieder mit formalen

Argumenten abgewiesen. Bis heute ist die Sicherheit des Endlagers noch niemals gerichtlich oder eben in einem Planfeststellungsverfahren überprüft worden!

Seit 1991 kämpft die Initiative gegen das Atommüllager Morsleben für die Schließung und Sanierung des Endlagers und für den Ausstieg aus der Atomenergie. Namentlich Menschen aus der Region Helmstedt/Haldensleben, aus Braunschweig, Magdeburg und Stendal wenden sich mit Öffentlichkeitsinformation, Aktionen und Demonstrationen, mit politischer Arbeit und mit rechtlichen Mitteln gegen den Betrieb des ERAM. Obwohl Energieversorger hier großen Einfluß geltend machen, findet diese Arbeit in der Region viel Unterstützung.

Morsleben: Joker für Atomwirtschaft und Politik

Die Atomwirtschaft hat sich Morsleben als Morgengabe der Wiedervereinigung reichen lassen. Schon werden Morsleben und Konrad gegeneinander ausgespielt, will man Morsleben als letzte Trumpfkarte in der festgefahrenen Endlagerdiskussion einsetzen: Kommt es in „Morsleben zu einer Betriebsverlängerung und Aufwertung des einzulagernden Inventars, so ist die Frage der Inbetriebnahme Konrad neu zu stellen", so eine Studie der Gesellschaft für Nuklearservice GNS.

Möglicherweise ist es schon so weit. Genauso dreist, wie schon bisher die Rechtsgrundlagen für die Einlagerungen in Morsleben gestreckt wurden, wird jetzt die Erweiterung der Einlagerung im Ostfeld des Atommüllendlagers vorbereitet. Unter Umgehung des Atomrechts soll auf Grundlage eines bergrechtlichen Verfahrens ein zusätzlicher Einlagerungshohlraum von einer Million Kubikmetern genutzt werden. Die Abfallmenge soll von 30.000 auf 170.000 Kubikmeter fast versechsfacht, die Gesamtaktivität des radioaktiven Materials mit dann 10^{19} Becquerel auf das 10.000-fache gesteigert werden. Nach Auffassung des Merkel-Ministeriums ist in Morsleben auch die Einlagerung von Abfällen mit höherer Radioaktivität pro Kubikmeter als in Schacht Konrad möglich.

Es verdichten sich die Anzeichen, daß ausgerechnet die marode Altlast Morsleben zum Angelpunkt der bundesdeutschen, wenn nicht sogar EG-weiten Atommüllentsorgung werden soll.

Im Sommer 1996 hat der Bundestag mit dem Genehmigungsbeschleunigungsgesetz eine Änderung des Atomgesetzes beschlossen, nach der wesentliche Änderungen bestehender Endlager jetzt ohne Planfeststellungsverfahren durchgeführt werden können. Interessanterweise verhalf entgegen aller Erwartung ausgerechnet der niedersächsische Ministerpräsident Gerhard Schröder diesem Gesetz im Bundesrat zur Zustimmung. Es wird erwartet, daß Schröder zusammen mit Bundesumweltministerin Merkel versucht, Morsleben aus der weiteren Diskussion um die zukünftige Energiepolitik herauszuhalten.

Mit immer neuen Weisungen des Merkel-Ministeriums werden dem Umweltministerium Sachsen-Anhalt, das als Genehmigungsbehörde die rechtlich geforderte kritische Begleitung angekündigt hat, die Hände gebunden. Für einen Weiterbetrieb des Endlagers über das Jahr 2000 hinaus müßte die beantragte Planfeststellung abgeschlossen werden. Allerdings liegt diese schon Mitte 1996 18 Monate hinter dem Zeitplan zurück. Die geologischen Störungen und die Gegebenheiten der Altanlage erschweren die Erstellung genehmigungsfähiger Nachweise. Die Initiative gegen das Atommüllendlager Morsleben befürchtet, daß der jetzige unhaltbare Status per Gesetz um weitere Jahre verlängert werden könnte.

Das ERAM ist der rostige Notnagel der Atomindustrie. Die Folgen der Billigentsorgung in Morsleben werden den heutigen und den zukünftigen Generationen aufgebürdet. Zum ERAM kann es daher nur heißen: Kein Weiterbetrieb ohne Planfeststellungsverfahren, stillegen, sanieren, verschließen, raus aus der Atomenergie! Dieses Ziel wird nicht zu erreichen sein ohne die Solidarität und Unterstützung der Gruppen aller Standorte, besonders auch der Braunschweiger und Gorlebener, Hamburger und Berliner!

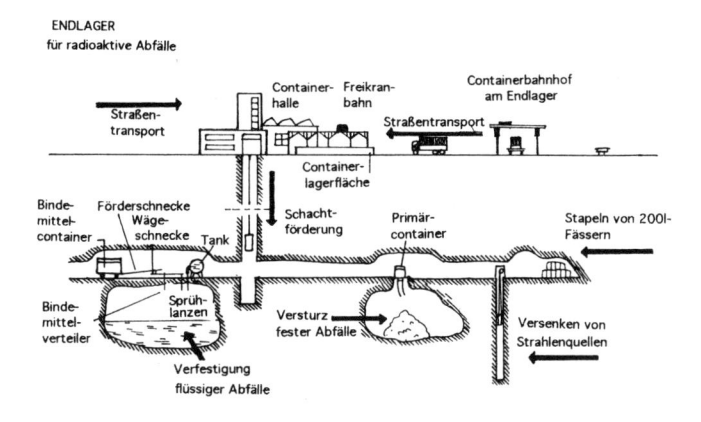

Von den vier Einlagerungsverfahren aus DDR-Zeiten sind zwei übriggeblieben. Die Altlasten sind nicht beseitigt, die Verfahren auf dem Stand von 1986.

Kontaktadresse:
Initiative gegen das Atommüllendlager Morsleben
Birkenweg 3, 38350 Helmstedt
Telefon/Fax 05351-41861

ANDREAS WESSEL
Schacht Konrad – Maßstab für alle Endlager?

Noch während in dem sogenannten Forschungsendlager Asse II Atommüll eingelagert wurde, begannen die ersten Voruntersuchungen durch die Physikalisch-Technische Bundesanstalt (PTB), heute aufgegangen im Bundesamt für Strahlenschutz (BfS), in dem ehemaligen Eisenerzbergwerk „Schacht Konrad" bei Salzgitter-Bleckenstedt auf seine Eignung als Atommüllendlager.

Das Erzvorkommen, daß 1933 bei der Erdölsuche entdeckt und von 1965 bis 1976 ausgebeutet wurde, war jedoch im Gegensatz zu billigerem, importiertem Erz nicht so rentabel, wie sich die Betreiber dies ursprünglich wohl dachten.

Wenn schon kein Erz mehr fördern, warum dann nicht Atommüll einlagern?

Um den vorhandenen Schacht jedoch nicht verkommen zu lassen, kamen „schlaue Leute" (ausgerechnet der Betriebsrat) rechtzeitig auf die Idee, mit der Einlagerung von Atommüll doch noch die eine oder andere DM zu verdienen und wenigstens eine Handvoll der ehemals 6.400 Arbeitsplätze zu retten; sie boten der Bundesregierung den Schacht an. Im Oktober 1976 beauftragte das Bundesministerium für Forschung und Technologie (BMFT) schließlich die Gesellschaft für Strahlen- und Umweltforschung (GSF) und die Kernforschungsanlage Karlsruhe (KfK) mit der Eignungsuntersuchung Schacht Konrads als Atommüllendlager.

1982 stellte die PTB den Antrag auf Einleitung eines Planfeststellungsverfahrens beim Land Niedersachsen als zuständiger Genehmigungsbehörde. Die erarbeiteten Unterlagen der GSF, auf die sich der Antragsteller stützte, wurden von unabhängigen Gutachtern (Gruppe Ökologie, Hannover und Batelle-Institut), die von der Stadt Salzgitter beauftragt wurden, jedoch als „unter Diplomarbeitniveau" niederschmetternd kritisiert. Selbst die PTB-Fachleute gaben zu, daß die genutzte Datenbasis, die aus den Erkundungsarbeiten der Vorkriegszeit stammte, nicht das erforderliche Niveau für eine Sicherheitsbetrachtung erreichte.

Erste Proteste bereits 1981

Bereits 1981 fand die erste Demonstration mit ca. 1.500 TeilnehmerInnen gegen das geplante Endlager statt. Der Protest, der sich in der Region formierte, ging zunächst von Gruppen aus Braunschweig und dem Umweltschutzforum in Salzgitter aus. Der Widerstand in der Region sollte spätestens nach seinem ersten Höhepunkt, der ersten bundesweiten Demonstration 1982 mit ca. 8.000 TeilnehmerInnen und einer ersten Schachtbesetzung durch Menschen aus Lüchow-Dannenberg und Braunschweig kriminalisiert werden: Erste Hausdurchsuchungen bei AtomkraftgegnerInnen in Braunschweig und Salzgitter, ein enttarnter Spitzel des LKA im

Braunschweiger Arbeitskreis gegen Atomenergie, Abhörmaßnahmen bei öffentlichen Veranstaltungen etc..

Die heftigsten Auseinandersetzungen am Schacht Konrad fanden während einer Demonstration 1986 statt. Erstmals wurde der Widerstand sichtbar, der auch in dieser Region schlummert. Mehrere hundert Menschen lieferten sich heftige Auseinandersetzungen mit der Polizei. Nach diesen, die Bevölkerung abschreckenden Szenen, wurde wie überall zu jener Zeit, die Gewaltfrage allgemein thematisiert und stand in dieser Region immer als spaltendes Element zwischen den verschiedenen Gruppierungen, die sich gegen das Atomklo wehrten.

Arbeitsgemeinschaft Schacht Konrad e.V. als Versuch der Bündelung der Kräfte

Trotz der Repressionsversuche gründeten sich in diversen Orten der Region Bürgerinitiativen gegen Schacht Konrad, die sich 1987 in der „Arbeitsgemeinschaft Schacht Konrad" als Sammelbecken der verschiedensten Gruppierungen zusammenschlossen.

Das Interessante an der Arbeitsgemeinschaft Schacht Konrad war sicherlich die von ihr vertretene Breite des Protestes durch viele gesellschaftlich relevante Gruppen, wie Kirchen, Landwirte, Ortsgruppen von Parteien, Kommunen, Umweltschutzgruppen und Bürgerinitiativen. Anders als an anderen Atomstandorten, liegt die geplante Anlage in einer Industrieregion, die von dem Kampf um den Erhalt von Arbeitsplätzen zunehmend geprägt wird. Daher haben sich die treibenden Kräfte innerhalb der AG Konrad schon immer sehr um die Verbreiterung des Protestes innerhalb der Gewerkschaften und der SPD bemüht, was zeitweise erkennbare Früchte getragen hat. So wurde z.B. das erste Buch über das geplante Endlager 1988 von Jusos verfaßt. Zu Wort kommen durfte dort auch der damalige Oberbürgermeister der Stadt Braunschweig und jetzige Innenminister Niedersachsens, Gerhard Glogowski.

Schacht Konrad als Manövriermasse in den Energiekonsensverhandlungen

Die politische Zusammensetzung der AG Konrad war also von Anfang an darauf ausgerichtet, rot-grüne Landespolitik zu unterstützen, was nach der Regierungsübernahme durch Rot-Grün durchaus spürbar war. Spätestens mit dem Fortdauern der Koalition und den Versuchen der SPD, Schacht Konrad als Manövriermasse im Streit mit dem Bund zu instrumentalisieren, wurde vielen jedoch schnell klar, daß von einer rot-grünen Landesregierung in Sachen Atompolitik allgemein, in Sachen Schacht Konrad im besonderen, wenig zu erwarten ist.

So wurde bei den sogenannten Energiekonsensverhandlungen, an denen sich zu Anfang alle Parteien beteiligten, schnell klar, daß die Genehmigung des Schachts Konrad für die SPD kein Problem ist, wenn denn dafür das Projekt Gorleben stirbt. In seinem Bericht zur Präsidiumssitzung der SPD am 25.10.93 schlägt Gerhard Schröder seiner Parteispitze schließlich folgende Punkte vor:

- Inbetriebnahme Schacht Konrad;
- Einstellung der weiteren Erkundung des Schachtes in Gorleben;
- Erkundung anderer Standorte und abschließender Vergleich der Erkundungen mit dem Schacht in Gorleben im Jahre 2005;
- weiterer Bau und Betrieb von Zwischenlagern für hochradioaktiven Müll in Ländern mit AKW-Standorten;
- grundsätzliche Option für den Neubau von Atomreaktoren;
- unbestimmte Laufzeiten für alle in Betrieb befindlichen Reaktoren.

Schröder scheiterte 1993 vor dem SPD-Präsidium mit diesen Eckpunkten, jedoch nicht etwa wegen der Entsorgungsproblematik, sondern vielmehr wegen der offengehaltenen Option auf neue Reaktoren. Was einmal mehr zu beweisen scheint, daß die Bundes-SPD die Entsorgungsproblematik noch immer nicht als solche erkannt hat.

Diese Vorstöße Schröders, insbesondere das Feilbieten des Schachts Konrad, hat letztlich auch dazu geführt, daß insbesondere die frühere Unterstützung der AG Konrad durch die SPD-dominierten Kommunen Salzgitter und Braunschweig ausblieb, bzw. auf ein Minimum reduziert wurde. Gegen die niedersächsische Führungspersönlichkeit Schröder wird innerhalb der SPD nicht opponiert, soweit ist die innerparteiliche Demokratie denn doch nicht gediehen.

Neuer Aufwind der Protestbewegung durch erzwungene Planauslegung

Die Auslegung der Planunterlagen und damit die Beteiligung der Öffentlichkeit in dem Verfahren wurde mehrfach verschoben, um dann die neue Wunderwaffe „bundesaufsichliche Weisung" das erste Mal einzusetzen. Auch hier setzte damit die Auseinandersetzung um Schacht Konrad rechtliche und politische Standards.

Bundesumweltminister Töpfer hatte das Land Niedersachsen bereits vor dem Regierungswechsel in Hannover mehrfach aufgefordert, die Planunterlagen öffentlich auszulegen und das Genehmigungsverfahren damit voranzutreiben. Die damalige Landesregierung unter Ministerpräsident Albrecht (CDU) weigerte sich jedoch mit der gleichen Begründung wie der jetzige Ministerpräsident Schröder (SPD): Die Lastenverteilung bei der Entsorgung von Atommüll ginge einseitig zu Lasten Niedersachsens. „Die Landesregierung erwarte eine einheitliche Linie aller Länder". So wurde auch die bereits für Anfang 1990 angekündigte Planauslegung abgesagt und die Entscheidung auf einen Termin nach der Landtagswahl im Mai 1990 vertagt.

Nach der Wahl, bei der eine rot-grüne Koalition die Regierungsgeschäfte im Lande übernahm, ging dann jedoch alles sehr schnell: Töpfer wies die offiziell atomfeindlich positionierte Umweltministerin Griefahn nach einem mehrmonatigen Hickhack an, die Planunterlagen Anfang 1991 auszulegen und das Genehmigungsverfahren weiterzuführen. Da sich die Koalition darauf festgelegt hatte, alles rechtlich Mögliche gegen Schacht Konrad zu tun, klagte Griefahn gegen die Weisung vor dem Bundesverwaltungsgericht. Töpfer ging seinerseits zum Bundesverfassungsgericht, um gegen die Weigerung Griefahns zu klagen. Dort hatte er mit dem sogenannten „Kalkar-Urteil" bereits einen Erfolg in Sachen Bundesweisung verbuchen können.

Griefahn begründete ihre Klage mit der Unvollständigkeit der Planunterlagen, insbesondere mit dem Fehlen der seit August 1990 erforderlichen Umweltverträglichkeitsstudie, zu deren Inhalten z.b. auch die Untersuchung von Wechselwirkungen verschiedener Umweltbelastungen durch Altanlagen und der geplanten Neuanlage gehört.

Nach einem Termin-Wettlauf der beiden Gerichte (Das Bundesverwaltungsgericht hatte in einem Kommentar zum Kalkar-Urteil die Länderrechte anders beurteilt) setzte sich Töpfer schließlich durch. Die Planunterlagen wurden am 16.05.1991 ausgelegt. Die Umweltverträglichkeitsstudie wurde sozusagen aus den vorhandenen Unterlagen zusammengebastelt, ohne eine eigenständige Betrachtung der tatsächlichen Auswirkungen der Anlage durchgeführt zu haben. Die breit angelegte Kampagne diverser Organisationen brachte schließlich die stolze Zahl von 289.388 Einwendungen gegen das Projekt.

Gewissenhafte Prüfung der Planunterlagen als Strategie des NMU?

Die Politik von Griefahn war seither die einer ordentlichen Prüfung aller vorgebrachten Einwände. Daraus resultierend verschob sich der im Genehmigungsverfahren erforderliche (für registrierte EinwenderInnen) öffentliche Erörterungstermin immer wieder, bis Töpfer schließlich per Weisung den Beginn auf Ende September 1992 festlegte. Der Erörterungstermin, der mit einer Verhandlungsdauer von insgesamt 75 Tagen als der längste und umfangreichste in die deutsche Rechtsgeschichte eingegangen ist, brachte zumindest von seiten des BfS keine neuen Erkenntnisse. Für Griefahn brachte er jedoch 4.000 Seiten Wortprotokoll der KritikerInnen, die ihr Ministerium abzuarbeiten hatte.

Die wissenschaftlichen Standards, die mit diesem Verfahren festgelegt wurden, werden für alle nachfolgenden Verfahren in diesem Bereich den Stand der Technik manifestieren. Gerade die Verfahren zur Abschätzung der Langzeitsicherheit, die Definition von Einlagerungskriterien und die Probleme bei der Kontrolle von tatsächlichen Inhaltsstoffen bei der Anlieferung von Müllgebinden werden für alle folgenden Verfahren einen, eventuell auch internationalen, Status Quo darstellen.

Das niedersächsische Umweltministerium erstellte nach einer ersten Auswertung des Erörterungstermins einen Fragenkatalog, der vor Erteilung eines positiven Planfeststellungsbeschlusses von den Antragstellern abgearbeitet werden sollte. Diese unbeantworteten Fragen führten zu einer Vielzahl von Nachbegutachtungen in den verschiedensten Bereichen durch die Hauptgutachter des

NMU, dem TÜV Niedersachsen/Sachsen-Anhalt, sowie des Niedersächsischen Landesamtes für Bodenschutz und des Oberbergamtes Clausthal-Zellerfeld.

Die im Erörterungsverfahren neben den diversen persönlich betroffenen Menschen hauptsächlich agierenden Einwender, die Städte Salzgitter, Braunschweig und Wolfenbüttel, die sich von der Gruppe Ökologie und der Consult-Planungsgesellschaft Pieles, Gronemeier und Partner wissenschaftlich vertreten ließen, haben sich aus der kritischen Auseinandersetzung weitgehend zurückgezogen. Es wurden nach Abschluß des Erörterungstermins keinerlei Aufträge zur kritischen Betrachtung der Nachgutachten erteilt. Das Klima, das durch die „Streitfreistellung Schacht Konrad" durch Schröder bei den Energiekonsensverhandlungen entstanden ist, wirkt auch hier auf das Handeln der ehedem als Konrad-Gegner agierenden Kommunen.

Proteste gegen Konrad erleben während der Erörterung neuen Aufwind

Die Proteste gegen Konrad liefen während der Erörterung zu neuerlichen Höhen auf, ca. 7.000 Menschen demonstrierten friedlich in Salzgitter-Bleckenstedt. Weitergehenden Widerstand gab es gegen Schacht Konrad noch nicht in der Region. Im Zusammenhang mit den Castor-Transporten nach Gorleben entwickelt sich jedoch auch in dieser Region das, was gemeinhin als Widerstand bezeichnet wird, nämlich die bewußte Überschreitung von Verhalten normierender Gesetze. Ziviler Ungehorsam wird geübt, so zum Beispiel im Vorfeld des Tag X^2. Am sogenannten Tag B wurde parallel zu Brückenbegehungen in Uelzen, Lüneburg und Dahlenburg auch in Salzgitter eine Eisenbahnbrücke besetzt. Die jungen Menschen, die in Gorleben hautnah erneut das erleben, was Robert Jungk einst den Atomstaat nannte, entwickeln ein sehr vernünftiges und kritisches Verhältnis zu dem Unrecht, das ihnen als geltendes Recht verkauft wird und beginnen, Widerstand zu leisten gegen dieses System, welches dieses Recht zugunsten einiger weniger Profiteure durchzusetzen versucht.

Zu neuerlichen Auseinandersetzungen zwischen Bund und Land kam es nach dem Scheitern der Konsensverhandlungen, als Bundesumweltminister Töpfer im Herbst 1994 einen 700 Seiten umfassenden positiven Planfeststellungsbeschluß vorlegte, den er in seinem Hause, parallel zur eigentlichen Genehmigungsbehörde erarbeiten ließ. Töpfer drohte an, das Land Niedersachsen anzuweisen, seinen Entwurf als Beschluß abzusegnen. Griefahn beharrte jedoch darauf, am eigenen Beschluß weiterzuarbeiten, da es nicht anginge, daß der Antragsteller den Beschluß selbst erarbeitet und die Umsetzung erzwingt. Die verfassungsrechtliche Problematik dieser Vorgehensweise wurde offensichtlich auch Töpfer bewußt. Er verzichtete auf diese Weisung und seine Nachfolgerin Frau Merkel zog schließlich den Beschlußentwurf zurück. Allein der Versuch Töpfers, sich seine Genehmigung selbst zu schreiben und die eigentliche Genehmigungsbehörde zu zwingen, diesen Entwurf als Beschluß zu unterzeichnen, offenbart, wie wenig in diesem Staate auf demokratische Verfahren Wert gelegt wird, wenn der ökonomische Nutzen nur groß genug ist.

Bisher letzter Streitpunkt im Verfahren: Befangenheit des TÜV!

Der bisher letzte öffentlich ausgetragene Streitpunkt im Konrad-Verfahren drehte sich um die Befangenheit des Hauptgutachters TÜV Hannover/Sachsen-Anhalt. Der TÜV wurde bereits im April 1994, noch bevor überhaupt Entwürfe der Nachgutachten vorlagen, vom BfS beauftragt, „Vorprüfungen" durchzuführen, zwecks zügiger Inbetriebnahme des Endlagers. Des weiteren liefen bereits Vertragsverhandlungen für die Überwachung des späteren Betriebes durch den TÜV. Der Interessenkonflikt war gegeben, die Verflechtung und wirtschaftliche Kooperation von Gutachter, Antragsteller und Betreiber war offensichtlich. Nach einer Aussetzung des Verfahrens durch das NMU im Herbst 1995 und der angekündigten Beauftragung anderer Gutachter für die Teile des Verfahrens, die der TÜV in dieser Zeit bearbeitet hatte, folgte im März 1996 trotz drohender Verfahrensfehler die Weisung aus dem Hause Merkel, den TÜV wieder als Gutachter einzusetzen und keine anderen Gutachter zu beauftragen.

Die weitere Entwicklung bleibt spannend

Es bleibt abzuwarten, welche Kuriositäten in diesem Verfahren noch auftreten werden. Eines scheint jedoch klar zu sein: Um eine objektive Beurteilung, ob das ausgediente Eisenerzbergwerk als Endlager für radioaktive Abfälle taugt oder nicht, geht es schon lange nicht mehr. Es geht hier um Machtspielchen zwischen Bonn und Hannover, in denen letztlich politische Entscheidungen für oder gegen Schacht Konrad getroffen werden. Die wissenschaftliche und juristische Auseinandersetzung bildet lediglich den Rahmen für die politische Dimension dieses Demokratiespielchens, in dem es um die Durchsetzung wirtschaftlicher Interessen durch eine allmächtige, fast diktatorische Bundesregierung gegenüber einer föderalistische Werte hochhaltenden Landesregierung geht, die im Zweifelsfall alles verschachern würde, wenn es dem eigenen Macht-, bzw. Prestigezuwachs gereicht.

Das eigentliche Problem, die Unlösbarkeit der Entsorgungsfrage, wird bei keiner der agierenden Parteien mehr registriert oder thematisiert. Die naheliegendste Lösung, das sofortige Abschalten aller Atomanlagen, zieht sich mit weiteren Scheingefechten auf den diversen Gebieten der Energiepolitik ganz im Sinne der Atomwirtschaft weiter hin.

Der für Mitte der neunziger Jahre drohende Entsorgungsengpaß wurde mit der Unterstützung/Untätigkeit aller Parteien mit dem sogenannten Artikelgesetz im Mai 1994 verhindert. Durch dieses Gesetz wird die direkte Endlagerung ermöglicht und mangels Endlager die dauerhafte Zwischenlagerung auf unbegrenzte Zeit legalisiert. Die angestrebten Zwischenlagerkapazitäten werden derzeit mit den geplanten und rigoros durchgesetzten Anlagen in Greifswald und Ahaus geschaffen. Unerwünschte Einflußnahme auf die Verfahren und die Klagemöglichkeiten der Bürger wurden mit dem Artikelgesetz ebenfalls heruntergeschraubt. Der Verfall demokratischer

Errungenschaften geht auch in diesem Feld der Politik ohne nennenswerten Widerstand zielstrebig seinen parlamentarischen Gang.

Die Inbetriebnahme von Schacht Konrad ist in diesem Jahrtausend nicht mehr zu erwarten

Mit einer Inbetriebnahme von Schacht Konrad in diesem Jahrtausend rechnet ernsthaft niemand mehr. Wahrscheinlicher ist, daß die von der Atomwirtschaft immer massiver vorgetragene Forderung, die Endlagerung auf ein einziges Endlager für alle Atommüllkategorien zu konzentrieren, sich in politischen Kreisen durchsetzt. Welcher der bisherigen Standorte dann in die engere Wahl fällt, wird sicher nicht aufgrund von sicherheitstechnischen oder geologischen Gesichtspunkten entschieden. Es wird eine politische Entscheidung sein, die, abhängig von der Durchsetzbarkeit, einen Standort bestimmen oder ausschließen wird: Der Widerstand wird es sein, der Standortentscheidungen fällt. Welche Parteienkonstellation dabei in Bonn die Regierungsmehrheit stellt, wird dabei nach bisherigen Erfahrungen vermutlich keine wesentliche Rolle spielen.

Die Entscheidungen, die im Konrad-Verfahren jedoch getroffen wurden und noch getroffen werden, werden Maßstäbe für alle weiteren Verfahren im Bereich der Endlagerung setzen.

Kontaktadresse:
AG Schacht Konrad
Petzvalstraße 50
38104 Braunschweig
Telefon: 0531 - 378121

Drittes Kapitel

PlutoniumWAAn

Einleitung

Die sogenannte „friedliche Nutzung der Kernenergie" läßt sich nicht trennen von ihrem militärpolitischen Ursprung. Historisch gesehen sind Atomkraftwerke gewissermaßen Abfallprodukte aus der Entwicklung der Atombombe. Die ersten Atomreaktoren und WAA in den USA und der Sowjetunion wurden ausschließlich für militärische Zwecke gebaut, um waffentaugliches Material zu erhalten.

Nur wenig Zeit und „know-how" fehlte den Ingenieuren und Wissenschaftlern aus dem dritten Reich nach der Entdeckung der Kernspaltung im Berliner Kaiser-Wilhelm-Institut, um der Wehrmacht Atomwaffen für den „Endsieg" im Völkermord zur Verfügung zu stellen. Die Gefahr einer Existenz deutscher Atombomben war mit dem 8.Mai 1945 zunächst gebannt.

Doch die Atomtechnologie konnte nach dem Krieg von demokratisierten nazideutschen Forschern fast nahtlos weiterentwickelt werden. Während die alliierten Siegermächte in den 50er Jahren zu Atommächten mutierten, lief im Nachfolgestaat des tausendjährigen Reiches bereits die Wiederbewaffnung und ein Atomprogramm im zivilen Deckmäntelchen an.

Eine Generation später stehen der deutschen Atomgemeinde hinreichend Vermögen, Material und Technik für den Bau von Atomwaffen zur Verfügung: In Hanau lagern über zwei Tonnen Plutonium, in La Hague will nicht einmal Frankreich die Massen Bombenstoff aus der Wiederaufarbeitung „deutscher" Brennelemente behalten. Dennoch gehen weiterhin Atommülltransporte zur französischen COGEMA, und dies obwohl der Weg teurer ist als die direkte Endlagerung. Die Plutoniumlager sollen in den nächsten Jahren noch weiter gefüllt werden, wofür?

HANS GROSSMANN
Atomkraft für Strom und Bombe

Angesichts der jüngeren deutschen, europäischen sowie weltweiten Entwicklungen und Ereignisse würde sich der Verfasser dieses Artikels freuen, wenn die hier mit vielen Fakten und Indizien belegte Thematik der "Atomkraft für Strom und Bombe" wieder stärker in Überlegungen, Diskussionen und Argumentationen der Anti-Atom-Bürgerbewegung wie aller atom-kritischen Kreise einfließen und wer weiß, vielleicht auch den einen oder anderen Atombefürworter überzeugen würde.

Man denke nur an das Spektakel erst chinesischer, dann französischer Atombomben- Testserien unmittelbar nach der Unterschrift von fast 200 Staaten unter die nunmehr unbefristete Verlängerung des Atomwaffen-Sperrvertrages. Aber auch die von interressierter deutscher Seite zum quasi offiziellen französischen Angebot hochstilisierten Presse-Verlautbarungen französischer Staatsmänner über Deutschland und andere europäische Staaten unter einem französischen Atomschirm gehören in solche Betrachtungen. Desgleichen die von der Regierung Kohl ganz im Sinne der offiziellen Atommächte begleiteten und kommentierten Aktivitäten in Genf und Den Haag. In Genf geht es um ein Atombomben- Teststop- Abkommen. In Den Haag haben die Welt-Gesundheits-Organisation (WHO) und Generalversammlung der Vereinten Nationen vor dem Internationalen Gerichtshof eine Entscheidung darüber begehrt, ob Besitz und/oder Einsatz von Atomwaffen mit internationalem Recht vereinbar ist. Von der Regierung Kohl hätte man sich weniger atomfreundliche Stellungnahmen gewünscht. Das gilt für Paris ebenso wie für Genf und Den Haag.

Die führenden Pro-Atom-Ideologen in Parteien, in Regierungen sowie Parlamenten von Bund und Ländern, in Wirtschaft, Wissenschaft und Publizistik neigen dazu, die Thematik der Atomkraft nebst atomtechnologischer Infrastrukturen "für Strom und Bombe" unter Formulierungen abzubügeln wie "Das deutsche Trauma". So auch der außerordentlich kenntnisreiche Verfasser einer mehrbändigen "Geschichte der Kernenergie in der Bundesrepublik Deutschland", Wolfgang D. Müller. Als Chefredakteur des Branchen-Fachblattes "atomwirtschaft/atomtechnik" (seit einiger Zeit nur noch "atw: Internationale Zeitschrift für Kernenergie") von der Gründung 1956 bis 1985, also rund 30 Jahre, dann als Mitglied im Herausgeber-Beirat, legt Müller ein außerordentlich informatives Werk vor. Verdienstvollerweise wird damit eine riesige Fülle wichtiger Informationen für eine interessierte Nachwelt erhalten.

Aber wie man Sachregister und Personenregister der bisher erschienenen Bände entnehmen kann, kommt manche wichtige Institution, mancher in diesem Zusammenhang namhafte Wissenschaftler nicht vor. Selbst dann nicht, wenn es sich um regierungsnahe Institutionen handelt, wie etwa die Deutsche Gesellschaft für Auswärtige Politik (DGAP) oder die mit Politikberatung auch für die Bundesregierung betraute Stiftung Wissenschaft und Politik (SWP) nebst dem amerikanisch-deutschen Nuclear History Program (NHP).

Atompolitik ist „Chefsache" seit Adenauer

Daß die Atompolitik in Bonn seit den frühen Jahren der Regierung Adenauer "Chefsache" ist, dafür gibt es viele Indizien. Einige Beispiele: Schon 1952, lange bevor die USA mit ihrer "Atome-für-den-Frieden-Politik" den Weg freigaben, bestand Adenauer als Kanzler auf den Vorsitz einer beim Bundeswirtschaftsministerium anzusiedelnden "Atom-"Kommission (nicht zu verwechseln mit der erst Jahre später beim Atomministerium angesiedelten "Deutschen Atom Kommission"). Aus militärischen Gründen faßte Adenauer den einsamen Entschluß, nicht München, sondern Karlsruhe zum großen Zentrum der Atomforschung mit allen Stufen der Plutoniumwirtschaft zu machen. Gegen den als "Zweites Jalta" oder "Morgenthau-Plan im Quadrat" (Adenauer) und "Neues Versailles in kosmischem Ausmaß" (Strauß) abqualifizierten Atomwaffen-Sperrvertrag wurde die Strategie mit vordergründig export- und forschungspolitischen Argumenten unter Kanzler Kiesinger vorzugsweise im sogenannten "Verteidigungs-Kabinett" mit nur ein paar handverlesenen Kabinettsmitgliedern und Militärs "vorbesprochen". Kanzler Kohls Kanzleramt verweigerte mit sehr formalistischen Gründen sogar einem parlamentarischen Untersuchungsausschuß die Herausgabe von Akten des sogenannten "Nuklearkabinetts". Wenn der Präsident des Deutschen Atomforum e.V., Bonn, ganz spezielle Wünsche hatte, wandte er sich vorzugsweise direkt an den "Sehr geehrten Herrn Bundeskanzler". So auch, als es vor den ersten Konsensgesprächen 1953 eine "Panne" auszubügeln galt, weil in den konzeptionellen Verhandlungsunterlagen die Plutonium-Schiene via Siemens-Mox-Brennelemente in Hanau als entbehrlich dargestellt worden war. Und ... und ... und ...

Ein langjähriger Bonner Insider und gegen Ende der Kanzlerschaft von Schmidt von 1978 bis 1980 Bundesminister des vom Atomministeriums zum Bundesministerium für Forschung und Technologie umbenannten Ressorts, Volker Hauff, vollzog nach den Atomkatastrophen von Harrisburg und Tschernobyl nicht nur seine innere Wende. Er setzte sich mit allen damals verfügbaren "Gutachten zum Ausstieg aus der Kernenergie" auseinander und verfaßte das Buch "Energie-Wende – Von der Empörung zur Reform." Da schreibt der Bundesminister a.D. und Bonner Insider auch: "Die Regierung Konrad Adenauer mit dem Atomminister Franz-Josef Strauß, der später Verteidigungsminister wurde, nährte in diesem Jahrzehnt (50er Jahre) den Verdacht, sie wolle sich über die Entwicklung der zivilen Nutzung der Atomkraft die militärische Option für den Bau deutscher Atombomben offenhalten. Nicht, daß sie die Bombe sofort bauen wollten, sie wollten sich die Möglichkeit offenhalten ... Neben dem Offenhalten der militärischen Option - die zwar kaum ausgesprochen wurde - die durch die zivile Nutzung der Atomkraft ermöglicht wurde und die besonders bei der politischen Rechten in der Bundesrepublik Anklang fand, begann bei der Linken, vor allem in der SPD, die visionäre Phase von der zweiten industriellen Revolution durch die zivile Nutzung der Kernkraft ... Wer bei der zivilen Nutzung der Atomkraft den Brennstoffkreislauf beherrscht, hat damit auch die Fähigkeit, die Bombe zu bauen. Es gibt in diesem Falle keine technische Trennung zwischen beiden Arten der Nutzung dieser Energien."

Deutschland könnte selbst Atomwaffen entwickeln ...

Deutschland könnte selbst Atomwaffen entwickeln, falls es nicht gelingt, eine allseits zufriedenstellende Problemlösung für die Integration in eine europäische Atomstreitmacht zu finden. Das ist der Tenor einiger Deutschland betreffenden Absätze in einem Papier, das seit 1994 bei der West Europäischen Union (WEU) kursiert. Diese noch im Schatten der Nato stehende WEU möchten besonders engagierte Europäer schnellstmöglich zum soliden militärischen Standbein der Europäischen Union hochstilisieren. Das zitierte Papier wurde im WEU-Verteidigungsausschuß erarbeitet, in dem Parlamentarier aus allen Mitgliedstaaten sitzen: aus dem Deutschen Bundestag Fraktionsmitglieder von CDU/CSU, FDP und SPD. Man könnte auch noch in Erfahrung bringen, wer im WEU-Verteidigungsausschuß sitzt und an dem Papier mitgearbeitet hat. Wer aber die Idee einbrachte "Deutschland könnte, wenn es wollte", läßt sich nicht mit letzter Sicherheit sagen. Es könnten ja auch besorgte ausländische Kollegen gewesen sein.

Erst durch eine Bundestagsdebatte im Herbst 1995 erfuhr die Öffentlichkeit, schon 1982 sprach Bundeskanzler Kohl mit dem französischen Staatspräsidenten Mitterand darüber, wie man auf dem Gebiet der Atomwaffen viel mehr gemeinsam machen könnte. Kohl: "Es gibt einen Geheimvertrag zwischen dem Präsidenten der USA und mir über den Einsatz von Atomwaffen. Ich habe hierzu einen Brief von Reagan bekommen. Man könnte sich einen Brief gleichen Typs von Ihnen an mich vorstellen." Darauf Mitterand: "Warum nicht?" Es folgten intensive Beratungen zwischen Vertrauten beider Staatsmänner. Aber eine allerdings vor der deutschen Wiedervereinigung schon 1986 von Mittterand abgegebene Absichtserklärung zur Consultation des deutschen Bundeskanzlers, bevor Frankreich Atomwaffen auf deutschem Boden einsetzt, hat niemals zu einer Verständigung über die taktischen und strategischen Prinzipien geführt (laut obigem WEU- Papier).

Lange nach der deutschen Wiedervereinigung, im Jahre 1992, warf Mitterand die Frage einer Europäischen Doktrin über die französischen und britischen Atomwaffen innerhalb der Europäischen Gemeinschaft auf. "Deutscher Zugriff auf Atomwaffen?" So und ähnlich klotzten 1993 einige deutsche Zeitungen in dreispaltigen Schlagzeilen nach Bekanntwerden verteidigungspolitischer Überlegungen in der CDU/CSU-Bundestagsfraktion. Einschlägige Papiere kamen bemerkenswerterweise aus derselben Fraktionsecke, die später erklärtermaßen mit Wissen ihres Parteivorsitzenden und/oder Bundeskanzler Kohl den Versuchsballon von einem "Kern-Europa unter deutsch-französischer Führung" hochgehen ließ und europaweit für einigen Wirbel sorgte.

Das äußerst dehnungsfähige und nach Belieben interpretierbare Wort von der "nuklearen Teilhabe" tauchte wenig später, 1994, in der "Konzeptionellen Leitlinie für die Bundeswehr" auf. Entsprechende Schlagzeilen ließ Verteidigungsminister Rühe vom Urlaubsort aus sofort "herunterbügeln" zur "Bereitstellung von Trägersystemen". Weiteres über "Trägersysteme" (drei der sieben Tornado-Geschwader) erfuhr man mehr als ein Jahr später in einer Bundestagsdebatte: deutsche Tornados üben von den Standorten Nörvenich, Büchel und Memmingen aus Atombombenabwürfe.

Schon 1979 nur zwei bis drei Monate vor der Bombe

Nach dem Zeugnis der jeder Stimmungsmache ganz gewiß unverdächtigen "Frankfurter Allgemeinen Zeitung" war die Bundesrepublik Deutschland schon in den siebziger Jahren trotz des damals noch längst nicht so weit entwickelten Standes der atomtechnologischen Infrastrukturen von der Bombe nur noch zwei bis drei Monate entfernt. Die Möglichkeiten, Atomenergie und die einschlägigen Infrastrukturen für "friedliche Zwecke" und/oder für den Bau der Bombe zu nutzen, liegen nahe beieinander. So nahe, daß Niels Arley, skandinavischer Atomphysiker und Autor einschlägiger Standardwerke, folgenden Vergleich wagt: "Atomkraftwerke sind wie Bomben, bei denen die Kettenreaktionen über längere Zeiträume gesteuert werden. Atombomben sind wie Atomkraftwerke, wenn die Steuerung versagt und die Kettenreaktionen im Bruchteil einer Milisekunde ablaufen."

Raffiniert zweigleisige Atompropaganda

Vor solchem Hintergrund agiert die politische Atompropaganda von der Regierung Adenauer bis zur Regierung Kohl mit vermeintlich geschickt lancierter Zweigleisigkeit: Atomkraftwerke seien aus ökonomischen, ökologischen und neuerdings sogar aus ethischen Gründen unverzichtbar. Aber auf die Atombombe habe Deutschland verzichtet. Angeblich sogar "völkerrechtlich verbindlich", sagt Bundesaußenminister Kinkel. Und außerdem "unwiderruflich", sekundiert der abrüstungspolitische Sprecher der CDU/CSU-Bundestagsfraktion, Friedbert Pflüger. Belege für derart vollmundige Kommentare der deutschen Atombomben-Verzichtserklärungen werden uns vorenthalten. Und wie "unwiderruflich" wäre "unwiderruflich"? Unvergessen ist schließlich aus den 50er Jahren Adenauers entwaffnendes "Haben Sie was dagegen, daß ich klüger werde?" Nach Verkündung von Wehrpflicht und Wiederbewaffnung hatte ein Journalist daran erinnert, daß - ebenfalls laut Adenauer - ein deutscher Mann niemals werde wieder ein Gewehr anfassen müssen. Und das "nie wieder deutsche Soldaten nach Jugoslawien" unter der Regierung Kohl hat ja auch nicht lange gehalten. Man läßt sich in solchen Fällen durch befreundete Mächte und supranationale Institutionen rufen. Wie auch bei dem so ersehnten Platz im UN- Sicherheitsrat. Gern rufen da ausländische Staatsmänner, denen vorher in Bonn Gutes widerfahren ist. Fest im Blick hat Bonn dabei einen sogenannten "Ständigen Sitz mit Vetorecht". Da sitzen bisher nur die fünf Staaten, die sich seinerzeit, so sie es nicht schon waren, schnell zur Atommacht gemausert haben.

Das Atom bestimmt die Hackordnung

Wir leben in einer Welt, in der die Hackordnung unter den Staaten (und unter ihren Staatsmännern!) nun einmal weitgehend auch dadurch bestimmt wird, ob einer Atombomben hat, oder wenigstens das Zeug, sprich die atomtechnologischen Infrastrukturen, um die Bomben zu bauen – wenn er nur wollte. Über den Staatshaushalt oder den Verteidigungsetat ist es weder in der Höhe noch dem Grunde nach politisch durchsetzbar, eine vielfältig differenzierte Infrastuktur zu schaffen, die den Bau von Atombomben ermöglichen würde. Um die Option auf den Bau von Atombomben überzeugend geltend zu machen, dient die Energieerzeugung durch Atomkraft dazu, die kostspieligen Finanzierungen der nötigen Infrastuktur zum Bau von Atombomben zu ermöglichen.

Es stand in der "Welt" als Zitat, bezeichnenderweise zu jener Zeit, als im April und Mai 1995 in New York fast 200 Staaten über die unbefristete Verlängerung des Atomwaffen-Sperrvertrages verhandelten: "Bundeskanzler Helmut Kohl erklärt immer wieder: was wir machen, ist besonders wichtig: denn wir können zwar, aber wir wollen nicht! Und das ist die stärkste Verhandlungsposition, die man haben kann."Heißt dies aber nicht, stiege Deutschland aus der friedlichen Nutzung der Atomenergie aus, würden die atomtechnologischen Infrastrukturen in ihrer heutigen Vielfalt verschwinden. Und wer in der Welt sollte uns dann noch glauben, daß wir könnten, wenn wir nur wollten. Die "stärkste Position" wäre dahin.

Die Pro-Atom-Ideologen unter unseren heutigen Politikern klopfen sich immer noch gern selbst auf die Schulter, tituliert sich das deutsche Atomgesetz von 1959 als "Gesetz über die friedliche Verwendung der Kernenergie". Und daß es gleich in § 1 "friedliche Zwecke" zu fördern gilt. Wer erinnert sich schon gern an die jahrelangen, beschämenden Bundestagsdebatten um die zahlreichen Versuche, ein Atomgesetz ohne dies lästige Wörtchen "friedlich" zusammenzunageln? Für alle Fälle! Obwohl das Militärische Sicherheitsamt der Alliierten in Koblenz schon bei Vorlage der ersten von vielen Entwürfen das Fehlen des Wörtchens "friedlich" gerügt hatte. Aber das Atomgesetz gehört "nur" zur "Konkurrierenden Gesetzgebung" (Art.72 und 74 GG). Alles, was Verteidigung ist, gehört zur "Ausschließlichen Gesetzgebung" (Art. 71 und 73 GG). So wie unsere Politiker in jüngster Zeit mit Grundgesetz und Bundesverfassungsgericht zu jonglieren gelernt haben, findet man hier "im Bedarfsfalle" sicher einen Ansatz, um die "friedlichen Zwecke" wenn nicht auszuhebeln, so doch aufzuweichen.

Nicht zuletzt wegen der in Deutschland seit Jahrzehnten gebetsmühlenartig betriebenen Atombombenverzichts-Propaganda hatte Robert Jungk sicher recht, als er Ende der 80er Jahre die Gefahren der technologisch unvermeidbaren Nähe jeder zivilen Atomtechnologie zur Bombe beklagte: "Ein Großteil der Öffentlichkeit ignoriert das entweder oder behandelt das höchstens als eine Art politisches Kuriosum". Vorsichtigerweise ist weder die breite Öffentlichkeit noch das Fußvolk unter den Pro- Atom-Politikern mit Einzelheiten des immer wieder propagierten

Atombomben- Verzichts "belästigt" worden, den jeder Parteiredner pflichtschuldigst auswendig aufzusagen weiß - wenn auch in schlimmer Vereinfachung.

Im Ausland dagegen sieht man Deutschland und die Bombe offenbar doch ein wenig anders. Mancher deutsche Atombomben-Verzichts-Prediger würde sich wundern. Nach US-amerikanischen und anderen westlichen Analysen des weltweiten Risikos einer weiteren Verbreitung von Atomwaffen wird unter dem Stichwort "Europa" als möglicher Atomwaffen-Kandidat die Bundesrepublik Deutschland an erster Stelle genannt. Erhärtet wird dies durch Feststellungen der mit Politikberatung befaßten Stiftung Wissenschaft und Politik (SWP), von der auch das amerikanisch-deutsche Nuclear History-Program (NHP) betreut wird. Nachdem 1990 mit der Wiedervereinigung der Weg frei war zu einem nun wirklich souveränen Staat früherer Größe, mit schrittweiser Militarisierung der Außenpolitik und Umrüstungstendenzen der Bundeswehr in Richtung Interventionsarmee hat die genannte Stiftung mehrere Sonderforschungsprogramme für den Bundesminister der Verteidigung durchgeführt, darunter auch über die Verbreitung von Atomwaffen.

Ziemlich zeitgleich mit der Wiedervereinigung öffneten viele der herkömmlichen 25 bis 30 Jahre verschlossenen Archive ihre "Schätze" an Dokumenten und Informationen aus den 50er und 60er Jahren, in denen auch in Deutschland entscheidende Weichen für das Atomzeitalter gestellt worden sind. In der Folge haben Historiker, Physiker, Soziologen und auch hohe Militärs a. D. manche höchst aufschlußreiche Veröffentlichung vorgelegt. So entstand in der ersten Hälfte der 90er Jahre, von der breiten Öffentlichkeit ziemlich unbemerkt, eine kleine, aber feine Spezial-Bibliothek.

Traumziel deutscher Atompolitik: die Europäische Option

In der deutschen Öffentlichkeit und wohl auch unter dem politischen Fußvolk fernab von Bonn ist viel zu wenig bekannt, daß die "europäische Option" (auf die Bombe) das seit den 50er Jahren beharrlich gehätschelte Traumziel deutscher Atompolitik ist. Dieses "diplomatische" Kürzel steht für den deutschen Zugriff auf Atombomben im Rahmen europäischer Bündnissysteme, die möglichst schnell möglichst eng zusammengeschweißt werden sollen. Dabei scheint es wenig zu stören, daß es Staaten gibt, die darin eine Unterwanderung des Atomwaffen-Sperrvertrages sehen würden. Einer der diesbezüglich massivsten Kritiker, die Sowjetunion, existiert ja nicht mehr. Ganz problemlos dürfte es aber auch heute nicht sein, Maastricht-Vertrag, gemeinsame Außen- und Sicherheitspolitik (GASP) und Atomwaffen-Sperrvertrag mit der „europäischen Option" Deutschlands auf die Bombe unter einen Hut zu bringen.

Nachzulesen ist über diese „europäische Option" unter anderem auch in etlichen Arbeitspapieren der regierungsnahen Deutschen Gesellschaft für Auswärtige Politik (DGAP) in Bonn, die bei atomaren Themen vorzugsweise mit dem Forschungszentrum Jülich zusammenarbeitet. Diese jetzt ohne die vier Buchstaben

„Kern..." operierende Forschungsanlage war früher bekannt nicht nur für naturwissenschaftliche Forschungen rund ums Atom, sondern auch für die Erforschung der Möglichkeiten einer Beeinflussung der öffentlichen Meinung pro Atomenergie.

Der Verlauf des Atomzeitalters in Deutschland unter allen Regierungen von Adenauer bis Kohl liefert eine Fülle von Fakten und Indizien dafür, daß bei der Atomkraft und beim Aufbau der vielfältig differenzierten Infrastrukturen in Wirtschaft und Wissenschaft nicht nur die „friedliche Nutzung" im allgemeinen und die Stromerzeugung im besonderen eine Rolle spielt. Auch das Pokern um die Bombe war schon sehr frühzeitig angesagt –schon lange bevor 1953 die USA, nur acht Jahre nach den Atombomben auf Hiroshima und Nagasaki– ihre „Atome für den Frieden"-Politik propagierten.

Die deutsche Option auf fremde Atomwaffen für die Bundesrepublik sei „nur taktisches Verhandlungsargument". Das wollte schon Adenauer einigen der 18 Göttinger Atomprofessoren glauben machen, die mit Otto Hahn an der Spitze ins Bonner Kanzleramt gebeten worden waren, nachdem sie mit ihrem Manifest gegen Atomwaffen im Jahre 1957 die politischen Kreise Adenauers offenbar empfindlich gestört hatten. Dazu geladen hatte Adenauer bezeichnenderweise nicht den für „friedliche Atomkraft" zuständigen Atomminister Balke, wohl aber die Bonner Generalität, Heußinger und Speidel. Die Bundesregierung habe keine Veranlassung, so erklärte Adenauer, an die deutschen Wissenschaftler wegen einer Beteiligung an der Entwicklung nuklearer Waffen heranzutreten. Und das war nicht einmal gelogen.

Aber erst mehr als 30 Jahre nach diesem Treffen erfuhr man aus den posthum erschienenen Memoiren des früheren Atom- und dann Verteidigungsministers Strauß, er habe 1957 mit Frankreich und Italien einen Geheimvertrag über eine gemeinsame Atombombe unter Dach und Fach gebracht. Wichtigste Bedingung: sie durfte nicht auf deutschem Gebiet gebaut werden. Dies war genau eines der Hintertürchen, die Adenauer bei seinem schlitzohrig formulierten Atombombenverzicht 1954 offengelassen hatte, der seither als das Zeugnis des frühzeitigen deutschen Atombombenverzichts herhalten muß. Sogar Bundeskanzler Kohl bezog sich darauf, als er 1995 einmal mehr vor dem Plenum des deutschen Bundestages von seinem Verständnis für die französischen Atombombenteste sprach. Genützt hat Adenauers Formulierung aus 1954 seinem Verteidigungsminister Strauß bei dem Geheimvertrag von 1957 nicht viel. Im Jahre 1958 kam in Frankreich de Gaulle wieder an die Macht, er wollte die Atombombe alleine haben. Seitdem hätschelt die deutsche Atompolitik beharrlich ihr Traumziel von der „europäischen Option" auf die Bombe, wann auch immer und wie auch immer sich das im Zusammenhang mit den europäischen Bündnis-Systemen arrangieren läßt. Ziemlich perfekte atomtechnologische Infrastrukturen sind ja vorhanden. Angefangen hatte es damit so richtig im Jahre 1966. Weil die Energieversorgungsunternehmen mit dem großen Einstieg in die Atomstromproduktion zögerten, richtete die Bundesregierung eine an Deutlichkeit nichts zu wünschen offen lassende Anfrage an Deutschlands, vielleicht sogar der Welt größten Stromerzeuger, die Rheinisch-Westfälischen Elektrizitätswerke (RWE). Die am Bau von Atomkraftwerken interessierten Konzerne wie Siemens und andere drohten damit, bei weiterem Ausbleiben von großen Bestellungen ihre Atomabteilungen zu schließen. Darum möge die RWE der Bundesregierung mitteilen, welche Bedingungen die Regierung erfüllen müsse, damit es mit der Bestellung von Atomkraftwerken endlich richtig losgeht. Die RWE nutzte die Chance und stellte ihre Bedingungen. Dieser „Katalog" ist leider nie veröffentlicht worden. Biblis war das erste der dann in rascher Folge gebauten Siemens-Atomkraftwerke der „King-Size-Klasse" mit weit mehr als 1.000 Megawatt. Drum herum entstanden dann auch ziemlich schnell die Infrastrukturen des sogenannten Brennstoff-Kreislaufes.

Wenn erst einmal eine Partei oder eine Parteienkoalition die politische Macht zur Realisierung eines Atomenergie-Abwicklungsgesetzes erlangt, würde niemand in der Welt mehr mit Besorgnis an Deutschlands „europäische Option" auf die Bombe denken müssen. Und die Bundesrepublik Deutschland würde dann bei internationalen Analysen auch nicht mehr als Atomwaffen-Kandidat in Europa an erster Stelle genannt. Außer Atombomben sind Atomkraftwerke so ziemlich das letzte, was von den zahllosen Versprechungen und Verheißungen seit Beginn des Atomzeitalters vor einem halben Jahrhundert noch übriggeblieben ist. Als Antrieb für Handelsschiffe hat die Atomkraft versagt, von allen anderen Verkehrsmitteln ganz zu schweigen.

Eine Parallele drängt sich auf zu einer anderen Dinosaurier-Technologie: die riesigen, bis zu 300 Meter langen Zeppelin-Luftschiffe, die sich als Fehlentwicklung im weltumspannenden Luftverkehr erwiesen haben. Nach vier Jahrzehnten, nach einer der schwersten von vielen Katastrophen, verschwanden diese Riesen-Zigarren 1937 für immer vom Himmel. Deren besonderes „Pech" war es, daß sich die militärische Unbrauchbarkeit schon während des Ersten Weltkrieg herausstellte. Sonst würden diese noch dazu höchst unwirtschaftlichen Dinger noch heute den Luftraum unsicher machen. Mit Blick auf die für Strom und Bombe, für friedliche und militärische Nutzung gleichermaßen verwendbare Atomtechnologie und deren „Zählebigkeit" kann man da ziemlich sicher sein.

HELMUTH JACOB
Bombige Aussichten

„Zum ersten Mal in der Geschichte dieses Planeten hat eine Spezies die Mittel für ihren kollektiven Selbstmord entwickelt" steht in der Einleitung zu Jacques Attalis Buch „Strahlende Geschäfte–Gefahren des internationalen Atomschmuggels". Jacques Attali war langjähriger Sonderberater des französischen Präsidenten Mitterand und führte nun im Auftrag des Generalsekretärs der Vereinten Nationen weltweit Nachforschungen und Gespräche bezüglich des Geschäfts mit Atomschmuggel durch. Die erschreckenden Ergebnisse dieser Untersuchungen sind in oben genanntem Buch veröffentlicht.

Atomstaaten

Als 1968 der Atomwaffensperrvertrag von 172 Staaten unterzeichnet wurde, besaßen fünf Nationen offiziell Atomwaffen:

- China   285   strategische Atomwaffen (Massenvernichtungswaffe mit großer Reichweite)
                   150   taktische Atomwaffen (kurze Reichweite)
- Frankreich   480   ausschließlich strategische Atomwaffen
- Großbritannien   100   strategische und
                   100   taktische Atomwaffen
- USA   7.900   strategische und
                 7.100   taktische Atomwaffen
- Sowjetunion   20.000   taktische sowie
                 9.000   gefechtsbereite strategische und
                 5.000   in Arsenalen lagernde Atomwaffen.

Dieser Vertrag sollte die Verbreitung atomarer Waffen über diese fünf Atommächte hinaus verhindern und andererseits allen anderen Staaten den Zugang zur Atomtechnologie für friedliche Zwecke erleichtern. Den etablierten Atommächten wird also der Erhalt ihrer atomaren Vorherrschaft garantiert, den anderen Staaten bietet er die Garantie, daß kein anderes Land aus diesem Kreis eine derartige Waffe erwerben wird. Aber einige „atomare Schwellenländer", die kurz vor der Realisierung eigener Atombomben standen, wie zum Beispiel Indien, Israel und Pakistan, sind diesem Vertrag nicht beigetreten.

Heutzutage wären neben diesen fünf Atommächten mehr als zwanzig weitere Staaten innerhalb kurzer Zeit (ca. zwei Jahre) in der Lage, Atombomben herzustellen. Basierend auf den technischen Erfahrungen der „zivilen" Atomprogramme, ihrer technischen Ausrüstung und dem Vorhandensein spaltbaren Materials gehören zu diesen „atomaren Schwellenländern": Südafrika, Indien, Israel, Pakistan, Irak,

Nordkorea, Südkorea, Taiwan, Japan, Kanada, Schweiz, Schweden, Niederlande, Belgien, Deutschland, Spanien, Italien, Libyen, Algerien, Türkei, Argentinien, Brasilien, Rumänien und Australien.

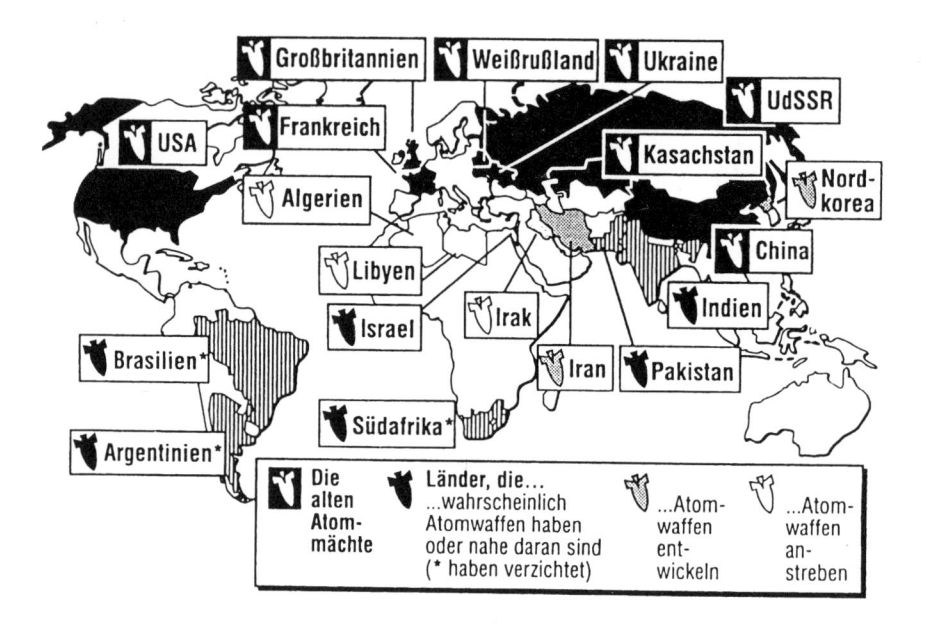

Bau einer Atombombe

Für den Bau einer Atombombe sind drei Dinge nötig: Expertenwissen, Technologien und spaltbares Material. Alle drei Faktoren sind, nach Attali, heutzutage sowohl legal wie auch auf dem Schwarzmarkt erhältlich. Damit wächst die Wahrscheinlichkeit, daß sich neue Staaten oder nichtstaatliche Organisationen, wie Sekten, terroristische Gruppen oder Drogenkartelle, die Mittel zur Herstellung und Verwendung solcher Waffen verschaffen. Dazu reicht es, wenn eine Gruppe über einige 100 Millionen Dollar verfügt.

Nach dem Ende des „Kalten Krieges", dem Fall der Berliner Mauer und dem Zerfall der ehemaligen Sowjetunion aber auch durch stetige Produktion waffenfähigen spaltbaren Materials wächst die Gefahr der Bedrohung. Heute gibt es weltweit ca. 1.300 Tonnen Plutonium. In den nächsten 30 Jahren wird sich diese Menge verdoppeln.

Kleiner Exkurs

Plutonium

Plutonium ist das 94. chemische Element im Periodensystem von D. Mendelejew; sein Atomkern enthält 94 positiv geladene Protonen und 145 elektrisch nicht geladene Neutronen. Die Atomkerne, die über die gleiche Anzahl von Protonen und unterschiedlich viele Neutronen verfügen, werden als **Isotope** bezeichnet. Sie besitzen zwar dieselben chemischen, aber unterschiedliche radioaktive Eigenschaften. Wie jedes chemische Element besteht das Plutonium im allgemeinen aus einer Mischung von Isotopen.

Die Erde muß in der Phase ihrer Entstehung Plutonium enthalten haben. Da dieses Element aber sehr rasch zerfällt - die Halbwertzeit von Pu 239, d.h. der Zeitraum, in dem die Hälfte der Atomkerne zerfallen sind, dauert 24 000 Jahre -, enthält sie nun kein Plutonium mehr. Die Zerfallszeiten der anderen Plutonium-Isotope reichen von 285 Jahren (Pu 236) bis zu 379 000 Jahren (Pu 242).

Am 14. Dezember 1940 stellte G.T Seaborg in den Vereinigten Staaten Pu 238 durch den Beschuß von U 238 mit Deuterium H^2_1 her. Noch heute wird Plutonium hergestellt, indem man Uran mit Neutronen beschießt. Aus U 238 wird U 239, indem es ein Neutron einfängt, das durch die Emission von ß-Strahlen in Neptunium 239 zerfällt, woraus sich durch die Emission von ß-Strahlen Pu 239 ergibt, aus dem - wiederum nach dem Beschuß mit Neutronen - Pu 240, Pu 241 und Pu 242 entsteht.

Im Rohzustand ist Plutonium ein hartes, silbrig glänzendes Metall, das man schmelzen, mahlen und mechanisch bearbeiten kann. Seine Dichte beträgt 20g/cm3. An der Luft oxidiert es und schmilzt bei 640°C; als Pulver kann es sich in freier Luft entzünden. Gehandhabt wird es im allgemeinen als Dioxid (ein keramischer Stoff, der bei 2390°C schmilzt).

Wird eine ausreichende Menge (kritische Masse) von Pu 239 und Pu 241 zusammengeführt, kann man eine Explosion auslösen. Die kritische Masse des Plutoniumoxids hängt von der Zusammensetzung seiner Isotope ab: ein an Pu 240 reiches Plutonium wird sich weniger "kritisch" verhalten als Plutonium, das viel Pu 239 besitzt. Wer sämtliche Sicherheitsaspekte beachtet, kann mit einer Plutoniummenge von einigen zehn Kilogramm gefahrlos herumexperimentieren. Um jegliches Risiko zu vermeiden, muß es in Wasser gelegt und darf nur in kleinen Mengen gehandhabt werden, oder man "vergiftet" es mit Pu 240, das seine Neutronen absorbiert.

Plutonium ist wegen der Emission von Teilchen der Isotope 238, 239, 240 und 242 und wegen der Emission von Spaltneutronen stark radiotoxisch. Seine chemische Giftigkeit, die sich hinter seiner radioaktiven Toxizität verbirgt, ist noch viel größer. Die chemisch tödliche Menge liegt um mehrere Größenordnungen unter seiner radioaktiv tödlichen Dosis.

Für die Herstellung einer radioaktiven Waffe muß Pu 239 oder Pu 241 verwendet werden. Das am besten angepaßte Isotop ist das des reinen Plutoniums Pu 239, das in Reaktoren mit thermischen Neutronen gewonnen wird. Wenn im Isotopengemisch zu viel Pu 240 enthalten ist, wird die Waffe weniger Wirkung entfalten.

Zum Bau einer Atombombe werden 8 Kilogramm reines Plutonium oder 8 Kilogramm Uran des Isotops U 233 oder 25 Kilogramm U 235 mit einem Reinheitsgrad von mehr als 90% benötigt. „Jeder Staat, der ein komplettes ziviles Atomprogramm, insbesondere Kapazitäten zur Wiederaufarbeitung besitzt, muß zum Kreis der potenziellen Proliferationsländern gerechnet werden" und „Die Urananreicherungsanlagen in Deutschland, Japan oder den Niederlanden ließen sich in wenigen Wochen in Anlagen zur Herstellung von millitärisch nutzbarem Uran umrüsten" sind zwei Zitate, die verdeutlichen, wie kurz der Schritt von der „zivilen" zur „militärischen" Anwendung der Atomkraft ist.

Bestandteile einer einfachen Atomwaffe

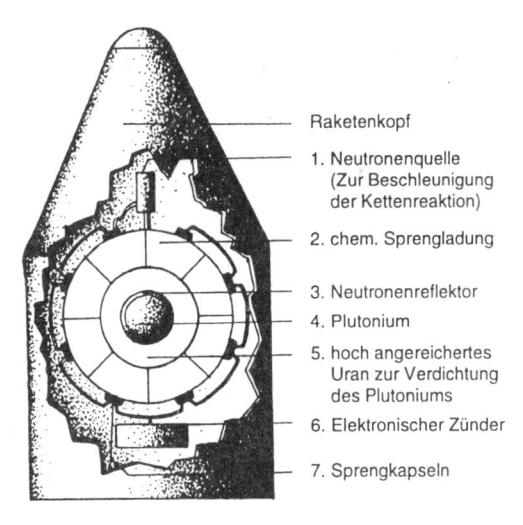

— Raketenkopf
1. Neutronenquelle (Zur Beschleunigung der Kettenreaktion)
2. chem. Sprengladung
3. Neutronenreflektor
4. Plutonium
5. hoch angereichertes Uran zur Verdichtung des Plutoniums
6. Elektronischer Zünder
7. Sprengkapseln

2., 3., 4., 6. und 7. sind auf dem Markt frei erhältlich.
1., 4. und 5. können im AKW gewonnen werden.

Die Internationale Atomenergie–Organisation

Bereits 1957 wurde die Internationale Atomenergie-Organisation (IAEO) gegründet, um die zivile Atomtechnik international zu kontrollieren und eventuelle Abweichungen in Richtung einer militärischen Nutzung aufzudecken. Militärische Anlagen darf sie nicht kontrollieren. Aber das ganze System scheint eher dafür geeignet, eine weiße Weste zu dokumentieren, als „Verfehlungen" aufzudecken. Die IAEO kontrolliert nur Anlagen in Staaten, die dies auch wollen. Eine Inspektion muß von einem Land genehmigt werden, muß mindestens 24 Stunden vorher angekündigt sein - ja selbst unerwünschte Inspektoren können von dem Land, dessen Atomanlagen kontrolliert werden, abgelehnt werden. Mit gut 200 Millionen Dollar ist das Budget der IOEA viel zu niedrig, mit 255 Beamten aus 67 Ländern zu schwach besetzt, um wirkungsvoll die Kontrollfunktion zu erfüllen. Auch wenn die Inspektionsreisen tatsächlich nichts von dem aufdecken können, was ein Land verbergen möchte, liegt der Nutzen der IAEO im Erstellen von Datenbanken über spaltbares Material sowie im Entwickeln von Sicherheitsnormen über Ländergrenzen hinweg.

Der Schmuggel blüht

Besonders in der ehemaligen Sowjetunion wird nach dem Zerfall der alten Supermacht alles etwas unüberschaubar. Dabei ist die staatliche Kontrolle des militärischen Materials gewährleistet, während bei den kommerziellen Atomanlagen Verluste an Kernmaterialien von bis zu 15% festgestellt wurden. 1993 registrierten offizielle russische Quellen nahezu 60 Vorkommnisse von Atomschmuggel. Alleine in Rußland standen 8.000 Personen (unter ihnen 5.000 Angestellte entsprechender Unternehmen) vor Gericht. 1994 wurden schon 124 rechtswidrige Verschiebungen von Kernmaterialien registriert - Tendenz steigend. Die spektakulärste Verhaftung fand am 14. Dezember 1994 in Prag statt, als drei Schmuggler, ein Russe, ein Weißrusse und ein tschechischer Spezialist mit 2,7 Kilogramm hoch angereichertem Uran erwischt wurden.

Auch Deutschland scheint neben Polen zur Drehscheibe diesen neuen „Geschäftszweiges" zu werden:
- in Süddeutschland wurden 62 Gramm radioaktive Substanzen entdeckt, die vermutlich als Probe für angebotene 150 Kilogramm Plutonium dienten,
- in Landshut beschlagnahmte die Polizei 1994 0,8 Kilogramm hoch angereichertes Uran, 240 Gramm Plutonium neben anderen radioaktiven Materialien,
- im August 1994 wurden auf dem Flughafen von München vier Personen erwischt, die gut ein halbes Kilogramm spaltbares Material bei sich trugen. In dieses dunkle Geschäft sind sowohl Bundesnachrichtendienst (BND) sowie Bundes- und Landesministerien verwickelt (siehe „Der Spiegel" 15/1995).
- Im Bremer Hauptbahnhof wurde einem Journalisten Proben einer größeren Menge Materials aus der Herstellung von Atomwaffen angeboten.

Werden alle bekannten Fälle von Atomschmuggel addiert, ergibt sich eine Menge von etwa 7 Kilogramm militärisch verwendbaren Kernmaterials, die seit 1993 entwendet und sichergestellt wurden. Fachleute gehen davon aus, daß nur jeder vierte Diebstahl entdeckt wurde, so daß nahezu 30 Kilogramm Plutonium und hoch angereichertes Uran in Umlauf sein können. Dies würde genügen, um mindestens zwei bis drei Atombomben zu bauen. Der Schmuggel mit Kernmaterialien boomt also. Derzeit sind noch keine „Kunden" definitiv bekannt. Als potentielle Käufer wird auf Iran, Nordkorea, Irak, Pakistan, Indien sowie die großen und marktbeherrschenden Drogenkartelle spekuliert. ...

Atomexperten auf Wanderschaft

Neben Spionage und einer Vielzahl wissenschaftlicher Veröffentlichungen ist auch ständig eine halbe Million Nuklearexperten in aller Welt auf Reisen - sei es zu Arbeitsaufträgen in der Praxis oder zum Besuch von Seminaren. Da in der ehemaligen Sowjetunion wie auch in einigen anderen Ländern die Gehälter und Sozialleistungen deutlich gesunken sind, steigt die Bereitschaft zur „Gehaltserhöhung". Der Verkauf des Wissens kann dabei über „Auswanderung" vonstatten gehen oder auf elektronischem Weg (per Fax oder ähnlichem) ohne die Büros zu verlassen. Mit dem Internet wird eine neue Art von Telearbeit möglich, die eine Mitwirkung beim Bau von Atombomben über große Entfernungen ermöglicht, ohne daß eine Kontrolle dies verhindern könnte. Es muß davon ausgegangen werden, daß eine Beschaffung des technischen Wissens absolut keine Hürde darstellt.

Jaques Attali kommt nach all diesen Fakten zu einem Bündel von Vorschlägen, die drohende Gefahren eindämmen sollen. Aber keine Nation wird die Probleme für sich alleine lösen können. Es gibt kein internationales Forum, auf dem darüber diskutiert werden könnte. Jedenfalls sind die 300 Tonnen waffenfähiges Plutonium, 15.000 Tonnen hoch angereichertes Uran neben ca. 100.000 Tonnen abgebrannter, verstrahlter Brennstoffe und radioaktiver Abfälle mehr als genug an vorhandenen Gefahrenquellen. Jede weitere Produktion sowohl militärischer als auch ziviler Atommaterialien bringt uns dem kollektiven Selbstmord näher.

Viertes Kapitel

Atomfilz

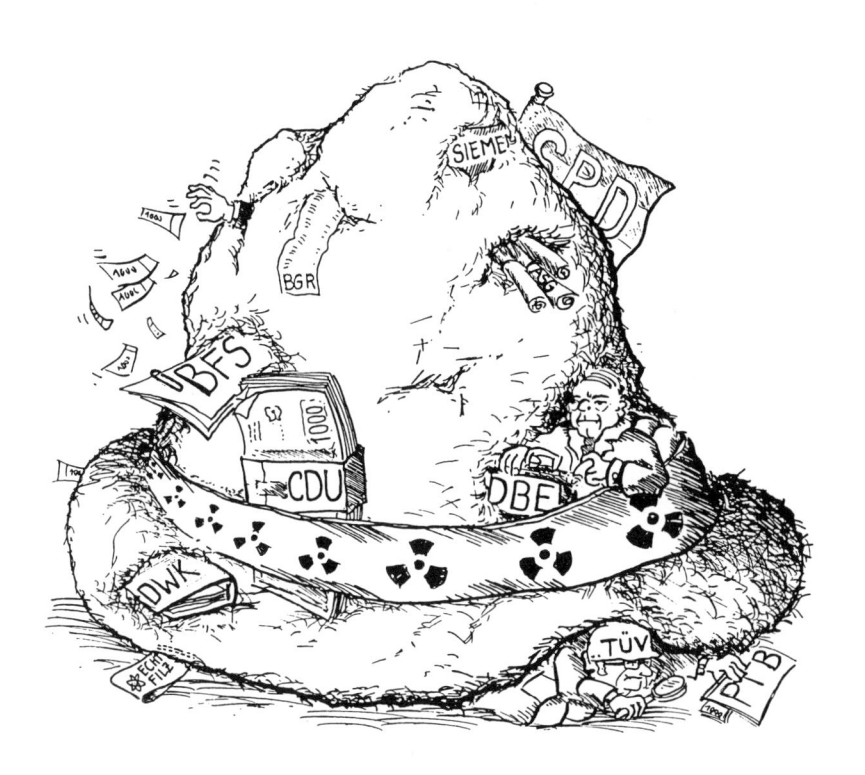

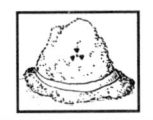

Einleitung

Atomfilz

Erste Medienverbreitung fand der Begriff „Atomfilz" durch einen Artikel der Zeitschrift Stern vom 11.11.1976. Claus Lutterbeck fand darin in der Person des eigenwilligen Sozialdemokraten Hans Schwalbach (Spitzname: „Atom-Filz") ein Beispiel für die atomaren Kumpaneien zwischen Industriebossen und GewerkschafterInnen. Schwalbach war nicht nur Landtagsabgeordneter in Schleswig-Holstein und ÖTV-Bezirksvorsitzender, sondern saß auch im Aufsichtsrat der „Nordwestdeutschen Kraftwerke AG" (NWK), der Erbauerin des AKW Brokdorf. Er rief seine ÖTV-KollegInnen zu einer Demonstration für dieses heftig umstrittene AKW auf, indem er als Oberdemonstrant seine GenossInnen mit der verdummenden Aussage mobilisierte: „Umweltschutz oder Arbeitsplätze".

Als nächstes sorgte „der Fall Heinz Brandt" dafür, daß der Begriff Atomfilz Einzug in den allgemeinen Wortschatz hielt. Heinz Brandt, der die Gewerkschaftszusammenhänge vor allem aus seiner langjährigen Tätigkeit als Redakteur der IG Metall-Zeitschrift „Metall" kannte, warnte in einer Rede am 19.2.1977 in Itzehoe anläßlich einer Demonstration gegen das AKW Brokdorf vor dem „... reich bezahlten Gewerkschaftsbürokraten, der in Konzernvorstand- oder Aufsichtsratposition mit den Managern der Atomindustrie gemeinsame Sache macht, der mit der Atomlobby unter einer Decke steckt, der mit ihr widerlich verfilzt ist - zu unser aller Schaden ..., wenn solch ein Atomfilz den Mund öffnet, so fragt ihn, was er im Jahr einnimmt und ob ihm sein 300.000 DM Jahreseinkommen flötengeht, wenn er Euch - statt Flausen zu machen - die Wahrheit sagt."

Diese Rede brachte Heinz Brandt einen Ausschlußantrag der IG Metall, Diffamierungsvorwürfe anderer DGB-Gewerkschaften und eine Strafanzeige von Hans Schwalbach ein (der 1978 zum stellvertretenden Aufsichtsratvorsitzenden der NWK aufstieg ...), was letzten Endes die weitere Einführung des Begriffs Atomfilz in weiten Teilen der Öffentlichkeit zur Folge hatte.

Atomstaat

Waren mit Atomfilz korrumpierbare ArbeitnehmervertreterInnen in eingesessenen Positionen, die das geistige Bewußtsein und die materielle Interessenvertretung der Konzernbarone übernahmen, gemeint, machte dank Robert Jungk's gleichnamigem Buch das Wort vom Atomstaat immer mehr von sich reden und wurde u.a. bei Polizeiübergriffen von zehntausenden DemonstranInnen am eigenen Leib erfahren.

Was da an schlimmen Verletzungen am eigenen Körper betastet werden konnte, ließ die Dimensionen, vor denen Robert Jungk eindringlich warnte, nicht mehr nur erahnen. Der Staat sorgt durch riesige „nur ihre Pflicht erfüllende" Polizeikontingente dafür, daß die sogenannte friedliche Nutzung der Atomenergie mit militärischen Mitteln gegen kritische BürgerInnen durchgeknüppelt wird. Der spektakuläre Fall des kritischen Atomphysikers Klaus Traube, der mit einer Abhöraktion überzogen wurde, weil er unbequemes Wissen in die Öffentlichkeit brachte, machte klar, daß der Atomstaat vor keiner Tür haltmachen wird. Wie viele Türen wurden bislang wegen fadenscheiniger Hausdurchsuchungsargumente eingetreten?

Atommafia

Neben vielen anderen Schrecklichkeiten breitete sich vor allem durch den „Fall Karen Silkwood" (es gibt einen Fernsehfilm darüber) der Begriff Atommafia weltweit aus. Karen Silkwood starb bei einem mysteriösen Autounfall, als sie einem Journalisten Material bringen wollte, welches belegte, wie fahrlässig ihr Arbeitgeber, der US-Energiekonzern Kerr-McGree, seine MitarbeiterInnen vor radioaktiver Verseuchung schütze.

Mit Atommafia ist die weltweite Verflechtung von Privatwirtschaft, PolitikerInnen, Militär, Polizei, Kontrollgremien und Aufsichtsbehörden gemeint. Dieses gigantische Netz ist vom Aufbau her nahezu unüberschaubar. Viele Spuren, die zu finden sind, führen nicht unmittelbar zum Ausgangspunkt. Oft trifft man zunächst auf die ausführenden HandlangerInnen, die eigentlichen FädenzieherInnen halten sich meist bedeckt. Vergleicht man diese Szenerie bildhaft mit der Matruschka, der beliebten russischen Holzpuppe, stößt man bei näherer Betrachtung häufig auf die Puppe in der Puppe in der Puppe ...

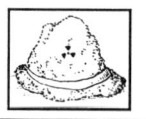

FRANCIS B. ALTHOFF

Filz in Gorleben

Der Standort Gorleben soll eine Alibifunktion übernehmen, die im BetreiberInnen-Jargon „Entsorgungspark des Kernbrennstoffkreislaufes" genannt wird. Naiv-blumige Worthülsen sollen Nichteingeweihte in trügerischer Sicherheit wiegen und „legen sich wie Mehltau über das Land"... . Statt „Entsorgungspark" wäre der Begriff „Sorgenparkplatz" realistischer und den „Kernbrennstoffkreislauf" gibt es auch nicht, er muß durch „Atommüllspirale" ersetzt werden. „Kern" wurde von den EVU aus psychologischen Gründen eingeführt, weil es positiver klingt als das belastete „Atom"; Brennstoff ist dieses brisante Material auch nicht (es finden chemische Reaktionen mit enormen Wärmefreisetzungen statt) und „Kreislauf" ist wohl die dreisteste Lüge.

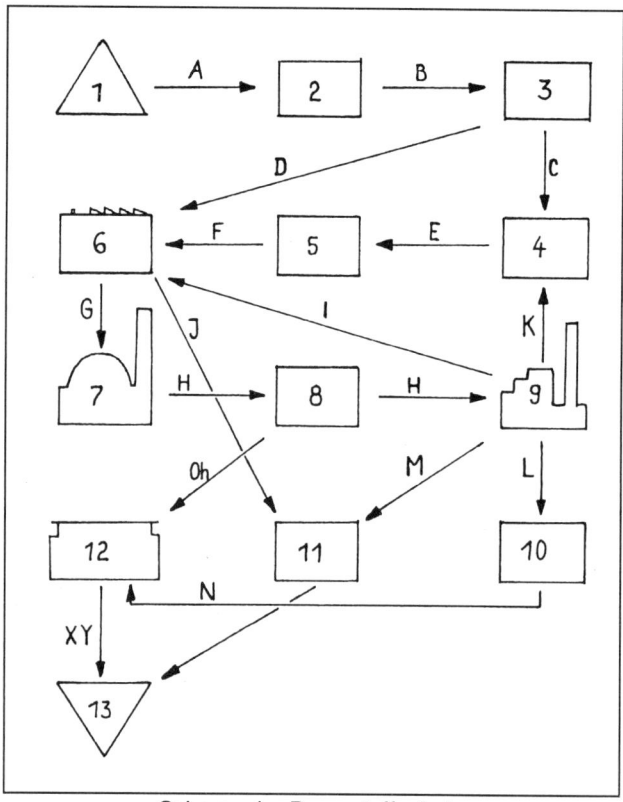

Schema der Brennstoffspirale

1	Uranbergbau	A	Uranerz
2	Uranerzgewinnung	B	Erzkonzentrat
3	Raffination	C	gereinigtes Uranoxid (UO$_3$)
4	Konversion	D	raffiniertes Uran
5	Anreicherung	E	UF$_6$
6	Brennelement-Fertigung	F	angereichertes Uran
7	Reaktor	G	Brennelement
8	Abklinglager	H	abgebranntes Brennelement
9	Wiederaufarbeitung	I	Uran und Plutonium
10	Konditionierung hochaktiven Mülls	J	fester Plutonium_Abfall
		K	Uran
11	Lagerung des Plutonium-Abfalls	L	fester Pu-Abfall, Hüllenmaterial
12	„Zwischen"-Lagerung von konditioniertem und nicht konditioniertem Müll	M	flüssiger hochaktiver Abfall
		N	verfestigter hochaktiver Abfall
		Oh	Direkte „Zwischen"-Lagerung
13	Endlagerung	XY	ungelöste sichere Endlagerung

Die einzelnen Stationen der Gorlebener Entsorgungslüge sind folgende: Zwischenlager, Konditionierungsanlage (im Bau), Endlager (im Bau)

Das Zwischenlager

Das Zwischenlager besteht aus der Faßlager-Leichtbauhalle und der Castor-Halle. Der erste Atommülltransport erreichte am 8.10.1984 dieses Lager für leicht- und mittelaktiven Atommüll, nachdem die Staatsgewalt die von AtomkraftgegnerInnen gebauten Straßenbarrikaden räumte und mit dem Knüppel gegen sie den Weg freimachte. Danach verfügte die Gewerbeaufsicht einen Einlagerungsstop wegen baulicher Mängel (gebrochener Hallenboden).

Hieß es zunächst, das Faßlager sei für „Krankenhausabfälle" genehmigt, zeigte der TRANSNUKLEAR-Skandal, daß Fässer mit falschen Einlagerungspapieren und unbekanntem Inhalt eingelagert wurden. Im Zwischenlager wurden die teilweise aufgeblähten und gerissenen Fässer der Öffentlichkeit verheimlicht. Für die Manager und die Firma TRANSNUKLEAR, die mit nachgewiesenen Schmiergeldzahlungen von mindestens 21 Millionen DM agierten, war dies das Ende. Für die Gesellschaft für Nuclear Service (GNS), die Betreiberin der Zwischenlagerscheune, war dies erstaunlicherweise nicht das Ende, obwohl die insgesamt 1296 von der Staatsanwaltschaft beschlagnahmten „unbekannten" Fässer bestimmt nicht dorthin gezaubert worden waren. Im Gegenteil, die GNS wurde danach statt TRANSNUKLEAR beauftragt, die Entsorgung der AKW zu gewährleisten, obwohl ihre betriebsinternen Schlampereien offenkundig waren. Obwohl auch Beteiligungsfirmen von Siemens kräftig in Form von Schmiergeldzahlungen und Atommüllverschiebungen mitmischten, lohnte sich das Atommüll-Hütchenspiel für sie.

Der einstige Bundesumweltminister Klaus Töpfer bat am 25.4.1988 in der Zentrale der Deutschen Bank den damaligen Chef Alfred Herrhausen um Hilfe bei der Neuordnung der Brennelementeindustrie, „um im Beisein hochrangiger Vertreter betroffener Unternehmen, wie Rudolf von Bennigsen-Foerder (VEBA), Klaus Barthelt (Siemens), Gert Becker (Degussa) und Reiner Gohlke (Deutsche Bundesbahn) mit Herrhausen ein von dessen Experten erarbeitetes Entflechtungskonzept auf den Weg zu bringen." (Eglau 1993, S. 126). Siemens wurde die komplette Brennelementproduktion der Skandal-Firma ALKEM zugesteckt.

Von den in Gorleben vor sich hin gammelnden Fässern sind knapp 300 untersucht (Stand 4/1996). 30 Fässer landeten wegen zu hohem „Brennstoffgehalt"(!) im AKW Neckarwestheim.

Das Faßlager ist im Besitz der Gesellschaft für Nuklearservice (GNS), die Castorhalle gehört der Brennelementlager Gorleben GmbH (BLG). Die BLG ist eine 100 %ige Tochter der GNS. Die GNS setzt sich aus folgenden GesellschafterInnen zusammen:

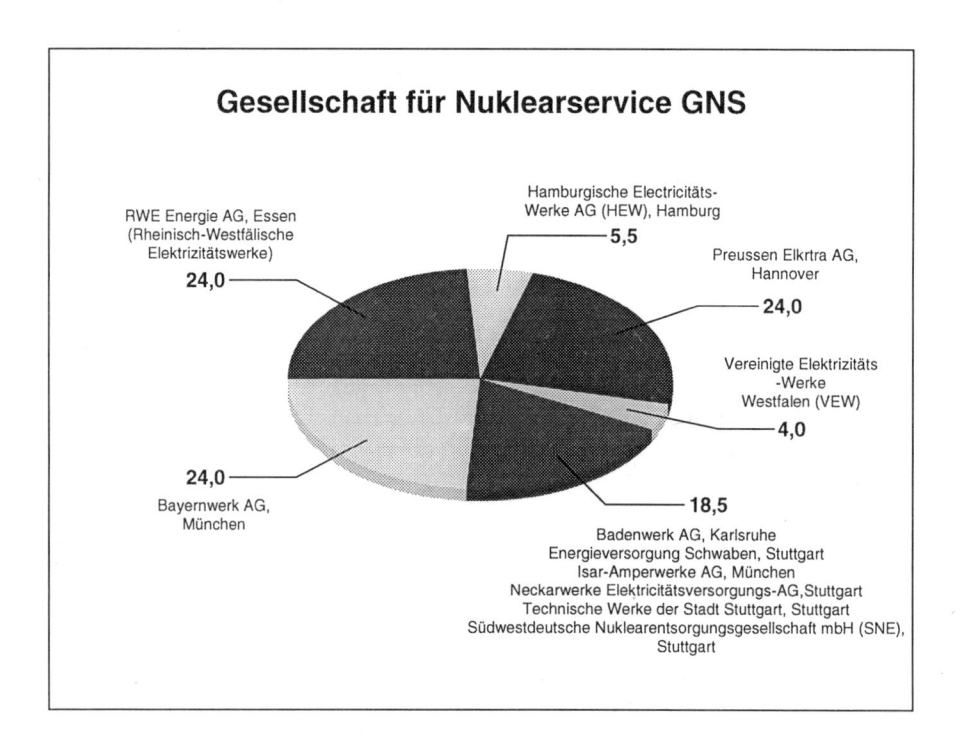

Gesellschaft für Nuklearservice GNS

- RWE Energie AG, Essen (Rheinisch-Westfälische Elektrizitätswerke) — 24,0
- Hamburgische Electricitäts-Werke AG (HEW), Hamburg — 5,5
- Preussen Elktrta AG, Hannover — 24,0
- Vereinigte Elektrizitäts-Werke Westfalen (VEW) — 4,0
- Bayernwerk AG, München — 24,0
- 18,5:
  - Badenwerk AG, Karlsruhe
  - Energieversorgung Schwaben, Stuttgart
  - Isar-Amperwerke AG, München
  - Neckarwerke Elektrizitätsversorgungs-AG, Stuttgart
  - Technische Werke der Stadt Stuttgart, Stuttgart
  - Südwestdeutsche Nuklearentsorgungsgesellschaft mbH (SNE), Stuttgart

GNS
Beteiligungen an

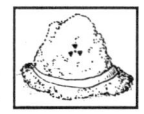

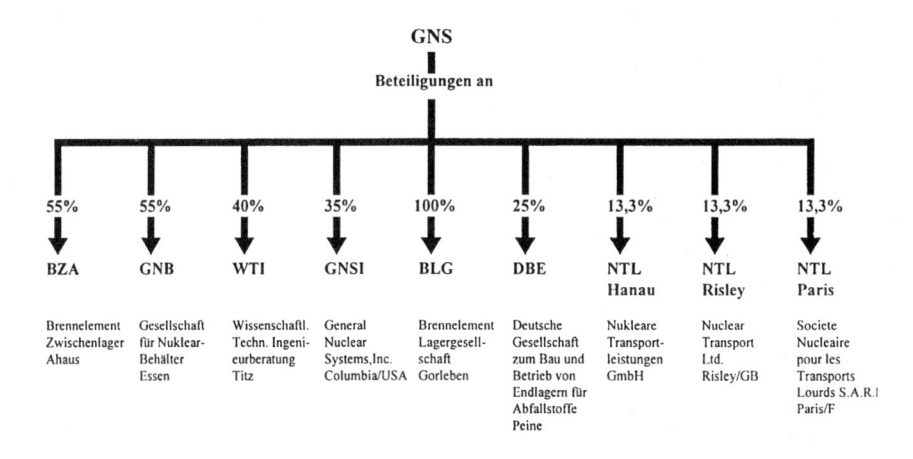

55%	55%	40%	35%	100%	25%	13,3%	13,3%	13,3%
BZA	GNB	WTI	GNSI	BLG	DBE	NTL Hanau	NTL Risley	NTL Paris
Brennelement Zwischenlager Ahaus	Gesellschaft für Nuklear-Behälter Essen	Wissenschaftl. Techn. Ingenieurberatung Titz	General Nuclear Systems, Inc. Columbia/USA	Brennelement Lagergesellschaft Gorleben	Deutsche Gesellschaft zum Bau und Betrieb von Endlagern für Abfallstoffe Peine	Nukleare Transportleistungen GmbH	Nuclear Transport Ltd. Risley/GB	Societe Nucleaire pour les Transports Lourds S.A.R.l Paris/F

Die GNS kann mit mobilen Einrichtungen Arbeiten im In- und Ausland anbieten.

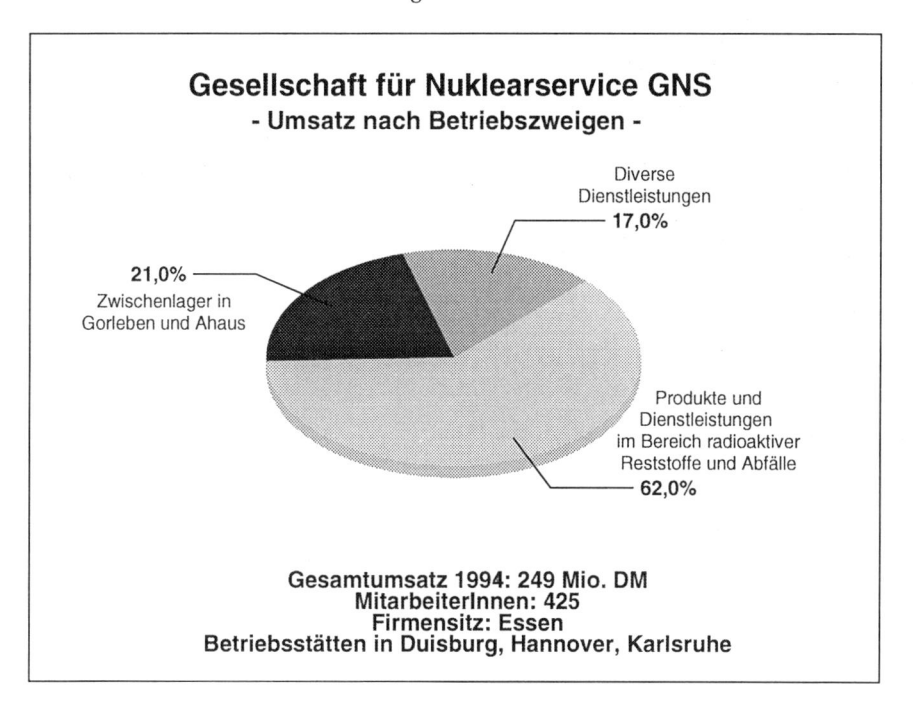

Gesellschaft für Nuklearservice GNS
- Umsatz nach Betriebszweigen -

- Diverse Dienstleistungen 17,0%
- 21,0% Zwischenlager in Gorleben und Ahaus
- Produkte und Dienstleistungen im Bereich radioaktiver Reststoffe und Abfälle 62,0%

Gesamtumsatz 1994: 249 Mio. DM
MitarbeiterInnen: 425
Firmensitz: Essen
Betriebsstätten in Duisburg, Hannover, Karlsruhe

Die GNS wurde 1977 gegründet, um radioaktive Abfälle durch Erprobung verschiedener Techniken im Volumen zu reduzieren, in Erwartung dadurch Lagerkapazitäten und somit Kosten zu sparen. Damals war sie Tochter folgender Firmen:

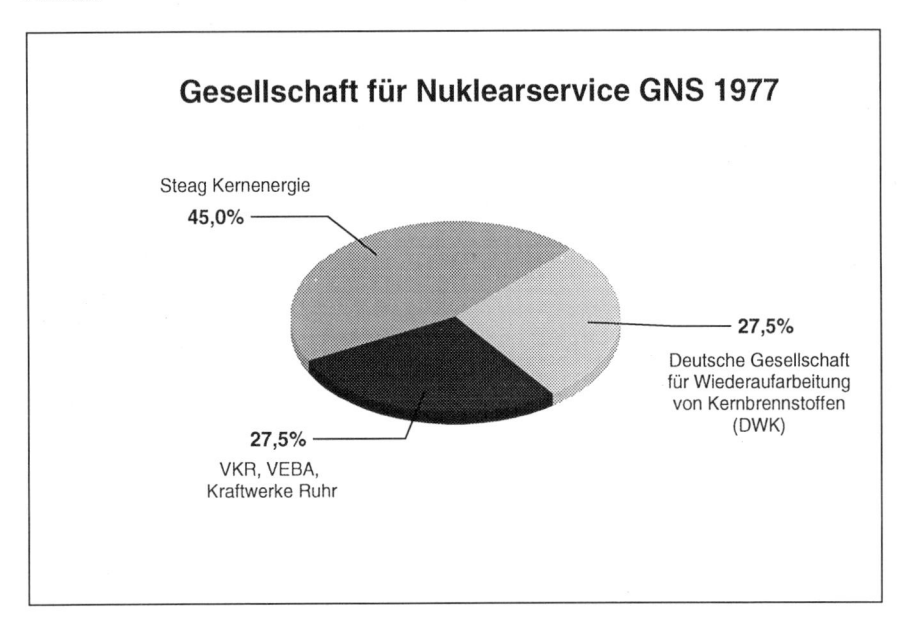

Gesellschaft für Nuklearservice GNS 1977

- Steag Kernenergie: 45,0%
- Deutsche Gesellschaft für Wiederaufarbeitung von Kernbrennstoffen (DWK): 27,5%
- VKR, VEBA, Kraftwerke Ruhr: 27,5%

Atomklo mbH

„Bei einem positiven Planfeststellungsbeschluß könnte das geplante Endlager etwa im Jahre 2008 den Betrieb aufnehmen" orakelt Alexander Kaul, der Präsident des Bundesamtes für Strahlenschutz (Broschüre „Salzstock Gorleben, 1995, BfS). Ein seriöser Sicherheitsnachweis des geplanten Atommüllgrabes kann allerdings seit Jahren nicht erbracht werden. Darum wird dieses gigantische Problem lieber bis zu einem ungewissen Tag in der Zukunft ausgesessen.

Da strahlt die Atomgemeinde. Ihre im BfS untergebrachten Lobbyisten halten ihr den Rücken frei und gleichzeitig den dringend benötigten atomaren Rettungsring hin. In der Hoffnung, der Schwindel möge erst in ferner Zukunft auffliegen. Solange die Gorlebener Erkundungsbaustelle für den Titel „Entsorgungsvorsorgenachweis" mißbraucht werden kann, müssen die AKW nicht vom Netz: Selbst einer ihrer neuesten Atommeiler, dessen Inbetriebnahme im Tschernobyl-Katastrophenjahr 1986 in Brokdorf gegen die Proteste der Bevölkerung erzwungen wurde, gehört bis dahin längst zum „alten, kontaminierten Eisen". Die Inszenierung um das Schlupfloch

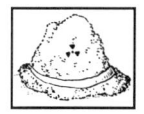

Gorleben bleibt als Entsorgungsalibi ein mit allen Mitteln zu verteidigender, notwendiger Aufwand.

Hauptakteurin in diesem Szenario ist wieder einmal die von den atomaren EVU gegründete GNS. Sie ist die Eigentümerin des Geländes (früher DWK) und verpachtet es profitabel an die BRD, die sich verpflichtet hat, „Anlagen zur Sicherstellung und zur Endlagerung einzurichten" (§ 9a, Absatz 3, AtG). Dafür kann sie sich aber auch eines „Dritten" bedienen. Für diese lukrative Rolle der Erfüllungsgehilfin wurde eigens die Deutsche Gesellschaft zum Bau und Betrieb von Endlagern für Abfallstoffe mbH (DBE) gebildet. Darin sahnt die GNS über eine 25%ige Mitbeteiligung noch einmal ab. Und, gelernt ist gelernt, auch die DBE schickt „Dritte" in das Entsorgungsloch. Die Arbeitsgemeinschaft Schächte Gorleben (ASG) darf sich ihren Anteil bei der bisher ca. drei Milliarden DM teuren Veranstaltung erbuddeln.

Der Zusammenschluß der Deilmann Haniel GmbH und der Thyssen Schachtbau GmbH zur ASG wirft viele naheliegende Fragen auf: Was passiert z.B. mit den kontaminierten Walzblechen der Atomschrottschmelze Siempelkamp, die bei Thyssen in Duisburg-Huckingen landen? Die werden doch wohl nicht, der Einfachheit halber, als Verkleidung der Stahlstützringe im Schachtausbau verwendet, oder?

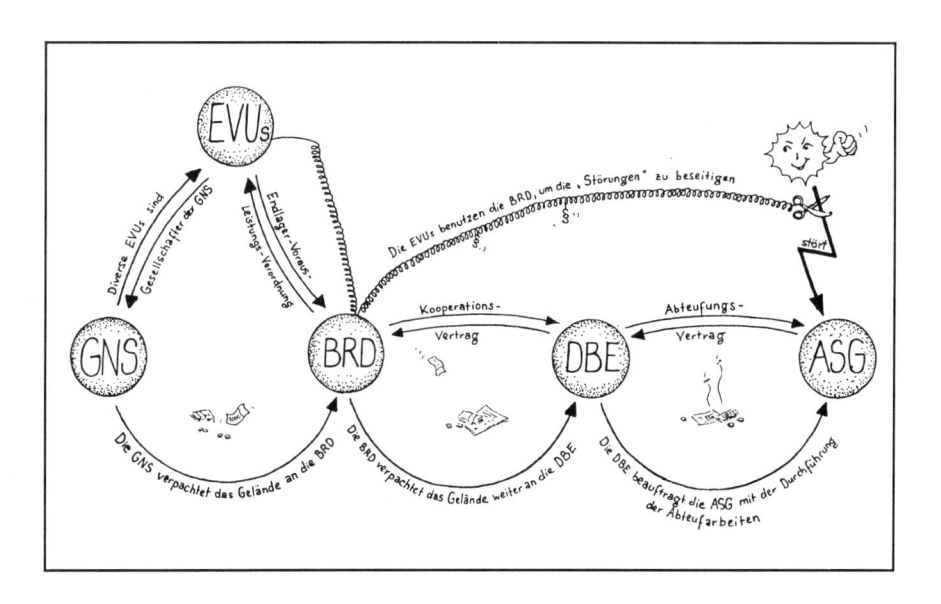

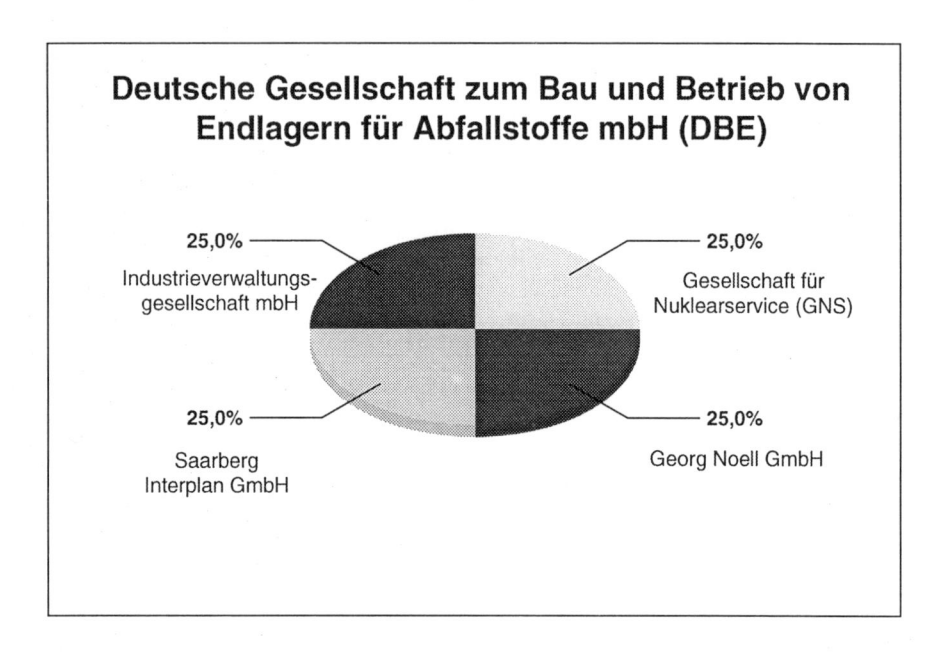

Deutsche Gesellschaft zum Bau und Betrieb von Endlagern für Abfallstoffe mbH (DBE)

- 25,0% Industrieverwaltungsgesellschaft mbH
- 25,0% Gesellschaft für Nuklearservice (GNS)
- 25,0% Saarberg Interplan GmbH
- 25,0% Georg Noell GmbH

Arbeitsgemeinschaft Schächte Gorleben (ASG)

Zusammenschluß der Deilmann-Haniel GmbH und der Thyssen Schachtbau GmbH zur Ausführung der Erkundungsarbeiten im Gorlebener Salzstock

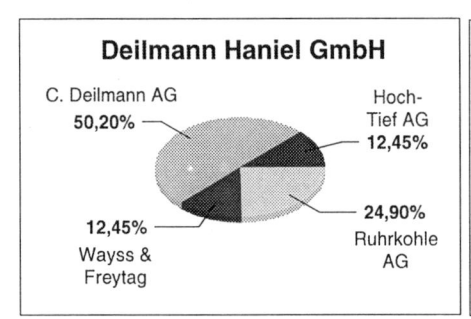

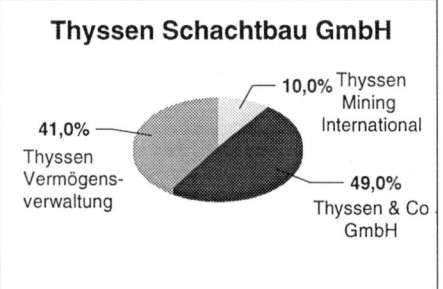

Deilmann Haniel GmbH
- C. Deilmann AG 50,20%
- Hoch-Tief AG 12,45%
- Ruhrkohle AG 24,90%
- Wayss & Freytag 12,45%

Thyssen Schachtbau GmbH
- Thyssen Mining International 10,0%
- Thyssen Vermögensverwaltung 41,0%
- Thyssen & Co GmbH 49,0%

Verantwortliche Bundesbehörde für das Milliardenloch ist das BfS (früher PTB), Aufsichts- und Genehmigungsbehörde das Bergamt Celle, oberste niedersächsische Behörde das NMU. Es findet eine Verdrehung der atomrechtlichen Vorgaben statt. Dem BfS bleibt nur die Rolle der Antragstellerin, des Aufsichtsorgans und der Entscheidungsträgerin auf Konzeptebene zu spielen. Konkrete Planung, Vorbereitung und Durchführung bleiben in den Händen der DBE. Herr Kaul, als Präsident des BfS darf die gesellschaftliche Verantwortung tragen ...?

PKA, Skandal im Sperrbezirk

Am 12.3.1991 stellt die GNS einen Antrag auf die 2.Teilerrichtungsgenehmigung (TEG) zur PKA. Das NMU bemerkt am 20.3.93 insgesamt 25 nicht genehmigte Veränderungen am PKA-Rohbau und nimmt Ermittlungen zur Zuverlässigkeit der Antragstellerin auf. Bundesumweltminister Töpfer (CDU) moniert erst am 4 2.94, in Gorleben sei mehrfach gegen die Vorschriften verstoßen worden. Auch er hinterfragt verbal die Zuverlässigkeit der GNS, welche die PKA errichten und betreiben will. Töpfer sieht aber keine Hindernisse für den weiteren Ausbau der Atomanlage und fordert seine niedersächsische Kollegin Griefahn (SPD) auf, bis zum 8.2. ihre Bereitschaft zur Erteilung der 2. TEG zu erklären. ... Die GNS stellt ab Bekanntwerden der Vorwürfe sämtliche Betonarbeiten vorübergehend ein und „ersetzt" an der PKA-Baustelle drei verantwortliche Mitarbeiter wegen „Unregelmäßigkeiten".

Die Öffentlichkeit erfährt nicht das ganze Übel: Diese drei Herren waren gleichzeitig als Strahlenschutzverantwortliche, bzw. für die Leitung und Beaufsichtigung der „Aufbewahrung" von Castor-Behältern im Transportbehälterlager verantwortlich.

Wie liest es sich so schön in der Aufbewahrungsgenehmigung zur Castor-Halle: „Die oben ... genannten Verantwortlichen dürfen erst tätig werden, wenn die Genehmigungsbehörde bestätigt hat, daß die eingeleiteten Sicherheitsüberprüfungen der genannten Verantwortlichen abgeschlossen und die von der BLG zugesagten Ergänzungen der Fachkundenachweise ausreichend sind".

Francis B. Althoff
Geschäft mit dem Schrott

1978 begann die GNS mit der Entwicklung von Transport-, Zwischenlager- und Endlagerbehältern.

Seit 1989 ist sie für die „Entsorgung" aller von deutschen EVU betriebenen AKW zuständig. In die BLG und das BZA stieg sie 1990 ein. 1991 wurde zusammen mit der Firma Nukem GmbH die Tochterfirma GNB gegründet. GNB liefert weltweit die umstrittenen Stahl- und Sphärogußbehälter: Castor I a; I b; I c; II a; V/19; V/21; X/28; 440/84; RBMK; HAW 20/28; TS 28 V.Die beiden letztgenannten Behälter sind für radioaktiven Müll aus der WAA. Zusätzlich vertreibt die GNS Behälter vom Typ „Pollux" für die Endlagerung und Mosaikbehälter für die Zwischenlagerung.

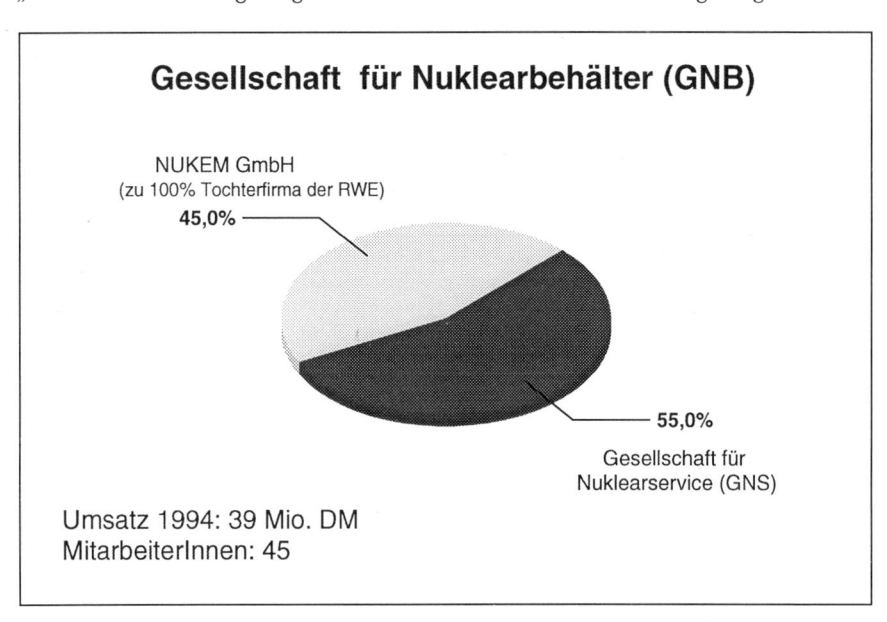

Gesellschaft für Nuklearbehälter (GNB)

NUKEM GmbH
(zu 100% Tochterfirma der RWE)
45,0%

55,0%
Gesellschaft für
Nuklearservice (GNS)

Umsatz 1994: 39 Mio. DM
MitarbeiterInnen: 45

Atommüllbehälter und Bratpfannen aus kontaminiertem AKW-Schrott

GNS reduziert nicht nur Müll- und Lagerplatzvolumen gemäß dem obersten Wirtschaftsgrundsatz „Kosten sparen", sie vertreibt zusätzlich ihre Atommüllbehältnisse, seien es Fässer, Mosaikbehälter oder Brennelement-Lagerbehälter, aus kontaminierten recyclierten AKW-Schrott. Um die 4000 t Sphäroguß werden jährlich zu Behältern verarbeitet, über ein Drittel davon durch wiederverwerteten kontaminierten AKW-Schrott. Seit 1991 ist ihre Tochter GNB dafür zuständig.

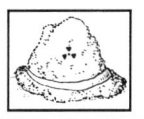

War der peinliche TRANSNUKLEAR-Skandal Beleg dafür, daß die Atomwirtschaft ihr Müllbergproblem nicht lösen konnte und deshalb offensichtlich zu kriminellen „Entsorgungspraktiken" überging, wendet die GNS lieber gefährliche und letzten Endes untaugliche Methoden an. Natürlich tut sie dies ohne Ankündigung für die gefährdete Öffentlichkeit. So versucht sie wenigstens ein kleines bißchen Herrin der Lage zu werden und spart selbstverständlich Kosten:

- Volumenreduktion durch Verbrennen oder Verpressen von schwach- und mittelaktiven Abfällen, vor allem in Mol (Belgien) und Studsvik (Schweden) auch in der KFA Jülich und Karlstein. Die Verbrennungsanlagen in Karlsruhe, Studsvik und Seibersdorf (Österreich) wurden nach Bekanntwerden der auftretenden Dioxinproblematik stillgelegt.
- Die Fertigung von Atommüll-Behältern aus radioaktivem Schrott stellt keinen Beitrag zur Verringerung der Radioaktivität dar, im Gegenteil, die Gefahr auf den Transportwegen erhöht sich. Den BetreiberInnen geht es nur um eine möglichst billige Variante der Lagerung radioaktiven Atomschrotts.
- Die kommerzielle Verwertung eingeschmolzener radioaktiver Anlagenteile außerhalb der Atomwirtschaft senkt Lagerungskosten (pro gelagerte Tonne bis zu 6.500 DM) und bringt zusätzliche Schrotterlöse ein, da es sich dann definitionsgemäß nicht mehr um Abfälle im Sinne des Atomgesetzes (§ 9aI Nr. 1) handelt... . Die unkontrollierte radioaktive Verseuchung wird amtlich geduldet und landet u.a. auf Haus- und Sondermülldeponien. Der Privathaushalt ist als „Endlager" mit einkalkuliert, da in menschenverachtender Weise mit den Grenzwerten für radioaktive Strahlung gepokert wird. Was nach dem Einschmelzen des Atomschrotts unter dem Grenzwert bleibt, darf zu Bratpfannen etc. weiterverarbeitet werden! Guten Appetit! Diese Strahlengrenzwerte wurden nach dem Tschernobyl-Supergau aus opportunistischen Gründen festgelegt, damit überhaupt noch Vermarktungschancen, vor allem für Lebensmittel, bestanden und die Menschen nicht noch mehr in Panik gerieten. Es bleibt wissenschaftlich unstrittig, daß es keine Grenzwerte für radioaktive Strahlung gibt, unterhalb derer keine Gesundheitsrisiken bestehen!

Die Mitglieder der Strahlenschutzkommission (berufen durch die Bundesumweltministerin) spielen da trotzdem mit und segnen folgende 3 Freigabeverfahren ab:

	Gesamtaktivität	Oberflächen-Kontamination	Alphastrahler
		gemittelt über 100 cm²	
Bedingungslose Freigabe	< 100 Bq/kg	0,37 Bq/kg	0,037 Bq/kg
Freigabe zum Einschmelzen mit inaktivem Schrott	< 1.000 Bq/kg	0,37 Bq/kg	0,037 Bq/kg
Kontrollierte Verwertung		> 1.000 Bq/kg	

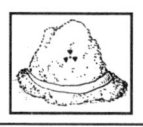

Halten wir also fest: Kontaminierter Stahl bis zu 100 Bq/kg darf zu allem verarbeitet werden ....

Nun ist es nicht nur so, daß die GNS den radioaktiven Schrott zum Einschmelzen an die Firma Siempelkamp in Krefeld liefert, aus dem dann je nach Belastung frei verkäuflicher Stahl oder Sphäroguß für Castorbehälter wird, sie haben vom TÜV 1993 auch noch das Qualitätssicherungszertifikat (DIN 9001) bekommen, welches bis August 1996 gültig ist. Dieses erlaubt der Geschäftsführung, ihre strahlenden Container mittels Betriebshandbuch zu überprüfen. Nebenbei eröffnet das Zertifikat den Zugang zum europäischen Markt.

Wie katastrophal unsicher so ein Castorbehälter ist und wie erschreckend schlecht sein Beladen klappt, schildert am besten eine Liste der unglaublichen Verladevorgänge vor dem ersten Castortransport vom AKW Phillipsburg nach Gorleben (siehe *Seite 137*).

Niedersächsiche Landesbürgschaft sichert Castorbau

Nicht nur die Firma Siempelkamp beschäftigt sich mit dem Bau der Castor-Behälter. Die Magnum Metallbearbeitungsgesellschaft in Osnabrück, Nachfolgerin der Vereinigten Schmiedewerke (VSG) bekam Ende 1994 über das niedersächsische Wirtschaftsministerium sogar eine Landesbürgschaft von 14,5 Millionen DM zur Absicherung der

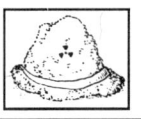

Kaufpreisfinanzierung! Diese dient als Ausfallgarantie gegenüber den Banken und deckt 80% ab.

„Ein Trümmerhaufen war das", so Geschäftsführer Jost-W. Gerhardt. In allen Betriebsteilen, die von der VSG stark vernachlässigt waren, hätten die Mitarbeiter dafür gesorgt, daß die Maschinen und Anlagen „auf Vordermann" kamen. „Das haben die Mitarbeiter alles selber gemacht, hier wurde keine Fremdfirma eingesetzt". Etwa 35 Zwischenlagerbehälter für ausgediente Atombrennstäbe wurden bis Dezember 1994 an die Gesellschaft für Nuklearbehälter geliefert, an der die GNS 55% hält. „Die Castor- und Polluxbehälter gehören zur Regelfertigung" (Osnabrücker Zeitung, 7.12.1994). Wofür bürgt die niedersächsische Landesregierung eigentlich wirklich? Für Schritte Richtung Atomausstieg, wie sie vorgibt, oder doch lieber konkret über eine Landesbürgschaft für die weitere Unterstützung der Atomindustrie?

Pannenliste

1. Im Castorbehälter werden 180 Gramm Metallspäne unbekannter Herkunft entdeckt
2. Nach der Beladung im Lagerbecken will der Primärdeckel nicht passen
3. Dadurch wird die Elastomerdichtung beschädigt
4. Eine neue Dichtung wird eingelegt
5. Der Deckel stellt sich quer und verkantet
6. Um die Deckelblockade aufzulösen wird der beladene Behälter aus dem Naßbecken gehievt
7. Danach müssen die Führungsbolzen wegen Freßspuren ausgewechselt werden
8. Der Castor wird ins Becken zurückmanövriert und entladen
9. Die Dichtung ist erneut beschädigt
10. An Deckel und Behälter werden Beschädigungen entdeckt
11. Die Schäden werden durch Schleifen und Läppen beseitigt
12. Die Dichtung ist zu groß
13. Sie wird mit Gewalt eingepreßt
14. Die Anschlüsse der Auspumpeinrichtung sind nicht genügend gekennzeichnet
15. Nach 40 Stunden wird der Versuch, den Innenraum des Castors zu trocknen, aufgegeben weil die vorgeschriebenen Werte nicht erreicht werden
16. In der Not wird der Castor daraufhin mit Stickstoff ausgespült
17. Ein paar Tage später „weist die GNS rechnerich nach", daß dies nicht zu einer unzulässigen Erhöhung der Brennstabtemperaturen geführt haben kann
18. Das Feuchtemeßgerät funktioniert nicht, ein Gerät vorgeschriebenen gleichen Typs kann nicht besorgt werden
19. Ein Ersatzgerät anderen physikalischen Prinzips wird eingesetzt
20. ... und versagt
21. Das nächste Gerät kann nicht nach entsprechender Gebrauchsanleitung eingestellt werden
22. Fünf Tage, statt wie der geplanten vier Stunden ziehen ins Land, bis der maximal erlaubte Feuchtewert erreicht werden kann
23. Es gibt Mängel in Handhabungs- und Prüfanweisungen.

FRANCIS B. ALTHOFF

Kontrollkumpanei

Das Qualitätssicherungszertifikat für die Castorbehälter wurde der GNS am 20.08. 1993 vom Geschäftsführer des TÜV Berlin/Brandenburg Günter Wawer ausgestellt und ist drei Jahre gültig. Über vorgenannte Punkte hinaus stellt sich hier die Frage, warum sich die GNS ausgerechnet an den TÜV Berlin/Brandenburg wandte und nicht an die näherliegenden TÜV Hannover, Norddeutschland oder Rheinland. Ein Blick in den Vorstand läßt naheliegende Vermutungen aufkommen.

Geschäftsführender Vorstand des TÜV Berlin/Brandenburg
Umsatz 1994: 88 Mio. DM

Vorstandsvorsitz:	Klaus Grüning
	Werksleiter der SIEMENS AG
	Bereich Energieerzeugung (KWU)

einige Vorstandsmitglieder:

August Wilhelm Eitz	Kurt Dieter Schulz	Klaus Bechthold	Karl Heinz Habig	Günter Wawer
Vorstandsmitglied VEAG	Generalbevollmächtigter Deutsche Babcock Energie- und Umwelttechnik AG i.R.	Vorstandsmitglied BEWAG	Mitglied des Präsidiums der Bundesanstalt für Materialprüfung	Geschäftsführer

Spätestens hier zeigen sich die Vernetzungen zwischen den „unabhängigen"(?) Gutachtern bei TÜV und BAM. Letztlich ist vom TÜV keine Unabhängigkeit zu erwarten. Er ist ein Wirtschaftsunternehmen und richtet sich daher nach Angeboten aus. Wer verprellt schon gern seine Auftraggeber? Der TÜV Berlin/Brandenburg hatte 1994 einen Umsatz von rund 88,362 Millionen DM. Er ist zum 1.4.1995 eine gemeinsame Geschäftsführungsholding mit dem TÜV Südwest und TÜV Hessen GmbH eingegangen und hat etliche kooperative Tochterunternehmen.

Eine weitere skandalöse Glanzleistung der GNS ist der Einkauf des H.W. Näser. Näser, beim BfS-Vorläufer PTB Leiter der „Fachgruppe Genehmigungsverfahren in der Abteilung Sicherstellung und Endlagerung radioaktiver Abfälle", ist nun der führende Rechtsberater der GNS. Wie weitreichend seine alten Kontakte immer noch gehen, belegt ein Schreiben der Isar Amperwerke betreffs Weigerung der Zahlung der Endlagervorausleistung, für die er „hilfsbereit" nach entsprechender Zuwendung in die Bresche springt.

ISAR-AMPERWERKE AKTIENGESELLSCHAFT

Rechtsabteilung

Bundesamt für Strahlen-
schutz
Postfach 10 01 49
38201 Salzgitter

München, den 08.12.93
unser Zeichen: RA-wi-nm
Bearbeiter: H. Wittmann
Durchwahl: 5206- 24 03
Ihre Nachricht:

Vorausleistungsbescheide für die Bemessungszeiträume 1990 und 1991
AZ.: Z 1.3-8373/BY 3-16 (KKI 1) u. BY 3-24 (für KKI 2)

Sehr geehrte Herren,

wir kommen zurück auf unsere Widersprüche vom 21.11.91 und 09.12.92 gegen Ihre Vorausleistungsbescheide vom 15.11.91 und 23.11.92 für die Bemessungszeiträume 1990 und 1991. Wie Ihnen bereits von Herrn Näser, GNS, im Herbst 1992 in unserem Auftrag mündlich vorgetragen, sind Schäden bei der Einrichtung von Anlagen des Bundes nach § 9 a Abs.3 AtG, die dem Bund von dritter Seite zugefügt werden, kein notwendiger Aufwand i.S.d. § 21 b Abs.1 AtG sowie i.S.d. §§ 1, 3 der Endlager-VIV.

Dies betrifft auch die Schäden, die dem Bund im Zusammenhang mit der Erkundung des Salzstockes Gorleben durch die Besetzung des Erkundungsbergwerks im Jahre 1990 durch einige Demonstranten und durch die von den Nds. Bergbehörden angeordneten Unterbrechungen der Schachtabteufarbeiten im Mai 1991 bis Juli 1991 hinsichtlich des Schachtes I und im Oktober 1990 bis Februar 1991 hinsichtlich des Schachtes II entstanden sind. Auch aus diesem Grunde haben wir gegen die Vorausleistungsbescheide für die Bemessungszeiträume 1990 und 1991 Widerspruch eingelegt.

Wir werden unsere Rechtsauffassung hierzu ausführlich in den Widerspruchsbegründungen darlegen, die wir Ihnen demnächst zuleiten werden.

GNS/H. Näser erhält eine Kopie dieses Schreibens zur Kenntnis.

Mit freundlichen Grüßen

Isar-Amperwerke AG
i.V.

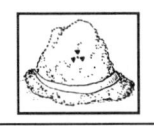

BAM - Aufgabenbereich

Auch die BAM betrachtet sich als eine unabhängige Prüfstelle.

Durchgeführt werden bei der BAM u.a. Bauartprüfungen im verkehrsrechtlichen Zulassungsverfahren, Begutachtungen im atomrechtlichen Genehmigungsverfahren für BE-Behälter und die berüchtigten „Fallversuche" aus 9 Meter Höhe, wobei völlig ignoriert wird, daß Eisenbahn- und Autobahnbrücken oft wesentlich höher sind. Qualitätssicherungszulassungen (TÜV-Zertifikat) für Fertigungen und Betrieb für BE-Behälter werden genehmigt.

Im Jahresbericht 1994 spielt die zuständige Abteilung 9 wie folgt die katastrophalen Verladevorgänge um den Philippsburger Castorbehälter herunter:

> „Wie den vielfältigen, leider häufig den Sachverhalt bruchstückhaft oder unzutreffend wiedergegebenen Pressemeldungen zu entnehmen war, traten bei der Beladung allerdings betriebliche Schwierigkeiten auf. Zum Beispiel gab es zunächst Probleme mit dem schiefen Sitz des Deckels durch eine verrutschte, danach ausgetauschte, für den dichten Verschluß jedoch unmaßgebliche Kunststoffdichtung ... Andererseits wurden die wesentlichen sicherheitstechnischen Kriterien (wie spezifizierte Dichtheit und Restfeuchte in vakuumgetrockneten Innen- und Dichtungszwischenräumen) erreicht und von drei unabhängigen Sachverständigen-Organisationen, TÜV Süd-West, TÜV Hannover/Sachsen-Anhalt, BAM, bestätigt."

Der realdemokratische Unrechtsstaat

PolitikerInnen berufen sich gerne auf den Begriff „Demokratischer Rechtsstaat". Beliebt ist dieses z.B., wenn sie Scheinargumente für Demonstrationsverbote gegen unseren Atom-Widerstand in Gorleben konstruieren. Auch dieser Versuch, uns als kriminell darzustellen, resultiert auf der absurden Kombination der Begriffe „Demokratie" und „Rechtsstaat".

Während Demokratie bedeutet, sich nach der Mehrheit zu richten oder auch Mehrheiten zu bilden, definiert sich Recht damit, nach Prinzipien der Wahrheit und Gerechtigkeit nach Gesetzen zu entscheiden. Die Diskrepanz liegt auf der Hand. Mehrheitsentscheidungen, die sich auf ein alle vier Jahre gemaltes Kreuz (die Tendenz steigt, dies nicht mehr zu tun) auf einem Stimmzettel berufen, sind nicht zwangsläufig identisch mit richtigen (gerechten) Entscheidungen. Selbst Ex-Kanzler Helmut Schmidt beichtete in der Evangelischen Akademie Tutzing schriftlich, „daß nicht derjenige Recht kriegt, der Recht hat, sondern daß derjenige Recht kriegt und Recht setzen kann, der die Mehrheit hat." (Bundeskanzleramt, 2. Diskussionsbrief, S. 7, 1.10.1978). Demokratie und Rechtsstaat bleiben unvereinbare Gegensätze!

Wollen die Atomstromer eine Atomanlage errichten, müssen sie zuerst bei der zuständigen Behörde (es gibt verschiedene) einen Antrag stellen, ebenso einen Antrag nach dem Baurecht und Imissionsschutzgesetz sowie einen Antrag auf Betrieb und Abgabe radioaktiver Stoffe nach § 7 AtG. Die Behörde prüft und kann ein Genehmigungsverfahren einleiten. Mit der technischen Begutachtung werden Institutionen, z.B. TÜV oder GRS, beauftragt; Antrag, Konzept und Sicherheitsbericht müssen öffentlich zur Einsicht ausgelegt werden. Werden von einsehenden Personen Einwendungen bei der Behörde erhoben, muß diese einen Erörterungstermin durchführen. Erteilt die Behörde danach eine Genehmigung, was der Normalfall ist, ohne die Einwendungen ernstzunehmen, kann gegen sie geklagt werden.

Rechtliche Ärgernisse deligieren die Atommüller also bereits an die Behörde. Sie selbst und ihre Pläne können nicht direkt beklagt werden. Ein Verwaltungsgericht entscheidet nun über die im Verwaltungsakt gelandete Klage, die eigentlich an die BetreiberInnen gerichtet werden müßte. Die Behörden, die den Vollzug staatlicher Gesetze auszuführen haben, unterliegen dem Irrtum, daß sie aufgrund der Tatsache, daß die Atomindustrie vom Staat mit etlichen Milliarden DM öffentlicher Mittel gefördert wird, annehmen, die beantragte Genehmigung diene dem „Wohl der Allgemeinheit".

Der Staat unterstützt die Atomindustrie nicht nur finanziell, sondern hat im Energieprogramm den Ausbau der Atomenergie festgeschrieben. Er beauftragt also indirekt über das „Energiesicherungsgesetz" oder direkt als Mitaktionär der Atomindustrie die Stromer zum Bau.

Da nun ein staatliches Vollzugsorgan (Behörde) die Anträge der Atomiker prüft, ist nicht zu erwarten, daß die unteren Vollzugsorgane den Plänen der Regierung die Genehmigung verweigern. Der Staat bedient sich „Dritter", um sich selbst Genehmigungen zu erteilen. Von „Rechtsstaat" kann also keine Rede sein und die langfristigen Strahlenfolgen führen zur zwangsläufigen Aufhebung der Grundrechte sowie der Änderung der Verfassung.

Die Gerichtsbarkeit steht im „Interessenkonflikt", einerseits Einrichtung und Instrument des Staates zu sein, andererseits „unabhängig" für die Gewährung der Rechtsordnung zu sorgen. Eine öffentlich-rechtliche Genehmigung oder gerichtliche Antrags-Gutheißung der Atomanträge ist eindeutig Begünstigung oder Beihilfe zur Begehung einer Straftat!

„Es gibt keinen Unterschied zwischen dem Staat und einer gut organisierten Räuberbande" (Der „Heilige Augustinus").

FRANCIS B. ALTHOFF

Vereinsmeierei

Beeinflussung der Öffentlichkeit

Ein wichtiges Anliegen der Atomsekte ist, die ohnehin sehr niedrige Restakzeptanz für Nuklearwaren in der Bevölkerung, bei PolitikerInnen und „eigenen" MitarbeiterInnen nicht noch tiefer sinken zu lassen. Aus Angst vor dem Akzeptanz-Supergau wurden schon vor Jahrzehnten Lobby-Vereine aus dem Boden gestampft, „selbstverständlich" gemeinnützig anerkannt. Die Nr. 1 der Atommeierei ist das Deutsche Atomforum (DAtF) mit seinem Offenbarungseid, „Wissenschaft, Wirtschaft, Politik und Verwaltung in dem Bestreben" zusammenwirken zu lassen, daß „die Kernkraft zum Wohle der Allgemeinheit nutzbar zu machen" sei.

Personelle Verflechtungen Deutsches Atomforum e.V.	
Dirk Ikels Deutsche Bank Verwaltungsrat Deutsches Atomforum	**Graf W.L. Metternich** Allianz Arbeitsgruppe "Privatrecht" Deutsches Atomforum
Walter Tesarczyk stellv. Generaldirektor Allianz Versicherung Arbeitskreis "Recht und Verwaltung" Deutsches Atomforum Verwaltungsrat Deutsches Atomforum	**Ulrich Ramm** Chefjustitiar Commerzbank Arbeitskreis "Wirtschaft und Industrie" Deutsches Atomforum Arbeitskreis "Kernenergie" des BDI
Gunther Rabe Dresdner Bank Arbeitskreis "Wirtschaft und Industrie" Deutsches Atomforum Arbeitskreis "Kernenergie" des BDI Arbeitskreis "Recht und Verwaltung" Deutsches Atomforum Verwaltungsrat Deutsches Atomforum	**Günther Radtke** Vorstand AMB Aachener und Münchener Aufsichtsrat BfG Bank ehemaliger Geschäftsleiter Dresdner Bank ehemaliger Verwaltungsrat Deutsches Atomforum (für die Dresdner Bank) Aufsichtsrat Gesellschaft zur Förderung der Kernenergie (Deutsches Atomforum)
Paul Lichtenberg Ehrenvorsitzender (ehemaliger Vorstandssprecher) Commerzbank Verwaltungsrat Deutsches Atomforum	

entnommen aus: Henrik Paulitz "Manager der Klimakatastrophe", Verlag Die Werkstatt, 1994

So ist dann auch alljährlich im Zentralorgan „atom-wirtschaft" die erleichterte Feststellung nachzulesen, daß alle Bundestagsabgeordneten, die im Präsidium und Verwaltungsrat mitwirken, wiedergewählt wurden. Diese politischen Sänftenträger der Konzerninteressen teilen sich die schwere Vereinszweckbürde mit sich ebenfalls verpflichtet fühlenden öffentlichen Körperschaften, wie z.B. den Wirtschaftsministern der Länder Niedersachsen, Hessen, Bayern, Baden-Württemberg, Nordrhein-Westfalen, Berlin, Rheinland-Pfalz ... Auch das Bundesministerium für Forschung und Technologie, welches gewaltige Mengen an Steuergeldern in die Atomforschung schleust und das Bundesamt für Strahlenschutz, das eigentlich über die Sicherheit von Zwischen- und Endlagern unvoreingenommene Gutachten erstellen soll, lümmelt sich in den verpflichtenden Clubsesseln. Neben etlichen Banken, Versicherungen, Bauunternehmen und Verbänden, unter anderem dem Verband der Chemischen Industrie, dem Verband deutscher Elektrotechniker und dem Verein Deutscher Ingenieure ist wieder einmal die Vereinigung der Technischen Überwachungsvereine (VdTÜV), lieber im Atomforum aktiv, als ernsthaft ihrer Aufgabe nachzukommen, die Sicherheit der Atomanlagen kritisch zu überwachen.

Atomare Kaffeefahrt

Schwieriger wird es für die Werbestrategen der Atommeierei in der Provinz, bei Dorfbürgermeistereien und Gemeinderäten ihr nukleares Süppchen anzubieten. Wollen VolksvertreterInnen von Atomanlagen bedrohter Landstriche die Vorzüge des Risikos Atomenergie nicht schlucken, biedert sich das Atomforum als Touristikunternehmen an. Wie wäre es mit Kaffee und Kuchen in der Bretagne, genauer gesagt in La Hague?

Dieser simpelste aller Tricks ist immer wieder erfolgreich. Während den umworbenen BesucherInnen im wahrsten Sinne des Wortes der Mund mit deftiger Kost gestopft wird (und wer kann dann schon nein sagen), läuft der atomare Informations- und Unterhaltungszirkus, in der Hoffnung, daß von der Reise nicht nur Blähungen hängen bleiben. Das Landratsamt Günzburg, zuständig für den Amtsbereich Gundremmingen mit seinen zwei noch laufenden und einem stillgelegten Meiler beantragte immerhin nach einer „atomaren Kaffeefahrt" die Mitgliedschaft im Atomforum. Was es wohl zu essen gab?

Kerntechnische Gesellschaft e.V.

Auch die Kerntechnische Gesellschaft e.V. (KTG), Mitglied im Deutschen Verband technisch-wissenschaftlicher Vereine, macht sich Gedanken darüber, wie der Atomausstieg zu verzögern ist. Nach der französischen „SFEN" und der russischen „NSI" ist sie von ihrer Mitgliederzahl her die drittgrößte Nuklearvereinsmeierei Europas (2.227 Mitglieder, Tendenz sinkend, 1995). Die KTG ist Gründungsmitglied der Europäischen Nukleargesellschaft ENS, welche sich nicht nur als Zusammenschluß wissenschaftlicher Gesellschaften, sondern auch als Dienstleisterin für die

Nuklearwirtschaft sieht. Die ENS beteiligte sich unter anderem als Nichtregierungsorganisation (NGO) an der 1. Vertragsstaaten-Konferenz zur Klimaschutzkonvention von Rio 1995 und verbindet die Atommafia weltweit mit ihrer Zeitschrift „Nuklear Europe Worldscan".

Vorsitzender und Stellvertreter der KTG, Jürgen Knorr und Manfred Popp, sitzen zeitgleich im Präsidium des Deutschen Atomforums. Der Drang nach weltweiter Verbundenheit wird in einem Grußwort von Jürgen Knorr an „Liebe KTG-Mitglieder" deutlich: „Kurzfristig freilich gibt es zumindest in unserem Land wenig Hoffnung auf einen Ausbau der Kernenergie. Erhalt oder Ausstieg scheinen vielmehr die einzigen Alternativen in der öffentlichen Auseinandersetzung zu sein."

Unterteilt ist die KTG in Sektionen. Die Sektion Hannover/Braunschweig zum Beispiel in dessen Vorstand Hans Otto Willax von der BLG über 120 Mitgliedern thront, schafft wie etliche andere Sektionen die eigentliche Öffentlichkeitsarbeit nicht. Es bleibt bei internen Belobigungsvorträgen. Ziel der KTG ist dabei eigentlich nicht nur auf Abgeordnete, Kommunalpolitiker, Behördenrepräsentanten etc. einzuwirken, sondern vor allem auf schwieriger erreichbare Zielgruppen bis hin zu Bürgerinitiativen. „Schlechte Erfahrungen sollten uns nicht daran hindern, Berührungsängste abzubauen." Dazu gibt es für Mitglieder Tips, welche Botschaften vermittelt werden sollen. Kostprobe: „KTG-Mitglieder gibt es auch in Gutachterorganisationen sowie in Aufsichts- und Genehmigungsbehörden."

Das letzte Wort zur KTG-Öffentlichkeitsarbeit hat Jürgen Knorr, bezugnehmend auf den 50. Hiroshima- und Nagasaki Gedenktag: „Hier dürfen wir uns nicht verstecken, sondern müssen deutlich machen, daß unsere Technik mit jenen Ereignissen so wenig zu tun hat, wie Düngemittel mit Dynamit" (KTG-Tätigkeitsbericht 1994).

Sein Stellvertreter Manfred Popp, bis 1987 Ministerialdirigent im Bundesministerium für Forschung und Technologie (Abteilung 31: Energieforschungsprogramme, Kernenergie), ist Aufsichtsrat bei der DBE und der Gesellschaft für Reaktorsicherheit (GRS) sowie Aufsichtsratsvorsitzender in der Gesellschaft für Strahlen und Umweltforschung (GSF). Popp ist so tief im Atomlobbygeflecht verstrickt, daß er sich gemüßigt sah, 1986 aufgrund der energiepolitischen Kursänderung der SPD aus dieser Partei auszutreten.

Unterschätzt werden darf auch nicht der Einfluß der Atommeierei im unteren Managementbereich, wie z.B. durch DAtF- und KTG-Mitglied Reinhard König, seit 1980 Leiter der Abteilung Verwaltung und Öffentlichkeitsarbeit der Brennelementelager Gorleben GmbH (BLG). KTG und DAtF residieren unter der selben Adresse (Heussallee 10, Bonn).

Kein Ausstieg unter dieser Nummer (0221/2068-0)

In Köln, Schwertnergasse 1, haben sich gleich vier Atomfilzabteilungen zu einem dichten Teppich für die BetreiberInnen verwebt.

- Gesellschaft für Reaktorsicherheit (GRS)Telefon   0221 / 2068-0
- Reaktorsicherheitskommission (RSK)   0221 / 2068-0
- Strahlenschutzkommission (SSK)   0221 / 2068-0
- Kerntechnischer Ausschuß (KTA)   0221 / 2068-0

Die GRS erstellt für AtomanlagenbetreiberInnen Studien, die von der RSK und SSK nach Regelauslegungen des KTA begutachtet werden .... .

Gesellschaft für Reaktorsicherheit (GRS)

Die GRS, deren Umsatz jährlich rund 100 Millionen DM beträgt, ist eine weitere Gutachterin von Atomanlagen. Sie nimmt an Richtlinienerstellungen der zuständigen Bundesministerien teil und führt Arbeiten für die Technischen Überwachungsvereine aus. Nebenher bietet die als gemeinnützig anerkannte Gesellschaft Werbematerial pro-Atom an.

Beteiligt ist die GRS unter anderem an dem Forschungsvorhaben EVEREST der Europäischen Union, das die Analyse der Langzeitsicherung von Endlagern in den unterschiedlichen Endlagerformationen beteiligter Länder, unter Anwendung probabilistischer Methoden zum Ziel hat. Am 12.04.1994 beschloß die GRS in Köln vor 30 Bundes- und LandesvertreterInnen einen mit unbestrahlten Uranoxid-Brennelementen befüllten Castor-Behälter mit einer panzerbrechenden Waffe. Der „Erfolg" war im wahrsten Sinne des Wortes durchschlagend. Die Freisetzung von Uranoxid wurde den ZuschauerInnen als Grundlage für die Bewertung radiologischer Auswirkungen bei Sabotageakten verkauft.

Eine Tochter der GRS ist das Institut für Sicherheitstechnologie (IST) in Garching, das Forschungsaufgaben zu Schadenfrühdiagnose, Leittechnik und Abfallentsorgung übernommen hat. Die Europäische Wirtschaftliche Interessenvereinigung RISKAUDIT wurde von der GRS zusammen mit der französischen Partnerorganisation IPSN mit der Vorgabe gegründet, ein Sachverständigenzentrum für „Kerntechnische Sicherheit" zu schaffen. Die Aktivitäten betreffen „die Sicherheitsbewertung von Kernkraftwerken, deren Errichtung unterbrochen wurde und die in Zusammenarbeit mit westlichen Partnern vollendet werden könnten".

GRS-Geschäftsführer Adolf Birkhofer ist zugleich Vorsitzender der Reaktorsicherheitskommission (RSK). Der stellvertretende Aufsichtsratsvorsitzende Karl Eugen Becker ist gleichzeitig Vorsitzender des TÜV Bayern, Präsident des Vereins Deutscher Ingenieure und Mitglied im Kerntechnischen Ausschuß (KTA).

Gesellschaft für Reaktorsicherheit (GRS)

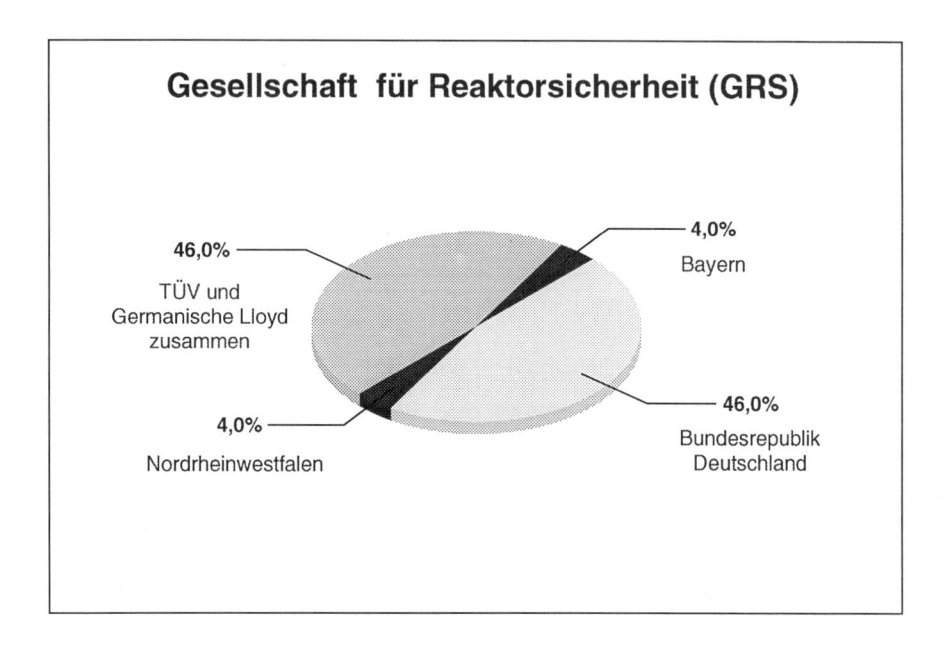

- 46,0% TÜV und Germanische Lloyd zusammen
- 4,0% Nordrheinwestfalen
- 4,0% Bayern
- 46,0% Bundesrepublik Deutschland

Tochtergesellschaften

Der zweite GRS-Geschäftsführer Gerald Hennenhöfer, nebenbei Ministerialdirigent im Bundesministerium für Umwelt, Naturschutz und Reaktorsicherheit (BMU), gab auf der Wintertagung der DAtF (23. und 24. Januar 1996) seiner Hoffnung Ausdruck, daß der sogenannte ausstiegsorientierte Vollzug in manchen Ländern schon seinen Höhepunkt hinter sich haben könnte: „Wir sind entschlossen, nach Kalkar und Hanau nicht weitere Denkmäler des ausstiegsorientierten Vollzugs entstehen zu lassen." Auf selbigem atomaren Kaffeekränzchen warnte Lüchow-Dannenbergs CDU-Bundestagsabgeordneter Kurt-Dieter Grill: „Wenn die Wirtschaft auch nur einen Standort zur Disposition stellt, bedeutet dies den Todesstoß für die Kernenergie". Grill, bekannt durch die von der Baufirma Licht erhaltenen Bestechungsgelder, sieht die „Kernenergie" weniger durch die Politik gefährdet, als durch manch Einen in den EVU (atw 3.96, S.187).

Reaktorsicherheitskommission (RSK) und Strahlenschutzkommission (SSK)

Die Kommissionsmitglieder werden vom Bundesumweltministerium zur Beratung von Strahlenproblemen berufen. Beide Kommissionen setzen sich überwiegend aus Mitgliedern zusammen, deren Eigeninteresse an der Atomkraft bekannt ist. Größtenteils kooperieren in RSK und SSK verschiedene „unabhängige" GutachterInnen, z.B. TÜV, BAM, GRS, BFS, GSE sowie Atomforschungsanlagen.

Empfehlungen der SSK sind das Fundament für Weisungen des Bundesumweltministeriums an Landesbehörden.

Kerntechnischer Ausschuß

Die Erstellung sicherheitstechnischer Regeln und deren Anwendungsförderung, „bei denen sich eine einheitliche Meinung von Fachleuten der HerstellerInnen und BetreiberInnen, von GutachterInnen und Behörden abzeichnet" (wann ist das nicht so?), ist die Aufgabe des KTA. Er besteht aus je 10 VertreterInnen der

- AtomanlagenherstellerInnen
- AtomanlagenbetreiberInnen
- Beratungs- und Gutachterorganisationen
- Bundes- und Landesbehörden
- sonstiger Behörden, Organisationen und Stellen.

Gesellschaft für Strahlen- und Umweltforschung (GSF)

Die GSF wird jährlich durchschnittlich mit 150 Millionen DM gefüttert, davon 90% Bundesgelder und 10% vom Freistaat Bayern. Mit diesem Geld wird in der Hauptsache zu Strahlenschutz und Strahlenbiologie geforscht.

Rund 200 der 1600 Beschäftigten (davon 450 WissenschaftlerInnen) sind für die „Erprobungs-"Atommüllager Asse und Konrad abgestellt.

Besonders auffällig an GSF-Forschungsberichten sind die mühsamen verbalen Verrenkungen um die 125.000 „testeingelagerten", aber faktisch endgültig verschütteten Atommüllfässer in der Asse.

Der dafür mitverantwortliche stellvertretende Vorsitzende des Wissenschaftlich-technischen Rats der GSF und Leiter des Instituts für Strahlenschutz, Wolgang Jacobi, war Leiter der Strahlenschutzkommission (SSK) sowie Mitglied des internationalen Komitees für Strahlenschutz (ICRP).

Francis B. Althoff
Monopole–Banken–Versicherungen

Die Nazis besorgten das Monopol.

Die Fundamente für die Macht verdanken die Atomokraten bis heute dem Hitler-Terror. Am 13.12.1935 rief der Nazi-Wirtschaftsminister Hjalmar Schacht die „Wehrhaftmachung der deutschen Energieversorgung" aus. Das Triumvirat der bereits damals größten EnergieversorgerInnen, RWE, VEBA und VIAG, behauptete, daß die Hälfte der Energieerzeugung, die sich in privaten und kommunalen Besitz befand, „eine Vergeudung von Volksvermögen" darstelle. Strategen, wie z.B. der damalige RWE-Chef Arthur Koepchen, hatten schon im Faschismusregime so viel Einfluß, daß die Nazis ihren Gedanken folgten. Gefordert wurde die Eliminierung der Kleinkonkurrenz über einen militärisch sinnvollen Netzverbund von Großkraftwerken.

Dank des neuen Energiegesetzes nebst Präambel „volkswirtschaftlich schädliche Auswirkungen des Wettbewerbes zu verhindern", ging die sogenannte zentralstaatliche Aufsicht an die „Reichsgruppe Energiewirtschaft", die überwiegend von RWE, VEBA und VIAG kontrolliert wurde. Durch Hitlers Rüstungswahnsinn war es ihnen möglich, überregionale Verbundsysteme zu bauen, an die Kleinerzeuger nicht heran durften. Der Krieg mit seinem gigantischen Strombedarf für die faschistische Waffenschmiede war für diese „Herren" eine teuflisch gute Einnahmequelle.

Die viel zu hohen Stromüberkapazitäten, die immer noch täglich produziert werden, können selbst bei wohlwollender Betrachtung eigentlich nur in die Richtung interpretiert werden, daß sich die atomaren EVU immer noch in einem Angriffskrieg oder dessen Vorbereitung wähnen. Es scheint zumindest anders nicht erklärbar, warum die selbst zu Spitzenlastzeiten absolut überflüssigen AKW nicht längst abgeschaltet sind (vergleiche „Ausstiegszenarien").

Bis heute hat keine Bundesregierung auch nur versucht, das Energiegesetz aus der Nazizeit zu ändern. Die Mitgliedsunternehmen der DVG (Deutsche Verbundgesellschaft), begründet 1948, an der heute ausschließlich die Atommüllproduzenten beteiligt sind, verhindern durch Angebote an PolitikerInnen in ihren Sesseln Platz zu nehmen und mitzuverdienen, immer wieder erfolgreich, daß an ihrem eigentlichen Machtinstrument, den Hochspannungsmasten des Verbundsystems nicht gerüttelt wird.

Die Stromkonzerne standen bislang im Rampenlicht; kulissenschiebende PolitikerInnen wurden in Kurzbeispielen erwähnt. Hinter den Kulissen muß die Macht der Banken und Versicherungen ausgeleuchtet werden. Auch diese gingen im Hitlerfaschismus über Leichen und bauten dadurch ihre Machtstellung aus.

Die Macht der Banken.

Die nach der Zerschlagung des faschistischen Regimes vorübergehend eingesetzte US-Militärregierung O.M.G.U.S. zog in ihren Ermittlungen gegen die Deutsche Bank folgendes Fazit: „Die Deutsche Bank spielte eine führende Rolle unter den Geschäftsbanken bei der Ausbeutung der wirtschaftlichen Reserven der annektierten, okkupierten und zu Satelliten gemachten Ländern Europas (...). Seit dem „Anschluß" im Jahre 1938 ging sie mit großer Aktivität daran, ihr Bankimperium über die alten Grenzen hinaus auszudehnen." O.M.G.U.S. empfahl, daß „1. Die Deutsche Bank liquidiert wird; 2. Die verantwortlichen Mitarbeiter der Deutschen Bank angeklagt und als Kriegsverbrecher vor Gericht gestellt werden; 3. Die leitenden Mitarbeiter der Deutschen Bank von der Übernahme wichtiger oder leitender Positionen im wirtschaftlichen und politischen Leben ausgeschlossen werden."

Zur Dresdner Bank halten die O.M.G.U.S.-Ermittlungen u.a. fest: „Mit ihren Zweigniederlassungen und Filialen bildete sie sowohl in Deutschland als auch in den eroberten Ländern die treibende Kraft zur Zwangsarisierung von Unternehmen in jüdischem Besitz. Viele große und kleinere Firmen gingen in ihren Besitz über, nachdem die jüdischen Eigentümer ins Gefängnis oder ins Konzentrationslager verschleppt worden waren, wo man sie unter Androhung der Todesstrafe zwang, ihre Geschäftsanteile der Dresdner Bank zu übertragen."

Einige Unternehmensbeteiligungen an den drei großen Energieversorgungsunternehmen in Mio. DM

	RWE AG	VEBA AG	VIAG AG
RWE AG			29,83
VEBA AG	13,05		
VIAG AG	8,33		15,01
Allianz Holding AG	141,66	117,1	12,45
Münchener Rück AG	38,35	31,7	13,37
Siemens AG	11,53	9,53	11,53
Deutsche Bank AG	44,88	37,1	3,94
Dresdner Bank AG	27,59	22,8	2,42
Bayerische Vereinsbank AG	48,55	39,56	65,67
Bayerische Hypobank AG	18,9	15,28	40,14
Frankfurter Gesellschaft für Finanzwerte AG	3,78	3,12	
VERMO Vermögensverwaltung AG	1,7	1,41	

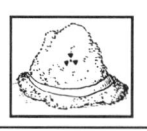

Damals wie heute spielen Banken die Rolle der KreditgeberInnen, auch für das Stromkartell. Dadurch üben sie großen Einfluß auf die Geschäftsvorstellungen der Konzerne aus. Schließlich wollen Banken immer wissen, wofür ein Kredit vergeben werden soll. Bei Aktiengesellschaften kaufen „normalerweise" Banken für Privataktionäre Aktien auf, die es dann (bis auf die kritischen AktionärInnen) als gegeben hinnehmen, daß sie dadurch von einem Banker im Aufsichtsrat vertreten werden. Zwei Wege führen die Banker also auf die Machtpositionen.

Hoffentlich Allianz versichert?

Bei einem Atomunfall in AKW vom Biblis-Typ können Schäden bis zu 10,7 Billionen DM (!) entstehen, errechnete die Baseler Prognos AG (Prognos AG, 1992, S. 119). Ein Mitglied der Arbeitsgemeinschaft Naturschutz Bodensee versuchte, sich privat bei der Allianz gegen Nuklearschäden versichern zu lassen. „Grundsätzlich sind Kernenergie-Schäden nicht versicherbar bei der Schwere und Unüberschaubarkeit des Risikos. Der nationale Rückversicherungsmarkt, den die Versicherer zur Abdeckung der Risiken benötigen, reicht hier nicht aus." (Strohm 1988, S. 102). Der Versicherungsschutz für ein „AKW entspreche gerade dem von 30 Autos, kritisierten die „Christlichen Demokraten gegen Atomkraft" (taz, 17.11.1992)

Für die hohen Risiken, die uns alle bedrohen, will und kann niemand haften! Nicht nur in diesem Punkt hätte die Staatsanwaltschaft längst dafür sorgen müssen, daß die Vereinigung der Strahlen-Täter verboten wird. Die Rechtslage dafür ist zwar eindeutig, das vorhandene hierarchische System an Rechtsprechungsorganen, Aufsichts- und Genehmigungsbehörden erschwert aber diese dringende Forderung.

Der Allianz-Konzern und die Münchener Rückversicherungsgesellschaft, die zu jeweils 25 % aneinander beteiligt sind, bilden die Versicherungsriesen, die auch für das Atomgeschäft wichtig sind. Die Allianz gibt vor, Sachschäden im Atomenergiebereich abdecken zu können. Bis 1986 hatte sie dafür lächerliche 20 Millionen DM Rückstellungen geparkt, für 45 AKWs aus dem In- und Ausland, die bei ihr versichert sind und im Durchschnitt 300 Sachschäden pro Jahr melden.

Der inzwischen verstorbene Ex-Allianz-Chef Wolfgang Schieren reagierte kaltschnäuzig bei der Allianz-Hauptversammlung auf die Tschernobyl-Katastrophe: „Wir werden und können die Versicherung von Nuklear-Risiken auch künftig übernehmen. ... Es ist das Ziel der Allianz, weiterhin als führender Versicherer die Entwicklung der Kernenergie zu unterstützen und somit zur Sicherung des notwendigen Energiebedarfs beizutragen." (atomwirtschaft/atomtechnik, 3/1981).

Wie Banken, Versicherungen und Atomfirmen miteinander verfilzt sind, sei hier am Beispiel Siemens skizziert. In Westdeutschland war Siemens direkt oder über ihre Beteiligung an der Kraftwerkunion (KWU) an dem Bau sämtlicher Atommeiler beteiligt. Der Konzern hält einen Marktanteil von 60 % an der Herstellung der dafür benötigten Brennelemente, obwohl diese im Ausland bis zu 30 % billiger angepriesen werden.

Georg Siemens, Neffe des Siemens-Gründers Werner Siemens, war 1870 Mitgründer der Deutschen Bank. 1932, während der Banken-Krise, ließ der Siemens-Konzern dank seiner Verflechtung mit der Deutschen Bank von ihr ein Aktienpaket übernehmen, um es dem Zugriff der Reichsregierung zu entziehen.

Vernetzungsliste SIEMENS, Banken und Versicherungen

Karl Hermann Baumann	**Roger Fauroux**
Vorstand Siemens	Aufsichtsrat Siemens
Beraterkreis Deutsche Bank	ehemaliger Beraterkreis Deutsche Bank
Gemeinsamer Beirat der Allianz Gesellschaften	Internationaler Beraterkreis Allianz
Hermann Franz	**Heinz Kriwet**
Aufsichtsratsvorsitz Siemens	Aufsichtsrat Siemens
Aufsichtsrat Deutsche Bank	Aufsichtsrat Commerzbank
Aufsichtsrat Allianz Holding	Aufsichtsrat Allianz Leben
Wolfgang Röller	**Albrecht Schmidt**
Aufsichtsrat Siemens	Aufsichtsrat Siemens
Aufsichtsratsvorsitz Dresdner Bank	Vorstandssprecher Vereinsbank
Beirat Hypobank	Aufsichtsrat Allianz Holding
stellv. Aufsichtsratsvorsitz Allianz Holding	Aufsichtsrat Münchener Rückversicherung
Hermann Josef Strenger	**Günter Wilhelm**
Aufsichtsrat Siemens	Vorstand Siemens
Aufsichtsrat Commerzbank	Aufsichtsrat Bankgesellschaft Berlin
ehemaliger Aufsichtsrat Allianz Leben	Beirat Hypobank
	Technischer Beirat Allianz Versicherungen

FRANCIS B. ALTHOFF

Atommüllmilliardäre

Nach Schätzungen der Internationalen Atomenergie-Organisation (IAEO) werden bis zum Jahr 2010 weltweit ca. 250 Atomreaktoren ihren Betrieb einstellen. Dadurch ist die Gefährdung durch diese Atommeiler jedoch noch nicht vorbei. Riesige Mengen radioaktiven Mülls bleiben uns und den nachfolgenden Generationen als Hinterlassenschaft. Niemand kennt einen Weg, diesen Berg von Atommüll sicher zu beseitigen. 18 Atomkraftwerksblöcke mit einer größeren Leistung als 15 MW_{el} und drei „Anlagen des Kernbrennstoffkreislaufs" (Stand März 1996) sind in der BRD in unterschiedlichsten Phasen der Stillegung und des Rückbaus.

Nukleare Einrichtungen werden in der Regel nach der Stillegung in den „sicheren Einschluß" überführt, bevor der Abbau erfolgen kann. Am Beispiel des Pannen-AKW Niederaichbach lassen sich dabei folgende Zeitdimensionen, in denen sie jahrelang verharren sollen, festhalten:

- 1966-1972 wurde das AKW Niederaichbach (KKN) von der Siemens AG erbaut.
- Mitte 1974, nach einem Probebetrieb von 1 ½ Jahren, in denen wegen ständiger technischer Probleme nur an 18 Tagen Vollast gefahren werden konnte, wurde der Reaktor abgeschaltet.
- Zwischen 1975 und 1981 wurde KKN in den „Sicheren Einschluß" überführt. Dabei wurden die Betriebsmedien „entsorgt" und der Kontrollbereich auf den Raum innerhalb des Sicherheitsbehälters reduziert (vgl. atw 4/95, S. 242).
- 1979 wurde die Noell GmbH mit der vollständigen Demontage und Beseitigung des KKN beauftragt, 1980 und 1984 ein Genehmigungsantrag zum Abbau gestellt.
- 1986 wurde die Genehmigung vom Bayerischen Staatsministerium für Landesentwicklung und Umweltfragen für den Gesamtabbau bis „zur grünen Wiese" erteilt.
- 1987 begannen die ersten Demontagearbeiten.
- 1994 war der dem Atomrecht unterstellte Teil der Demontage des KKN beendet.
- Im Oktober 1994 begann der konventionelle Abbruch.
- 1995 war dieser beendet.

Die Gesamtkosten für die „Stillegung" beliefen sich bis März 1993 auf 324,6 Mio. DM und werden komplett vom Staat über das Bundesministerium für Bildung, Wissenschaft, Forschung und Technologie (BMFT), welches mittlerweile in das Bundesministerium für Bildung und Forschung (bmb+f) übergegangen ist, übernommen. Die BetreiberInnen zahlen keinen Pfennig, obwohl sie als VerursacherInnen nach den § 7 und 9 Atomgesetz (AtG) zusammen mit § 9a AtG sowie allgemeiner öffentlich rechtlicher Vorschriften zur „Verwertung und Beseitigung" radioaktiver Rest- und Abfallstoffe verpflichtet sind.

„Rückstellungen"

Die Atommüller sind zwar rechtlich angewiesen, für die Stillegung und „Entsorgung" Finanzen bereitzuhalten (die sogenannten Rückstellungen), aber für die Finanzierung der Stillegung und des Abbaus der strahlenden Anlagen gibt es keine atomrechtlichen Vorschriften. Diese bestimmt nicht unbeabsichtigte Lücke im AtG wird zielstrebig ausgenutzt. „Rückstellungen für die Entsorgung im Kernenergiebereich" führen die BetreiberInnen hocherfreut in ihren Bilanzen auf, weil sie die kostengünstigste Innenfinanzierung ihrer Konzerne überhaupt darstellen. „Rückstellungen" vermehren sich auf den Konten durch Zins und Zinseszins zu gigantischen Summen. Damit können die Monopolstellungen im Energiebereich durch Stadtwerke-Anteilskäufe und sonstige Wettbewerbsvorteile ungeniert ausgebaut werden, z.B. in der Abfallwirtschaft, Wasserversorgung und der Telekommunikationsbranche,

Die Rückstellungen beliefen sich 1994 auf über 44 Milliarden DM und steigen nach Schätzung des Wuppertal-Institutes bis zum Jahre 2008 auf 67,3 Mrd. DM. Eine phantastische Summe, die durch die technisch-wissenschaftliche Unlösbarkeit eines sicheren Atommüllgrabes entsteht. Herausgepreßt wird das Geld bei den Strom-KundInnen, auf deren Stromrechnungen fiktive Ausgaben für AKW-Abriß bis hin zur „Endlagerung" aufgeschlagen werden. So treibt die Betreibergesellschaft des AKW Brokdorf von ihren Strom-KundInnen allein für Abrißkosten des AKW 1,88 Pfennige pro kWh ein und scheffelt dadurch innerhalb von 20 Jahren satte 3,75 Milliarden DM in ihren Sack. Laut des Atomiker-Zentralorgans „Atomwirtschaft" (atw), werden die tatsächlichen Abrißkosten für das AKW Brokdorf aber nur bei knapp einem Zehntel dieser Summe liegen!

„Und falls die Bürgerinitiativen Erfolg haben, bringen uns in drei Jahren Stillegung und Abriß nochmal mindestens fünfzig Millionen..."

Steuertips

Rückstellungsmöglichkeiten sind auch ein beliebter Weg, die Steuerbehörden auszutricksen. So gingen dem Land NRW 1994 satte 500 Millionen DM Steuereinnahmen durch die Lappen, weil Deutschlands Atomriese Nummero 1, die RWE, zur Einnahmentarnung mal eben 2 Milliarden DM auf ihre Rückstellungshalde baggerte. Dieses Ergaunern gewaltiger Summen begründen die Atomstromer mit § 249 des Handelsgesetzbuches (HGB), nach dem für am Stichtag erkennbare Belastungen Vermögen zu bilden sind. Dies gilt auch, wenn deren Fälligkeit und Höhe noch gar nicht feststehen. Zusätzlich berufen sie sich auf § 249 Abs. 1 HGB, wonach „ungewisse Verbindlichkeiten", z.b. Stillegungs- und Entsorgungspflicht zu diesen Belastungen zählen. Außerdem müssen die AKW-BetreiberInnen nach den Grundsätzen ordnungsgemäßer Buchführung und aus handelsrechtlicher Sicht nach dem Imparitätsprinzip (Vorsichtsprinzip) finanzielle Stillegungs- und Rückbauvorsorge durch Rückstellungen erbringen. Sind die Atommüllproduzenten auch noch als Aktiengesellschaft eingetragen, können sie sich auf den Aktiengesetz-§ 152 Abs. 7 berufen, der ebenfalls besagt, daß Rückstellungen für ungewisse Verbindlichkeiten gebildet werden können. Besonders phantasiefördernd wird zusätzlich § 249 Abs. 3 HGB zitiert, der vorschreibt: „Rückstellungen dürfen nur aufgelöst werden, soweit der Grund hierfür entfallen ist". Der Big Deal kann also um ein paar Ecken legal abgesegnet werden, schließlich wurden diese Gesetze dafür erstellt.

Und überhaupt ...

Die Atommüller brauchen sich um den Verbleib strahlender Reste ihres gefährlichen Treibens keine Gedanken zu machen und die Tatsache, daß weltweit noch kein durchführbares Konzept für ein atomares Endlager in Sicht ist, braucht sie nicht zu kratzen. Im Gegenteil: der Freudentanz muß groß sein, ist doch der teuere „Stichtag Endlagerung" in eine wunderbare Ferne gerückt, durch die gemeinsam mit PolitikerInnen durchgeboxte Möglichkeit der Zwischenlagerung über 40 Jahre. Und diese Frist von 40 Jahren könnte ja noch einmal verlängert werden ... Da die BetreiberInnen sowieso EigentümerInnen der Zwischenlager-Scheunen sind, zahlen sie z.B. die 5000 DM Miete im Monat für einen Castor-Stellplatz in Gorleben auch noch an sich selbst. In 40 Jahren haben wohl alle momentan „Verantwortlichen" ihren persönlichen biologischen Endlagerstichtag längst hinter sich. Nach mir die Sintflut ... Da greifen sie doch lieber jetzt in die Vollen (Rückstellungskonten) und erweitern ihren Machtbereich. So hat sich Dank der Zugriffsmöglichkeit auf Rückstellungen die hundertprozentige VEBA-Tochter, Preussen-Elektra, beim mit 2,7 Millionen VerbraucherInnen größten Wasserwirtschaftskonzern Gelsenwasser AG, die Zügel in die Hand erkauft. Rund ein Viertel der Abfallwirtschaft zogen die RWE-Ableger Trienekens und R+T neben der VEBA-Tochter, Westab, an Land. Damit das Abfallgeschäft weiter kräftig vor sich hinstinken kann, sorgt die VIAG/Bayernwerkgruppe nun auch noch als Marktführerin der Verpackungsindustrie eifrig für Nachschub. Die neuen Monopole für den Telekommunikationsmarkt ab 1998 teilen sich die Atommüllproduzenten bereits emsig auf.

Dank der Treuhand gelang es auch, die neuen Bundesländer stromtechnisch weitgehend zu „enteignen". Treuhandpräsidentin Birgit Breuel behauptete zwar, die (vormals volkseigene) VEAG wäre für 8 Milliarden DM verscherbelt worden, aber das westdeutsche Stromkartell zahlte tatsächlich keine müde Mark. Sie griffen gleich in die östliche Unternehmens-Kasse, um 4 Milliarden DM als steuerfreie „Vorab-Dividende" zu ergattern. Insgesamt landeten gerade einmal 2 Milliarden DM davon in Finanzminister Waigels Sparschwein, der Rest wurde den neuen Besitzerinnen RWE, VEBA und VIAG/Bayernwerk vom Bund großherzig auf 18 Jahre gestundet! Bayernwerk-Aufsichtsratschef Jochen Holzer schob den moralischen „Schwarzen Peter" der Treuhand zu: nicht von den Konzernen, sondern „von der Treuhand" sei „die VEAG geplündert worden". (Der Spiegel Nr. 46/95, S. 86)

Personenkarusell

Im realdemokratischen Atomstaat Deutschland sind die Atommüller nicht irgendwelche anonyme Großkonzerne. Dankbar sitzen Scharen von PolitikerInnen in bestdotierten Aufsichtsrats- und Beiratssesseln und lehnen sich dort lieber bequem zurück, als mit unbequemen Meinungen aus dem Fenster. Wer dort lange genug brav und willig dient, indem er in den entscheidenden politischen Gremien das „AtomUnser" überzeugend vorbetet, darf sogar auf einen märchenhaft überbezahlten Vorstandsvorsitz hoffen. Von dieser Sitzkrankheit sind PolitikerInnen verschiedenster Fähnchenfärbung infiziert.

Im folgenden Beispiel sind aber nur SPDlerInnen festgehalten, um aufzuzeigen, in welche Richtung der von der SPD angestrebte „EnergieKonsens" führen kann. So wurde z.B. der ehemalige Regierungspräsident Fritz Ziegler auf den Vorstandsvorsitzthron der VEW (Vereinigte Elektrizitätswerke Westfalen) gehievt. Eigentlich war er Kandidat für einen RWE-Vorstandsposten, der dann aber an dem Duisburger Oberstadtdirektor und SPD-Kollegen Herbert Krämer verlost wurde, der damit wiederum den Mülheimer Oberstadtdirektor und Genossen Heinz Heiderhoff nach 12 Jahren Atom-Tantiemenbezug ablöste. Krämer ist im RWE-Vorstand für den Bereich „Entsorgung" zuständig. Um diese Stellung rangelte auch Essens SPD-Oberstadtdirektor Kurt Busch mit, der zum Trost im Aufsichtsrat Platz nehmen durfte. Weitere einträgliche Lock- oder Trostpreise warten auf PolitikerInnen, die auf zu vergebende Beiratsposten scharf sind.

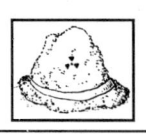

Die VEBA-Tochter Preussen Elektra sitzt lieber gleich mit MinisterInnen im atomaren U-Boot. Schleswig-Holsteins Atom- und Finanzminister Claus Möller (SPD) ist dort mit Hessens Ex-Finanzminister Ernst Weltcke (SPD) im Aufsichtsrat aufgetaucht. Im Beirat rudern die Wirtschaftsminister aus Niedersachsen, Peter Fischer (SPD) und Hessen, Lothar Klemen (SPD), für Anerkennung um die Wette, immer vor Augen, daß ihre Wirtschaftsminister-Kollegen aus Sachsen-Anhalt und Brandenburg nach ihrem U-Boot-Einsatz für den „Stromfeldzug Ost" nach ihrer Amtszeit nicht mehr im Beirat Verwendung fanden, weil ihre Amtszeit abgelaufen war.

Die SPD rückt zwar mit keinen Berechnungen über Tantiemen ihrer PolitikerInnen in lukrativen Konzernpositionen heraus, errechnet aber den jährlichen BetreiberInnen-Gewinn durch Atomstrom auf 8 Milliarden DM (vgl. Tennhagen 1994, S. 12). Seit Deutschbanker F.W. Christians 1989 „einen überparteilichen Konsens" forderte, „der das Miteinander von Kohle und Kernenergie fortschreibt", haben sich demnach bis jetzt (1996) 64 Milliarden DM angehäuft. Da liegt es auf der Hand, daß die Stromer nicht plötzlich Abschaltangebote für ihre nuklearen Füllhörner anbieten werden, es sei denn, ein oder zwei aus der Reihe von Pannenmeilern, die sowieso längst über dem Verfallsdatum liegen, würden als Alibi-Entgegenkommen in den dringend nötigen Ruhestand versetzt.

Der nach Tschernobyl beschlossene Atomausstieg der SPD reduziert sich in Konzerngesprächen, vor allem mit Niedersachsens Ministerpräsident Gerhard Schröder (SPD) und dem IG-Chemie-Vorsitzenden Hermann Rappe (SPD) auf ein Papier folgenden Inhalts: „Eine Regelnutzungsdauer von noch festzulegenden Jahren für die vorhandenen AKW ist vorgesehen." Der Einstieg in eine neue Reaktor-Generation, deren Entwicklung durch staatliche Mittel zu fördern sei, wird offengehalten und von einer breiten parlamentarischen Mehrheit in „einigen Jahren" abhängig gemacht.

In der Frage der Atommüll-Entsorgung wird die Richtung weg von der teuren Wiederaufarbeitung und hin zur direkten Endlagerung bzw. zur langfristigen „Zwischenlagerung" vorgezeichnet. Letzteres solle auch als Entsorgungsnachweis dienen (Paulitz 1994, vgl. Gieske/Piltz 1992).

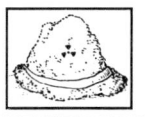

Investitionsruinen wie die WAA Wackersdorf, der Schnelle Brüter Kalkar oder der HTR Hamm-Uentrop ließen die Atommanager aus Angst um ihre Bilanzen etwas nüchterner werden. Deshalb verzichten sie in Deutschland gerne auf weitere Experimente in diese Richtung. Interessant bleibt einzig die in obigem Papier beschriebene Restlaufgarantie ihrer mal laufenden, mal nichtlaufenden Reaktorblöcke und die Absegnung dafür unter dem Fehlbegriff „Konsens". Die Option auf neue Reaktortypen, incl. Bundesforschungs-Geldern und vor allen Dingen eine langfristige „Zwischenlagerung" sind reine Geschenke, die dem Atommanagement aus der Klemme helfen. „Die Stromkonzerne bieten ohnehin nur Dinge an, an denen ihnen wenig liegt." (Ziller FR. 9.12.1992)

LUTZ MEZ

Der Staat der „Stromer"

Die deutsche Stromwirtschaft bildet ein ökonomisches und politisches Machtkartell, das auf fast allen Entscheidungsebenen Versuche, die Energiepolitik umzusteuern, wirksam behindern kann. Sie gilt als einflußreichste Unternehmensgruppe in Deutschland überhaupt, als Staat im Staate.[1] Die neun größten Elektrizitätsversorgungsunternehmen (EVU) decken rund vier Fünftel des Strombedarfs der öffentlichen Versorgung und haben einen Jahresumsatz von über 100 Mrd. DM. Im Jahr 1994 hatte die öffentliche Elektrizitätswirtschaft rund 200.000 Beschäftigte, setzte über 120 Mrd. DM um und war mit Investitionen von 14,1 Mrd. DM der größte industrielle Investor der Bundesrepublik. Der Umsatz aus dem Stromverkauf allein macht etwa 80 Mrd. DM aus. Von 1980 bis 1994 haben öffentliche Versorgung und Industrie zusammen fast 185 Mrd. DM in Stromerzeugungs- und Stromverteilungsanlagen investiert[2], davon zwischen 1983 bis 1989 insgesamt 23,6 Mrd. DM für Umweltschutzmaßnahmen im Zuge der Nachrüstung mit Rauchgasreinigungsanlagen.

Die Machtposition der EVU basiert einerseits auf der ökonomischen Potenz dieses Wirtschaftszweiges und andererseits auf strukturellen Defiziten des Staates im Bereich der Energiepolitik. Damit sind vor allem das Staatsversagen[3] bei Steuerung und Kontrolle der Energiewirtschaft und die innige Verfilzung staatlicher Instanzen aller Ebenen mit der Energiewirtschaft gemeint.[4]

Die Monopolkommission hat 1976 mit ihrem 1. Hauptgutachten eine Analyse der Energiewirtschaft vorgelegt.[5] Die Monopolkommission stellte fest, daß die technisch-ökonomischen Besonderheiten der Elektrizitätsversorgung erhebliche Wettbewerbshemmnisse bilden, daß die institutionellen Besonderheiten zur Ausschaltung des direkten branchen internen Wettbewerbs führen und daß die deutsche Elektrizitätswirtschaft im Kern zu den wettbewerbslosen Wirtschaftszweigen

---

1   Vgl. Der Staat der "Stromer", in: Der Spiegel Nr. 46, 1995, S. 76-110.
2   Die Elektrizitätswirtschaft in der Bundesrepublik Deutschland im Jahre 1994, Frankfurt/M. 1996, S. 59 (eigene Berechnung).
3   Vgl. dazu allgemein: Martin Jänicke: Staatsversagen. Die Ohnmacht der Politik in der Industriegesellschaft, München 1986.
4   Vgl. dazu AG Atomindustrie: Wer mit Wem in Atomstaat und Großindustrie, Frankfurt/M. 1987.
5   Monopolkommission: Mehr Wettbewerb ist möglich, Hauptgutachten 1973/1975, Baden-Baden: Nomos 1976

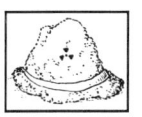

zählt.[6] Das Verhältnis der Energieträger zueinander werde durch Staatsintervention stark beeinflußt und diese Eingriffe seien mit erheblichen Subventionen verbunden. Die Intensität der staatlichen Lenkungseingriffe und das Ausmaß der finanziellen Unterstützung der Energiewirtschaft würden weiter zunehmen. Die Fach-, Preis- und Mißbrauchsaufsicht seien nicht geeignet, eine billige und sichere Energieversorgung unter Ausschluß monopolistischer Mißbräuche zu gewährleisten. Insbesondere sei die Investitionsaufsicht verbesserungsbedürftig. Die Monopolkommission schlug vor, die Aufsichtsbehörden aus den Landesministerien zu lösen und die Funktionen auf eine zentrale Bundesbehörde zu übertragen. Um den Substitutionswettbewerb zwischen Energieträgern zu schützen, sollte die Wettbewerbspolitik eine möglichst unabhängige Entwicklung der einzelnen Energieträger durchsetzen und Kapitalverflechtungen zwischen ihnen verhindern. Die verschiedenen Bundesregierungen sind diesen Empfehlungen nicht nachgekommen und die Kapitalverflechtung in der Energiewirtschaft hat in den 80er Jahren ständig zugenommen und schreitet weiter voran.

Vor dem 2. Weltkrieg gab es in Deutschland etwa 16.000 EVU. In den 50er Jahren waren es in der Bundesrepublik noch 3.500. Heute arbeiten in der öffentlichen Versorgung etwa 1.000 Unternehmen, wobei neun auf der Verbundebene, 63 auf der Regionalebene und ca. 950 auf der Lokalebene tätig sind. Dieser Schrumpfungsprozeß verdeutlicht aber keineswegs die reale Machtkonzentration auf dem Strommarkt, denn die EVU sind überwiegend Klein- und Kleinstunternehmen, die von den "Stromriesen" durch Kapitalbeteiligungen und/oder Lieferbeziehungen beherrscht werden oder ihnen gehören.

Die acht westdeutschen Verbundunternehmen sind bis auf die Badenwerk AG untereinander verflochten, und sie sind gemeinsam Eigentümer der neunten Verbundgesellschaft, der ostdeutschen VEAG. Nur 10 Regionalunternehmen werden nicht offensichtlich von den Verbundunternehmen beherrscht. Bei den Stadtwerken ist die aktuelle Situation kaum zu schildern, da tagtäglich Veränderung in den Beteiligungs- und Lieferbeziehungen eintreten. Jedoch ist der Trend ganz eindeutig, die Verbundunternehmen, allen voran RWE Energie (RWE AG), PreussenElektra (VEBA AG) und Bayernwerk (VIAG AG), suchen die nachfolgenden Verteilungsebenen aufzukaufen oder über Lieferverträge an einer selbständigen Geschäftspolitik zu hindern. So reicht zum Beispiel bereits eine 10%ige Beteiligung von PreussenElektra und Bayernwerk an der Berliner Bewag, um deren Geschäftspolitik nachhaltig zu beeinflussen und sogar den Vorsitz im Aufsichtsrat zu führen.

---

6   Vgl. a.a.O., S. 51f.

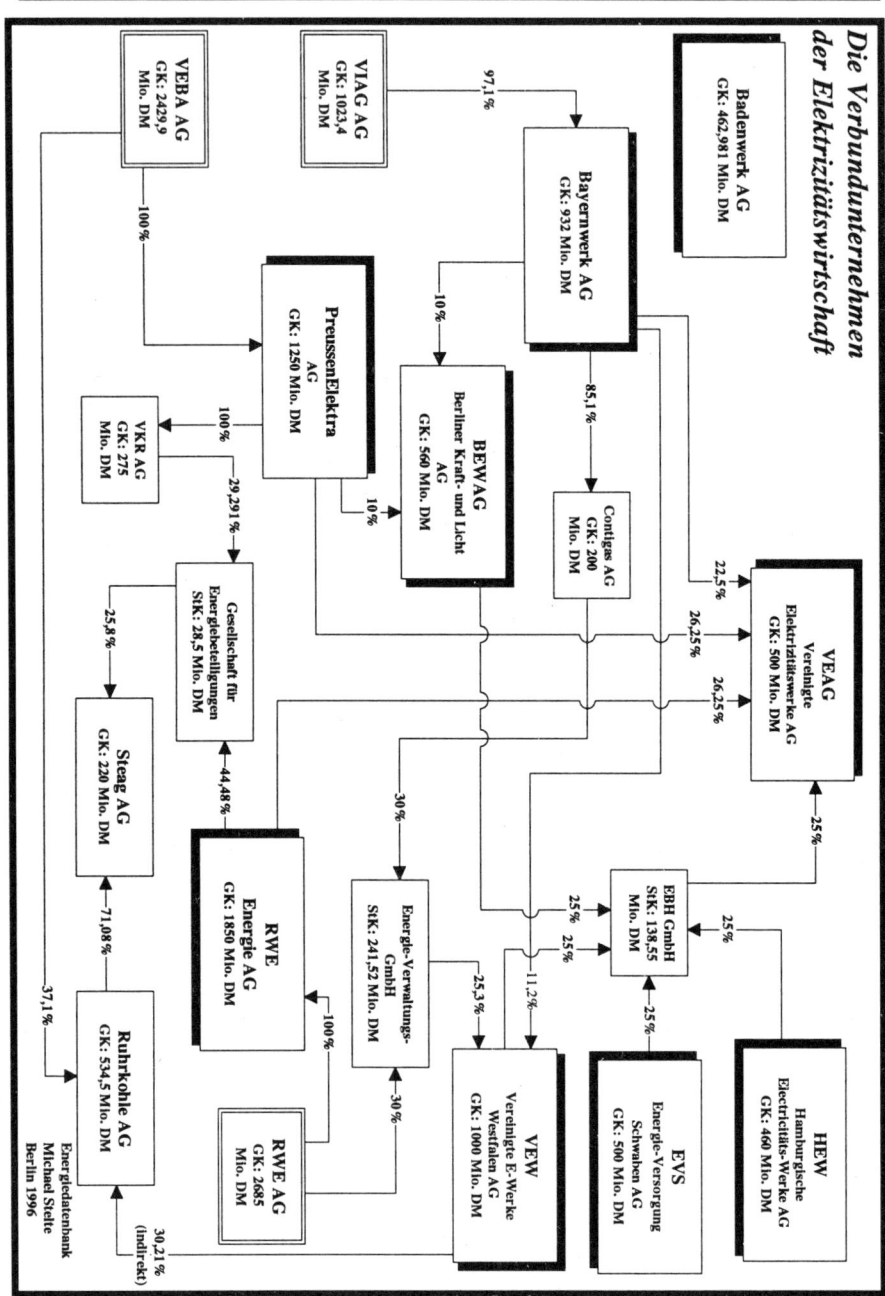

Die Verbundunternehmen der Elektrizitätswirtschaft

Badenwerk AG — GK: 462,981 Mio. DM

VIAG AG — GK: 1023,4 Mio. DM
— 97,1% → **Bayernwerk AG** — GK: 932 Mio. DM

VEBA AG — GK: 2429,9 Mio. DM
— 100% → **PreussenElektra AG** — GK: 1250 Mio. DM

Bayernwerk AG — 10% → **BEW AG Berliner Kraft- und Licht AG** — GK: 560 Mio. DM
Bayernwerk AG — 85,1% → **Contigas AG** — GK: 200 Mio. DM

PreussenElektra — 100% → **VKR AG** — GK: 275 Mio. DM
PreussenElektra — 10% → BEW AG
PreussenElektra — 29,291% → **Gesellschaft für Energiebeteiligungen** — StK: 28,5 Mio. DM

22,5% / 26,25% / 26,25% → **VEAG Vereinigte Elektrizitätswerke AG** — GK: 500 Mio. DM

Gesellschaft für Energiebeteiligungen — 25,8% → **Steag AG** — GK: 220 Mio. DM
— 44,48% → **RWE Energie AG** — GK: 1850 Mio. DM

— 30% → **Energie-Verwaltungs-GmbH** — StK: 241,52 Mio. DM

Steag AG — 71,08% → **Ruhrkohle AG** — GK: 534,5 Mio. DM
— 37,1% →

RWE AG — GK: 2685 Mio. DM — 100% → RWE Energie AG

Energie-Verwaltungs-GmbH — 30% → **VEW Vereinigte E.-Werke Westfalen AG** — GK: 1000 Mio. DM
— 25,3% / 11,2% → VEW
— 25% / 25% → **EBH GmbH** — StK: 138,55 Mio. DM
EBH — 25% → VEAG
EBH — 25% → **EVS Energie-Versorgung Schwaben AG** — GK: 500 Mio. DM
EBH — 25% → **HEW Hamburgische Electricitäts-Werke AG** — GK: 460 Mio. DM

VEW — 30,21% (indirekt) → Ruhrkohle AG

Energiedatenbank
Michael Stelte
Berlin 1996

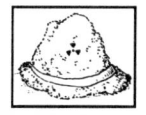

Mit Abstand größter EVU ist die **RWE Energie AG**,[7] gefolgt von **PreussenElektra AG** und der **Bayernwerk AG**.

Diese und weitere fünf:

- **Vereinigte Elektrizitätswerke Westfalen AG (VEW)**
- **Hamburgische Electricitäts-Werke AG (HEW)**
- **Energieversorgung Schwaben AG (EVS)**
- **Badenwerk AG**
- **Berliner Kraft- und Licht (BEWAG)-AG**

kontrollieren rund 90% der Stromproduktion und -verteilung. Sie sind in der Deutschen Verbundgesellschaft e.V. organisiert und herrschen über Gebietsmonopole.[8] Sie bestimmen, wann und wo welches Kraftwerk gebaut wird. Untereinander sind sie über Kapital- und Lieferbeziehungen miteinander verflochten. Diese Struktur wurde durch die Übernahme der Stromwirtschaft der ehemaligen DDR noch verfestigt. Inzwischen sind die acht westdeutschen EVU Eigentümer der Verbundgesellschaft **VEAG** und Mehrheitsaktionäre der zwölf regionalen EVU in den neuen Ländern.

Die Monopolstellung der EVU wird durch die staatliche Investitions- und Preisaufsicht bisher kaum angetastet. Das Grundkapital der EVU wird in der Regel von privaten und/oder öffentlichen Aktionären gehalten. Dabei ist die öffentliche Hand der mit Abstand einflußreichste Kapitaleigner. An allen Verbundgesellschaften (bis auf die von der VEBA AG gehaltene PreussenElektra AG) ist die öffentliche Hand direkt oder indirekt mehrheitlich beteiligt. Allerdings kann von einer einheitlichen Beherrschung der EVU durch den Staat keine Rede sein, denn die Kapital- bzw. Stimmenmehrheiten werden mal von kommunalen Körperschaften, mal von Bundesländern und mal vom Bund wahrgenommen (gemischt öffentlich). Durch die Interessenvielfalt der beteiligten Staatsebenen läßt sich auch über die Kontrollorgane kaum gezielter Einfluß auf Investitionsentscheidungen ausüben. Häufig neutralisieren sich die unterschiedlichen Interessen der einzelnen öffentlichen Kapitaleigner in den Aufsichtsräten der großen EVU.

Die privatwirtschaftliche Orientierung der EVU birgt zudem einen Widerspruch in sich: Die volkswirtschaftliche Aufgabe, zu billigsten Preisen Strom zu liefern, ist mit der betriebswirtschaftlichen Zielsetzung, möglichst viel Gewinn zu

---

7   Vgl. Lutz Mez & Rainer Osnowski: RWE - Ein Riese mit Ausstrahlung, Köln 1996.

8   Vgl. dazu Nikolaus Eckhardt/Margitta Meinerzhagen/Ulrich Jochimsen: Die Stromdiktatur: Von Hitler ermächtigt - bis heute ungebrochen, Hamburg-Zürich 1986.

erzielen, nicht zu vereinbaren. Das Profitstreben der EVU wirkt zudem der Energieeinsparung und ökologischen Energieversorgungskonzepten entgegen. Außerdem sind die öffentlichen Aktionäre ebenso an einer hohen Gewinnausschüttung interessiert wie das private Kapital und zusätzlich durch Einnahmen aus Konzessionsabgaben, Grund-, Gewerbe- und sonstigen Steuern sowie durch ein "kommunalpolitisches Netzwerk" - das bisweilen auch "moderne Form legalisierter Korruption" genannt wird[9] - eng an die EVU-Interessen gebunden.

Neben den öffentlichen Eignern sind vor allem die großen Privatbanken in der Geschäftspolitik der EVU bestimmend. Während die öffentlichen Beteiligungen vornehmlich die Unternehmenspolitik nach außen vermitteln helfen, sind die Banken für den wirtschaftlichen Kurs verantwortlich.[10] Die großen Privatbanken - Deutsche Bank, Dresdner Bank und Commerzbank - sind demzufolge auch die Hausbanken der EVU. Und auch die Landesbanken - allen voran die West LB - haben ihr Verwertungsinteresse auf die EVU ausgerichtet. In der deutschen Elektrizitätswirtschaft ist eine Fremdfinanzierung der Investitionen über die Banken weitgehend risikofrei. Das hat seinen Grund zum einen darin, daß der Absatz des zu verkaufenden Produkts - des Stroms - nach wie vor relativ gesichert ist. Zum anderen können hierzulande alle entstehenden Kosten - das heißt auch Fehlplanungen, Überkapazitäten, übeteuerte Investitionen und Stromabsatzwerbung - auf die Verbraucher (= Stromkunden) abgewälzt werden. Das eingesetzte Kapital verzinst sich praktisch von selbst und die Tilgung von Krediten ist durch das Strompreissystem garantiert. Zudem werden die Kredite vor allem über Bürgschaften der Bundesländer oder von öffentlich-rechtlichen Spezialinstituten und über Grundschulden auf den Besitz der EVU abgesichert.

Für die Stellung der Banken sind auch die Kleinaktionäre wichtig. Über das Depotstimmrecht für die von den Kleinaktionären bei ihrer Bank hinterlegten Aktien können die Banken einen Konzern beherrschen, ohne selbst dessen Aktien zu besitzen.

Das RWE ist das einzige EVU, in dem eine Großbank den Vorsitz im Aufsichtsrat hat. Und das bereits seit 1957, als der damalige Chef der Deutschen Bank, Hermann Josef Abs, den RWE-Aufsichtsratsvorsitz übernahm.

Die finanzielle Machtlage in der deutschen Stromwirtschaft erschließt sich aber letztlich erst über den Verflechtungskomplex der Allianz AG Holding:

---

9 Z.B. von Friedhelm Farthmann, zitiert in: "RWE - Eine Mischung aus Allmacht und Filz". In: Der Spiegel, H. 9, 1986.
10 Vgl. Hermannus Pfeiffer: Das Imperium der Deutschen Bank, Hamburg 1987.

Ownership Structure Diagram

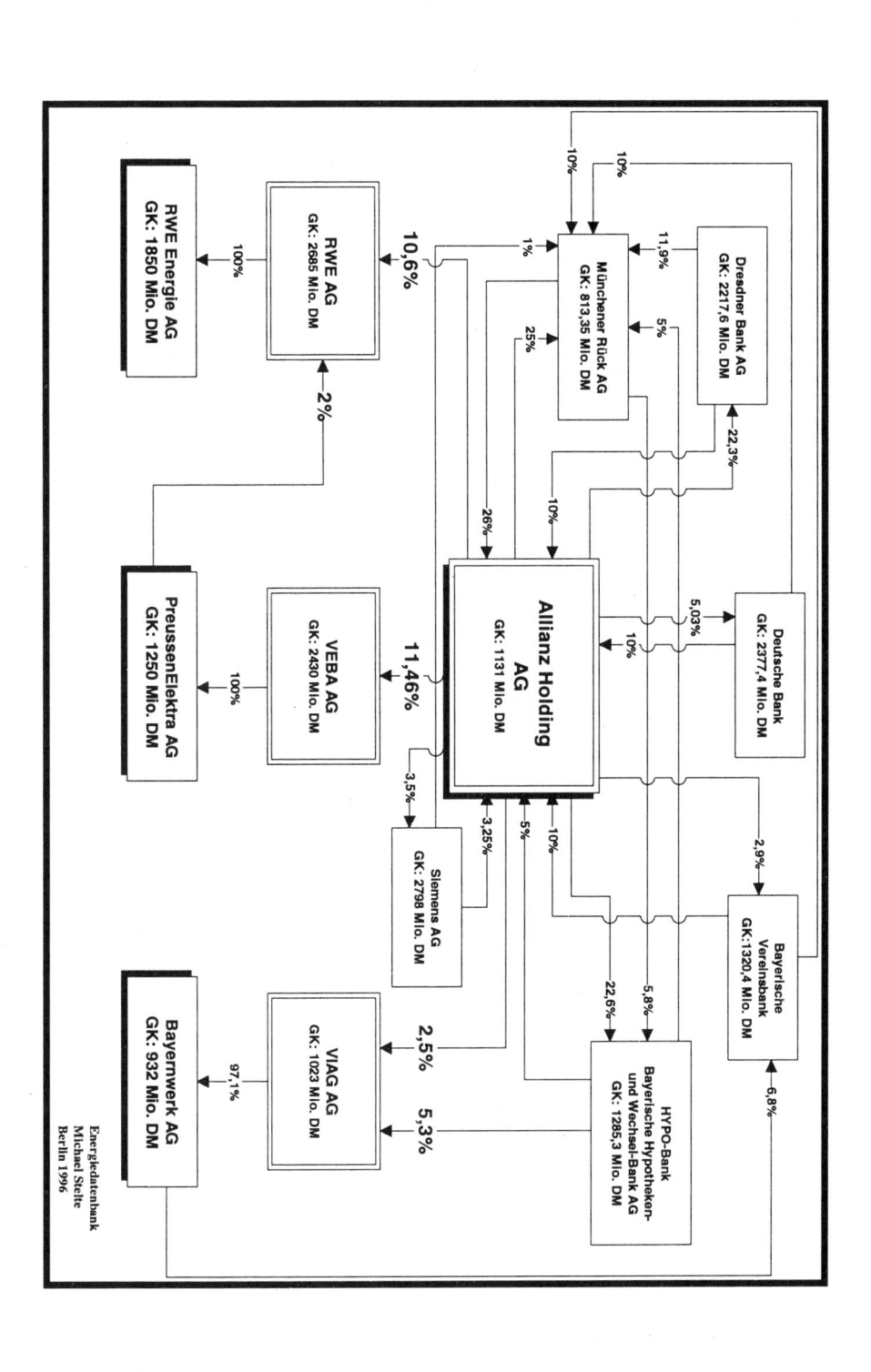

Dresdner Bank AG — GK: 2217,6 Mio. DM
Münchener Rück AG — GK: 813,35 Mio. DM
RWE AG — GK: 2685 Mio. DM
RWE Energie AG — GK: 1850 Mio. DM
PreussenElektra AG — GK: 1250 Mio. DM
VEBA AG — GK: 2430 Mio. DM
Allianz Holding AG — GK: 1131 Mio. DM
Deutsche Bank — GK: 2377,4 Mio. DM
Siemens AG — GK: 2798 Mio. DM
Bayerische Vereinsbank — GK: 1320,4 Mio. DM
HYPO-Bank Bayerische Hypotheken- und Wechsel-Bank AG — GK: 1285,3 Mio. DM
VIAG AG — GK: 1023 Mio. DM
Bayernwerk AG — GK: 932 Mio. DM

Ownership percentages shown:
- Dresdner Bank → Münchener Rück: 10%
- Deutsche Bank → Münchener Rück: 10%
- Dresdner Bank → Allianz: 11,9%
- Münchener Rück → Dresdner Bank: 22,3%
- Münchener Rück → RWE: 1%
- Allianz → RWE: 10,6%
- Allianz → Münchener Rück: 25%
- Münchener Rück → Allianz: 5%
- RWE → VEBA: 2%
- Allianz → VEBA: 11,46%
- Münchener Rück → Allianz: 26%
- Deutsche Bank → Allianz: 10%
- Allianz → Deutsche Bank: 5,03%
- Deutsche Bank → Allianz: 10%
- RWE → RWE Energie: 100%
- VEBA → PreussenElektra: 100%
- Allianz → Siemens: 3,5%
- Siemens → Allianz: 3,25%
- Allianz → (Bay. Vereinsbank): 5%
- (Bay. Vereinsbank) → Allianz: 10%
- Bayerische Vereinsbank → HYPO-Bank: 2,9%
- HYPO-Bank → Bayerische Vereinsbank: 6,8%
- Allianz → HYPO-Bank: 22,6%
- HYPO-Bank → Allianz: 5,8%
- HYPO-Bank → VIAG: 5,3%
- Allianz → VIAG: 2,5%
- VIAG → Bayernwerk: 97,1%

Energiedatenbank
Michael Stelte
Berlin 1996

Beispielsweise ist die Allianz mit 10,6% der Aktien nach den kommunalen Aktionären der zweite Großaktionär beim RWE. Dresdner Bank und Deutsche Bank halten jeweils eine Steuerschachtel von 10% an der Allianz und jeweils 9,9% an der mit der Allianz kreuzverflochtenen Münchener Rück AG. Bei der Dresdner Bank ist die Allianz mit 22,3% stärker engagiert als bei der Deutschen Bank (5%). Die Allianz Versicherung verwaltete 1994 ein Finanzvolumen von 212 Mrd. DM. Nach eigenen Angaben schlägt die Allianz pro Arbeitstag mindestens 100 Mio. DM auf dem Aktienmarkt um, je nach Verfassung der Börse auch ein Vielfaches. Der Anteilsbesitz in Beteiligungen wurde für Mitte 1993 mit 22 Mrd. DM beziffert. Die Stromwirtschaft ist dabei eine der wichtigen Geldanlagen des Allianzkapitals.

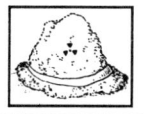

KARL-FRIEDRICH KASSEL/JÖRN REHBEIN

Gorleben-Millionen

Wie eine öffentliche Hand die andere wäscht.

Wie die Gorlebener Rinne den Salzstock für ein atomares Endlager, so durchziehen die „Gorlebengelder" als moralischer Vorwurf den Streit um die Atomanlagen. „Schmiergelder" oder legitime „Infrastrukturhilfe", trotz unterschiedlicher Ansichten schien es, als sei über diese Zahlungen schon alles gesagt.

Aber mit der neuen bunten Koalition (SPD/UWG/GRÜNE) im Lüchow-Dannenberger Kreistag kamen die „Gorlebengelder" wieder in die Schlagzeilen. Sollten die Gegner der Atomanlagen weiter Geld annehmen, das sie selbst früher als Mittel zum Kauf von Politikerentscheidungen beschimpft hatten?

Anfragen der beiden Lüchow-Dannenberger Landtagsabgeordneten (Hannes Kempmann, Grüne, und Kurt-Dieter Grill, CDU) sowie die originellen Finanzierungsbedingungen des Solebades in Gartow waren Anlaß genug, noch einmal genauer hinzusehen: Was ist das eigentlich für ein Geld, das da ab 1979 in einigen niedersächsischen Kommunalhaushalten auftauchte? Die Antworten ergeben eine Geschichte darüber, wie mit Steuergeldern in einer rechtlichen „Grauzone" der Weg für ein umstrittenes staatliches Vorhaben geebnet wurde. Es ist die Geschichte darüber, wie eine öffentliche Hand die andere wäscht, wie fast eine halbe Milliarde DM an den Vorschriften des Haushaltsrechtes vorbeigeschleust werden und alle normalen Aufsichts- und Kontrolleinrichtungen außer Kraft gesetzt sind, wie bei den Empfängern des plötzliche Reichtums jedes Maß verlorenging und der Zweck die Mittel heiligte.

Man kann es auch so sehen: Egal, Hauptsache, wir bekommen das Geld! Dabei muß man allerdings vergessen, daß auch Bundes- und Landeszuschüsse erst einmal dem Steuerzahler aus der Tasche gezogen werden müssen. Und ob ein Gemeinwesen mit solcher Moral auf guten Füßen steht mag dann im Stillen bedacht werden.

Die Moral

Am 5. Februar 1992 war Klaus Wojahn ärgerlich. »Es muß endlich Schluß sein mit der moralischen Bewertung von Mehrheiten«, rief der Vorsitzende der CDU-Fraktion im neuen Lüchow-Dannenberger Kreistag in den Saal des Bergener Schützenhauses. Dort tagte das neue Kreisparlament und beriet über den Haushalt des laufenden Jahres. Wenige Monate zuvor hatte die CDU ihre absolute Mehrheit in diesem Gremium verloren.

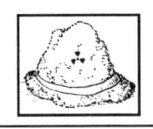

Was den neuen CDU-Fraktionschef empörte, waren die Verletzungen der Vergangenheit. Die Gegner der Gorlebener Atomanlagen hatten Gemeinderäten und Kreistagsabgeordneten in den 15 Jahren des Streites jede Moral abgesprochen, wenn es um die Zustimmung zum Bau des Entsorgungsparks ging. Sie hätten sich kaufen lassen, wurden die Mandatsträger beschimpft, „Schmiergeld" hätten sie angenommen und sich damit ihr Gewissen abhandeln lassen. Vom Judaslohn, vom Tanz um das Goldene Kalb war die Rede gewesen.

Klaus Wojahn empörte sich, daß die Kritiker nicht seine Moral hinter den Entscheidungen sahen: Die Zustimmung zu Gorleben hatte Geld, viel Geld, in die öffentlichen Kassen der Gemeinden und des Landkreises Lüchow-Dannenberg gebracht. Nicht nur die Atomindustrie selbst, sondern auch der für sie veranwortliche Staat zahlte jedes Jahr. Aber der Fraktionsvorsitzende der CDU stellte auch „mit Genugtuung" fest, daß die neue Mehrheit ebenfalls „Gorlebengelder" im Haushalt veranschlagte. Für ihn war dies das Zeichen, in der Vergangenheit richtig gehandelt zu haben. Ohne Gorleben kein Geld, ohne Geld keine Zukunft für Lüchow-Dannenberg, so die politische Logik.

Das Selbstverständnis der Lüchow-Dannenberger Kommunalpolitiker, Zustimmung gegen Bares, formulierte noch am 25. April 1992 Gorlebens Bürgermeister Herbert Krüger völlig ungeniert. Man sei dafür gewesen, bestimmte Aufgaben bei der Entsorgung der deutschen Kernkraftwerke zu übernehmen und habe dafür als Ausgleich finanzielle Forderungen an den Bund, das Land Niedersachsen und an die Energiewirtschaft gestellt, sagte er bei der Eröffnung der neuen, mit Gorlebengeld gebauten Mehrzweckhalle.

Und alle zahlten. Die Atomwirtschaft ließ sich nicht lumpen und bezahlte für die Baugenehmigung des Zwischenlagers ebenso fünf Millionen DM, wie sie es im Falle der Betriebsgenehmigung der Pilotkonditionierunganlage schon vertraglich zugesagt hatte. In jedem Jahr macht die BLG in Gorleben eine weitere Million DM für die öffentlichen Kassen locker, dort als „Infrastrukturhilfe" verbucht und ausgegeben. Zinslose und unbefristete Darlehen mit rechtswidrigen Rückzahlungsbedingungen gehören ebenso zum privaten Sponsoring der Gemeindekassen wie die Selbstverständlichkeit, mit der sich Gorlebener und Gartower Räte aber auch jede Genehmigung extra bezahlen ließen. Als zum Beispiel die Erlaubnis zum Aufschütten des im Zuge der Endlagererkundungsarbeiten anfallenden Salzes anstand, forderte die Gartower SPD erst einmal Cash von der DBE.

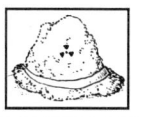

Aber nicht nur die Industrie polsterte die öffentlichen Kassen. Viel mehr Geld als die private Pflege der politischen Landschaft brachte den Gemeinden und dem Landkreis die staatliche Wegbereitung der Atomenergie ein. Bis heute bezahlte Bonn 410 Mio. DM aus Steuergeldern an das Land Niedersachsen, den Landkreis Lüchow-Dannenberg sowie die Gemeinden und Samtgemeinden rund um Gorleben. „Hier war keiner, der Freude an den Anlagen hatte. Wenn es dann keine Vorteile gibt, dann kann man vor dem Bürger nicht geradestehen", sagt der stellvertretende Samtgemeindedirektor Axel Müller in Gartow. Sein früherer Chef Hans Borchardt hatte diese Maxime bereits 1987 Niedersachsens Wirtschaftsminister Walter Hirche unmißverständlich klar gemacht: „Sollte die Landesregierung nicht bereit sein, unseren Weg in Sachen Fremdenverkehr zu unterstützen, sieht sich die Samtgemeinde Gartow außerstande, dem Bau der Pilotkonditionierungsanlage positiv gegenüberzustehen", sagte Borchardt bei einem Besuch Hirches in Hitzacker. Und sein Bürgermeister Heinz Rathje ergänzte: „Wir holen zum ersten Mal in unsere kleine Heimat eine Heiße Zelle – wir wissen nicht, was aus dem 60 Meter hohen Schornstein herauskommt – wir vertrauen auf die Wissenschaftler, aber wir müssen Gartow dem Gast verkaufen." Offenbar verhielt sich die Gefahr der Abgase umgekehrt proportional zur Höhe der Geldzahlungen.

Ein wichtiger Hebel für die „knorrigen Kommunalpolitiker", so Altbundeskanzler Helmut Schmidt bei einer Good-Will-Tour 1981, an das Geld aus der Bonner Kasse zu kommen, waren die Atomkraftgegner. Helmut Koch, für die Grünen einige Jahre im Lüchow-Dannenberger Kreistag erinnert sich an eine Ausschußsitzung, in der sein Gegenüber, der damalige CDU-Fraktionsvorsitzende Norbert Fischer, über den Tisch beugte und meinte, „seine Leute" sollten mal wieder mehr demonstrieren, es werde schon schwierig, in Hannover Geld locker zu machen.

Am Anfang hatte es einer solchen Aufforderung noch nicht bedurft. Damals, 1979, war die Demonstrationstätigkeit noch günstig für finanzielle Verhandlungen. Im Gegenteil, das Kriegsgeschrei war laut. Als im März 1979 der Gorleben-Treck nach Hannover begann, ließ Justizminister Hans-Dieter Schwind im Celler Gefängnis vorsorglich Zellen für die Teilnehmer freihalten; die „Schlacht um Gorleben" stehe bevor.

In Lüchow wurde die Polizei aufgestockt, der Bau der 40-Millionen-DM-Polizeikaserne an der Saaßer Chaussee wurde geplant. Der niedersächsische Verfassungsschutz, inzwischen als verläßlicher Zeuge berühmt geworden, meldete Extremisten mit Stützpunkten in Wohngemeinschaften.

Das Schlachtengemälde diente der eigenen Verhandlungsposition. Schon 1978, noch bevor „Gorlebengelder" bezahlt wurden, hatte der Landkreis eine Wunschliste erstellt mit Forderungen in Höhe von 75 Mio. DM an Bund und Land. „Internationale militante Gruppen" sah die Kreisverwaltung auf Gorleben vorrücken, Waldgebiete würden möglicherweise von den Gegnern der Anlagen in Brand gesteckt. Deshalb müsse die Feuerwehr ausgebaut werden. Wegen der Demonstrationen könnten Handel, Handwerk und Gewerbe unterbrochen werden, auch das müsse entschädigt werden. Eine Vielzahl von Verletzten bei „gewalttätigen und aufrührerischen Demonstrationen" seien zu erwarten, deshalb müsse das Kreiskrankenhaus ausgebaut werden. Und auch die Kreisverwaltung sollte profitieren: weil mit den Bauarbeitern des Nuklearen Entsorgungszentrums (NEZ) sich Geschlechtskrankheiten, Prostitution, Alkohol- und Rauschgiftsucht ausbreiteten, deshalb brauche man Geld für das Gesundheitsamt, schrieb der Landkreis in sein Verhandlungspapier.

„Dramatisierungen im Verteilungskampf" nannte das MdL Kurt-Dieter Grill am 4. November 1984 in einer Talk-Runde mit dem Hitzackeraner Pastor und aktivem Kernkraftgegner Egon Maierhofer dieses Vorgehen. Auch das Land Niedersachsen spielte dabei mit. 1987 machte Finanzministerin Birgit Breuel ihrem Kollegen Stoltenberg eine Rechnung auf. Von den bis dahin aus Bonn gezahlten 320 Mio. DM hatte das Land ihrer Rechnung nach 160 Mio. DM in Personal- und Sachkosten der Polizei gesteckt. Weitere 64 Mio. DM wurden für Polizeibauten ausgegeben, wie etwa das Geisterhaus an Lüchows Saaßer Chaussee, gebaut für 1000 Gorlebenpolizisten. Heute droht der Abzug auch der letzten Hundertschaft.

„Schmiergeld" sahen Atomkraftgegner in den über 100.000 DM, die MdL Kurt-Dieter Grill von der Baufirma Licht zur Finanzierung seines Wahlkreisbüros erhielt: Licht baute in Gorleben mit. Der Vorwurf der Bestechlichkeit hat in der 15jährigen Auseinandersetzung um Gorleben Folgen gehabt – für den, der ihn erhob.

1987 führte dieser Vorwurf zu polizeilichen Ermittlungen, mit denen kaum ein Mafioso in Deutschland rechnen muß. Lüchows Kriminalchef wähnte sich einer „terroristischen Vereinigung" auf der Spur. Zwei Jahre lang wurden Treffen von Atomkraftgegnern überwacht, Kontakte registriert, Autonummern notiert, Privatverhältnisse ausgeforscht, Telefone abgehört. Der Anlaß: eine Hausdurchsuchung in einer Wohngemeinschaft im wendländischen Dörfchen Meuchefitz. Grund der Durchsuchung: Plakate mit der Aufschrift „Bestochen von Transnuklear". Der CDU-Landtagsabgeordnete Kurt-Dieter Grill hatte eine Beleidigungsklage eingereicht.

Schwer empört waren die Spitzen der Lüchow-Dannenberger Kreispolitik und -verwaltung auch über einen Gedenkstein, den die Bürgerinitiative Lüchow-Dannenberg errichtete. „Sie haben den Landkreis an die Atommafia verkauft", stand auf dem Stein, versehen mit den Namen von Kreisgrößen, unter anderem Landrat Werner Meiner, MdL Kurt-Dieter Grill, Oberkreisdirektor Klaus Poggendorf, CDU-Fraktionschef Norbert Fischer. Die gleiche Empörung äußerte der Kreistag auch am 21. Januar 1983. An diesem Nachmittag sprang der Pressesprecher der Bürgerinitiative Lüchow-Dannenberg, Peter Bauhaus, zwischen die Tische der Kreistagsabgeordneten im Schnegaer Dörfergemeinschaftshaus. Bevor sich Mandatsträger, Verwaltungsbeamte und Polizisten auf ihn werfen konnten, hatte er den Abgeordneten Kleingeld auf die Tische geschmissen, Geld, das er zuvor in Blut getaucht hatte. Der Kreistag hatte gerade mit knapper Mehrheit einer Wiederaufarbeitungsanlage in Dragahn zugestimmt. Auch dafür gab es später Geld.

Wogegen sich die Lüchow-Dannenberger Kommunalvertreter mit Gericht, Polizei und Empörung zur Wehr setzten, ist in Wirklichkeit keine Frage: Der Geldsegen aus Bonn diente dazu, das Wohlwollen vor Ort gegenüber den Atomanlagen herzustellen und zu sichern. Völlig unmißverständlich erklärt am 5. Februar 1988 Niedersachsens Finanzministerin Breuel in einem Brief an Bundesumweltminister Klaus Töpfer zum Zweck der Zahlungen: „Die Verwaltungsvereinbarung hat in den Jahren ihrer bisherigen Laufzeit einen wesentlichen Beitrag zur politischen Akzeptanz des Entsorgungsprojektes im Lande und vor Ort geleistet." Deshalb, so die Ministerin, sollte auch weiterhin bezahlt werden. Am 15. Juni 1988 bestätigte ihr Bundesumweltminister Klaus Töpfer den Sinn der Zahlungen: „ich teile Ihre Auffassung, daß die Verwaltungsvereinbarung in den Jahren ihrer Laufzeit zur politischen Akzeptanz des Entsorgungsprojektes Gorleben im Lande und vor Ort beigetragen hat." Deshalb stehe er wegen weiterer Zahlungen mit Bundesfinanzminister Gerhard Stoltenberg in Kontakt. Der erhielt wenige Tage darauf, am 6. Juli, ebenfalls einen Brief von Ministerin Breuel, in dem diese ihm von der segensstiftenden Akzeptanzwirkung der Gorlebenpauschale berichtete.

Die Zahlungen erreichten ihr Ziel: Nur zu Beginn der „Gorleben"-Geschichte gab es Widerspruch gegen die Atomanlagen von Mandatsträgern, aus Gorleben etwa und Gartow. Gorlebens Bürgermeister Willi Kantelberg war erst dagegen, bevor er dann dafür war. Auch Gartows Samtgemeinderat war gegen den Entsorgungspark, bevor er mit Gorlebengeld auf große Fahrt zu den europäischen Zentren der Atomindustrie ging. Solche Widerspenstigkeit gab es später nie wieder. Die „politische Akzeptanz" war gesichert.

Der Entsorgungspakt

Im Herbst 1973 erschütterte die Ölkrise die westliche Welt. Aus dem Schock der Erkenntnis, als Industrienation vom Öl abhängig zu sein, gebar die sozialliberale Koalition das Atomprogramm. In jedem Jahr sollten neue Kernkraftwerke gebaut werden, um Unabhängigkeit vom fossilen Brennstoff zu gewinnen Den privaten Energieerzeugern versprach das Vorhaben ein langfristiges, gutes Geschäft–allerdings nur dann, wenn der Staat zusätzlich half, den anfallenden Müll zu beseitigen. Nach dem Atomgesetz ist der Bund zuständig für die sichere Entsorgung der Atomkraftwerke. Nur mit einem Nachweis dieser Entsorgung dürfen AKW in der Bundesrepublik betrieben werden.

Unter dem Zwang, die Entsorgung sicherzustellen, mußte der Bund sich des Rückhaltes der Länder und betroffenen Kommunen versichern. Das Land ist beim Endlagerbergwerk für die bergmännische Seite zuständig, der Landkreis zum Beispiel für die Baugenehmigungen beim Zwischenlager und der PKA. So entstand der Entsorgungspakt: Staat, Privatwirtschaft und Gebietskörperschaften übernahmen im Interesse der nationalen Energieversorgung jeder seine Rolle im Geflecht der gegenseitigen Abhängigkeiten.

Damit alle Parteien dieses Bündnisses bei der Stange blieben, bedurfte es an einigen entscheidenden Stellen der finanziellen Nachhilfe. Unter anderem läßt die Privatwirtschaft dem Staat heute schon Gebühren zukommen für ein Endlager, daß es noch gar nicht gibt. Allein 1991 vereinnahmte Bonn für diesen Zweck 289 Mio. DM an „Vorausleistungen" von der Energiewirtschaft. Die Parlamente spielen bei diesem Deal der Verwaltungs- und Managementetagen mit und genehmigten in jedem Jahr die „Akzeptanzmittel" ohne Beanstandungen. Zuständiger Berichterstatter über die „Gorlebengelden" für den Bonner Haushaltsausschuß war über viele Jahre Dr. Peter Struck, SPD-Bundestagsabgeordneter aus Uelzen. Auch die dritte staatliche Gewalt, die Justiz, half bei der Sicherung der nuklearen Entsorgung. Besonders das Bundesverwaltungsgericht, das 1992 das ehemalige DDR-Endlager Morsleben absegnete, akzeptierte bisher die Aussichten auf eine gesicherte Endlagerung.

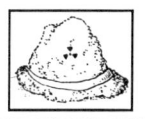

Wie bei anderen „ehrenwerten Gesellschaften" auch, ist Geheimhaltung ein wichtiges Prinzip der Zusammenarbeit. 1982 fragte der SPD-Bundestagsabgeordnete Helmuth Möhring bei der Bundesregierung nach dem Verbleib der „Gorlebengelder". Er wurde von Innenstaatssekretär Andreas von Schoeler auf spätere „kritische Bestandsaufnahmen" der Zahlungen vertröstet – die es dann nie gab.

„Geheimniskrämerei und grobe Verletzung der Informationspflicht" warf, ebenfalls bereits 1982, der SPD-Landtagsabgeordnete Hans-Alexander Drechsler der Landesregierung im Umgang mit den „Gorlebengeldern" vor. Die Bonner Strukturhilfe werde vom Land zweckentfremdet, vermutete er. Finanzstaatssekretär Adolf Elvers sei nicht in der Lage gewesen, „konkret und politisch vertretbar darzulegen, wer dieses Geld bekommen hat, für welche Projekte die (bis dahin bezahlten) 150 Mio. DM des Bundes ausgegeben worden sind und was mit dem Betrag geschehen soll, über den bisher noch nicht verfügt ist". Elvers wollte sich in der öffentlichen Sitzung des Innenausschusses nicht äußern. Auskünfte zu den „Gorlebengeldern" gebe er nur vertraulich.

1988 wollte auch Ministerin Birgit Breuel öffentlich lieber nicht so genau über die Verwendung des Geldes reden. In ihrem Brief an Kollegen Stoltenberg schrieb sie am 6. Juli 1988: „Angesichts der aktuellen kontroversen politischen Diskussion über die nukleare Entsorgungsproblematik habe ich erhebliche Zweifel, ob es opportun ist, die Erörterungen im einzelnen wiederaufzunehmen. Sie müßten auch so sensible Bereiche wie die personellen und sachlichen Kosten der polizeilichen Sicherung oder die Aufwendungen für Demonstrationsschäden, Brand- u. Katastrophenschutz einschließen und würden, wie die Erfahrungen der Vergangenheit lehren, unvermeidlich zu öffentlichen politischen Auseinandersetzungen führen."

Vertraulich sollte es auch 1985 in der Kreisverwaltung in Lüchow zugehen. Die UWG hatte Einsicht in die Akten verlangt, um festzustellen, was es mit dem Geldsegen aus Bonn auf sich hat. Die Einsicht wurde der Wählergemeinschaft verwehrt. Nur persönlich wollte Oberkreisdirektor Klaus Poggendorf den gewählten Abgeordneten Auskunft geben.

Beim Landkreis Lüchow-Dannenberg ist die Geheimhaltung perfekt. Da wurde 1992 noch geprüft, ob man eine Unterlage herausgeben könne, die der Oberkreisdirektor höchstpersönlich bereits 1980 an die Redaktion der örtlichen Elbe-Jeetzel-Zeitung geschickt hatte: den Maßnahmenkatalog, mit der der Landkreis 1980 für Investitionen in Höhe von 170 Mio. DM Zuschüsse einsammeln wollte.

Bei Nachfragen zu den Gorlebengeldern ist ein seltsames Phänomen zu beobachten. Verwaltungsbeamte, die einem eben noch, privat, das skandalöse dieser Zahlungen bis ins Detail erläuterten, finden offiziell alles in Ordnung. Im Vertrauen berichten sie über Rechtsbrüche, politische Willkür, unterlassene Aufsicht und

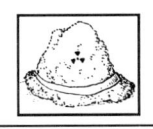

Kontrolle, aber offiziell hat zumindest ihre eigene Dienststelle ein reines Gewissen. Das Innenministerium hält das Finanzministerium für verantwortlich –und umgekehrt, die Landesregierung den Landkreis –und umgekehrt, der Landkreis die Kommunen –und umgekehrt.

Zu korrigieren ist schließlich noch das Bild, unerfahrene Kommunalpolitiker und lokale Verwaltungsbeamte seien auf die Machenschaften der Großen hereingefallen. Die Wirklichkeit sah anders aus. Da machten die Lüchow-Dannenberger Vertreter Druck und zogen die Fäden. Als 1988 die erste Regelung über die Zahlung der „Gorlebengelder" auslief und die Verhandlungen über eine Fortsetzung anstanden, schrieb Oberkreisdirektor Poggendorf an Niedersachsens CDU-Ministerpräsident Dr. Ernst Albrecht:

„Wie wir kürzlich jedoch erfuhren, hat das Bundeskabinett beschlossen, die Federführung bei den Verhandlungen um die Verwaltungsvereinbarung vom Bundesminister für Umwelt, Naturschutz und Reaktorsicherheit auf den Bundesfinanzminister zu übertragen. Das Interesse des Bundesfinanzministers an weiteren Ausgleichszahlungen für die mit der Endlageruntersuchung verbundenen finanziellen Belastungen des Landes Niedersachsen, des Landkreises Lüchow-Dannenberg und seiner Gemeinden ist nach den Erfahrungen früherer Verhandlungen und angesichts der Haushaltsschwierigkeiten des Bundes gering." Die Intervention hatte Erfolg: Noch heute ist für die „Akzeptanzmittel" das Bundesumweltministerium zuständig: Abteilung III, Reaktorsicherheit.

Das Recht

Am 9. Februar 1979 war Oberkreisdirektor Klaus Poggendorf sehr zufrieden. Er ging ans Rednerpult während der Sitzung des Kreistages im Lüchower Ratskeller. Draußen bereiteten sich die Gegner des „Nuklearen Entsorgungszentrums" in jenen Wochen auf den Gorleben-Treck vor, der sechs Wochen später beginnen sollte. Drinnen aber verkündete der OKD die Botschaft: „Der Bund hat alle unsere Forderungen akzeptiert." An diesem 9. Februar 1979 setzten in Bonn Bundesinnenminister Gerhard Baum und Niedersachsens Finanzminister Walter Leisler-Kiep ihre Unterschriften unter das erste Abkommen, mit dem die Zahlung der umstrittenen „Gorleben-Gelder" begann.

Diese „Verwaltungsvereinbarung über die Regelung der finanziellen Auswirkungen des Genehmigungs- und Planfeststellungsverfahrens für das Nukleare Entsorgungszentrum (NEZ) bei Gorleben – so der Titel – galt zehn Jahre – obwohl das NEZ drei Monate später bereits gestorben war.

200 Mio. DM wollte Bonn aufgrund dieses ersten Abkommens bis 1982 bezahlen, danach sollte neu über weitere Jahresraten verhandelt werden. 1990 kam es zu einem zweiten Abkommen. Die „Verwaltungsvereinbarung über Ausgleichsleistungen des Bundes an das Land Niedersachsen im Zusammenhang mit der geplanten nuklearen Entsorgung" gilt heute noch. Sie läuft 1996 aus. 90 Mio. DM sollten auf Grund dieser Vereinbarung bisher bezahlt werden.

Auch Ministerunterschriften unter Verträgen sind offenbar keine Garantie für Rechtsklarheit. Im Gegenteil: Über der rechtlichen Landschaft, in der sich diese Geldüberweisungen abspielten, liegt Zwielicht. Zahlungen wie diese, meint der Hagener Finanzwissenschaftler Professor Volker Arnold, gingen in einer „Grauzone" vor sich. In den Gesetzen bleibe vieles unklar und zu gerichtlichen Klärungen komme es nicht. „Es gibt in solchen Fällen immer nur Begünstigte, und wo kein Kläger, da kein Richter." Eines ist aber sicher, da ist sich Arnold mit seinem Hamburger Kollegen Professor Peter Selmer einig: Ohne Rechtsgrundlage kein öffentliches Geld. Aber bereits da hapert es bei den Vereinbarungen zwischen Bund und Land. Schon die Frage, welche rechtlichen Bestimmungen dem jährlichen Geldsegen für die armen Leute von Niedersachsen zugrunde lägen, löst einen Wirrwarr unterschiedlichster Stellungnahmen aus.

Das Land Niedersachsen behauptet zum Beispiel: „Rechtsgrundlage für derartige Verwaltungsvereinbarungen ist Art. 106 Abs. 8 Satz 1 GG: Veranlagt der Bund in einzelnen Ländern oder Gemeinden besondere Einrichtungen, die diesen Ländern oder Gemeinden unmittelbar Mehrausgaben oder Mindereinnahmen verursachen, gewährt der Bund den erforderlichen Ausgleich, wenn oder soweit den Ländern oder Gemeinden nicht zugemutet werden kann, die Sonderbelastungen zu tragen." So heißt es im Landesfinanzministerium und Oberkreisdirektor Poggendorf sagt das auch.

Beim Bundesfinanzministerium jedoch wirft man einen Blick in den Bundeshaushalt und stellt fest: Nichts ist mit Artikel 106. Die Gorlebenpauschale habe mit diesem Grundgesetzartikel überhaupt nichts zu tun, heißt die eindeutige Antwort. Im zuständigen Umweltministerium hat Unterabteilungsleiter Dr. Arnulf Matting die überraschendste Auskunft parat: „Eine Rechtsgrundlage gibt es nicht", teilt er mit und wirbt um Verständnis für diesen Coup: „Sie müssen die Situation sehen damals." Es ging um die „nationale Aufgabe" der nuklearen Entsorgung. Da habe man eben nicht „spitzbuchhalterisch" sein wollen.

Heller würde das rechtliche Zwielicht auch dann nicht, wenn alle Beteiligten bei ihrer selbstgestrickten Rechtsgrundlage bleiben könnten. Im Falle des Artikels 106 stellt das Bundesfinanzministerium kategorisch fest: Auch unter diesem Vorzeichen gäbe es das Geld nur streng an vereinbarte und zulässige Zwecke gebunden und mit nachträglicher Kontrolle der Verwendung.

Noch rigider sind die Haushaltsvorschriften im anderen Fall. Als „Zuwendungen" – ein fester haushaltsrechtlicher Begriff – unterliegen die Gorlebenmillionen strengen Regeln. Paragraph 44 der Bundeshaushaltsordnung (BHO) schreibt vor: „Dabei ist zu bestimmen, wie die zweckentsprechende Verwendung der Zuwendungen nachzuweisen ist. Außerdem ist ein Prüfungsrecht der zuständigen Dienststelle oder ihrer Beauftragten festzulegen."

Mit anderen Worten: In den Vereinbarungen über die Zahlungen müßte bereits detailliert stehen, wofür das Geld bestimmt ist und wer die Verwendung kontrollieren soll. Aber nichts davon findet sich in den Abkommen von Bund und Land. Als Zweck der Zahlungen werden 1979 „zusätzliche finanzielle Belastungen" genannt, in dem Vertrag von 1990 ist noch vager von „Sonderbelastungen" die Rede. Genauer werden die Geschäftspartner an keiner Stelle.

Die in § 44 BHO geforderte Regelung der Kontrolle findet im Vertrag von 1990 sogar eine ironische Wendung: Kontrolle wird kurzerhand vertraglich ausgeschlossen. Paragraph zwei lautet: „Das Land teilt die Zahlungen des Bundes auf das Land und die betroffenen Gebietskörperschaften auf. Eine Abrechnung von Einzelmaßnahmen erfolgt nicht." Der Bund will offenbar gar nicht wissen, ob das Geld seinem angeblichen Zweck entsprechend verwendet wird, wahrhaft eine ungewöhnliche Großzügigkeit. „Ungewöhnlich" ist denn auch unter Beamten ein gern gebrauchter Ausdruck im Zusammenhang mit den „Gorlebengeldern".

Im Kreishaus in Lüchow und in der Samtgemeindeverwaltung Gartow führte die vage Zielvorgabe für die Millionen zu großzügigeren Rechtsauffassungen. Oberkreisdirektor Poggendorf zum Beispiel meint, alles, was „mittelbar oder unmittelbar" mit „Gorleben" zu tun habe, könne mit dem Geld finanziert werden. Da spielt es auch keine Rolle mehr, daß selbst in der von ihm genannten Rechtsgrundlage Artikel 106 von „unmittelbaren" Mehrausgaben oder Mindereinnahmen infolge eines Bundesprojektes die Rede ist.

Gefragt, was nach seiner Definition eigentlich nicht mit „Gorlebengeld" finanziert werden dürfe, sagt der OKD: „Eigentlich nur die Sozialleistungen." Nur die noch großzügigere Rechtsauffassung seines Walter Demmer will Poggendorf denn doch nicht gelten lassen. „Der Punkt ist ja doch", sagt Demmer im Verlaufe eines Gesprächs, „daß die Mittel im Grunde nach Ablauf des Jahres für alle Dinge frei sind". Zuweisungen wegen „Gorleben" als frei verfügbare Mittel? Da greift der OKD ein: „So kann man das nicht sagen", korrigiert er seinen Hauptamtsleiter.

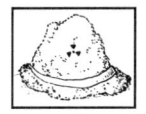

Das Geschäft

Am 9. März 1992 war Wirtschaftsdezernent Wilfried Holtmann in der Bezirksregierung Lüneburg sauer. Er war von einem Redakteur der Lüchow-Dannenberger Elbe-Jeetzel-Zeitung an jenen Tag im Jahre 1991 erinnert worden, als er sich frustriert gefragt hatte, wozu er seinen Job eigentlich noch macht. Warum hielt er sich an gesetzliche Regeln über den Umgang mit öffentlichem Geld, wenn es da Gemeinden gab, die sich einfach darüber hinwegsetzen konnten – und keine Aufsichtsbehörde tat ihnen etwas? Wilfried Holtmann hatte wieder mit „Gorlebengeld" zu tun gehabt.

An jenem Tag verlangten die Vertreter der Samtgemeinde Gartow von ihm, das Land Niedersachsen solle seine Zuweisungen für ihr im Bau befindliches Solebad erhöhen. Wilfried Holtmann wies die Gartower Abordnung darauf hin, daß sie eigentlich sogar den Anspruch auf bereits zugesagte Fördermittel verloren hätten. Schließlich hätten sie vorher fragen müssen, ob sie die teuren Sachen, die für die Kostensteigerung verantwortlich waren, überhaupt bauen dürften. Aber der rechtliche Hinweis des Wirtschaftsdezernenten ließ die Gartower kalt. Sie beendeten das Gespräch mit der Bemerkung, dann nähmen sie das nötige Geld eben von ihrem Sonderkonto. Das war der Punkt, an dem Dezernent Holtmann an seiner Aufgabe zweifelte.

Eine Gemeinde, die Zuweisungen aus der Landeskasse enthält, die sich aber den damit verbundenen Auflagen entziehen kann, weil sie über ein Vermögen außerhalb des eigenen Haushaltes verfügt: Eine solche Konstruktion war nur möglich als Folge des Entsorgungspaktes zwischen Staat, Energiewirtschaft und Kommunen. Damit die Gorlebengelder für die Gemeinden und den Landkreis Lüchow-Dannenberg überhaupt erst zu einem Geschäft wurden, mußte der ausgeklügelte Apparat der kommunalrechtlichen Kontrollen außer Gefecht gesetzt werden.

„Öffentliche Mittel gibt es nur zweckgebunden oder als allgemeine Finanzierungsmittel, etwas anderes ist nicht denkbar", sagt Eckhard David, Beigeordneter im niedersächsischen Städtetag. Offenbar kennt er „Gorleben" nicht. Von einer Zweckbindung nach der Bundeshaushaltsordnung kann in den Verträgen zwischen Bund und Land keine Rede sein. Aber als „allgemeine Finanzierungsmittel" hätten die Kommunen in Lüchow-Dannenberg, zum Beispiel Gartow, den jährlichen Geldsegen aus Bonn auch dazu verwenden müssen, ihr Haushaltsdefizit zu decken.

Dafür aber kassierten sie schon von der Landesregierung jährlich Bedarfszuweisungen. Eines von beiden wäre ihnen also entgangen. „Der Bund hätte doch dann nur das Land bei der Bezahlung von Bedarfszuweisungen entlastet, absurd", findet Gartows derzeitiger Samtgemeindedirektor Hans-Joachim Lawin eine solche Vorstellung – obwohl sie die rechtmäßige ist.

Aber es kam nicht dazu. Finanzstaatssekretär Adolf Elvers in Hannover befreite die Gemeinden um Gorleben von dem Druck, auch nur auf eine Mark verzichten zu müssen. Die Mittel aus der „Gorlebenpauschale" brauchten in den Gemeinden nicht als „allgemeine Deckungsmittel" verwendet zu werden, wies Elvers die Kontrolleure in den Aufsichtsbehörden an – und die befolgen diesen Vermerk bis heute, obwohl sie ihn für rechtswidrig halten. So konnte zum Beispiel Gartow in den vergangenen 13 Jahren jährlich sechsstellige Bedarfszuweisungen vom Land kassieren – und gleichzeitig bis zu 15 Mio. DM als Sondervermögen außerhalb des Haushaltes ansparen.

Eine solche Sonderregelung wäre „rechtswidrig", sagt im Innenministerium Dr. Uwe Hirsemenzel, oberster Kommunalprüfer in Niedersachsen. Auch sein Pressesprecher, Peter Martens, meint, eine solche Anweisung, wenn es sie denn gebe, wäre ein Verstoß gegen geltendes Recht. Die Existenz dieses Vermerks ist von vier voneinander unabhängigen Seiten versichert worden. Geschrieben wurde er am 26. Juni 1979. „Das war die wichtigste politische Aussage damals", erinnert sich Gartows stellvertretender Samtgemeindedirektor Axel Müller.

Mit dem Vermerk fiel die letzte Möglichkeit, den Strom des Geldes zu kontrollieren. Danach war alles möglich. „Wir haben", sagt Oberkreisdirektor Poggendorf heute, „am Ende jedes Jahres der Landesregierung mitgeteilt, was wir mit dem Geld gemacht haben, welche Straße wir zum Beispiel gebaut haben, ohne einen Verwendungsnachweis im üblichen Sinne zu führen. Das hat der Bund auch nie verlangt."

Gefordert hat Hannover und hat auch Bonn gelegentlich einen „Plausibilitätsnachweis" eine Liste, mit der man nach außen hin einen Zusammenhang mit „Gorleben" dokumentieren könnte. Eine Verwendungskontrolle war damit nicht verbunden, auch nicht durch die jeweiligen Rechnungshöfe.

Der Bundesrechnungshof will zwar vor drei Jahren die Verwendung der Mittel „bis in den Baubereich in Gorleben" hinein geprüft haben. Nur leider seien die Prüfungsergebnisse nicht im Bericht an das Parlament enthalten, sagt Dr. Manfred Eibelshäuser beim Bundesrechnungshof. Und in Bonn findet sich niemand, der diesen Bericht kennt.

Der Landesrechnungshof hat sich auch schon einmal mit dem „Gorlebengeld" beschäftigt. Man habe dabei jedoch nur geprüft, ob das Land Niedersachsen die vereinbarten Beträge an den Landkreis überwiesen habe, sagt Vizepräsident Dr. Helmut Spörlein. Er erinnert sich, daß der Bund aufgrund des Abkommens von 1979 insgesamt 200 Mio. DM gezahlt habe – in Wirklichkeit sind es 320 Mio. DM. Die zweite Vereinbarung von 1990 erwähnt Dr. Spörlein überhaupt nicht.

Bei soviel Kenntnisreichtum verwundert es nicht, daß der Kontrollmechanismus der zuständigen Aufsichtsbehörden nur den Sinn hatte, Persilscheine auszustellen. Für die Prüfung zuständig sei das Prüfungsamt des Landkreises Lüchow-Dannenberg, gibt das niedersächsische Finanzministerium den Schwarzen Peter weiter. Dort in Lüchow direkt nachgefragt, was denn geprüft worden sei, sagt Hauptamtsleiter Demmer: „Wofür das Geld eingesetzt wird, bestimmt die Gemeinde." Das falle unter die Selbstverwaltung. Geprüft habe der Landkreis lediglich die Wirtschaftlichkeit.

Fazit: Eine Kontrolle über fast eine halbe Milliarde DM Steuergelder fand nie statt – bis heute nicht. „Es wurden Wege gesucht, Gemeinden, die sonst nichts hatten, etwas zukommen zu lassen", beschreibt Wirtschaftsdezernent Holtmann in Lüneburg den Geldstrom durch die öffentlichen Hände, vorbei an allen Regeln des Haushaltsrechtes. Warum diese Wege gesucht wurden, das könne sich schließlich jeder selbst denken.

Die guten Sitten

Vom Nutzen

Gern geben sich Lüchow-Dannenbergs Kommunalpolitiker und Verwaltungschefs als Sachwalter einer armen Region, benachteiligt durch Geschichte und Geographie. Unter diesem hehren Kleid verbergen sich jedoch beinharte Kassierer. „Die Gemeinden waren geübt im Abkassieren", sagt Dr. Hirsemenzel im niedersächsischen Innenministerium. Nach außen in Sack und Asche gekleidet, verbergen die Vertreter des Landkreises Lüchow-Dannenberg darunter ihre prall gefüllten Geldbeutel.

Mit Hilfe der „Gorlebengelder", so stellte der Bund der Steuerzahler in einer Studie von 1990 fest, wurde Lüchow-Dannenberg zum reichsten Landkreis in Niedersachsen. Pro Kopf seiner Einwohner nimmt der Kreis 1.763,96 DM ein. Zum Vergleich; Uelzen kommt auf 1.555,39 DM, Lüneburg gar nur auf 1.197,38 DM. Die Studie weiß auch, wohin ein großer Teil des Geldes geht: Pro Einwohner leistet sich Lüchow-Dannenberg die meisten Bediensteten in der Kreisverwaltung. Auf je 1.000 Bürger kommen 9,8 Beschäftigte des Landkreises. Zum Vergleich: Der Landkreis mit der nächsthöchsten Zahl in der Statistik ist Holzminden mit 6,4 Beschäftigten je 1.000 Einwohner.

Oberkreisdirektor Klaus Poggendorf verweist darauf, daß wegen Gorleben eben viel Arbeit auch für die Verwaltung anfällt, im Baurecht etwa, beim Wasser- und Naturschutz. Allerdings kassiert der Kreis dafür auch extra: Allein für die Baugenehmigung der Pilotkonditionierungsanlage (PKA) nahm er 1990 Gebühren in Höhe von 700.000 DM ein.

Eine Verbesserung der Wirtschaftskraft brachte der Geldtransfer zur Pflege der kommunalpolitischen Landschaft nicht. Ein großer Teil des Geldes wurde in konsumtive Ausgaben gesteckt. Im niedersächsischen Innenministerium hat sich Kommunalprüfer Hirsemenzel so seine Gedanken darüber gemacht, wie das Geld richtig hätte eingesetzt werden müssen. „Man hätte beim Landkreis ein Sondervermögen schaffen müssen, das aus Gorlebengeld gespeist wird und von dem aus kontrolliert Ausgaben getätigt werden, gegen Einzelabrechnung selbstverständlich." Bei der Bezirksregierung sieht man demgegenüber die Gefahr, daß der plötzliche Reichtum die Gemeindeväter sogar dazu verführt, Investitionen vorzunehmen, die das Haushaltsloch vergrößern statt verringern. Deshalb habe man, so teilt die Bezirksregierung mit, im Falle des Solebades in Gartow schon vorsorglich darauf hingewiesen, daß Defizite dieser Einrichtung nicht durch Bedarfszuweisungen gedeckt würden.

Die „Akzeptanzmittel" verringerten offenbar auch nicht die Abhängigkeit von anderen – rechtmäßigen – staatlichen Zuwendungen. Im Haushaltsbericht 1991 klagt die Kreisverwaltung: „Bei Ausbleiben dieser Finanzhilfen wird der Landkreis nicht mehr in der Lage sein, seinen Haushalt auszugleichen." Bilanz nach 13 Jahren und 113 Mio. DM Akzeptanzförderung.

Vom Maßhalten

Am 20. Oktober 1984 berichtete die Lüchower Elbe-Jeetzel-Zeitung, Jörg Janning (heute im niedersächsischen Umweltministerium beschäftigt) habe für die UWG die Umwandlung des „Gorlebengeldes" in eine „tendenzlose Strukturhilfe" und eine „transparente Entschädigung" gefordert. Dann sei selbst die UWG bereit, einen so finanzierten Haushalt mitzutragen. Aber unabhängig von der bereits beschriebenen „Geheimniskrämerei" gegenüber Parlamenten und Öffentlichkeit: Transparenz war auch auf lokaler Ebene so ziemlich das letzte, was beim Umgang mit den Akzeptanzmillionen gewollt war.

Von der buchhalterischen Regel der „Wahrheit und Klarheit" im Umgang mit Steuergeldern findet sich auf den Spuren der Gorlebenmillionen kaum ein Rest. Der Haushaltsplan des Landkreises Lüchow-Dannenberg zum Beispiel von 1991 bucht die jährliche Gorlebenrate mit 7,116 Mio. DM als „Landeszuweisung für Entsorgung Gorleben". Danach verliert sich die Spur im Haushalt. Nirgendwo, auch nicht im Vermögenshaushalt, werden die Akzeptanzmittel wieder erwähnt. Der jahrelange Streit der Atomkraftgegner darüber, ob man „Gorlebengeld" annehmen dürfe oder nicht, ist bei solch einer Haushaltsführung völlig überflüssig. Denn ob ein Vorhaben mit Gorlebengeld finanziert wird oder nicht, ist einzig eine politische Aussage, ohne jeden buchungstechnischen Nachweis.

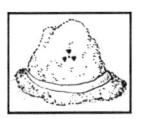

So läßt sich denn auch eher vermuten als nachweisen, was der niedersächsische Landkreis mit seinem Anteil am jährlichen Goldregen getan hat. Ohne Zweifel war viel Nützliches dabei. Die Lüchower Stärkefabrik nennt Oberkreisdirektor Poggendorf zum Beispiel als Nutznießer und den Fremdenverkehr. Auch der größte Arbeitgeber der Region, die Lüchower Kugellagerfabrik SKF, hat profitiert. Außerdem wurde das Kreiskrankenhaus vergrößert und ein Radwegenetz angelegt, Straßen wurden instandgehalten oder ausgebaut, Zuschüsse an Samtgemeinden und Gemeinden geleistet.

Aber das Geld wurde nicht nur zu sinnvoll geplanten Investitionen verwendet. Auch Gefälligkeiten konnte man damit bezahlen und Machterhalt betreiben. Drei Wochen vor den letzten Kommunalwahlen zum Beispiel bewilligte der geheime Rat Lüchow-Dannenbergs, der Kreisausschuß, dem Waddeweitzer Bürgermeister einen Zuschuß von 60.000 DM, damit der seinen Schützen einen Schießstand mit Sauna bauen kann. In Gartow verstieß man freiwillig gegen den von Staatssekretär Elvers eingeräumten rechtswidrigen Vorzug, das Geld nicht im Verwaltungshaushalt veranschlagen zu müssen. 1981 war Wahljahr. Im gleichen Jahr hätte die Samtgemeinde eigentlich Kanalbaugebühren bei ihren Bürgern erheben müssen. Glücklicherweise ließ sich diese abträgliche Wahlbeeinflussung durch einen Griff in den gesonderten Topf der Gorlebenpauschale vermeiden. 1986 waren wieder Kommunalwahlen. Diesmal hatte der Abwasserhaushalt ein Loch von über 600.000 DM. Eine Erhöhung der Abwassergebühren war fällig. Aber 231.000 DM vom Gorlebenkonto verhinderten eine schlechte Stimmung unter den Wählern und linderten die erste Not. Später dann kassierte Gartow den Rest des Defizites als Zuweisung aus der Landeskasse, obwohl man Millionen auf einem Sonderkonto hatte.

Aber Gartow kennt im Umgang mit dem Geldsegen ohnehin keine Regel. „Strafbar" wäre es zum Beispiel, das verkündet Verwaltungsvize Axel Müller ganz entschieden, wenn man irgendeine Ausgabe machen würde, ohne sie förmlich über den Haushalt abzuwickeln. Das wäre in Gartow nie vorgekommen, versichern er und sein Chef Lawin. Aber dann gibt es da eine kleine Erklärungsschwierigkeit. 1991 zum Beispiel nahm die Samtgemeinde ihren Anteil am Akzeptanzsegen in Höhe von 1,917 Mio. DM als „Pauschalzuweisung NEZ" ein. Den Betrag in voller Höhe buchte die Verwaltung im gleichen Jahr als „außerordentlicher Aufwand" wieder aus – auf ein Sonderkonto („wir nennen das auch Gorlebenhaushalt", sagt Lawin).

Gleichzeitig aber hängt dem Haushaltsplan eine Liste all der Ausgaben an, die man mit dem Geld getätigt hat. Wie man einen Betrag aus dem Haushalt ausbuchen und trotzdem mit ihm Anschaffungen bezahlen kann, das bringt die Verwaltungschefs in Schwierigkeiten. Man buche den benötigten Betrag vom Sonderkonto wieder zurück in den ordentlichen Haushalt, sagen Lawin und Müller. „Ist doch so?" wendet sich Lawin fragend an seinen Vize Axel Müller, schließlich ist er selbst noch neu in den Gartower Geschäften. „Ja, ja", bestätigt Müller. Aber dann haben sie ein neues

Problem: Die Liste über die Verwendung der Gorlebengelder nennt zwar eine Zuführung an den Vermögenshaushalt, 1,34 Mio. DM für 1990. Aber insgesamt wurden vom Gorlebenkonto im gleichen Jahr 1,557 Mio. DM abgehoben. Die restlichen 200.000 DM gingen offenbar den direkten Weg, außerhalb des Haushaltes, auch wenn das eigentlich strafbar ist. „Nur generell" richtig, räumt dann auch Kämmerer Hans-Heinrich Drimalski ein, seien die Aussagen von Müller und Lawin, alle Ausgaben liefen über den ordentlichen Haushalt.

Der Rat der Samtgemeinde war über diese eigenartige wendländische doppelte Buchführung informiert, er beschloß dieses Verfahren jährlich neu mit der Haushaltssatzung. Auch gegenüber der Aufsichtsbehörde fühlen sich die Gartower Verwaltungschefs schuldlos. „Der Haushalt wurde in jedem Jahr vom Prüfungsamt des Landkreises geprüft. Materielle Fehler wurden nie gefunden", sagt Axel Müller.

Oberkreisdirektor Klaus Poggendorf und Hauptamtschef Walter Demmer bestätigen das. Aber dann wissen auch sie auf einmal nicht weiter. Die Frage, ob ihnen bei ihren Prüfungen nie aufgefallen sei, daß der Gartower Haushaltsplan vor 1988 nicht einmal ein Konto besaß, über das die ordnungsgemäße Rücküberführung des Gorlebengeldes in den Haushalt möglich gewesen wäre, möchten sie lieber den Chef des Prüfungsamtes beantworten lassen. Der hat allerdings gerade seinen freien Tag.

Es waren weder Dummheit noch Zufall, daß bei den jährlichen Prüfungen die Verstöße gegen das Haushaltsrecht übersehen wurden. Wenn das Prüfungsamt des Landkreises wollte, dann konnte es auch in Gartow sehr genau sein. 1990 wurde zum Beispiel Samtgemeindedirektor Hans Borchardt verabschiedet. 10.000 DM kosteten die Gemeindekasse die Verabschiedungsfestlichkeiten ihres Chefs. Das fiel in Lüchow auf. Es sei unverständlich, wie eine Gemeinde mit einem Haushaltsdefizit sich solche Ausgaben leiste, schrieb der Prüfer. Zugestanden hätte Borchardt auf Grund seiner Stellung in der Beamtenhierarchie ein Präsent im Wert von 30 DM.

Im haushaltsrechtlichen Schlaraffenland Lüchow-Dannenberg ist offenbar alles möglich – sogar eine wundersame Geldvermehrung. In Gartow wies der Haushalt der Samtgemeinde 1991 eine Entnahme aus dem Sondervermögen in Höhe von 5,4 Mio. DM aus. Das gesamte, ordentlich gebuchte Sondervermögen der Samtgemeinde betrug dagegen – ganze 70.000 DM. Des Rätsels Lösung: Das Gorlebenkonto wird in Gartow als Sondervermögen geführt, ohne als solches im Haushalt ausgewiesen zu werden.

Diese und andere wundersame Wege des Gorlebengeldes erstaunten den niedersächsischen Bund der Steuerzahler. „Sehr geehrte Damen und Herren, die vorstehend genannten Praktiken dürften mit den einschlägigen Vorschriften des Gemeindehaushaltsrechtes nicht im Einklang stehen", schrieb der Bund am 8. April 1992 an die Bezirksregierung.

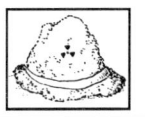

Mit vollen Händen wurde das Geld weit gestreut. Am Beispiel Gartow läßt sich der Weg der Gießkanne über das Land gut verfolgen. Von 1979 bis 1987 erhielten die Feuerwehren in fünf Orten schöne neue Gerätehäuser mit „Gorlebengeld" finanziert. Anschließend wurden sechs schöne neue Feuerwehrautos gekauft, die in die Häuser paßten.

Allein zwischen 1979 und 1984 gingen Rat und Verwaltung mit Gorlebengeld im Wert von 282.822 DM auf Reisen, nach La Hague, Windscale, Karlsruhe. Das Obdachlosenhaus im Ortsteil Lanze wurde mit diesem Geld bezahlt und die Holzhackschnitzelanlage in Gartow. Für ein Feuerwerk kamen 3.220 DM Gorlebengelder über, für die Anschaffung eines Geldschrankes zur Verwahrung des neuen Reichtums 5.300 DM. Die Grundschule erhielt ein Bühnenpodest und die Verwaltung einen neuen Dienstwagen: 11.193 DM.

Die Liste, wie sinnvoll oder unsinnig die einzelnen Ausgaben auch immer gewesen sein mögen, zeigt: Mit den Atomanlagen hat das alles wenig zu tun. Schon in den Verträgen zwischen Bund und Land war der Zweck der Ratenzahlungen äußerst vage formuliert, so daß vieles darunter paßte. Aber selbst dieser Versuch, den rechtlichen Schein zu wahren, interessierte Lüchow-Dannenbergs Gemeinderäte und Verwaltungschefs nicht mehr. Im stolzen Bewußtsein, Beteiligter an einer „nationalen Aufgabe" zu sein und im Wissen, von oben gedeckt zu werden, finanzierten sie mit dem Geld, was immer ihnen gefiel, ob es eine Folge der Atomanlagen war oder nicht.

Selbst Samtgemeindedirektor Hans-Joachim Lawin in Gartow fände es „makaber", wenn man zum Beispiel zwischen dem Bau von drei Friedhofskapellen in Schnackenburg, Gartow und Gorleben sowie dem Kauf eines Sargwagens in Prezelle und den Gorlebener Atomanlagen einen Zusammenhang herstellen wollte. Aber vielleicht machen die Wendländer nur das Beispiel der Landesregierung nach?

Jedenfalls wurde auch in Hannover nie geprüft, ob die 250 Mio. DM, die das Land für sich behielt, wirklich nur für „Sicherheit und Ordnung" im Zusammenhang mit „Gorleben" ausgegeben wurde. Der Landesrechnungshof, so sagt sein Vizepräsident Dr. Spörlein, habe immer nur untersucht, ob das Land auch die vereinbarten Raten nach Lüchow-Dannenberg überwiesen habe.

Nachwort

Keine moralischen Zweifel und kein Verstoß gegen geltendes Recht, keine Zweckentfremdung von Steuergeldern und keine parlamentarische Kontrolle verhinderten, daß eine öffentliche Hand die andere wäscht. Erst als in Hannover die rot-grüne Landesregierung mit ihren Ausstiegswünschen die vieljährige Harmonie der Geldgeber und Kassierer störte, handelte der Bundestag, nicht etwa als Kontrollinstanz, sondern als Vollstrecker der Akzeptanzvereinbarung ganz im Sinne der Zielsetzung des Geldes: Wenn ihr „Gorleben" nicht akzeptiert, gibt es kein Geld mehr. Der Haushaltsausschuß des Bundestages legte – wie auch schon beim Zahltag zuvor – die letzte Rate über 30 Mio. DM vor ihrer Überweisung eine Weile auf Eis, um in Sachen Endlager Druck auf die niedersächsische Landesregierung auszuüben. Und so mancher Lüchow-Dannenberger Kommunalpolitiker wünscht sich angesichts der ohne weitere Millionengeschenke künftig leeren Kassen nichts sehnlicher als weitere Zahlungen aus der Grauzone der Gorlebengelder.

Bis dahin überstand die zahlungskräftige Förderung des Entsorgungsprojektes alle parteipolitischen Konstellationen. Es begann mit jährlichen Raten einer sozialliberalen Koalition an eine CDU-geführte Landesregierung und einen CDU-dominierten Landkreis. Heute soll eine christliberale Bundesregierung an eine rot-grüne Koalition in Hannover und eine bunte Mehrheit in Lüchow-Dannenberg überweisen. Für die Fortsetzung der Raten nach 1992 wurde im Finanzministerium in Hannover bereits ein Verhandlungspapier erstellt. Die dann fälligen 90 Mio. DM machen die halbe Milliarde DM Steuergelder zur Förderung der „politischen Akzeptanz" voll.

Eine Zustandsbeschreibung

Ein Skandal: ein CSU-Ministerpräsident macht kostenlose Spritztouren mit einem BMW-Werksmotorrad. Ein SPD-Ministerpräsident erhält kostenlos einen rapsölgetriebenen VW-Golf vor die Tür gestellt. Ein FDP-Wirtschaftsminister schreibt einen Werbebrief. Kein Skandal: Parteien und alle Regierungen erkauften sich mit gegenseitigen Zahlungen in einer Höhe von knapp einer halben Milliarde DM seit 1979 die „politische Akzeptanz" für den Gorlebener atomaren Müllpark – und alle finden es auch heute noch in Ordnung. Kein Parteienstreit entsteht darüber, kein Koalitionskrach, kein Beamter muß mit dienstlichen Konsequenzen rechnen, kein Verwaltungschef mit strafrechtlichen wegen Zweckentfremdung von Steuergeldern.

Alles bleibt ruhig. Im September 1992, zwei Monate nach den Veröffentlichungen über die Schmierpraxis, gab der Haushaltsausschuß des Bundestages die bis dahin gesperrte, vorerst letzte Rate der Akzeptanzmittel frei, 30 Mio. DM für die rot-grüne Regierung in Niedersachsen. Im Dezember 1992, fünf Monate nach den Veröffentlichungen, überwies diese Regierung die vereinbarten 12 Mio. DM an den Landkreis Lüchow-Dannenberg, dessen politische Mehrheit bei der letzten Kommunalwahl von der CDU zu einer bunten Koalition mit SPD, Grünen, UWG und FDP wechselte. In Gorleben und Gartow ließen sich die Gemeinderäte Ende 1992 ungerührt ihre direkten Beihilfen von der Atomwirtschaft aufstocken, wegen des Geldwertverlustes, wie Samtgemeindedirektor Lawin sagt. in Lüchow warf Oberkreisdirektor Klaus Poggendorf der bunten Koalition „Unverantwortlichkeit" vor, weil die, jedenfalls bisher noch, auf weiteres Gorlebengeld verzichten will. Sich selbst braucht er nicht zu verantworten, weil es ihm mit Hilfe einer Investition von 113 Mio. DM gelungen ist, ein permanentes Defizit im Kreishaushalt einzubauen. In Bonn findet nur Ex-Innenminister Gerhard Baum, der 1979 die erste Vereinbarung über die Gorlebenpauschale unterschrieb, distanzierende Worte zu dem dubiosen Transfer, natürlich ohne die Rechtmäßigkeit in Zweifel zu ziehen. Zweifel ist bei seinen Kollegen in Bonn und Hannover ohnehin eine unbekannte Kategorie. Wenn der Haushaltsausschuß sagt, es wird gezahlt, dann wird gezahlt, sagt zum Beispiel der CDU-Berichterstatter von Schmude. Ob es denn da nicht auch ein paar kleine rechtliche Vorschriften gäbe? Ja, sicher, aber diesen Rahmen überschritten die Gorlebengelder nicht, denn sonst hätte längst der Rechnungshof eingeschritten, der saß immer dabei. In Hannover findet SPD-Haushaltsexperte Heiner Aller, daß es nicht Sache des Landes sei, sich um die Rechtmäßigkeit der Zahlungen zu kümmern, das sei Sache des Geldgebers. Und den Kommunen könne man es nicht verdenken, wenn sie das Geld so ausgäben, wie sie die Rechtsgrundlage interpretierten. So einfach ist das. Wozu dann noch der Aufwand für Kommunalaufsicht und Haushaltsrecht?

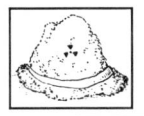

Einen Moment lang überlegten die Grünen im niedersächsischen Landtag, ob es nicht einen Untersuchungsausschuß geben sollte. Diese Überlegungen dauerten etwa fünf Minuten, danach war davon nie mehr die Rede. Zu klären gibt es nichts mehr, allen Beteiligten ist alles klar. Dem Abgeordneten der Grünen in Hannover, Hannes Kempmann, teilte die Landesregierung am 28. August 1992: „Rechtsgrundlage für die Pauschalzahlungen ist Artikel 106 Abs.8 Satz 1 GG." Klar also. Am 25 Februar 1993 gab es die Bundesregierung, nach früheren mündlichen Auskünften, schriftlich: „... die Zahlung der sog. Gorleben-Pauschale erfolgte auch nicht auf der Grundlage des Art. 108 Abs. 8 GG." Auch klar, aber: wer hat nun recht? Wir werden es nie erfahren, denn weitere parlamentarische Initiativen gibt es nicht mehr. Wer hier wen belügt, bleibt offen.

Wenn es um Gorlebengelder geht, bleiben auch nachweisbare Lügen der Regierung an das Parlament ungesühnt. Einst schlossen die Gemeinde Gorleben und die Brennelementlagergesellschaft Gorleben einen Darlehnsvertrag. Die Gemeinde erhielt, unbefristet und zinsfrei, 1,25 Mio. DM von der BLG. Für die Rückzahlungen sah der Vertrag wörtlich folgende Regelung vor: „Die Tilgung des Darlehnsbetrages erfolgt aus dem Gewerbesteueraufkommen der Gemeinde, in der Weise, daß der jährliche Gewerbesteuerbetrag, der 500.000 DM übersteigt, jeweils zur Hälfte zur Tilgung eingesetzt wird." Die Landesregierung las das so: „Der Darlehnsvertrag erscheint zwar sehr ungewöhnlich, haushaltswirtschaftlich aber vertretbar ... Der Darlehnsvertrag benutzt Rechengrößen aus dem Gewerbesteueraufkommen der Gemeinde lediglich als Maßstab für die ... planmäßigen Tilgungsraten", teilte sie Kempmann mit. Der Bund der Steuerzahler sieht darin vielmehr eine „unzulässige Vorabbindung von Steuereinnahmen".

Warum eine ausstiegswillige rot-grüne Landesregierung die Machenschaften eines Gorlebener Pro-Atom-Gemeinderates deckt? Darauf und zu den Gorlebengeldern insgesamt gibt in der Staatskanzlei in Hannover der ehemalige Abgeordnete der Grünen Schörshusen Auskunft. Es ist eine politische Entscheidung, sagt er zum

Verhalten der Regierung. Wenn man auf dem Prinzip bestehen würde, dann würde damit größerer politischer Schaden angerichtet als wenn man auf die Klärung der rechtlichen und politischen Fragen verzichtete. Das gebe nur Ärger. So war schon alles still geworden um die Akzeptanzmittel, als sich im Dezember 1992 plötzlich der BUND-Bundesvorstand einmischte. Ungeheuerlich, fand der stellvertretende Vorsitzende Professor Gerhard Thielcke die Geschichte und forderte die Staatsanwaltschaft in Lüneburg auf, endlich tätig zu werden. Zu prüfen sei, ob dahinter nicht eine neue Form von Bestechlichkeit in einer Technik- und Wohlstandsgesellschaft stecke. Aber damit lief er bei den Staatsanwälten, die schon einmal die Zahlungen einer Gorlebener Baufirma an einen CDU-Landtagsabgeordneten mit dem Sponsoring für Hochleistungssportler verglichen und Ermittlungen eingestellt hatten, auf. Es gebe keinen Anlaß zu Ermittlungen, teilte die Staatsanwaltschaft mit. Weil so viele verschiedene staatliche Stellen mit dem Geld befaßt waren, müsse man von der Rechtmäßigkeit der Zahlungen ausgehen.

Die SPD-Justizministerin Heidi Alm-Merk findet das in Ordnung. Nur, daß der Staatsanwalt auch noch die Gesinnung eines der Autoren der Gorlebengeld-Geschichte als Ablehnungsgrund angeführt hatte, fand sie „unnötig". Die Zahlungen, so hatte Oberstaatsanwalt Müller geschrieben, hätten lediglich wegen der Schlußfolgerungen und Wertungen eines der Autoren den Anschein des Illegalen. Der sei schließlich engagierter Kernkraftgegner. „Unnötig", nicht etwa unzulässig, unverschämt oder unrechtmäßig findet es die niedersächsische Justizministerin, daß ihre Staatsanwälte Gesinnungsargumentation betreiben.

Die Ablehnung von Ermittlungen findet die Justizministerin rechtlich und sachlich angemessen. So wird denn wohl auch die Antwort des Generalstaatsanwaltes an den BUND-Bundesvorstand aussehen. Denn der hatte sich mit der Auskunft der Lüneburger Staatsanwälte nicht zufrieden gegeben und eine Dienstaufsichtsbeschwerde erhoben. Womit die Geschichte dann wohl endgültig ihr Ende haben wird. Sehr zum Irrtum des parlamentarischen Geschäftsführers der SPD-Bundestagsfraktion Peter Struck übrigens. Struck war Vorsitzender des SPD-Unterbezirks, in dem auch Gorleben liegt. Als Berichterstatter hatte er zudem jahrelang die Gorlebengelder durch den Ausschuß gebracht. Nach den Veröffentlichungen gratulierte er: eine schöne Geschichte, Folgen hätte sie aber nur dann, wenn jemand angezeigt werde. In Deutschland 1993 selbst dann nicht, wie zu zeigen war.

Bei diesem Beitrag handelt es sich um die Dokumentation einer Veröffentlichung der Lüchower Elbe-Jeetzel-Zeitung im Juli 1992.

Das Copyright verbleibt bei den Autoren Karl-Friedrich Kassel und Jörn Rehbein.

Fünftes Kapitel

Justitia atomaris

DIETER MAGSAM

Firma Deutschland
Einige Anmerkungen zum Turmprozeß

1.

Der zivilrechtliche Versuch der Bundesrepublik Deutschland, von 14 Atomkraftgegnerinnen einen 6-stelligen, existenzbedrohenden Geldbetrag zu erklagen, dessen Fehlen auf der anderen Seite die Atomindustrie nicht einmal in der jährlichen Portoabrechnung spürt, stellt eine neue Qualität der Auseinandersetzung dar. Sie ist vergleichbar den Versuchen der Arbeitgeber und des Bundesarbeitsgerichts in den 50iger Jahren, mit Hilfe schillernder zivilrechtlicher Konstruktionen ("Recht am eingerichteten und ausgeübten Gewerbebetrieb), den politischen Gegner (damals die Gewerkschaften) finanziell zu erdrosseln. Wer zahlen muß, demonstriert und streikt nicht–oder noch päziser: Wer über pfändbares Vermögen, Haus und Hof und/oder Arbeitseinkommen verfügt, –so das Kalkül– beteiligt sich nicht an kostenintensiven Protestaktionen. Mit dem abgespaltenen „armen Rest", dem „widerlichen Pack" (Kanther) wird dann das Feindbild klarer und die Polizei leichter fertig. Diese Spaltung des Widerstandes zu verhindern, stellt eine eminent wichtige Aufgabe dar. Die Breite des Widerstandes im Wendland war bisher eine Voraussetzung für den gemeinsamen Erfolg.

Gerade die Auseinandersetzung um die Atomkraftwerke hat auf demonstrationsrechtlichem Gebiet Spuren in der höchstrichterlichen Rechtsprechung hinterlassen. So hat das Verwaltungsgericht Lüneburg und ihm folgend das Amtsgericht Dannenberg die Demonstrationsverbote hinsichtlich des Castor-Transportes im April 1995 für rechtswidrig erklärt unter Hinweis auf den Brokdorfbeschluß des Bundesverfassungsgerichts. Und auch der Bundesgerichtshof hat aus der überragenden Bedeutung des Demonstrationsrechts für eine funktionierende Demokratie gefolgert, daß zivilrechtliche Schadensersatzansprüche (damals ging es um Schäden anläßlich eines Polizeieinsatzes) das Demonstrationsrecht nicht beschneiden dürfen. In Verbindung mit der Bundesverfassungsgerichts-Rechtsprechung, nach welcher Sitzblockaden keine Gewalt darstellen, läßt sich eine Tendenz dahin feststellen, daß „aktive" Meinungsäußerungen, die mit bestimmten Regelverletzungen verbunden sind, „deliktsrechtlich keineswegs automatisch erfaßt sind."

Der 4. Zivilsenat des OLG Celle wird in der Berufungsverhandlung am 10.12.1996 Gelegenheit haben, das Aufhängen eines Transparentes „Gorleben – letzte Schicht, Schacht dicht" und die mehrstündige Besetzung zweier Bohrtürme (ohne jeden Eingriff in die Bohrvorgänge) entweder mit dem Landgericht Lüneburg als schadensersatzpflichtigen „Eingriff in den eingerichteten und ausgeübten Gewerbebetrieb" der Bundesrepublik Deutschland („Firma Deutschland") oder aber als mit grundrechtlichem Schutz ausgestattete politische Aktion zu begreifen. Die Frage, ob sich die Bundesrepublik Deutschland nur deswegen weniger Protest gefallen lassen muß, weil sie sich zivilrechtlich verkleidet hat, steht im Raum.

2.

In dem laufenden Schadensersatzprozeß gehört das Verhältnis der privatwirtschaftlich organisierten Energieerzeugungs- und Energieabfallwirtschaft einerseits zum politischen Ensemble BRD, andererseits zu den umstrittensten Punkten. Während die klagende Bundesrepublik Deutschland und das Landgericht Lüneburg wie selbstverständlich davon ausgehen, daß die Bundesrepublik in ihren eigenen Rechten verletzt und deswegen klagebefugt sei, meinen die TurmbesetzerInnen, daß – wenn überhaupt – nur die am Bau eingesetzten Firmen hätten klagen können und müssen. Zum besseren Verständnis hierfür folgendes Beispiel:

Eine Plutoniumfirma X beauftragt den selbständigen Handelsvertreter Y auf Handelsreise zu gehen. Hierfür mietet der Handelsvertreter bei der Firma ein Fahrzeug. Die Firma sagt ihm zu, ihn von allen Schäden freizustellen, die ihm bei der Ausübung seines Berufes zustoßen.

Unser Handelsvertreter gerät in eine turbulente Demonstration, die Reifen verlieren Luft und der angepeilte Geschäftstermin löst sich in dieselbe auf. Die Firma zahlt den Provisionsverlust in Höhe von 126.901,10 DM an Y und verlangt von dem verhafteten Reifenmarder nicht nur 20,80 DM für die Reifenreparatur sondern auch eben diesen Provisionsverlust.

Das Zivilgericht wird unter Hinweis auf § 823 I BGB urteilen, daß derjenige, der das Eigentum eines andren beschädigt, dafür zahlen muß. Also: 20,80 DM für die Reifen, damit muß man rechnen.

Was aber ist mit dem Verdienstausfall? Den hatte doch Y! Ergebnis: Wenn Y nicht selbst klagt oder seine möglichen Ansprüche an die Plutoniumfirma abtritt, sind dieser die Hände gebunden. Und nach drei Jahren ist die Geschichte verjährt.

Zurück zum TurmbesetzerInnenverfahren. Die Bundesrepublik (X) beauftragt die rechtliche selbständige DBE-GmbH (Y), die Teufarbeiten in Gorleben durchzuführen und stellt ihr dafür das Gelände zur Verfügung. In Ahnung, was da komme, heißt es in dem Kooperationsvertrag (§ 20 Abs. III):

„Die Bundesrepublik stellt die DBE von Demonstrations- und Sabotageschäden frei."

Kein Wort davon, daß die DBE ihre eventuellen Schadensersatzansprüche an die Bundesrepublik Deutschland abtritt. Trotzdem hat das Landgericht Lüneburg der Klage stattgegeben und dem Bund einen Schadensersatzanspruch aus eigenem Recht zugebilligt. Das ist neu, das ist spannend: Die Firma Deutschland wird erstmals als Inkassounternehmen der Atomindustrie mit eigener zivilrechtlicher Klagebefugnis anerkannt. Diese Rechtsschöpfung übersieht insbesondere, daß bereits in dem Kooperationsvertrag von 1984, also lange vor der hier in Rede stehenden Aktion, die Bundesrepublik Deutschland eine freiwillige Zahlungsverpflichtung eingegangen ist, die nicht daran anknüpft, ob sich das schädigende Ereignis auf öffentlichen Straßen oder auf dem Endlagergelände abgespielt hat. In dieser finanziellen und politischen Rückendeckung für eine private GmbH liegt alleine der Grund dafür, daß im Portefeuille des „Amtes für Strahlenschutz" etwa 127.000 DM fehlen.

Die Anerkennung der Klagebefugnis der Bundesrepublik Deutschland aus eigenem Recht hat mit klassischem zivilen Deliktsrecht nichts, dafür um so mehr mit Politik zu tun. Das Verfahren wird zeigen, wie zivil das Zivilrecht noch ist.

3.

Die Beziehung privater Firmen zur Bundesrepublik Deutschland als politischer Einheit interessiert nicht nur bei der Frage, in wessen „Geschäftsbetrieb" durch die Besetzung –wenn überhaupt– eingegriffen wurde und wem dementsprechend die Klagebefugnis zusteht. Auch am anderen Ende der Schadens-„Kette" begegnen wir dem Atomstaat in seinen privat-/öffentlich-rechtlichen Verschränkungen. Nachdem sich Ende der siebziger Jahre auch in der Atomgemeinde die Erkenntnis durchgesetzt hatte, daß ein gestartetes Flugzeug irgendwann mal landen muß, wurde durch § 9 a Atomgesetz den Atombetreibern auferlegt, Vorsorge für die radioaktiven Abfälle zu treffen. Der ebenfalls eingeführte § 21 b Atomgesetz bestimmt, daß diejenigen, die zur Ablieferung radioaktiver Abfälle an ein Endlager verpflichtet sind, zur Deckung des notwendigen Aufwandes für die Planung, den Erwerb von Grundstücken und Rechten, die anlagenbezogene Forschung und Entwicklung, die Errichtung, die Erweiterung, und die Erneuerung von Anlagen des Bundes nach § 9 a Abs. III Atomgesetz (Endlager) Beiträge zahlen müssen.

Die TurmbesetzerInnen argumentieren daher, daß der Bund die Stillstandskosten ohnehin auf die privaten Energieversorgungsunternehmen umlegt und umgelegt hat, so daß ihm kein Schaden entstanden sei. Das Landgericht Lüneburg ist aber der Meinung der Bundesrepublik Deutschland gefolgt, nach welcher Beiträge der Energieversorgungsunternehmen (EVU) nicht dazu dienen, die Schäden aufzufangen, die ihren Grund in der unerlaubten Handlung eines Dritten haben. Auf die gleiche Weise hatte der 16. Senat des Oberlandesgerichts Celle eine gleich lautende Verteidigung des Landes Niedersachsens abgeschmettert. In jenem Verfahren verlangt der Bund vom Land Niedersachsen etwa 10 Millionen DM wegen des Stillstandes der Bohrarbeiten im Schacht II vom 8.10.1990 bis zum 20.2.1991. Über die Revision des Landes Niedersachsen ist noch nicht entschieden.

Dieser lapidare Satz, Beiträge hätten nicht die Aufgabe, den Schädiger zu entlasten, ist zwar hübsch formuliert, beweist aber nichts. Es ist ein unbestreitbarer rechtstatsächlicher Befund, daß die Nutzung der Atomkraft die Gesellschaft spaltet wie sonst kaum ein Thema. Die Demonstrationen in den siebziger Jahren von Whyl, Brokdorf, Grohnde, dann Kalkar, Wackersdorf und Gorleben mit den quasi selbstverständlichen Versuchen, die Bauplätze zu besetzen, beweisen, daß jede Atomanlage notwendigerweise gegen die Bevölkerung geschützt werden muß. Dementsprechend hat die Atomindustrie auch keinerlei Probleme, die Kosten für die Bauplatzsicherung als Teil der „notwendigen" Vorausleistungskosten anzuerkennen. Warum nun die Kosten der Bauplatzsicherung „notwendige" im Sinne der Endlagervorausleistungsverordnung sein sollen, die durch Überwindung dieser Sicherung entstandenen Stillstandskosten aber nicht, läßt sich plausibel nicht begründen. Der geregelte Tatsachenkreis ist der gleiche. Bauplatzbegehungen und Protestaktionen auf dem Gelände sind –soziologisch betrachtet– untrennbare Bestandteile des Atomprogrammes. Die privatwirtschaftlich betriebenen Energieversorgungsunternehmen als Nutznießer der Entsorgung haben auch die damit verbundenen politischen Kosten zu tragen. Auch hier –am Schwanz der Schadenskette– das gleiche Argumentationsmuster: Der Staat soll als Inkassounternehmen die politischen Risiken der privat betriebenen Energieversorgungsunternehmen auf sich laden. Diese Rechtsfrage, ob die EVU die demonstrationsbedingten Stillstandskosten als Teil ihres Endlagerbeitrages voraus zu leisten haben, hat im übrigen nunmehr zu einer Streitverkündung der Bundesrepublik an die Isar-Amper-Werke geführt. Insbesondere die süddeutschen Betreiber weigern sich, diese Beiträge zu bezahlen und wollen notfalls vor dem Verwaltungsgericht feststellen lassen, daß diese Kosten keine „notwendigen" Kosten im Sinne der Endlagervorausleistungsverordnung darstellen. Es könnte daher theoretisch passieren, daß ein Zivilgericht (korrekterweise) politisch bedingte Stillstandskosten den Betreibern zuordnet und die Klage des Bundes gegen die TurmbesetzerInnen abweist, auf der anderen Seite aber das Verwaltungsgericht diese Kosten als nicht „notwendige" Kosten qualifiziert. Dann stünde der Bund mit leeren Händen da. Mit der

Streitverkündung wird diese Frage –wenn überhaupt– dann auch rechtsverbindlich zwischen Isar-Amper-Werken und Bund geklärt.

4.

Nach diesen zentralen Erwägungen sollen andere wichtige Punkte nur angerissen werden.

Hierzu gehört zum Beispiel, daß die Anlage stillgelegt worden ist, obwohl eine Gefährdung der Bohrarbeiten und insbesondere der Bergleute ausgeschlossen war. Auch die geltend gemachte Schadenshöhe von etwa 127.000 DM weist einige Pikanterien auf. Netterweise hat der Bund der DBE-GmbH fürs Nichtstun genau das Gleiche gezahlt wie sonst für tatsächlich erbrachte Leistungen. Und auch die MwSt. in Höhe von etwa 16.000 DM, die über die empfangenden Firmen ohnehin an den Bund zurückgeflossen ist, soll noch einmal von den TurmbesetzerInnen gezahlt werden.

5.

Insgesamt handelt es sich aus meiner Sicht um ein außergewöhnlich politisches Zivilverfahren, dessen Auswirkungen auf das zukünftige Beteiligungsrisiko an demonstrativen Aktionen kaum zu überschätzen sind. Darüber hinaus macht es en détail die Verquickungen zwischen privaten und angeblich öffentlichen Kosten und Interessen deutlich. Der Staat in Form des „Amtes für Strahlenschutz" als Kläger steht nur noch als Sichtblende zwischen der privaten Atomindustrie und ihren Gegnern. Dies führt zu dem Ergebnis, daß der Staat zwar Steuern erheben und zu Gunsten der Atomindustrie genauso einsetzen kann, wie er es bisher mit seinen Subventionen und dem Polizeiapparat tut. Wirtschaftlich risikobehaftet sind jedoch die den Widerstand provozierenden Unternehmen und sie sollten es auch bleiben.

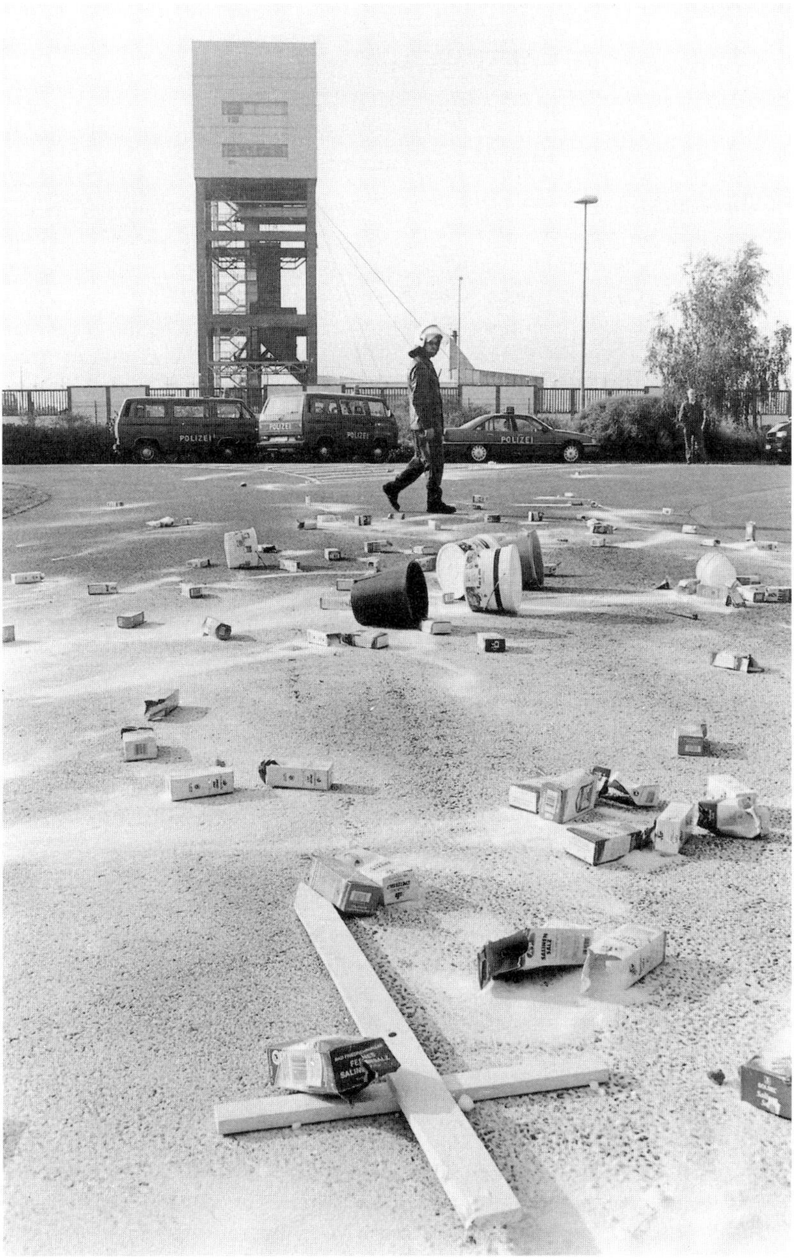
POLIZEI
POLIZEI
POLIZEI

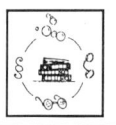

ROLF WILHELMS

Wendländischer Klagefonds
Gorlebener Turmprozesse

Die Türme und der Castor

Die babylonischen Türme zu Gorleben, eines der Symbole der maßlosen Selbstüberschätzung und Verantwortungslosigkeit der Atomindustrie und ihrer PolitikerInnen, wurden vor einigen Jahren in einer spektakulären Aktion von einigen WendländerInnen besetzt. Die derzeit von der BRD geführten "Gorlebener Turmprozesse" sind jedoch in ihrer Schärfe und ihrer auf wirtschaftlich-existenzielle Vernichtung gerichteten Gnadenlosigkeit nur dann ganz verständlich, wenn Ausmaß und Art des heutigen wendländischen Widerstands gegen die Castor-Transporte berücksichtigt werden: ein Widerstand, der am Tag X^2 nur mit militärischer Gewaltanwendung gegen die ge- und entschlossen handelnde Bevölkerung kurzfristig überwältigt werden konnte: ein Widerstand, der den Atomrechts-Staat an den Rand der Niederlage brachte. Das wirkt und auch, daß das bewährte Spalten des Widerstands in kriminelle Elemente, Chaoten und Arbeitsscheue (die nur Randale suchen) einerseits und fleißige, brave BürgerInnen (die nett, aber erfolglos demonstrieren dürfen) andererseits, im Wendland nicht funktioniert, ebensowenig wie die Kriminalisierung der widerständlerischen wendländischen Bevölkerung!

Staats-Keule „Schadensersatz"

Bei soviel frustrierenden Erfahrungen kommen da dem Atomstaat die TurmbesetzerInnen gerade recht: Wenn der Widerstand nicht mit Kriminalisierung und Strafrecht klein zu kriegen ist, dann eben mit dem Zivilrecht: "Schadenersatz" heißt die Wunderwaffe. Und so wurden dann DM 126.901,10 "Schaden" konstruiert (einschließlich der DM 279,95 für den tatsächlich eingetretenen Schaden an Zaun und einem Vorhängeschloß) ... und über eine 50-Millionen-DM-"Schadensersatz"-Forderung gegen den wendländischen Widerstand für die Kosten der staatsgewalttätigen Durchsetzung des zweiten Castor-Transports wurde und wird auch schon laut nachgedacht.

Klagefonds des Widerstands

Für die TurmbesetzerInnen blieb und bleibt nur der Rechtsweg, der allerdings wegen der astronomischen Staatsforderung extrem teuer und deshalb praktisch nicht begehbar war.

Weil einerseits aber die staatliche „Schadensersatz-Keule" in Zukunft gegen jeden und jede Demonstrationsform eingesetzt werden könnte, und andererseits die Beklagten nicht in der Lage sind, neben den ohnehin exorbitanten „Schadensersatz"-

forderungen der BRD auch noch das entsprechend hohe Prozeßkostenrisiko (derzeitige Schätzung: 33.000 bis 55.000 DM) einzugehen, haben wir für die Prozeßkosten den "Klagefonds Gorlebener Turmprozesse" aufgelegt, der zumindest die Finanzierung der RechtsanwältInnen und der Gerichte sicherstellen soll; er soll aber auch aktive Solidarität derjenigen ermöglichen, in deren Sinn die Aktion der verurteilten Frauen und Männer und deren Widerstand gegen die ruinöse Rechtspraxis war/ist. Auf diese Weise sollen die Prozesse finanziell durchgestanden werden, bis sich die Erkenntnis durchsetzt, daß der BRD tatsächlich kein Schaden entstanden ist: Jeder Tag, an dem die Arbeiten an Atomanlagen ruhen (wie im vorliegenden konkreten Fall erreicht), bringt den endgültigen Ausstieg aus der Atomenergie näher; dieses ist kein Schaden für unsere Gesellschaft, sondern ein unschätzbar großer Gewinn.

Klagefonds "Gorlebener Turmprozesse"
Konto: 12230 944 00
Volksbank Wendland e.G., BLZ: 258 634 89

Fonds-Anteile: Einzahlungen von DM 100 und mehr. Die Einzahlung wird durch die Fonds-Verwalter (drei Personen, von denen eine aus dem Kreis der TurmbesetzerInnen abgeordnet ist) dem/der Einzahlenden durch Übersendung des Anteilscheins, unter ausdrücklicher Bestätigung der Fondsbedingungen, bestätigt.

Kontaktadresse:

Klagefonds
c/o Rondel
29439 Lüchow

REINER GEULEN

Die Salzrechte des Grafen Bernstorff
18 Jahre juristischer Widerstand gegen das Atom-Endlager

Ein Blick auf die letzten zwanzig Jahre des Widerstandes gegen atomare Anlagen in Deutschland zeigt, daß es nur in wenigen Ausnahmefällen juristische Positionen waren, durch die der Betrieb atomarer Anlagen verhindert werden konnte. Hierzu zählt etwa das Atomkraftwerk Mülheim-Kärlich bei Koblenz, das von allen Politikern zugelassen worden war, und nur durch die von den umgebenden Städten erstrittenen Urteile (vorerst) geschlossen wurde.

Auch die Stillegung der großen Atomanlagen der Firma Siemens in Hanau durch das Grüne Umweltministerium in Hessen wäre nicht möglich gewesen, ohne eine klare juristische Strategie. Aber dies sind Ausnahmen! Beispiele wie das Atomkraftwerk Whyl bei Freiburg, der Schnelle Brüter Kalkar oder die Wiederaufarbeitsanlage in Wackersdorf zeigen, daß es vor allem der politische Widerstand vor Ort war, der zum Scheitern dieser Projekte führte.

Demgegenüber sind die Salzrechte des Grafen Bernstorff eine starke Rechtsposition, die seit 18 Jahren die Auffahrung von Stollen und die weitere Errichtung des Endlagers im Salzstock Gorleben verhindern und die nach meiner Einschätzung ein wesentlicher Grund dafür sein werden, daß das törichte Endlagerprojekt noch in diesem Jahrzehnt endgültig scheitert.

Will man die Bedeutung dieser Salzrechte beurteilen, muß man zunächst wissen, daß die Vorfahren des Grafen Bernstorff im Wendland bereits seit mehreren Jahrhunderten ansässig sind und in dieser Zeit wesentlich zur wirtschaftlichen Prosperität dieser Region beigetragen haben. Zu den großen Wald- und Ackerflächen gehören seit jeher auch die darunterliegenden Bodenschätze, insbesondere also die Rechte an großen Teilen des Salzstockes Gorleben.

Im Jahre 1978 beschloß die damalige Bundesregierung gemeinsam mit der Atomindustrie, auf einer Fläche von 12 km^2, die überwiegend im Eigentum von Graf Bernstorff stand, die Errichtung des „Nuklearen Entsorgungszentrums", eines weltweit einzigartigen Großprojektes zum Zwecke der Zwischenlagerung, Wiederaufarbeitung und insbesondere der unterirdischen definitiven Endlagerung abgebrannter Brennelemente aus Atomkraftwerken. Die Atomindustrie trat damals an die Eigentümer dieser Flächen mit stark überhöhten Geldangeboten heran, um die

Grundstücke und die darunter liegenden Salzrechte zu kaufen. Es muß daran erinnert werden, daß im Frühjahr 1978 ca. 90 % der Landwirte und Grundeigentümer ihre Grundstücke und Salzrechte innerhalb weniger Wochen an die Atomindustrie verkauften; lediglich Graf Bernstorff, dem weit über die Hälfte der Flächen gehörten, lehnte einen Verkauf ab.

Unter dem Druck der Großdemonstrationen von 1978 und 1979 mußte die Atomindustrie dann auf das Projekt einer Wiederaufarbeitungsanlage in Gorleben verzichten. Unverändert blieb aber – und zwar bis heute – das Konzept der Errichtung von Zwischenlagern (insbesondere das Castor-Lager) und von Endlagerschächten auf den Flächen, die damals gekauft worden waren.

Seit 1979 bemühen sich die Atomindustrie und die Bundesregierung nun darum, die seit alters her bestehenden Salzrechte von Graf Bernstorff zwangsweise zu erhalten. Zunächst wurde Anfang der 80er Jahre durch ein neues Bundesberggesetz geregelt, daß die Salzrechte grundsätzlich nicht zu dem Oberflächeneigentum gehören, sondern "frei" sind. Wir hatten aber bereits damals darauf geachtet, die Salzrechte gesondert in das Grundbuch eintragen zu lassen und somit der Gesetzesänderung zu entziehen. Als das Gesetz dann 1982 in Kraft trat, waren alle Salzrechte gesichert.

Nachdem nun die beiden Endlagerschächte, die (mitsamt einer großen Salzhalde und diversen Nebenanlagen) auf den 1978 gekauften Flächen errichtet wurden, weitgehend fertiggestellt sind, hängt der Weiterbau des Endlagers davon ab, daß Stollen und Kavernen im weiteren Salzstock aufgefahren werden. Seit zwei Jahren versucht nun die Bundesregierung, Graf Bernstorff zu enteignen. Da aber das Eigentum in unserer Rechtsordnung auch verfassungsrechtlich stark geschützt ist, entspricht es der ständigen Rechtsprechung des Bundesverfassungsgerichts, daß Enteignungen nur zulässig sind, wenn Voraussetzungen und Umfang der Enteignung durch Gesetze im einzelnen geregelt sind. Das Besondere dieses Enteignungsverfahrens liegt nun darin, daß das Bundesberggesetz von 1982 zwar ein unterirdisches Endlager für abgebrannte Brennelemente vorsieht, eine Enteignung aber nur zuläßt, wenn die Sicherheit dieser Endlagerung - und zwar für einen Zeitraum von 100.000 und mehr Jahren - definitiv gewährleistet; dies wird vorher in einem atomrechtlichen Planfeststellungsverfahren festgestellt.

Für die Bundesregierung rächt sich nun in diesem Enteignungsverfahren, daß sie Anfang der 80er Jahre beschlossen hat, den Bau des Endlagers nicht als Bau des Endlagers, sondern als sogenanntes "Erkundungsbergwerk" zu deklarieren. Während das Atomgesetz vorsieht, daß bereits vor Errichtung des Endlagers ein formelles Verfahren mit einer umfassenden Bürgerbeteiligung stattzufinden hat, soll das Endlager nunmehr in einem Zeitraum von 20 bis 30 Jahren zu etwa 90 Prozent errichtet werden ohne Befragung Dritter und ohne gerichtliche Kontrolle, eben als "Erkundungsbergwerk". Wenn das Endlager dann fast fertiggestellt ist, soll - so die juristische Strategie der Bundesregierung - das Planfeststellungsverfahren mit der Bürgerbeteiligung und dem anschließenden gerichtlichen Rechtsschutz stattfinden, damit die Errichtung des Endlagers dann rechtlich beginnen kann.

Mit dieser Strategie hat die Bundesregierung es bisher erfolgreich verhindert, daß die schwerwiegenden Bedenken gegen die Endlagerung abgebrannter Brennelemente im Salzstock Gorleben gerichtlich überprüft wurden. Die Argumente richten sich grundsätzlich gegen jegliche Endlagerung im Salz, nachdem verschiedene Experimente in den USA und in Israel ergeben haben, daß sich auch Steinsalz unter den starken thermischen Einwirkungen des hoch aktiven Atommülls verändert. Die Argumente richten sich aber auch gegen den Standort selbst: Die Risse im Salzstock, die Brüchigkeit des über dem Salzstock liegenden Deckgebirges und die völlige Unklarheit der von der Atomindustrie beauftragten Wissenschaftler darüber, wie sich die riesigen Mengen von thermisch und nuklear hoch-aktivem atomaren Abfall, der definitiv im Berg eingeschlossen werden soll, im Laufe der Jahrzehnte, Jahrhunderte und Jahrtausende entwickeln wird.

So erweist sich für die Bundesregierung die "Erkundungsbergwerk"-Strategie als juristische Falle, weil für die Enteignung der Salzrechte von Graf Bernstorff eine gesetzliche Grundlage fehlt und auch nicht geschaffen werden kann. Ein "Erkundungsbergwerk" gibt es im Bundesberggesetz nicht und eine Rechtsgrundlage für die Enteignung von Salzrechten für ein "Erkundungsbergwerk" erst recht nicht.

Die Konsequenz ist, daß die Bundesregierung (und für diese das Bundesamt für Strahlenschutz) im Laufe der letzten Jahre immer wieder neue Paragraphen genannt hat, nach denen die von ihnen gewünschte Enteignung von Graf Bernstorff doch möglich sein müßte. Die Dokumentation dieser Unsicherheit der Bundesregierung, auf welcher Rechtsgrundlage Graf Bernstorff denn enteignet werden könnte, hat etwas groteskes und ist in der Geschichte atomrechtlicher Verfahren in der Bundesrepublik einmalig.

Wer öfter mit Enteignungsverfahren zu tun hat, weiß, wie streng die Rechtsprechung insbesondere die des Bundesverfassungsgerichts, die Erforderlichkeit konkreter Rechtsgrundlagen für Enteignungsverfahren selbst bei Eingriffen in geringe Eigentumsrechte auslegt – sogar die vorübergehende Beanspruchung einiger Quadratmeter eines Vorgartens, etwa für die Errichtung eines unterirdischen Straßentunnels, konnte nach dieser Rechtsprechung verhindert werden, wenn die Rechtsgrundlagen nicht genau festgelegt worden waren. Demgegenüber versucht die Bundesregierung ernsthaft, ein Projekt solchen Ausmaßes zwangsweise gegen den

Eigentümer des Salzstockes durchzusetzen, ohne auch nur einen halbwegs schlüssigen eigenen Standpunkt zu den Rechtsgrundlagen dieser Enteignung darlegen zu können. Die juristische Strategie der Bundesregierung bei dem Versuch der Enteignung von Graf Bernstorff ähnelt dem Verhalten eines Kartenspielers, der mit einem schlechten Blatt immer neue Joker aus dem Ärmel zieht, um das Spiel doch noch zu gewinnen.

Da der Bund das Verfahren gegenwärtig forciert betreibt, muß man aus jetziger Sicht etwa für Anfang 1997 mit einem Enteignungsbeschluß rechnen. Wir sind fest entschlossen, gegen Enteignungsbeschlüsse mit den gebotenen juristischen Mitteln - insbesondere Klagen vor dem Verwaltungsgericht, vorzugehen und die Enteignung zu verhindern. Ich halte die juristischen Chancen für günstig und sehe mich darin durch das unsichere und schwankende Verhalten der Bundesregierung bestätigt. Hinzu kommt, daß inzwischen auch die Evangelischen Kirchengemeinden, die im Bereich des Salzstockes ebenfalls kleinere Salzrechte haben, beschlossen haben, sich der Bundesregierung nicht zu beugen und sich gegen eine Enteignung zur Wehr zu setzen.

Ich bin persönlich der festen Überzeugung, daß im Salzstock Gorleben niemals atomare Abfälle gelagert werden. Weltweit hat bisher kein Land ernsthaft erwogen, ein atomares Endlager auf seinem Gebiet zu errichten, auch nicht ein Land wie die USA, die erheblich besseres Know-how im Umgang mit der Kerntechnologie haben und in ihrem Land über große Wüstenflächen und ausgedehnte, unbewohnte Gebiete verfügen. Die unlösbare juristische Situation, in die sich die Bundesregierung mit ihrem "Erkundungsbergwerk" manövriert hat, ist nur ein Ausdruck dieses Problems.

So werden in dem Salzstock Gorleben zwar keine abgebrannten Brennelemente, wohl aber täglich mehrere Hunderttausend DM verschwendeter Gelder definitiv endgelagert. Zukünftige Generationen werden das Milliardengrab im Salzstock Gorleben als Symbol einer hilflosen Energiepolitik erkennen, die sich den Interessen der Atomindustrie ausgeliefert hat, und gleichzeitig als Symbol dafür, daß die lebensfeindlichen Großprojekte eines übermächtig scheinenden Gegners von mutigen Menschen, die für ihre Rechte eintreten, verhindert werden können.

ANDREAS GRAF V. BERNSTORFF

Nacht über Gorleben

Es waren ungefähr 2000 Jahre vergangen, als die Menschen sich noch mit der sogenannten friedlichen Nutzung der Atomenergie befaßten. Ein Entsorgungspark sollte die Menschheit von allen Problemen mit dem Atommüll befreien und ein Ministerpräsident hatte sogar angekündigt, daß er seinen Lebensabend in der Villa sorgenfrei am Rande des Entsorgungsparks verbringen wollte.

Die Menschen, die 2000 Jahre später in dieser Gegend lebten, kannten die deutsche Sprache nur noch vom Hörensagen her.

Seitdem vor allem die Kinder zunehmend unter Immunschwäche litten und die Leukämie sich erschreckend ausbreitete, sah man sich genötigt, die Ursachen zu erforschen. Die oberen Grundwasserreservoir waren längst erschöpft und das sparsam genutzte Trinkwasser mußte aus einer Tiefe von 600 m gewonnen werden. Wasser war zum wertvollsten Rohstoff, über den die Erde verfügt, geworden. Überall herrschte Knappheit an sauberem unverseuchtem Wasser, und gerade die Kunde von vorhandenen Trinkwasservorkommen über der Gorleben Rinne hatte eine kleine Völkerwanderung ausgelöst.

Das Wasser wurde mit Hilfe von Windkraftwerken an die Erdoberfläche gepumpt, aber seitdem der Grundwasserstock durch das Abpumpen in Bewegung geraten war, schien irgend etwas mit dem Wasser nicht mehr zu stimmen. Die Zusammenhänge des aus großer Tiefe gewonnenen Wassers mit den vermehrt auftretenden Krankheiten lagen auf der Hand.

Die Legende einer Atommülldeponie in einem Salzbergwerk war zwar nicht aus der Welt verschwunden, aber keiner konnte sich vorstellen, daß Menschen jemals ein so unsinniges und unverantwortliches Vorhaben, dazu noch in einer zivilisierten Region, in die Tat umgesetzt hatten. War die Spaltung des Atoms zu Zwecken der Energiegewinnung schon ein frevelhafter und irreversibler Vorgang, so wäre es die selbstverständliche Aufgabe der Menschen, die damals lebten, alle nur erdenklichen Anstrengungen auf sich zu nehmen, um den lebensfeindlichen und Millionen Jahre strahlenden Atommüll für alle Zeiten aus der Biosphäre zu beseitigen,

Die Sache mit den Krankheiten war unheimlich und bedrückend und es erschien höchste Zeit, Archäologen und Heimatforscher auf ein paar Spuren zu setzen, die man schon vor Jahren entdeckt hatte.

Da, wo jetzt am Ufer eines kleinen Flusses neu erbaute Sonnenhäuser standen, die ohne jede zusätzliche Energie auch im Winter warm genug waren, um dort ein behagliches Leben zu führen, war man auf starkes Mauerwerk gestoßen; das war zunächst nichts ungewöhnliches.

Vielleicht ließen sich hier noch Schriftstücke finden, mit deren Hilfe man das Geheimnis entschlüsseln konnte, das nun so Unheil verkündend über der ganzen Gegend lag.

Herr Pudelko, ein namhafter Forscher, analysierte sogleich die in 3 m Tiefe aufgefundenen 2 m dicken Mauern als Teil eines Archivs und die nun einsetzenden Grabungen förderten unzählige Akten zutage, deren Erkundung möglicherweise das Geheimnis lüften konnte.

Die Sprachforscher hatten keine Schwierigkeiten, die Akten aus dem 13. und 14. Jahrhundert nach Christus zu entschlüsseln, aber sie waren zunächst nicht ergiebig. Erst die stark vergilbten Schriftstücke, die vor der Wende zum 3. Jahrtausend verfaßt waren, und die mit Hilfe von Sprachdekodern und Feinstruktur-Analysegeräten dechiffriert werden konnten, führten auf die richtige Spur.

Rahmenbetriebspläne, Hauptbetriebspläne und spezielle Betriebspläne gaben Aufschluß über ein sogenanntes Erkundungsbergwerk. Es sollte festgestellt werden, ob der Gorlebener Salzstock für die endgültige Lagerung und Sicherstellung von hochradioaktivem Atommüll geeignet sei. Die weitere Erarbeitung der Unterlagen ergab allerdings, daß es sich bei der Bezeichnung „Erkundungsbergwerk" nur um einen Decknamen handelte, denn das Erkundungsbergwerk war gemäß Willen der Atomindustrie ungeachtet der Geeignetheit von Anfang an als die erste und entscheidende Ausbaustufe eines Endlagers geplant.

Trotz sogenannter demokratischer Institutionen war der Machtkomplex der Elektrizitätsversorger, die in unkontrollierbaren Gremien eine zentralistische und willkürliche Energiepolitik betrieben, so angewachsen, daß ein Staat im Staate entstanden war. Nur so konnte auch die Entscheidung für einen vollkommen ungeeigneten Standort, was das Endlager für hochradioaktiven Müll betraf, nachvollzogen werden. Dem rabiaten Vorgehen der Atomindustrie mit Unterstützung bundesstaatlicher Stellen versuchte sich eine allerdings enorm wachsende Bürgerbewegung und ein örtlicher Grundbesitzer, dem große Teile der Salzabbaugerechtigkeiten gehörten, entgegen zu stellen. Auch die Kirchen bezogen eine eindeutige Position und leisteten Widerstand.

Das Eigentumsrecht in diesem Fall, auch an den Salzabbaugerechtigkeiten, war in der damaligen Verfassung des Staates verankert. Es hatte in der Wirtschaftsordnung einen hohen Stellenwert und konnte den Berechtigten nur bei Nachweis öffentlichen Interesses entzogen werden.

Den Betreibern gelang es, die Gerichte über ihr wahres Vorgehen zu täuschen. Obwohl von Anfang an die Schritte zur Errichtung eines Endlagers in Form des Ausbaus riesiger Schächte und von Querstollen mit einem Investitionsvolumen von mehreren Milliarden DM in die Tat umgesetzt wurden, ließen sich die Gerichte auf ein Verfahren nach dem Bundesberggesetz ein, welches die Mitwirkungsrechte der Betroffenen ausschloß.

Was bot sich nun eher an, als die Salzabbaugerechtigkeken mit dem Argument des „öffentlichen Interesses" zu enteignen? War das Bergwerk erst einmal fertig, so würde der Entsorgungsdruck der überirdisch in Castorbehältern aufbewahrten Brennelemente und des hochaktiven Atommülls schon so angewachsen sein, daß es keine Alternative zu einer Verbringung dieses hochgefährlichen Mülls in den bereits ausgebauten Kammern des Salzstocks gab.

Die Stimmen derjenigen, denen eine Verantwortung gegenüber nachkommenden Generationen schon damals selbstverständlich waren, wurden mit Billigung der Gerichte in den Wind geschlagen.

Eine Zeitlang sah es so aus, als ob die Rechtsanwälte der Salzabbauberechtigten und der Bürgerinitiativen mit ihren unschlagbaren Argumenten, die vor allem auf die Unantastbarkeit der Lebensrechte nachfolgender Generationen abzielten, die Oberhand gewonnen hätten; schließlich verkündete das oberste Gericht aber, es handele sich eben nur um ein Erkundungsbergwerk, und wenn der Grundeigentümer sich gegen den Ausbau des Bergwerks sperre, dann müßte man ihn kurzer Hand enteignen.

Obwohl sich die Rechtsprechung in Deutschland schon damals als unabhängige dritte Kraft im Staat verstand, schienen die Richter nicht in der Lage zu sein, sich eine Meinung unabhängig von den sich mehr und mehr vollziehenden Fakten zu bilden, und dem rücksichtslosen Vorgehen der Atomindustrie entschieden entgegen zu treten.

Dennoch standen die Gegner der Entsorgungsprojekte scheinbar nicht alleine da. Der Ministerpräsident des Landes Niedersachsen verkündete bei seinem Regierungsantritt, daß es unter seiner Regierung ein Endlager in Gorleben nicht geben werde, und zusammen mit seiner Umweltministerin führte er zunächst einen glaubwürdigen Kampf gegen eine fehlgeleitete Entsorgungspolitik des Bundes. In der Landesregierung wurde eine Ausstiegskommission gebildet, und die Bürgerbewegung im Landkreis Lüchow-Dannenberg hoffte nun, einen verläßlichen Partner im Kampf um einen atomfreien Landkreis im Osten Niedersachsens gewonnen zu haben.

Der Elan der Landesregierung versiegte jedoch bald angesichts zunehmender Schwierigkeiten mit dem Bund, der zentralstaatliche Gewalt durch immer neue Weisungen ausübte.

Es hatte sich damals noch nicht herumgesprochen, daß monopolistische Machtbildungen nur durch Diversifikation und Teilung der Verantwortung verhindert werden konnte. Der Antagonismus zwischen zentralstaatlicher Gewalt und Förderalismus, der heute viel stärker in den Verfassungen verankert ist, hätte bei richtigem Verständnis damals die Verwirklichung eines lebensbedrohlichen und zukunftsbelastenden Projekts verhindern können.

Dazu kamen tagespolitische Irrungen und Wirrungen, die dazu führten, daß sich das Land bald ganz aus der Schußlinie des Bundes herauszog, indem es langfristige zukunftsorientierte Visionen zugunsten kurzfristiger materieller Vorteile zurückstellte. Das Land hatte sich in den Prozessen einer wenig professionellen rechtlichen Vertretung bedient und bewies auch damit sein nachlassendes Engagement.

Obwohl in führenden Kreisen der Landesregierung immer noch die Meinung vertreten wurde, daß es möglichst nicht zum Bau eines Endlagers in Gorleben kommen sollte, überließ man den Widerstand gegen ein die Zukunft auf Jahrtausende belastendes Projekt ganz der Bürgerbewegung und den wenigen Grundbesitzern, die der Verlockung des Geldes nicht erlegen waren.

So kam es zuletzt zu der völlig absurden Konstellation, daß sich das Land zum Büttel der Interessen der Atomindustrie und der Atomindustrie hörigen Bundespolitik machen ließ, indem es unter dem Motto „Law and Order" das Enteignungsverfahren gegenüber dem salzabbauberechtigten Grundeigentümer betrieb.

Bis zu diesem Zeitpunkt gaben die Unterlagen detaillierte Auskunft über jeden einzelnen Schritt der beteiligten Behörden und Betroffenen. Dann aber schwiegen die Akten. Irgend ein Ereignis mußte eingetreten sein, das zur überstürzten Einlagerung des Atommülls in die schnell ausgehöhlten Kavernen des Salzstocks führte. Es war wohl der Zeitpunkt, in dem große Katastrophen begannen die Erde zu verwüsten. Diese waren von den Menschen selbst ausgelöst, denn sie hatten die explosionsartig sich ausbreitenden technischen Errungenschaften und die ungeheure Zunahme wissenschaftlicher Erkenntnisse nicht dazu genutzt, mit den Ressourcen der Erde sparsam umzugehen, in ihrem Verbrauchsverhalten die natürlichen Kreisläufe zu rekonstruieren und mit der unendlich wertvollen hauchdünnen Schicht der Biosphäre sorgsam umzugehen, sondern sie nutzten die Technik, um die Rohstoffe des Planeten Erde innerhalb kürzester Zeit auszubeuten, um die Atmosphäre in kürzester Zeit mit schädlichen Gasen zu belasten, um für kurzfristige Interessen die Wälder des Tropengürtels, aber auch die borealen Wälder zu vernichten. Dazu kamen die Probleme der Überbevölkerung, die sich exponential entwickelte und deren Ursachen man nicht erkennen wollte.

Heute, das sind 2000 Jahre später, weiß man längst, daß die Freiheit dort ihre Grenzen findet, wo der Mensch den Weg der natürlichen Kreisläufe verläßt.

Die Anwendung und die Folgen der Nutzung der Atomenergie sind ein erschreckendes Beispiel dafür, wie die lebensfeindliche Radioaktivität, die in Milliarden Jahren in der Erde gebunden wurde, durch fehlgeleitete Nutzbarmachung irreversibel die Lebensprozesse der Biosphäre belastet und durch fahrlässigen Umgang mit den Rückständen Risiken für die Zukunft eingegangen wurden, deren tragische Folgen nun - 2000 Jahre später - zur Wirkung kommen.

WOLF-DIETER NARR

Zu den Demonstrationsverboten im Wendland und anderwärts
Am besten, man schaffte regierungsamtlich Bürgerinnen und Bürger ab, damit die Demonstrationen aufhören

I. Repräsentative Demokratie und Demonstration

Wir leben in einem grundrechtlich demokratisch verfaßten Land. Allerdings sind Bürgerinnen und Bürger, von denen Art. 20 Abs. 2 GG gemäß, als „Volk" zusammengefaßt, „alle Gewalt ausgeht", nahezu exklusiv darauf beschränkt, sich an „Wahlen und Abstimmungen" zu beteiligen. Sie dürfen periodisch ihre Repräsentantinnen und Repräsentanten wählen. Ansonsten entscheiden und handeln die letzteren in Form einer von der Bevölkerung prinzipiell nicht beeinträchtigten „Herrschaft auf Zeit" (Th. Heuss) bis zu den jeweils nächsten Wahlen. In Form dessen, was man einen „repräsentativen Absolutismus" genannt hat. Sprich die gewählten Politikerinnen und Politiker sind nicht gehalten, sich während ihrer Wahlperiode mit Bürgerinnen und Bürgern rückzukoppeln.

Über den periodisch wiederkehrenden punktuellen und isolierten Wahlakt hinaus steht allen Bürgerinnen und Bürgern das Recht zu, ihre Meinung unverkürzt zu äußern (Art.5 Abs. 1 GG). Und eine besondere Form der Meinungsäußerung, zu der sich viele Bürgerinnen und Bürger zusammentun, besteht in der Demonstration, in dem, was grundgesetzlich „Versammlung unter freiem Himmel" genannt wird (Art. 8 Abs. 2 GG). Die Eigenart von Demonstrationen ergibt sich aus folgenden Merkmalen:

- Bürgerinnen und Bürger kommen kollektiv zusammen und äußern sich gemeinschaftlich. Demonstration ist also soziales Handeln.

- Bürgerinnen und Bürger äußern ihre Meinung demonstrativ dort, wo sich der Stein des Anstoßes befindet, der Anlaß, warum sie demonstrieren oder wo der Adressat ihrer Demonstration direkt erreichbar ist. Demonstrationen sind aus diesem Grunde örtlich stark gebunden. Für Demonstrationen, die „nur" allgemein öffentliche Aufmerksamkeit erregen wollen, gilt diese Ortsgebundenheit nicht gleicherweise. Bei letzteren kommt es allein darauf an, daß sie an Orten (auf Straßen/Plätzen) stattfinden können, wo die Chance besonders groß ist, andere Bürgerinnen und Bürger zu erreichen.

- Bürgerinnen und Bürger sind als Demonstrierende selbst in ganzer Person anwesend. In diesem Sinne ist Demonstration ein physisches Ereignis. Darin liegt ihre ungewöhnliche, ihre verletzliche, ihre riskante und ihre nicht von vornherein ausrechenbare Qualität.

- Während andere Meinungsäußerungen vielfach der Mittel entbehren, andere erreichen zu können, sind Bürgerinnen und Bürger, wenn sie demonstrierend zusammenkommen, selbst das „Mittel". Ihr Meinung ballt sich in kollektiver Demonstration. Sie sind auf keine anderen Mittel angewiesen.

- Demonstrationen können vorab geplant werden, sie können sich gleichfalls spontan ereignen. Meist stellen sie gemischte Ereignisse dar. Insbesondere größere Demonstrationen mit weit gestreuten Beteiligungen sind nicht „zentral" zu planen und zu leiten. Umfangreiche Demonstrationen organisieren sich gleichsam spontan selbst. Sie sind in diesem Sinne eine eigene soziale Institution.

Aus den Eigenarten von Demonstrationen ergibt sich ihr prinzipiell demokratisch aufklärerischer Eigensinn. Sie s i n d öffentliche, Öffentlichkeit herstellende Ereignisse. Allerdings sind sie kein Teil des repräsentativ-demokratischen Willensbildungs- und Entscheidungsverfahrens. Letzteres ist repräsentativ abgehoben; es wird durch Mehrheitsentscheidungen bestimmt.

Um des demokratischen Charakters des Repräsentativsystems willen ist es indes geboten, repräsentative Willens- und Entscheidungsbildung zum demonstrativen Geschehen hin zu öffnen. Mehrheitlich von Repräsentanten getroffene Entscheidungen wären jedenfalls dort zeitweilig anzuhalten, wo Bürgerinnen und Bürger demonstrativ erheblich andere Vorstellungen äußern als sie den getroffenen Entscheidungen zugrundeliegen. Und wo solche Entscheidungen einschneidende Folgen zeitigen.

Das Gegenteil findet statt. Äußerungen von Bürgerinnen und Bürgern, die repräsentativ getroffene Mehrheitsentscheidungen in Frage stellen, werden tunlichst mißachtet, als „Gewalt" verschrieen und insbesondere schon vor ihrer demonstrativen Bündelung in Form von sogenannten Allgemeinverfügungen großzügig verboten. Statt daß sich die allzu bürgerentfernte repräsentative Demokratie durch Demonstrationen beleben und in ihrem Verfahren ein wenig bürgergewandt reformieren ließe, reagieren die lokal, regional und bundesweit „verantwortlichen" Politikerinnen und Politiker und die ihnen zuhandenen Verwaltungseinrichtungen mit Demonstrationsverboten. Sie verstopfen damit repräsentative Demokratie gegenüber den Bürgerinnen und Bürgern. Sie dichten sie gegendemokratisch ab. Sie verstoßen somit, recht verstanden, auch und gerade gegen Art. 20 Abs. 2 GG: „Alle Gewalt geht vom Volke aus."

II. Zum Stellenwert des Grundrechts auf Demonstrationsfreiheit

Die unterschiedlichen Formen, das Demonstrationsrecht zu praktizieren und die Art und Weise, in der legislative und exekutive Instanzen, das Grundrecht auf Demonstrationsfreiheit ausgelegt, begründet und immer erneut eingeengt haben, lassen Wandlungen und Gefahren bundesdeutschen Demokratieverständnisses und bundesdeutscher Konflikte dicht beschreiben. Die Geschichte der Bundesrepublik als Demonstrations- und Demonstrationsverhinderungsgeschichte.

In der ersten Phase bis Mitte der sechziger Jahre wurden Demonstrationen nur als „Aufzüge" und „Aufmärsche" inszeniert, die von den Parteien oder den Gewerkschaften geleitet worden sind. Das Demonstrationsrecht wurde ausweislich des auch heute noch im Kern weitergeltenden Versammlungsgesetzes von 1953 primär als Angelegenheit polizeilicher Sicherung ausgelegt. Daß die Polizei zu allererst das Grundrecht auf Demonstration zu schützen habe, war ein nicht gedachter, wenngleich von der Verfassung des Grundgesetzes vorgegebener Gedanke.

Erst allmählich veränderten sich die Demonstrationen als kollektiver Meinungsausdruck von Bürgerinnen und Bürgern und als Form des öffentlichen Protests. Demonstrationen entwickelten sich zu der F o r m der Bürgerinitiativen und der Neuen sozialen Bewegungen schlechthin. Sie veränderten die Politik in der BRD. Zugleich entfachte sich der Kampf um das Recht auf Demonstration. Vorübergehende Verbesserungen des Demonstrationsrechts, das endlich als demokratische Ausdrucksform von Bürgerinnen und Bürgern begriffen worden war, lösten neue Einschränkungen ab. Letztere halten gegenwärtig an. Vor allem die polizeilichen Einsatzformen änderten sich. Sie wurden vielfältiger. Das Spektrum reicht von Einsätzen der Polizei, die in der Tat darauf ausgerichtet sind, das Grundrecht auf Demonstration bis zum Gewaltrand zu schützen, bis hin zu Einsätzen der Polizei, in denen die Einsatzleitung die Demonstrierenden wie potentielle, wenn nicht aktuelle Gewalttäter behandelt und dafür selbst höchst gewalttätig auftritt. Die zuletzt genannten Demonstrationen werden politisch-polizeilicherseits geradezu von vornherein zu Gewaltereignissen konstruiert. Auch gerichtliche Entscheidungen spielen in der neueren Demonstrationsgeschichte eine erhebliche Rolle. Hierbei sind die Urteile insgesamt sehr durchwachsen: Mehrheitlich neigen dieselben der Seite der politisch-polizeilichen Exekutive zu. Dennoch gibt es seit Anfang der 70er Jahre Richterinnen und Richter, die zu allererst auf das Grundrecht und seinen verfassungskonform demokratischen Sinn achten und in ihren Urteilen das Grundrecht normativ-praktisch befördern.

Verfassungsrechtlich kann es keinen Zweifel geben. Das Grundrecht auf Freiheit der Demonstration besitzt einen hohen demokratischen Rang. Dementsprechend sind alle politisch-polizeilichen und gerichtlichen Instanzen und ihre Repräsentanten zu allererst daran gehalten, die bürgerliche Ausübung des Grundrechts uneingeschränkt zu ermöglichen. Das verfassungsgerichtlich in den Rang eines interpretatorischen Verfassungsprinzips erhobene P r i n z i p   d e r   V e r h ä l t n i s m ä ß i g k e i t findet seine Bezugsnorm in Art. 8 Abs. 2 GG. Für dessen uneingeschränkte Praktizierung spricht alle Vermutung. Einschränkungen der Demonstrationsfreiheit sind penibel, skrupulös und präzise begründungspflichtig. Sie müssen auf das äußerst gebotene Maß zeitlich und örtlich beschränkt werden.

Der frühere Verfassungsrichter und emeritierte Staatsrechtler Konrad Hesse hat den Rang des Demonstrationsrechts in Verbindung mit dem Recht auf Freiheit der Meinungsäußerung nachdrücklich unterstrichen. Er stellt u.a. fest: „(Demonstrationen) sind geeignet, politische Forderungen nachdrücklich zur Geltung zu bringen, und zwar auch jenseits eingespielter „Vorformung", vollends der Bildung des politischen Willens in Parlament und Regierung. Sie bieten damit die Möglichkeit zur politischen Einflußnahme auf den politischen Prozeß, zur Entwicklung pluralistischer Initiativen und Alternativen oder auch zu Kritik und Protest. Insofern sind sie wesentliches Element demokratischer Offenheit; sie enthalten ein Stück ursprünglich-ungebändigter unmittelbarer Demokratie, das geeignet ist, den politischen Betrieb vor Erstarrung in geschäftiger Routine zu bewahren. In diesen Funktionen sind Versammlungen als wesentlicher Bestandteil der demokratischen Ordnung des Grundgesetzes durch das Grundrecht auf Art. 8 GG geschützt, wobei dessen Eigenschaft als Mitwirkungsrecht, das die öffentliche Teilnahme am politischen Prozeß zu sichern sucht, besonders deutlich hervortritt" (Konrad Hesse: Grundzüge des Verfassungsrechts der Bundesrepublik Deutschland, 20. Aufl. Karlsruhe 1995, S. 176 und f.).

Das Bundesverfassungsgericht hat in seiner sog. Brokdorf-Entscheidung von 1985 den grundrechtlich-demokratischen Rang des Art. 8 GG entsprechend hervorgehoben und gewürdigt. Schon die Leitsätze machen dies deutlich (vgl. NJW 1985, Heft 40, S.2395 ff.):

„ 1. Das Recht des Bürgers, durch Ausübung der Versammlungsfreiheit aktiv am politischen Meinungs- und Willensbildungsprozeß teilzunehmen, gehört zu den unentbehrlichen Funktionselementen eines demokratischen Gemeinwesens. Diese grundlegende Bedeutung des Freiheitsrechts ist vom Gesetzgeber beim Erlaß grundrechtsbeschränkender Vorschriften sowie bei deren Auslegung und Anwendung durch Behörden und Gerichte zu beachten.

2. Die Regelung des Versammlungsgesetzes über die Pflicht zur Anmeldung von Veranstaltungen unter freiem Himmel und über die Voraussetzungen für deren Auflösung oder Verbot (§§ 14, 15) genügt den verfassungsrechtlichen Anforderungen, wenn bei ihrer Auslegung und Anwendung berücksichtigt wird, daß

a) die Anmeldepflicht bei Spontandemonstrationen nicht eingreift und ihre Verletzung nicht schematisch zur Auflösung oder zum Verbot berechtigt,

b) Auflösung und Verbot nur zum Schutz g l e i c h w e r t i g e r Rechtsgüter unter strikter Wahrung des Grundsatzes der Verhältnismäßigkeit und nur bei einer u n m i t t e l b a r e n, aus e r k e n n b a r e n Umständen herleitbaren Gefährdung dieser Rechtsgüter erfolgen dürfen" (gesperrt durch Wolf-Dieter Narr).

Im 5. Leitsatz werden die Verwaltungsgerichte eigens darauf aufmerksam gemacht, Demonstrationsverbote genau abzuwägen und nicht allzu rasch gerichtlich abzusegnen. Denn dieselben hindern gegebenenfalls Bürgerinnen und Bürger daran, ihr Grundrecht auszuüben.

„5. Die Verwaltungsgerichte haben schon im Verfahren des vorläufigen Rechtsschutzes durch eine intensive Prüfung dem Umstand Rechnung zu tragen, daß der Sofortvollzug eines Demonstrationsverbots in der Regel zur endgültigen Verhinderung der Grundrechtsverwirklichung führt."

In den Entscheidungsgründen unterstreicht das Verfassungsgericht noch einmal den besonderen Rang des Demonstrationsrechts:

„Als Abwehrrecht (gegenüber staatlichen Eingriffen, Wolf-Dieter Narr), das auch und vor allem anders denkenden Minderheiten zugute kommt, gewährleistet Art. 8 GG den Grundrechtsträgern das Selbstbestimmungsrecht über Ort, Zeitpunkt, Art und Inhalt der Veranstaltung und untersagt zugleich staatlichen Zwang, an einer öffentlichen Veranstaltung teilzunehmen oder ihr fernzubleiben. Schon in diesem Sinne gebührt dem Grundrecht in einem freiheitlichen Staatswesen ein besonderer Rang; das Recht, sich ungehindert und ohne besondere Erlaubnis mit anderen zu versammeln, galt seit jeher als Zeichen der Freiheit, Unabhängigkeit und Mündigkeit des selbstbewußten Bürgers. In ihrer Geltung für politische Veranstaltungen verkörpern die Freiheitsrechte aber zugleich eine Grundentscheidung, die in ihrer Bedeutung über den Schutz gegen staatliche Eingriffe in die ungehinderte Persönlichkeitsentfaltung hinausreicht."

Diesem hohen Rang des Grundrechts auf Demonstrationsfreiheit entsprechend dürfen nicht schmal und einseitig bestimmte Belange „öffentlicher Sicherheit" dazu gebraucht werden, das Demonstrationsrecht zu beschneiden. Öffentliche Sicherheit meint ihrerseits zu allererst, daß die „zentralen Rechtsgüter" wie Leben, Gesundheit u.ä.m. geschützt werden. „Verbot oder Auflösung", so folgert das Verfassungsgericht „setzen zum einen als ultima ratio voraus, daß das mildere Mittel der Auflagenerteilung ausgeschöpft ist." Vor allem aber: „Die grundrechtlich geschützte Versammlungsfreiheit hat nur dann zurückzutreten, wenn eine Güterabwägung unter Berücksichtigung der Bedeutung des Freiheitsrechts ergibt, daß dies zum Schutz anderer gleichwertiger Rechtsgüter notwendig ist."

III. Der geradezu permanente und systematische Verstoß bestenfalls fahrlässig erlassener Allgemeinverfügungen gegen Grundrechte und Demokratie

Demonstrationen, die sich gegen exekutivisch durchgepaukte bzw. durchzupaukende mehrheitlich abgesicherte Entscheidungen wenden und darauf ausgehen, diese Entscheidungen bürgerlich zu delegitimieren, erscheinen der etablierten Politik und ihren Vertreterinnen und Vertretern als Ärgernis. Darauf sind sie angelegt. Sie sind Ausdruck demokratischen Konfliktaustrags.

Statt nun das Demonstrationsrecht zu achten und sich mit den protestierenden Bürgerinnen und Bürgern p o l i t i s c h auseinanderzusetzen, und das heißt vor allem mit Hilfe überzeugender Argumente, reduzieren die politisch zuständigen Instanzen den politischen Prozeß und setzen Verbot und polizeiliche Gewalt an seine Stelle.

Verbot und Polizeieinsatz werden zur Ersatzpolitik; schlimmer noch: ihr Einsatz demonstriert seinerseits die Unfähigkeit der etablierten politischen Instanzen und ihrer Vertreter z u r Politik und damit ihre politische Unverantwortlichkeit.

Die neuere Geschichte der Auseinandersetzungen hebt mit einer Allgemeinverfügung an, mit der im Februar/März 1981 die zuständigen politischen Instanzen die Großdemonstration gegen das Kernkraftwerk zu Brokdorf zu verbieten ausgingen. Die sogenannte Brokdorf-Entscheidung des Bundesverfassungsgerichts von 1985 nahm u.a. die seinerzeitige Allgemeinverfügung zum Anlaß seiner oben z.T. zitierten grundsätzlichen Ausführungen. Obgleich auf letztere in der Regel oberflächlich Bezug genommen wird, häufen sich in der letzten Zeit die Allgemeinverfügungen. Demonstrationen werden geradezu reihenweise verboten oder örtlich und zeitlich so beschränkt, daß sie ihren Sinn verlieren. Die verfassungsbegründeten Argumente des Verfassungsgerichts werden beiseite gewischt. Die Mißachtung von Verfassung und oberstem Gericht wird im Namen eines vordemokratischen Rechtsstaatsverständnisses betrieben. Hierbei entstehen doppelte Kosten, die beispielhaft an Wackersdorf belegt werden können. Zum einen immense monetäre Kosten. Ohne je dafür Rechenschaft geben zu müssen, hat seinerzeit vor allem die bayerische Staatsregierung Millionen von Steuer-, d.h. Bürgergeldern verschleudert. Und dies selbst in ihrem Sinne, wie sich zeigte, sinnlos. Hätte sie auf die Einwände der Bürgerinnen und Bürger gehört, hätte sie auch nur mit ihnen diskutiert, hätte sie eine unausgegorene Entscheidung mit längerem Bedacht getroffen, all der erhebliche finanzielle Schaden hätte vermieden werden können (auch der Taxölder Forst grünte heute noch). Die anderen Kosten sind zum anderen indes erheblicher. Die Kosten, die die bayerische Staatsregierung und ihre Vertreterinnen und Vertreter demokratisch grundrechtlich wissentlich und willentlich erzeugt haben, indem sie polizeiliche Gewalt mißbräuchlich gegen Bürgerinnen und Bürger einsetzten; indem sie vor allem Gruppen von Jugendlichen pönalisierten und ihre Entwicklung als Bürgerinnen und Bürger in einer Demokratie massiv störten, wenn nicht zerstörten. Was nützen alle politischen Bildungsausgaben, wenn regierungsamtlich "demokratisches" Verhalten und Bewußtsein mit Hilfe eines illegitim eingesetzten Gewaltmonopols knüppeldick eingetrimmt wird.

Indes, statt aus Brokdorf, aus Wackersdorf und vielen anderen Konflikten zu lernen, wie man grundgesetzgemäß mit den eigenen Bürgerinnen und Bürgern und ihren Demonstrationen umgehen könnte und müßte, stattdessen werden die Allgemeinverfügungen und gewaltsamen Polizeieinsätze, die mit deren Verletzung zu Unrecht legitimiert werden, inflationär gebraucht. Am Exempel Gorleben und der Castor-Transporte immerhin gibt es zuweilen Gerichte, wie jüngst das Verwaltungsgericht zu Lüneburg, die wenigstens hinterher klagenden Demonstrationsbeteiligten Recht geben. Weil diese Richter selbst das Grundrecht auf Demonstration im Kontext der demokratischen Verfassung begriffen haben (vgl. Urteil der 7. Kammer des Verwaltungsgerichts zu Lüneburg vom 6. 5. 1996 Az.: -7 50/95-). Die zuständigen politischen Instanzen und ihre Vertreterinnen und Vertreter jedoch bleiben borniert und schützen ihre bornierte Politik gewalttätig mit dem Schein des Rechts.

IV. Die wiederkehrenden Muster der Allgemeinverfügungen, illustrierbar an den Allgemeinverfügungen des Oberkreisdirektors vom Landkreis Lüchow-Dannenberg 1994-1996

1. Das hauptsächliche Kennzeichen der Allgemeinverfügungen ist durch die Bank ihre (im Begriff enthaltene) Allgemeinheit. Demonstrationen werden zeitlich und räumlich umfänglich verboten. Schon daraus wird erkenntlich, daß es den Verbietenden nicht darum zu tun ist, konkrete Gefahren abzuwehren, sondern das demonstrative Geschehen insgesamt einschließlich der An- und Abreise der potentiellen Teilnehmerinnen und Teilnehmer abzuwürgen.

2. Kennzeichend für alle Allgemeinverfügungen sind ihre fahrlässigen Gewaltprognosen.

Diese Prognosen sind so pauschal und sie werden mit einem solchen Mischgemüsesalat von Belegen begründet, daß jeder Wahrsager eines kleinstädtischen Jahrmarkts sein Geschäft verlöre. Schlimmer aber ist, daß diese Gewaltprognosen darauf angelegt sind, im Sinne einer bewußten oder doch fahrlässigen sich selbst erfüllenden Prophetie das erst zu schaffen, wovor gewarnt wird: Nämlich Gewalt. Bürgerinnen und Bürger, die sonst teilnähmen, werden abgeschreckt. An der Demonstration trotz Verbot Teilnehmende werden polizeilicherseits meist sogleich bestenfalls als arge Störenfriede, schlimmsten- und regelfalls als potentielle Straftäterinnen und Straftäter behandelt. Wie jeder auch nur ein wenig Demonstrationserfahrene weiß, bestimmt die Art und Weise des polizeilichen Einsatzes, ja schon der publizistischen Einstimmung einer Demonstration in hohem Maße, ob es im Verlauf einer Demonstration zu aggressiv-gewalttätigen Aktionen kommt oder nicht. Der seinerseits schon in der Ausrüstung erkenntliche gewalttätige Einsatz der Polizei kann fast jederzeit, auch in einer ansonsten friedlichen Demonstration einzelne Gewalthandlungen aus dem Umkreis der Demonstrierenden hervorlocken.

3. Die pauschal behaupteten Gefahren, werden auf einen höchst einseitigen Begriff „öffentlicher Sicherheit" bezogen.

Es findet genau das nicht statt, was das Bundesverfassungsgericht verlangt hat: daß „öffentliche Sicherheit" zu allerst grundrechtich zu definieren ist. Das heißt, es muß in hohem Maße plausibel gemacht werden, daß andere gleichrangige Grundrechte bzw. Schutzgüter konkret und mit an Sicherheit grenzender Wahrscheinlichkeit von der Demonstration insgesamt gefährdet werden, um ein zeitlich und räumlich eng begrenztes Verbot gegebenenfalls zu begründen. „Öffentliche Sicherheit" wird stattdessen als „Sicherheit" mißverstanden, regierungsamtlich beschlossene Maßnahmen ohne bürgerlichen Ärger umzusetzen („durchzuführen" im kennzeichnenden Bürokratendeutsch).

4. Kurzum: Jede Textanalyse der Allgemeinverfügungen belegt reichhaltig: diese Allgemeinverfügungen verstoßen

- gegen das Bestimmtheitsgebot der ausgesprochenen Verbote. Bestimmt ist nur, daß im Prinzip alles verboten ist, was die Durchführung einer Maßnahme stört;

- gegen die unabdingbare und nicht nur angeklatschte Güterabwägung, bei der das Grundrecht auf Freiheit zu demonstrieren schwer in einer Waagschale liegt;

- gegen entsprechend klare und deutliche Begriffe a la „Öffentliche Sicherheit";

- gegen das Gebot, die behaupteten Gefahren so klar und deutlich zu belegen, daß die Gefahrenprognose fundiert genannt werden kann und die Gefahren u n m i t t e l b a r hohe andere grundrechtlich demokratische Rechtsgüter k o n k r e t bedrohen. Um ein solches Rechtsgut handelt es sich nicht, wenn eine repräsentativ mehrheitlich beschlossene Angelegenheit von Bürgerinnen und Bürgern demonstrativ gewaltfrei zu blockieren gesucht wird;

- summa summarum die Allgemeinverfügungen, die den Demonstrationen rund um die Castor-Transporte gegolten haben, zerfallen grundrechtlich betrachtet wie schimmlige, sprich politisch korruptiöse Pilze.

Nachsatz: Bürgerinnen und Bürger, die das Grundgesetz ernst nehmen, dürfen sich in der Regel von den Allgemeinverfügungen nicht irre machen lassen: Sie müssen trotz derselben, ja auch gegen dieselben das Grundrecht auf Demonstrationsfreiheit blank zu halten suchen.

SOLIDARITÄT's RECHT's SCHUTZ KASSE

Der EA Gorleben hat eine lange Tradition im Widerstand gegen die Atomwirtschaft allgemein und gegen die Atomanlagen in Gorleben im Speziellen. Wen wunderts, schließlich haben wir den Müll direkt vor der Nase.
Im Laufe der vielen Jahre hat sich die Besetzung des Ea`s natürlich geändert und auch die Inhalte, was allerdings viel mit der Aktivität der Anti-AKW-Bewegung und der Reaktion der Ermittlungsbehörden und des Staates zu tun hat.
Seit Anfang 1994 sind wir eine kontinuierlich arbeitende Frauengruppe. Wir begreifen uns als einen Teil der Anti-AKW-Bewegung im Wendland und verstehen diese wiederum als einen Teilbereich linker Politik. Das ist uns wichtig zu sagen, weil es nicht nur darum geht, den Atommüll nicht nach Gorleben zu lassen, sondern für den Ausstieg aus der Atompolitik weltweit zu kämpfen. Das heißt wirtschaftliche und militärische Interessen und Zusammenhänge aufzuzeigen und zu bekämpfen.
Für uns ist diese Teilbereichspolitik zu verstehen als ein standortbedingter Kampf um ein herr-schaftsfreies und selbstbestimmtes Leben für alle Menschen.

Was wir derzeit an praktischer Arbeit leisten:
- **wir kümmern uns um Vermißte und Festgenommene bei Demos und Aktionen**
- **wir leisten Informations- Beratungs-und Aufklärungsarbeit**
- **wir geben Rechtshilfetips**
- **wir vermitteln AnwältInnen**
- **wir machen Öffentlichkeitsarbeit zu Repression und Kriminalisierung**
- **wir versuchen einen bundesweiten Informations- und Erfahrungsaustausch herzustellen und wir versuchen, Anwalts/AnwältInnen - und Prozeßkosten zu bezuschussen oder zu übernehmen.**

Warum wir das machen ?
weil während und nach Demo's und Aktionen einzelne Menschen der Kriminalisierung ausgesetzt sind. Die Vorladung zur Polizei flattert ins Haus, ein Bußgeldbescheid oder gar ein Strafbefehl wird zugestellt und einige werden angeklagt und finden sich in Prozessen wieder. Damit in dieser Situation keineR alleine dasteht, bieten wir unsere Arbeit als Unterstützung und Solidarität an.

So wie wir gemeinsam auf die Straße und sonstwohin gehen,
wollen wir auch gemeinsam die Folgen tragen.

Die Staatsgewalt ist ja erfahrungsgemäß meist nur in der Lage, einzelne herauszugreifen und vor den Kadi zu zerren; die Leute sollen mit den Kosten für Prozesse, AnwältInnen und Strafen nicht im Regen stehen gelassen werden.
Und wie die Castoraktionstage im April '95 gezeigt haben, findet sich Mensch ja auch unverhofft einer Personalienfeststellung ausgesetzt und muß dann später mit einem Bußgeld rechnen.

Immer sind einige, manchmal nur wenige betroffen - gemeint sind aber wir alle.
(...die eingeschüchtert, verängstigt und kriminalisiert werden sollen: "alles Chaoten")

b.w.

DESHALB:
ein monatlicher, viertel-, halb- oder jährlicher Dauerauftrag auf das EA Konto!!

In die **"Solidaritäts-rechts-schutz-kasse"**
Eine SELBSTVERSTÄNDLICHKEIT FÜR ALLE WIDERSTÄNDIGEN MENSCHEN
...meinen wir!!

Ab fünf Mark bist Du dabei: Ermittlungsausschuß Gorleben
Volksbank Clenze
Kto.Nr. 129 45 300
BLZ 258 619 90

Gebt uns bitte eine kurze Mitteilung über einen eingerichteten Dauerauftrag, damit wir wissen, mit wieviel Geld wir rechnen können.

Vorrangig sollen Verfahren bezuschußt werden, die im Zusammenhang mit den Atommülltransporten nach und Anlagen in Gorleben angezettelt werden. Das beinhaltet auch Aktionen die außerhalb des Wendlandes stattfinden.
Auch antipatriarchale und antifaschistische Arbeit ist uns wichtig und so werden wir nach Bedarf andere Gruppen im Wendland auch unterstützen.
Die Bezuschussung oder Übernahme der Kosten von Verfahren und Strafen werden wir mit den Betroffenen entscheiden.
Natürlich kann über den Solibeitrag *kein Anspruch auf Kostenübernahme* entstehen, sondern entschieden wird jedesmal nach zur Verfügung stehendem Geld, Einkommensverhältnissen und Möglichkeiten der Betroffenen.
Schon allein um Öffentlichkeit herzustellen halten wir es für notwendig, daß jedeR in den eigenen Bezügen (Arbeitsgruppe, FreundInnenkreis und Verwandtschaft) versucht Geld zu sammeln. So es das Konto zuläßt, übernehmen wir den Rest. Und wir haben und werden nicht unterscheiden, ob Menschen aus dem gewaltfreien, radikalen, bürgerlichen oder sonstwelchem Spektrum kommen. Die Vielschichtigkeit des Widerstandes ist eine große Stärke. (Ausnahmen sind natürlich z.B. Rechte und/oder Ökofaschisten).
An dieser Stelle sei auch noch mal erwähnt, das es wichtig ist, daß sich alle in ihren Gruppen vor Aktionen und sowieso, mit Fragen um Sicherheit und Kriminalisierung auseinandersetzen und möglichst in rechtlichen Dingen schlau machen. Die gemeinsame Vorbereitung und Nachbereitung gehört zu jeder politischen Tätigkeit dazu und wirkt der Vereinzelung und Gefährdung, gerade in puncto Kriminalisierung entgegen.

ERMITTLUNGSAUSSCHUSS GORLEBEN

Post:
c/o Bürgerinitiative Lüchow-Dannenberg
Drawehnerstr. 3
29439 Lüchow
Hier könnt ihr weitere Flugis anfordern

Telefon
bei Demo's und Aktionen und hinterher:
05843 / 7642

Spendenbescheinigungen gibt's natürlich auch keine.
Wir sind gemein und nützlich, aber eben nicht gemeinnützig.

Wir wissen nicht, was Ihnen der garstige Staatsanwalt empfiehlt......
......wir empfehlen: die SRSK.
S O L I D A R I T Ä T S R E C H T S S C H U T Z K A S S E

ENDE

ANDREAS WESSEL

Verschärfungen im Polizei- und Strafrecht als Spiegel der gesellschaftlichen Entwicklung?

Wie im Falle der TurmbesetzerInnen werden zivilrechtliche Klagen genutzt, um unliebsame Proteste im Keim zu ersticken. Die Erhebung von Schadenersatzklagen in horrender Höhe soll offensichtlich als Abschreckung vor Aktionen zivilen Ungehorsams dienen. Wurden bisher Blockaden von Einrichtungen der Atomwirtschaft allenfalls strafrechtlich oder ordnungsrechtlich verfolgt, so sollen beim TurmbesetzerInnenprozeß die fiktiven Kosten für den Stillstand einer Atomanlage bei den BlockiererInnen eingetrieben werden. Daß die Kosten bei der sogenannten Erkundung des geplanten Endlagers Gorleben sowieso gesamtgesellschaftlich getragen werden, scheint vor den Gerichten keine Rolle zu spielen. Doch die Ausweitung der Repression auf den zivilrechtlichen Bereich ist nur eine Variante der sich verschärfenden Rechtslage, in Bezug auf politisch motivierten Protest und politischen Widerstand. Auch andere Rechtsbereiche wurden in den letzten Jahren kontinuierlich in Richtung „Abbau von Bürgerrechten" weiter verschärft.

Es mag einer neuen gesellschaftlichen Tiefenströmung entsprechen, was sich in den letzten Jahren, nach dem Zusammenbruch der sozialistischen Mächte, in dem bundesdeutschen Rechtswesen abspielt. Der Eindruck drängt sich jedenfalls auf, daß die freie Entfesselung der Marktwirtschaft ein rechtliches Korrektiv mit sich bringt, welches die Einschränkung von Bürgerrechten zum Ziel hat. Der vielbeschworene Standort Deutschland, der es mangels sozialistischer Systemkonkurrenz nicht mehr nötig hat, eine besondere soziale oder ökologische Komponente im Arbeits- und Zivilleben aufrechtzuerhalten, hat es auch nicht mehr nötig seinen Bürgern so „weitgehende" Rechte und Mitbestimmungsmöglichkeiten einzuräumen. Ganz im Gegenteil, die soziale Krise, in die wir durch den globalen Neoliberalismus getrieben werden (und den dieses Land nach Kräften mit antreibt), braucht offenbar verschärfte Gesetze und eine besser kontrollierbare Gesellschaft, um den massiven Sozialabbau und gewinnträchtige aber lebensbedrohliche Industrieprojekte ohne große Macht- und Ansehensverluste für die herrschenden Kräfte durchsetzen zu können.

Erst werden die Feindbilder geschaffen und dann die Gesetze, um nicht nur die neuen Feinde zu bekämpfen

Vor der Einführung von verschärften Gesetzen und erweiterten Machtbefugnissen der Polizei werden von Politikern meist großangelegte Medienkampagnen losgetreten, um die öffentliche Meinung im Vorfeld von der Unerträglichkeit der Zustände zu überzeugen. Das Paradebeispiel schlechthin, war die Mißbrauchsdebatte im Asylrecht, die durch die entsprechende Medienunterstützung einen Rassenhass entfacht hat, der beängstigende Parallelen zur jüngeren deutschen Geschichte aufleben läßt.

Eine gesellschaftliche Randgruppe wurde zum Feind erklärt, um eine gegen die Bürgerinteressen gerichtete Politik zu kaschieren, bzw. einem neuen nationalen „Wir-Gefühl" Vorschub zu leisten. So waren die AsylbewerberInnen angeblich schuld an der Wohnungsnot, an steigenden Ausgaben der Kommunen (für die Sozialhilfe), an Mangel an Arbeitsplätzen (weil die durch ihre Schwarzarbeit den Deutschen die Arbeit wegnehmen), an steigender Kleinkriminalität usw..

Um der „Asylantenflut" und dem „Leistungsmißbrauch durch Asylanten" Herr zu werden, wurde zum Beispiel im Mai 1991 das sogenannte AFIS (Automatisiertes Fingerabdruck-Identifizierungssystem) eingeführt. Keine Frage, daß dieses beim Bundeskriminalamt (BKA) geführte EDV-System auch anderweitig benutzt wird. Jeder der seine Fingerabdrücke bei einer sogenannten ED (Erkennungsdienstlichen)-Behandlung abgibt, landet seither im BKA-Rechner, trotz der Proteste von DatenschützerInnen.

Bekanntermaßen wurde das Grundrecht auf Asyl in namentlicher Abstimmung am 26.05.1993 abgeschafft und durch ein Asylbewerberabschottungsgesetz ersetzt, wie auch das Komitee für Grundrechte und Demokratie feststellt: „Das gegenwärtige Asylrecht schützt nicht Menschen vor Verfolgung und Bedrohung, es schottet vielmehr die Bundesrepublik ab gegen die Folgen der Welt(wirtschafts)ordnung. Die Bundesrepublik hält diese Wirtschaftsordnung aufrecht und profitiert von ihr, während Millionen Menschen durch dieselbe zu Flüchtlingen gemacht werden. Je weniger greifbar das Feindbild ist, desto umfangreicher müssen die Überwachungsmöglichkeiten einsetzbar sein."

Ein in jüngster Zeit immer wieder auftauchender Begriff im Zusammenhang mit der Herabsetzung der Eingriffsschwelle von Maßnahmen gegen die Persönlichkeitsrechte von BürgerInnen, ist der, der organisierten Kriminalität. Auch hier wird dem Bürger suggeriert, daß der Staat sich vor geheimnisvollen Kräften, die in erster Linie aus den ehemaligen sozialistischen Staaten kommen (Russenmafia, rumänische Schmuggler, polnische Autoschieberbanden), mit Mitteln wehren muß, die über das bisherige Instrumentarium der ausübenden Gewalt hinausgehen: Der sogenannte große Lauschangriff basiert auf dem Denken, daß alle Menschen die sich in irgendeiner Form verdächtig machen, in ihrer Privatsphäre bespitzeln lassen müssen. Der Artikel 13 des Grundgesetzes ist durch einen entsprechenden Ergänzungsantrag der Bonner Regierungskoalition zur „Demontage freigegeben", wie Manfred Such von den Grünen hier zu Recht moniert. Such erläutert dazu weiterhin:

„Was Herr Kanther mit einer "Verfassungsergänzung" zu diesem Artikel (13) umschreibt, ist nichts anderes als die Beseitigung der Unverletzlichkeit der Wohnung. Die angeblich "eng begrenzten Voraussetzungen", den Ermittlungsbehörden das Recht zu geben, in Wohnungen einzubrechen, Wanzen zu installieren, sind schon nach

Kanthers Vorgaben kaum eng begrenzt. Allgemeine Zulassungsvoraussetzungen, wie "schwerste Verbrechen", "Organisierte Kriminalität" bis hin zur "Hehlerei", lassen ausufernde Interpretationen zu. Der Personenkreis, gegen den sich die Maßnahmen richten sollen, wird sich überwiegend nicht auf Täter eingrenzen lassen. Es dürften hauptsächlich Unbeteiligte betroffen werden, wie auch Erfahrungen mit dem Lauschangriff selbst unter strengsten Kontrollmöglichkeiten (wie sie hier nicht geplant und nicht vorhanden sind) in anderen Ländern gezeigt haben."

Da in der Regel auch die Aktionen gegen Atomanlagen, bzw. gegen die Transporteure des Atommülls, vom Bundesinnenministerium als „schwerste Verbrechen" bezeichnet werden, fällt es nicht schwer, sich vorzustellen, daß die Lauschangriffe auf AtomkraftgegnerInnen nicht sehr lange auf sich warten lassen werden. (Und dann „legal und gerichtsverwertbar")

Beleg für die weitere technische Aufrüstung bei gleichzeitigem Wegfall des Informationellen Selbstbestimmungsrechtes mit der Begründung die „organisierte Kriminalität" bekämpfen zu wollen, war die Einführung des „Verbrechensbekämpfungsgesetzes" 1994. In der regelmäßig erscheinenden Zeitschrift „Geheim" schreibt der Bremer Rechtsanwalt Rolf Gössner über die Einführung dieses Gesetzes folgendes:

„Der datenschutzrechtliche Sündenfall des Jahres 1994 war das Verbrechensbekämpfungsgesetz, das angeblich die Sicherheit maximieren soll. Nun darf der Bundesnachrichtendienst (BND) den internationalen Fernmeldeverkehr ohne irgendeinen strafrechtlichen Verdacht gegen die Bürger massiv abhören und auswerten."

Mit diesen Worten hat kürzlich der Hamburgische Datenschutzbeauftragte Hans-Hermann Schrader auf eine Ausweitung geheimdienstlicher Kompetenzen hingewiesen, die am 1. Dezember 1994 in Kraft trat. Der Bundestag hatte diese Regelung trotz schwerwiegender verfassungsrechtlicher Bedenken, insbesondere von seiten der Datenschutzbeauftragten, mit Zustimmung des Bundesrates im Oktober 1994 verabschiedet.

Die verfassungsrechtliche Bedenklichkeit trat hier, wie wir sehen werden, nicht zum letzten Mal zurück, vor dem Interesse der Politik einen gläsernen Bürger zu schaffen und die Befugnisse von Ordnungs- und Überwachungsbehörden zu stärken.

Einzelereignisse als Begründung für langfristige Gesetzesänderungen

Neben großen Medienkampagnen müssen auch, oft selbstinszenierte, Einzelereignisse für mehr Polizeirechte und verschärfte Gesetze herhalten. Ursache für eine der jüngsten Gesetzesverschärfungen für die sogenannte innere Sicherheit waren die diesjährigen Kundgebungen zum kurdischen Nevroz-Fest. Die für die Polizeikräfte nicht bewältigten Kundgebungen waren der Auslöser für ein Treffen der Innenminister des Bundes und der Länder am 27. März 1996, bei denen die Verabschiedung für

Gesetze mit härteren Bestrafungen bei Verstößen gegen das Versammlungsrecht geplant wurden:

Da sich die KurdInnen von den Verboten ihrer Kundgebungen nicht beeindrucken ließen und es bei den Versuchen, die Kundgebungen zu unterbinden, zwangsläufig zu Handgemengen kam, versucht die Bundesregierung nun durch eine Verschärfung des Abschiebe(un)rechts und eine Ergänzung des § 125 StGB, unliebsame Menschen schneller loszuwerden.

Die Ergänzung des Strafrechtes kann auch für den Widerstand gegen die Atomanlagen einige Bedeutung gewinnen. Die Ministerrunde und einhergehend später das Bundeskabinett war sich einig, daß einfacher Landfriedensbruch (z.B. Aufforderung zur-, bzw. tatsächliche Gewalt gegen Sachen aus einer Menschenmenge heraus) nunmehr als schwerer Landfriedensbruch gewertet werden soll, wenn dies aus einer verbotenen Demonstration heraus geschieht. Bisher war die Schwelle zum sog. „Besonders schweren Landfriedensbruch" die Anwendung von Gewalt mittels Waffen, bzw. die Gefahr des Todes, oder schwerer Körperverletzung. Das Mindest-Strafmaß wird so bei Sachbeschädigungen während der Teilnahme an verbotenen Versammlungen von einer Geldstrafe auf 6 Monate Haft erhöht.

Da in der jüngeren Vergangenheit sehr viele Kundgebungen mit den unterschiedlichsten, oft konstruierten Begründungen verboten wurden und sich die Menschen massenweise darüber hinwegsetzten, versucht der Staat, sich auch hier durch stärkere Repressionen zu wehren. Die KurdInnen, die ihr legitimes Recht wahrnehmen, um gegen den Völkermord in der Türkei zu protestieren und dabei natürlich auch ihre Symbole zeigen wollen (Die Kundgebungen werden regelmäßig mit dem Hinweis verboten, daß durch Zeigen der verbotenen Embleme der PKK eine Straftat zu erwarten ist), müssen für eine weitere Kriminalisierung von allen Menschen, die sich für eine Verbesserung der Lebensverhältnisse auch auf der Straße einsetzen, herhalten.

Auch der wiedererstarkten und aktiven Anti-AKW-Bewegung, die schon fast traditionell an Aktionen des zivilen Ungehorsams bis hin zur Sabotage festhält, wird das Leben nicht leichter gemacht. Mit etwas Umsicht und einer genauen Kenntnis der herrschenden Verhältnisse wird sich der Widerstand gegen die Atomanlagen jedoch auch von der zunehmenden Repression nicht einschüchtern lassen, und zwar bis die letzte Atomanlage geschlossen ist. Bezeichnend ist die Aussage Gerhard Glogowskis, der als niedersächsischer Innenminister für den unverhältnismäßig harten Einsatz gegen die Castor-DemonstrantInnen verantwortlich ist. Der beurteilte nämlich, als der Transport durchgeprügelt war, das Verhalten der DemonstrantInnen als schweren Landfriedensbruch.

Das neue Niedersächsische Säuberungsgesetz

Nach den sog. Chaos-Tagen in Hannover, bei denen sich schon traditionell PunkerInnen am ersten Augustwochenende jeden Jahres treffen, und das 1995 insbesondere durch das Polizeiverhalten eskaliert wurde, kamen die Forderungen nach schärferen Gesetzen nochmals zu einem Höhepunkt. Der SPD-Innenminister Glogowski nutzte diese selbst inszenierte Hysterie, um ein neues Gefahrenabwehrgesetz einzuführen, das der Polizei weitgehende Rechte einräumt, um schon im Vorfeld von vermuteten Straftaten gegen verdächtigte Bürger vorzugehen.

Das neue Niedersächsische Gefahrenabwehrgesetz wurde am Tage der Einlagerung des 2. Castorbehälters ins atomare Zwischenlager in Gorleben vom Landtag beschlossen und enthält folgende wesentliche Neuerungen:

- Einführung von Aufenthaltsverboten für alle Gemeinden in denen die betroffenen Personen nicht ihren Wohnsitz haben.

- Einführung des Unterbindungsgewahrsams (Vorbeugehaft) von bis zu vier Tagen.

- Aufweichung des richterlichen Überprüfungszwanges für Ingewahrsamnahmen und polizeiliche Kontrollstellen durch die Ersetzung konkreter Fristen durch den Begriff „unverzüglich".

- Übernahme von Verschärfungen des „Ausländerrechts" und des „Asylverfahrensgesetzes", sowie die Einführung eines juristischen „und so weiters" in den Tatenkatalog, bei denen die polizeilichen Befugnisse erweitert werden.

Das neue niedersächsische Polizeigesetz ist nicht in allen Bereichen ein Novum, in anderen Bundesländern sind sogar 14 Tage Vorbeugehaft seit Jahren Gesetz. Insbesondere das im April 1994 verabschiedete sächsische Polizeigesetz läßt laut Gössner keine Polizeiwünsche offen:

Es legalisiert die ganze Palette umstrittener Praktiken und schwerwiegender Eingriffe in die Bürgerrechte, die seit geraumer Zeit durch sämtliche Debatten zur sogenannten Inneren Sicherheit geistern: Ob großer Lauschangriff in und aus Wohnungen oder verdeckte Ermittler in kriminellen Milieus, ob Einsatz nachrichtendienstlicher Mittel oder „finaler" Todesschuß, ob längerfristige Observation oder polizeiliche Beobachtung, ob Rasterfahndung oder bis zu 14 Tagen Vorbeugehaft - auf nichts glaubte die regierende Sachsen-CDU verzichten zu können, um insbesondere dem „organisierten Verbrechen" die Polizeistirn zu bieten.

Dabei entging den Sicherheitsstrategen allerdings, daß der Anteil der zuvor grell an die Wand gemalten „organisierten Kriminalität" an der Gesamtkriminalität in Sachsen ziemlich gering ist, daß jedoch ihr Einfluß auf die Gesetzgebung des Landes bereits besorgniserregende Dimensionen angenommen und mit diesem Gesetz zu einem organisierten Bürgerrechtsabbau geführt hat.

Eine neue Qualität bringt jedoch das sogenannte Aufenthaltsverbot im neuen niedersächsischen Polizeigesetz mit sich. Begründet mit den Chaos-Tagen soll es der Polizei möglich gemacht werden, allen Personen von denen angenommen werden kann, daß sie Straftaten begehen werden, das Aufenthaltsrecht für eine ganze Gemeinde oder einen ganzen Landkreis entzogen werden. Nach welchen Kriterien entschieden werden soll, welche Menschen potentielle Straftäter darstellen, wurde durch das Gesetz bewußt nicht festgelegt.

Es steht zu befürchen, daß alle an einem Ort unerwünschten Menschen, ohne konkrete Verdachtsmomente präventiv kriminalisiert und ausgewiesen werden. Seien es nun DrogenkonsumentInnen als potentielle DealerInnen, Obdachlose als RuhestörerInnen, AtomkraftgegnerInnen als QuerstellerInnen, Punks als GewalttäterInnen, AsylbewerberInnen als SchwarzarbeiterInnen oder gar „Zigeuner" als DiebInnen, der Polizei ist in Niedersachsen nun Tür und Tor geöffnet, wie vor ca. 60 Jahren bereits schon einmal, Menschen aufgrund ihrer äußeren Erscheinung oder ihrer ethnischen Zugehörigkeit als Kriminelle zu behandeln.

Die schönen Innenstädte, z.B. zur Expo 2000 in Hannover, zu säubern oder soziale Brennpunkte gewaltsam aufzulösen, ohne daß Menschen tatsächlich ein einziges Mal gegen ein Gesetz verstoßen haben, kann eher als Zweck des neuen Gesetzes angesehen werden.

Da im polizeilichen EDV-Zeitalter damit zu rechnen ist, daß die Aufenthaltsverbote für bestimmte Personen und bestimmte Orte gespeichert werden, werden Personen die in anderen Gemeinden vielleicht per Zufall in eine Personenkontrolle kommen, hier evtl. gleich wieder mit Aufenthaltsverboten belegt werden, da sie ja offenkundig schon als potentielle Straftäter aufgefallen sind. So kann es besonders unerwüschten Personengruppen passieren, daß sie vielleicht irgendwann in ganz Niedersachsen geächtet sind, außer an ihrem Wohnort. Menschen werden praktisch unter Hausarrest gestellt, weil sie vielleicht grüne Haare haben oder dürfen womöglich nicht nach Niedersachsen, weil sie als Sinti oder Roma keine Meldeadresse haben und von unkontrollierten Polizeibeamten als potentiell kriminell eingestuft werden. Wohlgemerkt, dies ist nur ein mögliches Szenario, doch genau so ist es von dem jetzigen neuen Gesetz im SPD-regierten Niedersachsen rechtlich ermöglicht worden. Daß es bei derart weitreichenden, unkontrollierbaren Polizeirechten nicht nur um die Verhinderung von Chaos-Tagen geht und auch GegnerInnen von Castor-Einlagerungen ins Zwischenlager Gorleben davon betroffen sein werden, daran dürfte kein Zweifel bestehen.

In Zukunft: Mögliche Tätergruppen mit Ausgehverboten belegen ?

Daß die Niedersachsen-SPD mit diesem Säuberungsgesetz voll im Trend liegt, soll das letzte Beispiel aus den USA zeigen, für das sich schon eifrige Befürworter in bundesdeutschen Innenpolitikerkreisen offenbart haben. Am 31.05.96 berichtete die tageszeitung (taz), daß der US-Präsident Bill Clinton plane, den Städten der USA zu empfehlen, ein nächtliches Ausgehverbot für Jugendliche zu verhängen, um die Jugendkriminalität einzudämmen. In sieben Städten der USA gebe es bereits solche Ausgehverbote, nach denen es den jungen US-Amerikanern verboten ist z.b. zwischen 20.00 Uhr abends und 6.00 Uhr morgens ohne Begleitung Erwachsener die Straße zu betreten, es sei denn, sie befinden sich auf dem Weg zur Kirche oder zur Arbeit.

Der CSU-Innenpolitiker Norbert Geis antwortete der taz im Interview, daß man bei steigender Jugendkriminalität neue Mittel und Wege überlegen muß und die Überlegung, ob nicht ein Ausgehverbot auf öffentlichen Straßen und Plätzen sinnvoll wäre, dazugehöre. Da die Verhältnisse bei uns mit den US-amerikanischen jedoch nicht zu vergleichen wären, würde er jedoch vorschlagen den Beginn des Ausgehverbot auf 21.00 Uhr im Winter und 22.00 Uhr im Sommer zu legen.

Auch der SPD-Innenminister Glogowski benannte auf einem Vortrag zur Inneren Sicherheit die Jugendkriminalität als eines der größten Probleme in Niedersachsen ...

Die Geisteshaltung einer solchen Politik ist die Gleiche, wie bei der pauschalen Verhängung von Aufenthaltsverboten, Einschränkung von Bürgerrechten und Freiheit als Allheilmittel gegen politisches Versagen! Wenn Menschen sich gegen die Verhältnisse wehren, von denen sie sich benachteiligt oder bedroht fühlen, gehören sie halt weggesperrt!

Die von allen Parteien betriebene und getragene Einsparungspolitik beim Abbau von sozialen Errungenschaften, einhergehend mit zunehmender Perspektivlosigkeit in Bezug auf ein erfülltes Leben (unabhängig vom Arbeitsleben), führt zwangsläufig zu sozialen Spannungen, Entsolidarisierung und Abwälzung der Unzufriedenheit auf Minderheiten. Durch mehr Ordnungspolitik, oder nennen wir es ruhig beim Namen, Unterdrückungspolitik, sollen diese Spannungen in für den Staat ungefährliche und handhabbarere Bahnen gelenkt werden.

Diejenigen Menschen und Gruppen, die sich auch in Zukunft für mehr Demokratie, mehr soziale Gerechtigkeit, dem Primat der Ökologie vor der Ökonomie und eine Abkehr vom alles beherrschenden Diktat des Kapitals einsetzen, werden es zukünftig immer schwerer haben, für ihre Sache zu kämpfen, ohne von immer mehr Überwachung, Kontrolle und einschränkenden Gesetzen drangsaliert zu werden.

Sechstes Kapitel

Leben im Widerstand

TURMBESETZERINNEN
Schächte dicht!

Besetzung im Gorlebener Endlager

Zeitlich abgestimmt mit dem Regierungswechsel in Hannover wurden am 21. Juni 1990 in Gorleben auf dem Gelände des Endlager-Erkundungsbergwerks die ca. 50 Meter hohen Bohrtürme von Schacht 1 und 2 besetzt. Gegen 8.00 Uhr morgens überwanden die BesetzerInnen mit selbstgebauten Holzleitern den Maschendrahtzaun und die dahinterliegende ca. vier Meter hohe Mauer. Sie entrollten große Transparente mit den Aufschriften „Letzte Schicht – Schacht dicht" und "Gorleben Stop – Alle AKW abschalten".

Hier berichten einige Beteiligte aus verschiedenen Perspektiven: Wir haben die Regierungsübernahme von Schwarz nach Rot-Grün zum Anlaß genommen, noch einmal mit Nachdruck darauf hinzuweisen, daß wir den Ausstieg aus dem Atomprogramm fordern. Uns reicht es nicht, AtomkraftgegnerInnen im Landtag zu haben, sondern wir werden weiterhin massiv unsere Präsenz und unseren Widerstand vor Ort zeigen. Weil wir es nicht hinnehmen, daß das „Erkundungsbergwerk" als Entsorgungsnachweis für Atomanlagen gilt, haben wir die Bohrtürme auf dem Gelände besetzt.

Bericht vom Schacht 2:

Das Überwinden des Drahtzauns und der vier Meter hohen Mauer gelang uns blitzschnell. Auch der Spurt zur Leiter an Schacht 2 stellte trotz Beobachtung durch einen Wachmann keine Schwierigkeit dar. Dann ergab sich ein leises Gefühl der Enttäuschung, denn drei Wachleute, die mit einem Daimler herangebraust waren, erreichten vor mir den Leitereinstieg. Zwei von uns waren schon auf der Leiter. Unten kam es zu einem Gerangel, in dessen Verlauf noch drei weiteren (so auch mir) der „Aufstieg" auf den Turm gelang. Welch ein erhebendes Gefühl ist es doch, einem mit solch großem Aufwand bewachten Gelände zu trotzen.

Wir hatten damit gerechnet, daß eine 24-Stunden-Besetzung auf dem Turm Phasen der Langeweile haben kann - aber ich war überrascht, wie wenig davon tatsächlich eingetreten ist. Auch wenn es schade ist, daß drei Menschen aus unserer Gruppe wegen der Wachleute nicht mit auf den Turm aufsteigen konnten, wurden wir durch das Erleben einer starken Verbundenheit zwischen „Turm oben" und „UnterstützerInnen unten" entschädigt. Das spontan eingeleitete Mitsommerfest (Sommerwendenfest) hat sehr viel Spaß gemacht, weil es trotz räumlicher Trennung eben ein solidarisches Fest war.

Unser Konzept, beide Türme gleichzeitig zu besetzen, wobei ein Turm 24 Stunden dicht bleiben sollte, konnten wir vollständig umsetzen. Der Zeitpunkt des niedersächsischen Regierungswechsels in Zusammenhang mit der Forderung nach Abschaltung aller AKW an die Öffentlichkeit zu bringen, wurde meiner Einschätzung nach mit dieser Aktion unterstrichen. Enttäuscht bin ich nur über die etwas magere Berichterstattung in den Medien, insbesondere in der taz und davon, daß kaum Fernsehteams nach Gorleben kamen. Für mich war diese Besetzung wichtig als ein Teil meines Widerstandes gegen die menschenverachtende Atomindustrie, und ich will meine Freude über das Gelingen nicht zurückhalten. Darin steckt auch die Hoffnung, daß durch solche Aktionen insgesamt der AKW-Widerstand wieder von mehr Menschen aktiv gelebt wird.

Bericht vom Schacht 1:

Am Morgen wurde abgesprochen, daß wir um 13.00 Uhr den Turm verlassen würden, weil einige Kinder haben oder arbeiten mußten.

Dann ging es ab: Schnell waren Zaun und Mauer überklettert, und wir landeten über den Treppen des Wasserwerfers auf dem Gelände. Wachpersonal begegnete uns glücklicherweise nicht. Niemand hinderte uns, nur ein Arbeiter stand verblüfft und demonstrativ vor der Treppe zum Turm. Wir stiegen seitwärts ein und begannen hochzulaufen. Ein Arbeiter verfolgte uns und überholte einige, die eine Verschnaufpause brauchten. Aber er unternahm nichts gegen uns, schien selber völlig aufgelöst. Der Überraschungseffekt, den wir erzielten, läßt mich heute noch schmunzeln.

Nach mühsamem Aufstieg waren wir vor der letzten Luke versammelt. Sie war verriegelt, und einen Moment lang schien unsere Reise zu Ende. Aber es gelang, auch das letzte Hindernis zu überwinden.

Als erstes beeilten wir uns, die Wendland-Fahne zu hissen, das riesige Transparent (8 x 8 m) mit Sandsäcken zu versehen und aufzuhängen: „Letzte Schicht-Schacht dicht!". Die Arbeiter standen oder saßen in Grüppchen auf dem Gelände herum, wie wir beobachten konnten. Die Aussicht war grandios. Wir entdeckten die anderen auf Turm 2 und die UnterstützerInnen außerhalb des Geländes. Wir winkten uns zu –das stärkste Gefühl war das der Solidarität. Ich fühlte mich eins mit denen vom anderen Turm, den UnterstützerInnen innerhalb und außerhalb des Lagers und allen SympathisantInnen, die von der Aktion hören würden.

Bald rappelte es an der Luke, nachdem Vertreter des Endlagers uns darauf hingewiesen hatten, daß wir etwas Verbotenes machten. Wer sich dort zu schaffen machte, waren wütende Arbeiter, die uns auch verbal bedrohten. Beängstigend entschlossen bearbeiteten sie die Luke. Einige von uns saßen drauf und die wurden ganz schön durchgerüttelt. Gleichzeitig hörte einer von uns die Drohungen durch die Luke: Sie sagten, wir sollten froh sein, wenn die Polizei uns zuerst erwischte, sonst würden sie uns plattmachen. Wir waren ihnen völlig ausgeliefert, denn die Szene war von unten nicht sichtbar. Wir versuchten unseren UnterstützerInnen die Situation zu signalisieren. Später erfuhr ich, daß sie verstanden hatten. Die Arbeiter schafften es nicht, uns zu erreichen.

Wir erhielten zwei Aufforderungen durch die Polizei und handelten aus, daß wir um 13.00 Uhr herunterkommen würden, wie es dann auch geschah.

Bericht vom (unfreiwilligen) Bodenpersonal:

Noch bevor ich über die Mauer blicken konnte, hörte ich bereits die hysterischen Schreie eines Wachmanns, wir sollten das Gelände verlassen und er würde seinen Hund loslassen. Das tat er dann auch, aber ohne Folgen.

Sowie ich über die Mauer gestiegen war, fing ich an, in Richtung des Turmes über Schacht 2 zu laufen. Noch bevor ich die auf den Turm führende Leiter erreichte, sah ich einen Mercedes, mit drei Wachleuten bemannt, in ziemlich schnellem Tempo auf den Turm zubrausen. Als ich gerade die erste Stufe erklimmen wollte, sah ich direkt vor meinen Augen einen großen schwarzen Holzknüppel, der mich am weiteren Aufstieg hinderte. Außer mir mußten noch zwei am Boden bleiben, alle anderen schafften mit mehr oder weniger großen Mühen, zum Teil ohne ihre Rucksäcke, den Aufstieg. Wir drei am Boden behielten erst noch unsere Rucksäcke auf, da wir trotz der drei an der Treppe postierten Wachmänner noch auf eine günstige Gelegenheit warteten, doch noch aufzusteigen.

Die Bergleute wurden sofort aus dem Schacht geholt, damit sie vom Turm aus nicht „gefährdet" werden konnten. Damit stimmte vorerst das Motto „Letzte Schicht – Schacht dicht". Wir sahen uns schnell umringt von Bergarbeitern und Höhergestellten der DBE, wobei uns die letzteren ziemlich grob aus der Nähe der Leiter wegschubsten.

Fünf von uns hatten also den Aufstieg geschafft. Ich fühlte trotz dieser Tatsache eine Enttäuschung in mir, daß ich nun unten bleiben mußte.

Die beiden anderen begannen sofort mit den Arbeitern und deren Vorgesetzten zu diskutieren, obwohl wir von seiten der Bergleute Beschimpfungen zu hören bekamen. „Penner, holt erst mal Eure Stütze ab ..." usw. Nach einiger Zeit stellten wir fest, daß sich die Situation immer mehr entspannte und daß es eigentlich wichtig war, daß wir unten geblieben sind, denn nur so konnten wir die Leute beschwichtigen und versuchen, ihnen den Sinn der Aktion klarzumachen.

Die Polizeileitung traf dann auch ein und wir wurden nach Lüchow in die Polizeikaserne gefahren. Als wir die Prozedur von Durchsuchung und erfolgloser Vernehmung hinter uns hatten, warteten vor der Kaserne schon Freunde und fuhren uns wieder nach Gorleben. Dort fanden wir eine kleine Gruppe von UnterstützerInnen am vorderen Tor. Den ganzen Tag und auch die Nacht über wechselten sich Leute ab, so daß rund um die Uhr jemand dort war.

Über Megaphon wurde Kontakt zu den Türmlern gehalten und versucht, sie trotz des Mangels an Schlafsäcken und Isomatten bei Laune zu halten. Abends waren ziemlich viele Leute dort, es wurde getrommelt und gesungen. Es war die ganze Zeit ein starkes Band zwischen uns unten und denen oben, als wären wir alle zusammen am selben Ort gewesen.

Gemeinsame Stellungnahme:

Die Darstellungen unserer Aktion durch die Presse ist in unseren Augen teilweise falsch und unzureichend gewesen. Unsere Aktion war auf Öffentlichkeit angewiesen, deshalb waren die knappen Berichte (z.B. in der taz und der regionalen Elbe-Jeetzel-Zeitung) enttäuschend.

Richtigstellen wollen wir, daß die Zeitpunkte des Abstiegs von den Türmen vorher festgelegt waren und wie geplant durchgeführt wurden.

Ach, übrigens....

Holzleitern zusammennageln kann jede/jeder. Für eine solche Aktion bedarf es weder einer langen Vorbereitungszeit noch besonderen Fähigkeiten, sondern nur einer guten Portion Entschlossenheit, denn ... Alle Räder stehen still, wenn dein starker Arm es will ...

Die BesetzerInnen

Dieser Bericht erschien kurz nach der Aktion in der Oktober/November-Ausgabe der Zeitschrift „Atom".

REDAKTIONSGRUPPE UND TURMBESETZERINNEN
Der Widerstand hört einfach nicht auf ...

Aus der bunt gemischten TurmbesetzerInnen-Gruppe haben wir drei befragt: nach ihrer Motivation, ihren Gefühlen und Zielen. Das Gesagte kann ein Ausschnitt des weiten Spektrums des Gorleben-Widerstandes widerspiegeln. Der wendländische Protest ist kein Einheitsbrei. Die Menschen hier stehen in solidarischer und teilweise auch strittiger Diskussion miteinander. In dieser Vielfalt werden schon heute Utopien und Ziele des Widerstands in den Alltag umgesetzt.

Ihr könnt einfach mal erzählen, wie ihr da hochgekommen seid.

Turmi a: Ich war gar nicht oben. Soweit ich mich erinnern kann, gab es zwei Vorfeldtreffen, auf denen Transparente für die Aktion gemalt und Holzleitern aus Dachlatten zusammengenagelt wurden. Frühmorgens wurden in einer Blitzaktion der Zaun überwunden und diese Leitern an die Mauern angestellt. Dann ging es darum, schneller zu sein als die Wachleute, was bei beiden Türmen fast geklappt hätte. Bei einem Turm gab es Schwierigkeiten, so daß da nicht alle hochgekommen sind.

Turmi b: Was ich bei dieser Frage entscheidend finde ist, daß da diese Riesenbaustelle ist, bestbewacht mit Wachschutz, Zäunen und hohen Mauern. Ich find es einfach total faszinierend, daß mit ein bißchen Entschlossenheit und mit ganz einfachen Mitteln, wie diesen zusammengenagelten Leitern, dieses Bollwerk überwunden werden kann. Dies zeigt, daß bei all dieser Technik, diesem riesigen Aufwand ... irgendwo nix dahinter steckt - nix Lebendiges.

Turmi a: Dazu müßte eigentlich auch noch gesagt werden, daß wir irgendwie mit dran Schuld sind, daß jetzt auf der Mauer am Endlager, neben den Wasserwerfern, die damals schon da waren, Natodraht gespannt worden ist.

Welchen Anlaß und welchen Hintergrund gab es zu dieser Aktion und wen wolltet ihr ansprechen? Die herrliche Aussicht von da oben alleine war es doch nicht, die euch hochgetrieben hat?

Turmi a: Also Hintergrund war die Inthronisierung von Schröder, dem Ministerpräsidenten, damals war „Rot-Grün" angesagt und die Koalitionspapiere brachten zum Ausdruck, daß Gorleben eigentlich stillgelegt werden sollte. Dieser Geschichte haben wir natürlich mißtraut, weil wir, oder ich rede mal von mir, Parteien nicht über den Weg trauen. Auf der anderen Seite aber auch, um auch der Bevölkerung aufzuzeigen, daß von „Rot-Grün" sehr wahrscheinlich nichts zu erwarten ist.

Turmi b: Ich denke, der Hintergrund ist in der damaligen Zeit zu sehen. Da war viel mit diesen Montagsblockaden vor dem Zwischenlager und es lief insgesamt relativ viel an Aktivitäten. Eine Sache war ganz einfach auch, daß die Idee von dieser Aktion „Besteigen der Endlagertürme" da war und es genügend Leute gab, die Lust dazu hatten. Mit der Aktion war die Möglichkeit geschaffen, viel Presse und Öffentlichkeit zu erreichen, um das Thema „Endlagerbaustelle" in die Medien zu bekommen.

Turmi c: Zu der Zeit der Montagsblockaden liefen die Transporte ja auch ins Zwischenlager und die ganze Problematik Endlager war eigentlich überhaupt kein Thema. Es war ein Bestreben, das Endlager ins Blickfeld zu rücken.

Es war also mehr eine symbolische Aktion, oder?

Turmi c: Es gibt ja verschiedene Ausdrucksmöglichkeiten, etwas gegen Atomkraft zu tun, wobei sicher der juristische Weg der geduldigere ist. Seit hier in Gorleben die Anlagen im Gespräch sind, wird dagegen geklagt und die Verfahren sind in der Hauptsache noch nicht entschieden. Trotzdem wird weiter gebaut. Und dann gibt es eben die Möglichkeit, selbst mit eigenen Mitteln etwas dagegen zu tun, um auf diesem Weg eine Diskussion voranzutreiben und eine Entwicklung zu beschleunigen oder zu unterstreichen. Eigentlich war es als symbolische Handlung gedacht. Aber wir haben mehr erreicht, nämlich daß die Endlagerfördertürme stillstanden. Wenn dieser Weg fortgesetzt wird und solche Aktionen öfter passieren, dann ist das natürlich der tatsächliche Ausstieg aus dem Atomprogramm.

Ihr habt schon damit gerechnet, daß ihr juristisch belangt werdet. Eine strafrechtliche Verfolgung wegen Hausfriedensbruch habt ihr einkalkuliert. Jetzt ist noch mehr passiert. Die Bundesrepublik fordert zusätzlich Schadensersatz.

Turmi a: Also damit haben wir im Vorfeld und auch bei der Aktion nicht gerechnet und wenn wir rechtzeitig gewußt hätten, daß nach den Strafverfahren noch eine Zivilklage gegen uns eingereicht wird, dann hätten wir auch diese Strafprozesse länger geführt und nicht einfach gegen Geldbuße einstellen lassen.

Turmi b: Also ich sehe das eigentlich auch so, daß uns die strafrechtliche Geschichte klar war. Bei vielen anderen Aktionen hier vorher in Gorleben war nichts in Bezug auf Zivilrecht gefolgt und von daher war dies für uns überhaupt nicht vorherzusehen. Meine Einschätzung im Nachhinein ist letztlich, daß der Widerstand doch so stark greift, daß die mit ihrer Atomtechnik gar nicht mehr so richtig wissen, wie sie damit umgehen können, und, eben über diese zivilrechliche Geschichte, über Geldforderungen, versuchen, uns ruhig zu stellen. Dadurch, daß die Aktionen so teuer werden, wollen sie solche Proteste eindämmen. Darin liegt meines Erachtens auch die Brisanz und Wichtigkeit unseres Verfahrens, weshalb wir diesen Prozeß so weit wie möglich durchziehen müssen.

Turmi c: Die strafrechtliche Verfolgung, auch wenn wir sie unangemessen finden, haben wir im Grunde alle verinnerlicht und irgendwie akzeptiert. Wir wissen, wenn wir ein Gesetz übertreten und diese Zäune überwinden, daß wir dafür belangt werden. Das nehmen wir in Kauf. Daß jetzt noch eine zivilrechliche Verfolgung noch dazukommt, ist erst einmal eine Doppelbestrafung und ist bis auf wenige Ausnahmen, die es schon in der BRD gegeben hat, neu.

Wie seid ihr damit umgegangen, als diese Mahnbescheide bei euch ankamen und welche Stimmung hattet ihr dann?

Turmi c: Also erst einmal war es ja ein ganz unübliches Verfahren. Normalerweise kriegt jemand ja nicht gleich einen Mahnbescheid. Wir, TurmbesetzerInnen, haben kurz vor Ablauf der Verjährungsfrist, die drei Jahre beträgt, Mahnbescheide zugestellt gekriegt. Meine Reaktion war: ich habe erst einmal jemand andern angerufen, gefragt 'hast du auch so'n Teil gekriegt, was soll denn das, warum wollen die denn 126.000 Mark von uns haben' und dann haben wir gesagt 'naja, keine Ahnung, was das zu bedeuten hat'. Die erste Reaktion war vor allem Verunsicherung, was das zu bedeuten hat und schon ein sehr unterschiedliches Gefühl. Bei einigen 'naja das kann nur ein schlechter Scherz sein', bei einigen 'naja, das kann ja noch heikel werden' bei anderen gleich 'na egal, was sie damit noch vorhaben, das sollen sie sich mal gut überlegen, so kriegen sie uns auch nicht klein'. Daraus hat sich dann eigentlich eine feste Gruppe entwickelt, die nicht nur aus TurmbesetzerInnen bestand, sondern auch aus UnterstützerInnen, wo Diskussionen liefen, inhaltlich diese Prozesse vorbereitet wurden, wo Papiere geschrieben wurden, wo Flugis entworfen wurden und wo eine breitere Basis von Zusammenhalt und „sich-dagegen-wehren" klar wurde, nach dem Motto „Wir nehmen die Aufforderung zum Tanz an".

Habt ihr in der Folge auch mal in Frage gestellt, ob Widerstandsaktionen in dieser Form noch machbar sind, wenn eine Doppelbestrafung oder so eine empfindliche finanzielle Drohung von denen kommt?

Turmi a: Da kann ich eine ganz konkrete Erfahrung erzählen. Bei der ersten Verhandlung in Lüneburg waren wir mit ein paar Menschen auf dem Baugerüst an dem U-Haft-Gebäude nebenan, haben da ein paar Transparente gehißt, als nebenan die Verhandlung lief. Irgendwann kümmerten sich dann ein paar Polizisten um uns, die meinten, wenn ihr nicht gleich da runter kommt, dann rufen wir die Feuerwehr und dann wird's teuer. Woraufhin wir sagten 'darauf wollen wir ja hinweisen, wir haben ja gerade nebenan so einen Prozeß. Naja damit ist es eigentlich schon gesagt.

Turmi b: Also ich sehe schon, daß es so eine Veränderung gegeben hat, daß darüber nachgedacht wird, daß solche Folgen einfach passieren können und aus diesem Grunde meines Erachtens auch nicht mehr so locker solche Aktionen laufen.

Es gibt noch einen zweiten Fall im Wendland, wo Schadensersatz gefordert wird, die Kranbesetzung. Hier allerdings nicht wegen Ausfallzeiten, sondern wegen Sachbeschädigung.

Turmi c: Das war circa vier Jahre später, als der Verladekran für den Castorbehälter in Dannenberg besetzt wurde und nun für sogenannte Sachbeschädigungen 40.000 Mark eingefordert werden. Es sieht so aus, als ob dort die gleiche Schiene gefahren werden soll, wie im TurmbesetzerInnen-Prozeß. Also grundsätzlich sind schon bei vielen Gedanken aufgekommen, wie mit dieser Problematik umzugehen ist, daß es nun wohl üblich werden wird, daß Schadensersatzforderungen für Besetzungen, möglicherweise auch bald für Demonstrationen folgen werden. Es ist ja beliebig von der Gegenseite handhabbar. Dabei kann ich für mich persönlich sagen, daß ich nicht so viel dazu gelernt habe. Ein Punkt, der mir jetzt klar ist, ist daß die Menschen, die solche Aktionen machen, sich schon darüber vorher klar sein sollten, ob sie etwas besetzen oder ob sie etwas beschädigen. Etwas zu besetzen find ich nach wie vor richtig, auch mit der drohenden Gefahr von Schadensersatz. Dagegen würde ich dann immer wieder vorgehen und mich dagegen wehren. Wenn Menschen Lust haben, etwas zu beschädigen, sollten sie sich doch möglichst schnell aus dem Staub machen und nicht ihre Personalien feststellen lassen. Wir sollten das trennen.

Gibt es etwas Positives, das ihr dem Schadensersatzverfahren abgewinnen könnt, wo ihr sagen könntet, das hat uns weiter gebracht, da haben wir jetzt einen anderen Informationsstand?

Turmi b: Diese Medaille hat zwei Seiten. Auf der einen Seite müssen wir uns mit etwas beschäftigen, obwohl wir unsere Kräfte lieber in andere Dinge stecken würden als in diese gerichtliche Auseinandersetzung. Andererseits ist es so, da wir nun einmal drin stecken, haben wir auch diese Öffentlichkeitsmöglichkeit. Wir können dieses Verfahren daher offensiv nutzen und dem Ganzen etwas Positives abgewinnen, indem zum Beispiel dieses Buch entsteht.

Turmi c: Also überhaupt hat für mich die Umgehensweise dieser Menschen, die uns da irgendwas aufdrücken und anhängen wollen, gezeigt, daß wir auf dem richtigen Dampfer sind. Das ist eine empfindliche Stelle, die wir getroffen haben und sie versuchen also, solche Verhaltensweisen von DemonstrantInnen zu unterdrücken und das Recht auf freie und wahrnehmbare Meinungsäußerung zu verhindern. Dies ist für mich ganz klar ein Zeichen, daß wir da irgendwie etwas Gutes gemacht haben und das auch durchaus immer wieder machen sollten, sofern es denn in den Kräften der einzelnen liegt. Es geht darum, auf empfindliche Stellen hinzuweisen; das sind zum einen natürlich die Atomtransporte, und dann ist es ganz sicher die Tatsache, daß es kein Endlager gibt.

Turmi a: Ich sehe das eigentlich als einen krampfhaften Versuch, Proteste aufzuspalten, und zwar fragte mich der erste Bulle, der im Endlager anwesend war, ob ich von Greenpeace wäre. Der konnte sich das gar nicht anders als eine Greenpeace-Aktion vorstellen. Er hatte die Aktion auch sehr gelobt, fand sie klasse, fragte auch gleich 'wie seid ihr da hochgekommen'. Ich weiß nun nicht, wie es bei Greenpeace-Aktionen oder Robin-Wood-Aktionen läuft, ob die im Nachhinein Schadensersatzklagen bekommen. Ich glaube, wenn Privatleute oder BürgerInnen eine Aktion dieser Dimension machen, daß dann schon darauf geguckt wird, wie sie organisiert sind und ob sie einer Organisation angehören. Es soll einfach nicht zugelassen werden, daß sich Menschen spontan zusammenschließen und irgendwelche Aktionen in der Richtung machen. Die Angst, die Betreiber oder der Staat haben, ist ganz einfach die, daß ohne den Prozeß, und deshalb mußte der wohl sein, die Gefahr gegeben wäre, daß sich X-beliebige Leute zusammenschließen und kurzerhand das Endlager besetzen.

Wobei das für das Wendland kein ungewöhnliches Ereignis ist, daß Menschen sich zusammenschließen und eine Aktion machen. Es gibt eine lange Kette phantasievoller Aktionen. Was ist das besondere an der Stimmung im Wendland, die so etwas ermöglicht?

Turmi b: Ich denke, das Besondere im Wendland hier ist ganz einfach, daß in den Alltag vieler Leute, die hier im Wendland leben, der Widerstand mit einbezogen ist. Das Verrückte ist hier: einerseits ist das Wendland so dünn besiedelt, es gibt viele kleine Orte, aber du kennst fast in jedem Ort jemanden und du hast mit dem etwas zu tun und sei es nur der Widerstand gegen Gorleben. Es gibt eine große Solidarität und bei dem Umgang mit dem Prozeß finde ich sehr positiv, daß das nicht nur bei den 14 Leuten hängen bleibt und sie alleine gelassen werden, sondern daß das insgesamt von dem Widerstand aufgenommen wird und als gemeinsame Sache begriffen wird.

Turmi a: Dazu will ich ergänzen, daß diese Gruppe von 14 Leuten, welche die Türme besetzt hat, im Grunde genommen von den einzelnen Personen austauschbar ist, d.h. es hätten auch andere machen können. Es kam hinterher in den Solidaritätsbekundungen eindeutig rüber, daß gerne viel mehr mitgemacht hätten, wenn sie davon gewußt hätten.

Turmi c: Das Besondere ist auch, daß es sehr viele Aktionsformen gegeben hat und gibt, daß eine große gegenseitige Akzeptanz da ist, also daß beispielsweise bei der großen Vielfalt von Menschen sich niemand nach dieser Aktion vor die TurmbesetzerInnen gestellt hat und gesagt hat „wie kann jemand nur so dumm sein und darauf kommen, mit sowas durchzukommen", sondern es war von allen ein positives Feedback „das habt ihr toll gemacht und da werden wir schon gemeinsam herrauskommen". Auch diese viel geführten Gewaltfreiheits- oder Militanzdebatten, die es sicher überall gibt, werden hier immer wieder irgendwie aufgefangen. Der Widerstand ist jetzt schon an die 20 Jahre alt und alle Aktionen, die bisher gelaufen sind, sind nie ernsthaft von irgend jemand kritisiert worden. Der Grundsatz ist halt immer „es dürfen keine Menschenleben gefährdet werden". Es ist eine große Solidarität untereinander da und diese Solidarität ermöglicht vielen Leuten, sich mit einer ziemlichen Sicherheit darin zu bewegen. Das Motto auf einem unserer Flugis war auch einmal „Von uns kriegen sie keinen Pfennig". Damit ist gemeint, wir wollen diese Summe nicht bezahlen. Wenn es irgendwann letztinstanzlich vor dem Bundesverfassungsgericht dazu käme, daß wir doch zahlen müssen, dann wird das nicht von uns persönlich geleistet werden, sondern dann wird es eine große Kasse von allen geben, die gerne an dieser Aktion teilgenommen hätten. Es wird gemeinsam getragen.

Turmi a: Das hat sich jetzt für mich so ein bißchen nach „Friede-Freude-Eierkuchen" angehört. Ich sehe das schon teilweise anders. Ich kriege schon mit, daß es Distanzierungen gibt von einigen Aktionen. Ich würde das nicht so darstellen wollen, daß hier so eine Einigkeit vorhanden ist über die Aktionsformen in dem, was sich hier so Widerstand oder Protest nennt. Es wäre ja auch eine ziemlich verrückte Sache, wenn da nicht einige Diskrepanzen untereinander wären. Ich denke, das macht es auch letzten Endes lebendig und einen Austausch möglich. Das eigentlich Besondere hier am Widerstand ist, daß er einfach nicht aufhört.

Meine eigene Stimmung ist neben dem ganzen Positiven auch ein bißchen Frust. Ich finde es beschissen, wenn jahrelang immerhin ein paar hundert oder ein paar tausend Menschen inhaltlich für eine bestimmte Sache kämpfen und damit nicht durchkommen. Wie es jetzt bei den Castor-Transporten aussieht, wird erst ab einer bestimmten Menschenmenge auf der Straße, wenn also so ein seltsames Mehrheitsding da hochkommt, gesagt: „Jetzt ist etwas politisch nicht mehr durchsetzbar oder machbar". Ich finde es frustrierend, daß nicht auf Inhalte und Argumente gehört wird, sondern, daß so eine Erbsenzählerei stattfindet, ab wann ist das Ganze eine Massenbewegung. Mir ist klar, daß das ein Kristallisationspunkt wird, hier in Gorleben, für alle möglichen politisch arbeitenden Bereiche.

Turmi b: Über diese Widerstandsgeschichte gegen Gorleben ist auf der anderen Seite das Denken oder Ausprobieren bezüglich alternativer Lebensmodelle genauso wichtig. Das betrifft sowohl die Energiesituation, als Gegenstück zur Atomtechnik die Nutzung erneuerbarer Energien als auch das Ausprobieren von Utopien des gemeinsamen Zusammenlebens. Das ist für mich ein wesentlicher Aspekt, der mit dem Widerstand eng verbunden ist: Dieses Ringen nach Veränderung für eine positive Zukunft.

BÄUERLICHE NOTGEMEINSCHAFT

Wir sind die Chaoten!

Wir Bauern sind entsetzt, in welch einer diffamierender Weise der Widerstand im Wendland in Funk/Fernsehen und Presse dargestellt wird: als sei alles das Werk – so Bundesinnenminister Kanther – von zugereisten Berufsdemonstranten und Chaoten. Daß die Mehrheit der einheimischen Bevölkerung „den Schiet nicht haben will", wird genauso totgeschwiegen wie der hartnäckige Widerstand von uns Bauern.

Wieder einmal findet in den Medien nur Beachtung und Erwähnung, was militant, brennend oder blutrünstig erscheint. Wir sehen darin eine gezielte Kampagne, unterstützt von unserer Landes- und Bundesregierung, den Wendländischen Widerstand in die kriminelle Ecke zu drängen.

Wir lassen uns nicht kriminalisieren, auch nicht vor den Karren irgendwelcher Anführer spannen. Wir haben keine „Rädelsführer" nötig, wir bestimmen selbst über unseren Lebensraum, über die Existenz unserer Höfe, wir entscheiden selbst, wie und wo wir unser Recht auf Selbstverteidigung wahrnehmen. Wir nehmen nicht hin, daß 10.000 Besatzer wie eine fremde Armee hier in unseren Landkreis einfallen, ihre todbringende Fracht hier abstellen und wie ein Spuk binnen Stunden scheinbar wieder verschwinden, um mit dem nächsten Transport als Besatzungsmacht wieder hier einzufallen, wieder mit dem schleichenden Tod im Gepäck.

Wenn Frau Merkel von „völkerrechtlich verbindlichen Verträgen" spricht, die uns Deutsche angeblich zur Rücknahme der Wiederaufbereitungsabfälle aus La Hague verpflichten, versucht sie, uns Sand oder Backpulver in die Augen zu streuen: Der Vertrag zwischen der französischen Firma Cogema und den deutschen Atombetreibern ist genauso „völkerrechtlich" bindend, wie der Vertrag zwischen zwei Bauern, die beschließen, daß die fauligen Kartoffeln einer Lieferung wieder zurückgenommen werden. Bei dem rein privatrechtlichen Vertrag zwischen den deutschen und französischen Atomkonzernen geht es nur um Geld, um sehr viel Geld, das es zu verdienen gilt.

Gerhard Schröder als „aufrechter Demokrat" in die Verantwortung genommen, sollte sich an seinem Amtsvorgänger Ernst Albrecht ein Beispiel nehmen, der seinerzeit den Mut hatte, öffentlich einzugestehen, daß ein „Nukleares Entsorgungszentrum" im Wendland politisch nicht durchsetzbar ist. Gerhard Schröder, damals im Hüttendorf 1004 in der ersten Reihe des Widerstandes, duckt sich heute feige weg, indem er das Unrecht zu Recht erklärt und mit Polizeigewalt durchprügeln läßt. Macht kommt offensichtlich vor Moral, wenn man Bundeskanzler werden will.

Sein Innenminister Glogowski fliegt am Vortag des Transportes zu seiner Truppe in der Kaserne Tramm, um sie auf hartes Durchgreifen einzuschwören. Der Erfolg war durchschlagend, wie wir alle am eigenen Leibe erfahren durften. Wie schon am Vortag gegen Adi Lambke, der auf übelste Weise von der Polizei mißhandelt und auf freiem Feld ohne ärztliche Versorgung ausgesetzt wurde, nahmen die Besatzer am Tag X^2 keine Rücksicht: Ob Kinder, Rentner oder Schwangere, die Brutalität der Knüppel und Wasserwerfer traf alle mit ungebremster Gewalt, offensichtlich alles Kriminelle und Chaoten.

Derart von verantwortlichen Politikern im Stich gelassen sind wir gezwungen, unser Schicksal in die eigenen Hände zu nehmen. Seit 1979 kämpft die Bäuerliche Notgemeinschaft um den Erhalt unseres Lebensraums, um die Existenz unserer Höfe. Wer kauft unsere Produkte, macht Urlaub in unseren Ferienwohnungen, wenn die Castorhalle strahlt? Wer schützt unsere Kinder vor Leukämie?

Wir haben auch zum Tag X^2 unser Schicksal in die Hand genommen:

Die Bäuerliche Notgemeinschaft hat ca. 170 landwirtschaftliche Betriebe mobilisiert, mit 200 Traktoren an der Transportstrecke zu demonstrieren. Wir kämpfen mit offenem Visier, mit den amtlichen Kennzeichen an unseren Schleppern für unser Recht.

Im Gegensatz zum letzten Jahr hat es der massive Polizeieinsatz verhindert, daß wir zahlreich mit Treckern an der Transportstrecke präsent waren, sie wurden schon fernab der Strecke im Hinterland gestoppt und fahruntüchtig gemacht. Neben einigen fairen „Stillegungen" seitens der Polizei ging die Mehrheit der Polizisten rücksichtslos vor: Die Ventile wurden mit Bolzenschneidern durchtrennt, wenn sie gesichert waren, mit dem Vorschlaghammer abgeschlagen, oder die Reifen mit Messern durchstochen. Dabei ist reichlich Frostschutzmittel aus den Reifen auf die Äcker geflossen. Reihenweise wurden mit Polizeiknüppeln Treckerscheiben eingeschlagen, auch von Treckern, die längst platt und führerlos waren.

Insgesamt wurden an diesem Tag 140 Schlepper „stillgelegt", die Reparaturkosten, ca. 30.000,- DM, werden solidarisch getragen von der Bäuerlichen Notgemeinschaft (Spenden sind willkommen, es können auch Notgemeinschafts-Solidar-Aktionen, illustriert von W. Marunde in limitierten Auflagen, erworben werden).

Die wenigen Traktoren, die durchkamen, hatten darauf verzichtet, auf die Transportstrecke durchzubrechen, um keine Menschen (auch Polizisten) zu gefährden. Wie auch in den vergangenen Jahren geht von uns Bauern keine Gewalt aus. Schon gar keine Gefährdung von Menschen. Wir müssen in diesem Zusammenhang auch den Vorwurf der Staatsanwaltschaft gegen unsere Kollegen Jochen Kulow und Peter Geisler auf das schärfste zurückweisen. Führerscheinentzug und die Androhung einer Freiheitsstrafe sollten uns alle einschüchtern, damit wir mit unseren Schleppern zu Hause bleiben; das Gegenteil ist eingetreten:

Immer mehr Bauern haben begriffen, daß es um unsere Existenz geht; noch nie hatten wir so eine breite Unterstützung und Sympathie aus der Bevölkerung. Wir werden immer mehr, denn das Recht und die moralische Pflicht, diesen Lebensraum für unsere Nachkommen zu erhalten, ist auf unserer Seite. Darin liegt die Bedrohung für die Politiker – deshalb werden wir entweder in die kriminelle Ecke gedrängt, oder einfach als nicht existent totgeschwiegen; deshalb sind wir gezwungen auf uns aufmerksam zu machen.

Wir fordern von den verantwortlichen Politikern den sofortigen Stopp aller Atommülltransporte, sowohl nach Gorleben als auch anderswohin.

Nur der konsequente Ausstieg aus der menschenverachtenden Atomindustrie mit ihrer Atomstaat-Polizei, die wir in diesen Tagen hautnah erleben durften, eröffnet den Weg in eine menschenwürdige lebensfrohe Zukunft.

Bäuerliche Notgemeinschaft
Kontakt:
Tel.: 5844 - 1694
oder Fax: 5844 - 414

Niemals aufgeben...

WOLFGANG EHMKE

„Legal, illegal, scheißegal ...!"
Einige Gedanken zu Staatskapitalismus, Formaldemokratie und die Notwendigkeit der Gegenwehr

Gerade geht es um den Ausbau des Castorverladebahnhofs in Dannenberg-Ost. Womöglich ist der Kran bis zur Drucklegung dieses Buches schon „eingehaust" und der Schienenstrang wurde um 40 Meter verlängert bis zur Kreisstraße, die nach Breese/Marsch führt. Die Brennelementlagergesellschaft Gorleben (BLG) hat das Areal von der Bahn AG gemietet. Dort werden die tonnenschweren Atommüllbehälter von der Bahn auf einen Tieflader umgeladen, um die letzten 18 Straßenkilometer auf der „Castorstrecke" nach Gorleben gegen den Widerstand vieler Menschen durchgeprügelt zu werden.

Mit dem Um- und Ausbau verfolgt die BLG zwei Ziele: zum einen soll die Einhausung davor schützen, daß die Stützpfeiler des Krans–wie im August 1995– von Unbekannten durchgeschweißt werden können. Zum anderen soll das Rangieren mit zwei oder drei Castorbehältern erleichtert werden, denn die Betreiberin des atomaren Zwischenlagers will künftig Transporte im Doppel- oder Dreifachpack abwickeln, um die Kosten zu senken. Die Kostenspirale für die „Transportsicherungskosten" soll drastisch reduziert werden–55 Mio. DM waren es beim ersten Castor 1995 und noch einmal 90 Mio. DM im Folgejahr beim zweiten Castorbehälter.

Das forderte auch der niedersächsische Innenminister Gerhard Glogowski, der die politische Verantwortung für die jeweiligen Großeinsätze der Polizei trägt. Vielleicht ist das auch der Schlüssel für das Verständnis der Überschrift. Denn der Ausbau des Castorverladebahnhofs steht im Gegensatz zum niedersächsischen Landesraumordnungsprogramm, einem Landesgesetz mit entsprechender Verordnung. Die Bahnlinie, die über die Dömitzer Elbbrücke nach Ludwigslust führte, ist dort als „Hauptstrecke" vermerkt. Direkt auf der Hauptstrecke, die verkehrspolitisch ein Segen wäre, blockiert der Castorverladekran dessen Fortführung. Weder das Bauamt des Landkreises Lüchow-Dannenberg noch dessen Dienstaufsicht bei der Bezirksregierung Lüneburg monierten den Gesetzesverstoß, man gab behördlicherseits grünes Licht für den Bau. Und Hannover? Fühlt sich nicht zuständig, die Bahn AG sei privatisiert und müsse sich an die Gesetzesvorlage nicht halten, sagte ein Ministeriumssprecher in einem Radiointerview. Mal abgesehen von der Tatsache, daß die Schienenstränge eben nicht privatisiert wurden, duldet hier der Gesetzgeber den Bruch eines Landesgesetzes, wird das Gesetz zur Knetmasse des Kapitals. Klagen können wir nicht, denn Behördenhandeln ist sakrosankt.

Die Vorgänge erinnern an den „Transnuklearskandal" Ende der 80er Jahre. Da wurde Atommüll verschoben, von Deutschland ins belgische Atomzentrum Mol und zurück. Ein Teil der Fässer ungeklärten und unklaren Inhalts landete auch in Gorleben. Für 21 Millionen DM schmierten Manager der Hanauer Firma Transnuklear Mitarbeiter in verschiedenen AKW. Viele Menschen und auch die Medien fanden, dieser Gesetzesbruch war ein wirklicher Skandal. Das Zitat in der Überschrift drückt das auch aus. Geht es nicht formaldemokratisch, sondern unter Umgehung von Gesetzen zu, rauscht es im Medienwald. Ich finde, der wirkliche Skandal liegt in der legalisierten Form des Umgangs mit gefährlichen Stoffen wie Nuklearmüll. Denn um BürgerInnen zu überregeln, sie auszubooten oder erst gar nicht zu befragen, wenn es um das Restrisiko, Tod und Leben geht, bedienen sich Staat und Atomindustrie in der Regel formal demokratischer Instrumente. Der Betrug und offene Gesetzesverstoß ist wirklich die Ausnahme.

Eine andere Variante der Entmündigung von Opponenten der Atompolitik ist der Verweis auf mangelnde Klagebefugnis zum Beispiel bei Atomtransporten. Ubiquitäre, d.h. für eine Vielzahl von Menschen drohende Gefahren sind hinnehmbar, eine Popularklage gibt es in der Bundesrepublik Deutschland nicht. Die Zauberformel heißt „Drittschutz": ein/e einzelne/r Bürger/in muß erst nachweisen, daß er/sie durch den Betrieb einer Atomanlage direkt in seinen Rechten „betroffen" ist. Der - richtige - Verweis darauf, daß durch den Betrieb von Atomanlagen wegen der ständigen Freisetzung von Radioaktivität bzw. Strahlung das grundgesetzlich garantierte Recht auf körperliche Unversehrtheit verletzt wird, hat bislang allenfalls aufklärerischen Wert. So richtig es ist, dieses Grundrecht zu reklamieren, so falsch wäre es, „Recht" als über politischen und ökonomischen Interessen freischwebend zu sehen. Das Interesse des Kapitals tritt uns in der Gestalt des „öffentlichen Interesses" entgegen, dem wir uns unterzuordnen hätten.

Wie schamlos und offen Gerichte Partei ergreifen, hat das Oberverwaltungsgericht Lüneburg in dem Hauptsacheverfahren zum Bau der Pilot-Konditionierungsanlage (PKA) in Gorleben deutlich gemacht. In der PKA sollen u.a. abgebrannte Brennelemente zerschnitten und endlagerfähig verpackt werden. Den Drittschutz von AnwohnerInnen hat das Gericht verneint: die Klage wurde abgewiesen, weil durch den Betrieb der PKA niemand in seinen Rechten verletzt würde. Eine weitere Klagemöglichkeit gibt es nicht, eine Revision wurde für unzulässig erklärt. Basta!

Seit der Betriebsgenehmigung für das Brennelementzwischenlager im September 1983 warten wir auf ein „Hauptsacheverfahren". Der Rechtsstreit um die Castorhalle wurde bislang allein auf der Basis von Eilverfahren ausgefochten, hier konnten unsere Kläger/innen sogar einige Punktsiege erreichen mit dem Effekt, daß die Einlagerung eines ersten Castorbehälters wiederholt aufgeschoben wurde. Aufgeschoben ist bekanntlich nicht aufgehoben. Erst wurde zweimal eingelagert, im nachhinein wird verhandelt: für den Monat August 1996 wurde nun nach 13 (!) Jahren Rechtsstreit um das Brennelementzwischenlager erstmalig ein Hauptsacheverfahren anberaumt. Angesichts vollendeter Tatsachen fällt mir nur noch ein: Honi soit qui mal y pense!

In Gorleben wird ein nukleares Endlager gebaut, ohne jede Möglichkeit demokratischer Einflußnahme. Nicht einmal das Recht auf das Formulieren von Einsprüchen im Rahmen eines atomrechtlichen Genehmigungsverfahrens wurde der Öffentlichkeit gewährt. Das Endlager wird auf der Basis des Bergrechts gebaut, das derartige Einsprüche und deren öffentliche Erörterung nicht vorsieht. Es wird gebaut bis zur Entscheidungsreife – und die Verwaltungsgerichte bis hin zum Bundesverwaltungsgericht stützen die Fiktion, der Ausbau des Bergwerks im Salzstock Gorleben sei nichts anderes als die Erkundung, ein wissenschaftliches Projekt, dessen Ausgang noch völlig offen sei.

Zur Klärung der Frage, ob für das Schachtabteufen nicht ein Planfeststellungsverfahren nach § 9b Atomgesetz erforderlich ist, hatte Prof. Dr. Rüdiger Breuer aus Trier 1981 im Auftrag des damals federführenden Bundesinnenministers G. Baum (FDP) ein Rechtsgutachten vorgelegt, in dem er darlegte, vor einem Abteufen der Endlagerschächte bedürfe es einer vorherigen Planfeststellung nach dem Atomgesetz. Sein Kontrahent, Prof. Dr. Dietrich Rauschning aus Göttingen, plädierte für ein paralleles Vorgehen. Die „Erkundung" des Salzstocks Gorleben könne auf der Basis des Bergrechts in Angriff genommen werden, nur wenn „die...vorgesehenen Arbeiten nicht der Erkundung des Untergrundes, sondern...der Errichtung oder Herstellung der Anlagen dienen, ...dann muß die Bergbehörde einschreiten". Das Ende vom Lied ist bekannt. Das Planverfahren wurde formell eingeleitet und dümpelt vor sich hin, gebaut wird fleißig.

Wer über Jahre hinweg erlebt, wie demokratische Beteiligungsrechte, und sei es im Rahmen atomrechtlicher Genehmigungsverfahren, negiert werden, wird nachvollziehen können, daß Parolen wie die der Lüchower Schüler/innen –„Wenn Ihr unser Leben nicht achtet, achten wir Eure Gesetze nicht"– heftig beklatscht werden, daß Menschen mit Aktionen Zivilen Ungehorsams wie dem Auseinanderschrauben von Schienen direkt vor dem Castorverladekran in Dannenberg „ihr Recht" in Anspruch nehmen, sich Gehör verschaffen und über Sachbeschädigung Schaden von sich abwenden wollen. Das gilt auch hier. Die 14 TurmbesetzerInnen, die im Juni 1990 die frisch inthronisierte rot-grüne Landesregierung in Hannover ermuntern wollten, die Koalitionsvereinbarungen zügig umzusetzen und für den Stopp des Abteufens im Salzstock Gorleben-Rambow zu sorgen, haben demonstrativ, gewaltfrei und medienwirksam auf einen doppelten Mißstand verwiesen. Erstens: der Salzstock ist als Endlager untauglich. Zweitens: es gibt kein vergleichbares Großprojekt im Lande, bei dem demokratische Beteiligungsrechte derart mit Füßen getreten werden wie in Gorleben.

Was statt öffentlicher Belobigung in der Regel folgt ist ebenso klar: der ganze Rattenschwanz an Ermittlungen, Straf- und Zivilverfahren, der den Blick verstellt für das ursprüngliche Anliegen: Ein demokratisches Mitspracherecht, das Recht, sich nicht einfach „überregeln" zu lassen, nein zu sagen. Schlimmer noch! Im angeführten Fall geht es um die Arroganz staatlichen Handelns und Rechtsbeugung.

Die Betroffenen genießen deshalb unsere uneingeschränkte Solidarität. Sie haben ein mutiges Beispiel gegeben und werden zu Unrecht zur Kasse gebeten. Aber sie stehen nicht allein, wir alle stehen für sie ein.

Dies ist ein Solidaritätsbeitrag der B.I. Lüchow-Dannenberg für die TurmbesetzerInnen.

RAINER BRUMSHAGEN
Wendländischer Tauschring statt Zinssystem

Der lange rote Schnabel taucht zielstrebig in den kleinen Mühlenbach und faßt den grünen Frosch ohne Zögern. Während der Storch seinen Kopf in der Gewißheit des gefundenen Fressens nach hinten legt, rutscht der Todgeweihte dem Schlund entgegen. Ein unvermeidliches Schicksal! Wirklich? Nein, mit letzter Entschlossenheit konzentriert der Frosch seine ganze Kraft auf seine Hände und packt den Storch am dünnen Hals, um ihn zu würgen.

Auf den T-Shirts der „Bäuerlichen Notgemeinschaft" ist diese Szene dargestellt. Darüber steht: „Parole: Niemals aufgeben!" Die Bauern des Wendlandes und mit ihnen noch viele andere „Unbeugsame" haben beschlossen, sich heftig gegen die Pläne der Atomindustrie zu wehren.

Mit Mut und Phantasie bringen wir diesen Widerstand auf Erfolgskurs. Und dies mit mehr Chancen als der Frosch! Dabei durchleuchten wir den ganzen großen Filz und stoßen auf die Frage: Warum wird immer noch so hartnäckig in die Atomindustrie investiert? Neben militärischen Gründen finden wir dabei die enorme Gewinnträchtigkeit dieses Wirtschaftszweiges. Die Energiekonzerne verdienen sich nämlich dumm und dusselig an ihren Rückstellungen in Milliardenhöhe. Angeblich um die Abrißkosten der Atomanlagen sowie die „Entsorgung" des radioaktiven Abfalls tragen zu können, hat die Atommafia mittlerweile zig Milliarden DM zurückgestellt. Durch diese Kapitalanhäufung, über die sie frei verfügen können, sind die Energiekonzerne mächtigen Großbanken vergleichbar.

Bei der Frage, welche Rolle Zinsen in der Wirtschaft spielen, entdecken wir, daß Geld schon lange nicht mehr nur Tauschmittel ist. Über die Wirkung von Zins und Zinseszins ist es zu einem noch größeren Machtfaktor geworden. Mit mathematischer Gesetzmäßigkeit sorgt der Zins dafür, daß das Volksvermögen immer drastischer von arm nach reich umverteilt wird.

Das Ergebnis kann der Bankrott von Staat, Ländern, Gemeinden und dem größten Teil des Volkes und der ins Groteske und Unermeßliche gestiegene Reichtum einiger Weniger sein. So hatte beispielsweise eine Tochter der reichen deutschen Familie Quandt 1993 einen täglichen (!!) Vermögenszinsertrag in Höhe von 650.000 DM.

Diese durch Zins bestimmte Entwicklung der Wirtschaft geht auch am Wendland nicht vorbei. Der Landkreis ist inzwischen so gut wie zahlungsunfähig;

immer mehr Landwirte geben ihre Höfe auf, kleine und mittelständische Betriebe sind in ihrer Existenz bedroht. Angesichts dieser Bedrohung verharren wir nicht tatenlos. Die Lage ist allerdings ernst, und es bedarf der Kräfte des gesamten Widerstandes, um auch hier eine Wende einzuläuten, um mit Mut und Phantasie auf Erfolgskurs zu gehen.

Seit Herbst 1995 gibt es den „Wendländischen Tauschring". In jenem Jahr sind bundesweit ca. 70 solcher Tauschringe gegründet worden mit dem Ziel, die Wirtschaft einer Region mit Hilfe geldloser Geschäfte zu fördern. und die ganz persönlichen Talente der hier lebenden Menschen zu entfalten.

Wie sieht das aus? Im allgemeinen haben Tauschgeschäfte neben einigen Vorteilen den krassen Nachteil, daß sie selten zustande kommen. Wenn ein Pastor die Fachwerkwand seines Hauses repariert haben will, dann findet er womöglich keinen Zimmermann, der seine Seelsorge braucht. Ein Tausch über mehrere Ecken kann da eher zum Ziel führen. Eine Zimmerin braucht z. B. für ihre Fete einen Koch, der ein neues Auto sucht. Das findet er bei einer Witwe, die den Wagen ihres gerade verstorbenen Mannes nicht braucht, dafür aber dankbar wäre für eine Seelsorge. Der Pastor hat dafür Talent, so daß alle Bedürfnisse erfüllt werden können. Da alle ihre Leistungen im Tauschring öffentlich anbieten und dort auch auflisten, was gesucht wird, ist die Sache sehr einfach: Wenn ich meine Lebensmittel von der Bio-Bäuerin im Tauschring beziehen will, einige ich mich mit ihr über den Preis, und dann wird das Geschäft auf einem speziellen Konto gebucht. Die „Währung" ist hier das „Wendische Talent". Zur einfachen Handhabung ist der Wert von 1 Talent entsprechend dem einer DM. Per Talente-Scheck wird mein Konto mit 4o Talenten für 1 Zentner Bio-Kartoffeln belastet, und der Bäuerin wird dieser Betrag gutgeschrieben. HelferInnen zum Rübenhacken findet sie leicht im Tauschring; der Wert einer Arbeitsstunde ist frei vereinbar, empfohlen sind 2o Talente für 1 Stunde.

Wir betrachten die Einführung eines solchen Tauschringes nicht als die Lösung der Wirtschaftsmisere. Vielleicht ist sie eher ein konkreter Anfang, aus ihr herauszukommen. Auch wenn ein Tauschring auf eine Art politisch ist, finden zunächst auch hier individuelle Lösungen statt. Ein Lehrer mit festem DM-Einkommen und Vollzeitbeschäftigung wird die hohe Hypothek seines Hauses nicht mit Talenten abarbeiten können. Somit ist der Tauschring eher etwas für Menschen, die „arbeitslos" sind oder zumindest frei von der Notwendigkeit des Gelderwerbs.

Gerade, weil der Tauschring nicht das Paradies-Versprechen ist, kann er Anreiz für uns sein, weitergehende Lösungen zu suchen. Themen wie Geld, Wert der Arbeit, Rolle des Zinses, Wege zur ökonomischen Unabhängigkeit rücken in unser Blickfeld. Diese Themen sind nicht nur im Wendland aktuell sondern weltweit von zentraler Bedeutung. Der Wendländische Tauschring ist ja auch nicht eine glanzvolle Pioniertat der Unbeugsamen Wenden, vielmehr greifen wir einen wichtigen Trend auf, den Pioniere anderer Regionen und Länder, auch anderer Jahrzehnte, einleiteten.

Zwischen den beiden Polen Machtanhäufung durch Zinsgewinn einerseits, und unentgeltliche gegenseitige Hilfe andererseits, findet seit eh und je die Suche nach Wegen statt, die ohne Ausbeutung anderer eine wirklich zufriedenstellende Existenz sichern können. Meine persönliche Vorliebe gilt eindeutig der gegenseitigen Hilfe – ohne jegliche Berechnung, egal in welcher Währung. Diese gegenseitige Hilfe findet längst statt, in vielen Dörfern des Wendlandes, wenn auch meist beschränkt auf den Feierabend und das Wochenende. Das Hauptmerkmal dieser Hilfe ist die Freiwilligkeit. Kommunismus per Staatsdekret macht die Menschen eher selbstsüchtig. Für diejenigen, die sich nicht voll und ganz dem Prinzip der gegenseitigen Hilfe anschließen wollen, weil dazu noch das Vertrauen fehlt, mag der Tauschring ein geeignetes Forum sein, dieses Vertrauen zu entwickeln. Immer noch werden Leistungen berechnet und verglichen, immer noch wird darauf geschielt, daß keiner die andere übervorteilt, und doch sind wir mit mehr Herz und Vertrauen dabei, als im üblichen Banken-, Geld- und Staatsgeschäft. Denn wir kennen unser Gegenüber persönlich.

Bevor ich abschließend einige politische Sofortmaßnahmen auflistige, die geeignet sein können, uns aus der Misere herauszubringen, will ich deutlich machen, um welches Ziel es eigentlich geht:

Wir sind grundsätzlich in der Lage, mit dem halben heute üblichen Aufwand unser Leben zu sichern. Wir könnten unseren Alltag so gestalten, daß wir uns auf ihn freuen, sobald wir morgens erwachen. Wir können die Schönheit der Natur genießen, uns an einer selbstbestimmten Arbeit erfreuen, die gleichzeitig unseren Mitmenschen dient. Spielen ist nicht eine Angelegenheit nur für Kinder. Nach Tom Robbins ist es „nie zu spät für eine glückliche Kindheit". Reichtum, so verstanden, ist nicht die trügerische Sicherheit, die eine Anhäufung von Geld und Tand bietet, sondern die Sicherheit, das Leben genießen zu können, ohne sich täglich verschleißen zu müssen. Zu diesem Reichtum zu kommen, gelingt einzelnen durchaus im Rahmen der aktuellen Mißwirtschaft. Das zeigt zumindest die Existenz von Auswegen. Solange jedoch die Mehrheit der Bevölkerung keinen Zugang zu diesem Ausweg hat, müssen wir politisch aktiv bleiben.

1. Wo es irgend geht, sollten wir Verschuldung, vor allem bei den Banken, vermeiden. Denn sie engt unser Leben ein. Besonders jungen Menschen wollen wir dies deutlich machen, bevor sie in der Zins-Falle stecken.

2. Wir versuchen, das örtliche Handwerk und die Landwirtschaft zu fördern, um von ihnen das zu kaufen, was wir brauchen. Wir dürfen uns nicht von billigen Industrieprodukten überschwemmen lassen.

3. Wenn der Landkreis kein Geld mehr für die gemeinnützigen Dienstleistungen hat, können wir versuchen, diese freiwillig und ohne Geld zu erbringen. Dadurch behalten wir die Kontrolle darüber, wieviel der Gemeinschaft wirklich zukommt. Denn Steuern kommen zum größten Teil nicht der Gemeinschaft zugute, auch wenn dies behauptet wird. Die dörfliche Struktur des Wendlandes ermöglicht es z. B., daß die Dorfgemeinschaft selbst Hand anlegt, das Bushäuschen zu erneuern, die Wegränder zu pflegen, Bäume zu pflanzen, die Schulen zu renovieren und Kranke zu betreuen.

4. Gleichzeitig sollten wir es vermeiden, Steuern zu bezahlen. Mancher denkt in diesem Zusammenhang an die sogenannte „Schwarz"-arbeit; der oben vorgestellte Tauschmarkt ist auch ein sinnvolles Mittel und die gegenseitige unentgeltliche Hilfe sowieso. Solange das Geld (als DM oder gar als ECU) aus der Region abfließt, verarmt sie.

5. Der durch die gegenwärtige Lage verursachte Ruin einzelner sollte aufgefangen werden durch Hilfeleistungen, Erarbeitung von Konzepten zur Existenzsicherung und nicht zuletzt auch durch

6. die Einführung einer eigenen Ökonomie. Inwieweit eine unabhängige "Republik Freies Wendland" damit verbunden ist, mit eigener Währung oder nicht, vermag ich nicht zu sagen. Die Vorstellung einer nationalstaatlichen Grenze um das Wendland ist wohl eher von gestern und entspricht nicht den heutigen Erfordernissen. Möglichst unabhängig und souverän zu sein und zu leben, ist jedoch ein konkretes Ziel, das in der Idee von der Freien Republik enthalten ist. Womöglich verlaufen die Grenzen dieser Republik nicht geographisch, sondern in den Köpfen der Menschen. Und vielleicht verlaufen sie einseitig durchlässig wie ein Ventil: Jede(r) kann mitmachen, wenn er/sie das Herz öffnet. Menschen mit geöffneten Herzen sind drin und bleiben drin, denn sie sind zu Hause.

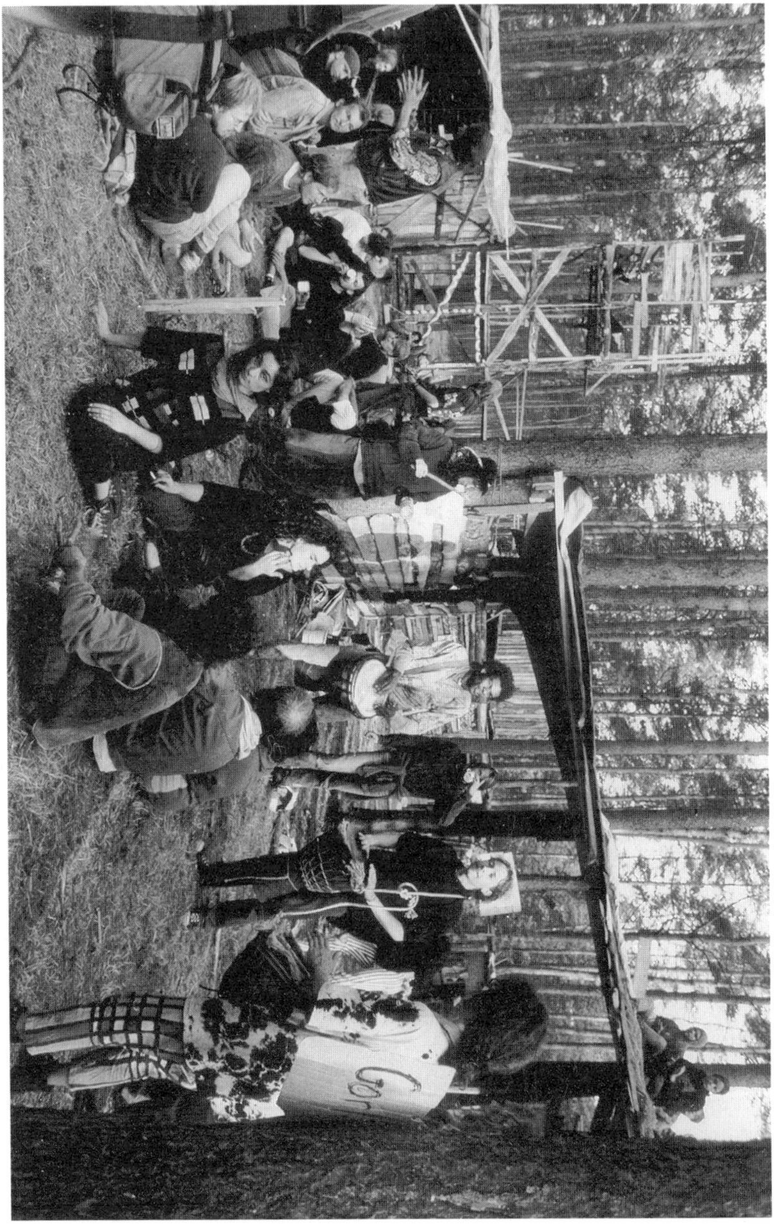

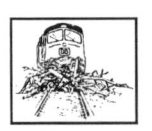

KERSTIN RUDEK
Warum dieser Widerstand?!

„Das Gedächtnis der Menschheit für erduldete Leiden ist erstaunlich kurz

Ihre Vorstellungsgabe für kommende Leiden ist fast noch geringer

Diese Abgestumpftheit ist es, die wir zu bekämpfen haben, ihr äußerster Grad ist der Tod.

Allzu viele kommen uns schon heute vor wie Tote,

die schon hinter sich haben, was sie vor sich haben, so wenig tun sie dagegen.

Laßt uns das tausendmal Gesagte immer wieder sagen,

damit es nicht einmal zu wenig gesagt wurde.

Laßt uns die Warnungen erneuern, und wenn sie schon wie Asche in unserem Mund sind!

Denn der Menschheit drohen Kriege,

gegen welche die vergangenen wie armselige Versuche sind,

und sie werden kommen ohne jeden Zweifel,

wenn denen, die sie in aller Öffentlichkeit vorbereiten, nicht die Hände zerschlagen werden."

Bertolt Brecht (1952)

Wenn ihr unser Leben nicht achtet, achten wir eure Gesetze nicht.

Angefangen hat es mit einer Aktion. Lang im Hinterkopf, unrealistisch - aber utopisch - eine Idee, die Witz hat und Mut macht: wir besetzen die Endlagertürme. Dann die Info: Treffen dann und dann, da und da, ich war zufällig dabei. Zwei Türme dienen in Gorleben der Erkundung eines Endlagers für Atommüll. Die eine Besetzung ging bis mittags, wegen Zeitgebundenheit–Kinder, Tiere, Arbeit, sonstige Verantwortlichkeiten. Der andere Turm war 24 Stunden besetzt. Danach kamen Strafverfahren. Das war gebongt. Dann kamen Zivilverfahren. Das war gemein.126.901,10 Mark für eine gute Tat. Dagegen mußten wir angehen. Wir 14 Frauen und Männer waren uns einig. Das lassen wir uns nicht gefallen. Und das war der Punkt: aufzustehen, zu sagen „Ya basta!", es reicht! Um nichts anderes geht es in dieser unsrigen jetzigen Zeit, in unseren jeweiligen persönlichen und politischen Lebenszusammenhängen zu sagen: es reicht! Die Scheiße beim Namen zu nennen, es zu fühlen, zu sehen, zu riechen, zu schmecken, zu hören und zu wissen, D A S läuft schräg, ist gemein, und ungerecht, es weiter laufenzulassen oder mitzumachen, die eigene Energie dort reinzubuttern ist falsch. Und dann den vorhandenen Mumm zusammenzupacken und dem entsprechend zu handeln. Zu verhandeln, zu boykottieren, zu sabotieren, zu ermöglichen, zu verhindern, zuzulassen, zu pushen, zu drängeln, zu sagen: die Zeit ist reif, die Zeit ist um, jetzt kommen W I R ! Und wir werden uns nicht unterdrücken lassen, nein, wir werden uns Gehör verschaffen, egal, was danach kommt. Wir werden unsere Meinung kundtun, nicht nur frei, sondern wahrnehmbar, so daß unser Wort Konsequenzen haben wird. Wir müssen die Geschichte bewegen, wir müssen sie verändern.

„Es ist nicht notwendig, die Welt zu erobern. Es reicht, sie zu erneuern. Durch uns. Heute." (siehe Anmerkung am Ende dieses Textes).)

Wir müssen aufstehen und kämpfen für unsere Utopien. Lange Zeit hatte der Ausdruck „Utopie" für mich eine negative Bedeutung, im Sinne von unrealistisch, also nicht erreichbar. Bis ich mir im Verlauf eines Weekends zu „Gorleben" Gedanken machte zu den Möglichkeiten der Umsetzung eigener Vorstellungen. Wer kann m e i n e Perspektiven verwirklichen, wenn nicht

i c h?

Zwar ist „Gorleben" nur die Spitze einer der vielen riesigen Eisberge, die aus dem Meer der weltweiten Scheiße, des Neoliberalismuses, der Unterdrückung, der Macht, der Hierarchie, der Gewalt, der Gier, des Haßes, und des Patriarchates herausragen. Aber es bietet einen Ansatz, die Strukturen, die uns in Abhängigkeit halten, zu verlassen.

Wo ist „die Linke", wie ist „die Linke" und was ist „die Linke"?

Wir haben es mittlerweile mit einem hochorganisierten Haufen von fiesen, korrupten, menschenverachtenden Einzelwesen zu tun, die ihre Fäden über die ganze Welt spinnen, über alle Kontinente, jedes Land, jede Region, Kommune, Familie und jeden Menschen, um uns zu benutzen. Die Turmbesetzung war nur eine Turmbesetzung. Aber danach kam die Kranbesetzung und davor war die Platzbesetzung und es werden noch unzählige Besetzungen folgen, bis es reicht. Bis es reicht, die Gegebenheiten zu verändern, die Verhältnisse aufzulösen. Bis an die Wurzeln. Revolution. Mir liegt nichts ferner, als die eine kleine Aktion der Turmbesetzung zu glorifizieren. Aber klar sollte sein, daß kleine Schritte die Welt verändern. Erstmal die eigene. Kleine Steine werfen Wellen und ziehen Kreise. Das ist die Chance, die wir haben. Unrealistisch zu sein, heißt zu fragen: warum ist das S O und nicht anders, nämlich so, wie ich es will? Gegen die punktuelle Scheiße und das ganze Scheißsystem zu sein und zu handeln bedeutet, sich Repressionen auszusetzen. Wer nicht ausreichend konsumiert und vor allem pariert, ist überflüssig bis lästig bis gefährlich. Also, was macht der Staat? Er ignoriert und er kriminalisiert. Dagegen können und müssen wir uns wehren. Jede Repression hat ihre Kehrseite, es kommt was in Bewegung. Durch alle Widerstände hindurch, auf der anderen Seite des Flusses ist das andere Ufer. Das was wir suchen, was wir wollen, was wir brauchen, worauf wir ein Recht haben. Es ist egal, wo wir etwas bewegen. Ob wir im Wendland Tausenden von Bullen entgegentreten, die den Castortransport durchknüppeln oder in Chiapas Zapatistas gegen Tausende von Bundessoldaten bewaffnet kämpfen, die die „nationale Souveränität" Mexicos verteidigen. Der Widerstand spielt sich auf verschiedenen Ebenen ab, je nachdem, wie offensichtlich die Widrigkeit der Lebensumstände ist. Trotzdem steht der jeweilige Widerstand in einem großen Zusammenhang. Und wir müssen uns nicht scheuen, uns mit anderen zu vergleichen, unsere Namen mit ihren Namen in einem Atemzug zu nennen. Auch wenn das Leid und der Schmerz der Menschen, die tatsächlich in Form von Krieg Widerstand leisten, unendlich viel größer ist, als das, was wir riskieren, müssen wir in der Lage sein, neben unseren Unterschieden unsere Gemeinsamkeiten zu benennen. In einem kapitalistischen Staat, in einer Diktatur und in einem Atomstaat sind Menschen nur kleine Rädchen in einem riesigen Getriebe, alles, wofür es Streicheleinheiten gibt ist: zu funktionieren, mitzumachen bei dem weltweiten Wahnsinn. Aber wir, die wir uns widersetzen, sind schon viele. Wir können uns einen anderen Rahmen schaffen, einen neuen, einen eigenen Rahmen, den W I R wollen. Wir sind längst so viele, daß wir ein eigenes Netz sind. Wir müssen es nur suchen, finden und weiterspinnen. Raus aus dem ganz normalen Wahnsinn, rein in unsere Realität. „La Realidad" (die Wirklichkeit), das ist der Ort, wo ich leben möchte. In unseren Eigenarten, mit unseren Stärken, Schwächen, Persönlichkeiten haben wir das Recht zu leben, nicht zu überleben; zu leben, uns zu entwickeln, zu verwirklichen. Was wir brauchen sind neue politische, ökonomische und soziale Beziehungen, nach dem Motto „denke global und handle lokal". Wir befinden uns unübersehbar in einer neuen Phase des Kapitalismus, dem Neoliberalismus. Das neoliberale Projekt verlangt eine Internationalisierung der Geschichte, es verlangt eine Auslöschung kultureller Grenzen. Deshalb wird es immer wichtiger eigene Forderungen zu stellen. Ohne eigene Vorstellungen ist es nicht möglich sich auszutauschen. Das Problem, das sich uns im Zeitalter des Neoliberalismus stellt ist aber so umfassend und riesig, daß ein Austausch weltweit nötig ist, um die Gemeinsamkeiten der einzelnen Länder, Ethnien, Bewegungen und ebenso die Unterschiede dieser zu benennen. Nur so kann sich eine Kraft entwickeln die imstande ist, dem monströsen Gebilde etwas entgegenzusetzen.

Der hohe Preis des Neoliberalismus für die Menschen ergibt sich daraus, daß für das Finanzkapital nichts weiter existiert, als Zahlen auf Bankkonten. Bauen sie ein AKW, sahnen sie ab. Karren sie den Atommüll nach Frankreich, zur sogenannten Wiederaufarbeitung, sahnen sie wieder ab. Holen sie den Müll zurück nach Deutschland, jetzt binden „völkerrechtliche Verträge", um die strahlende Fracht in sogenannte Zwischenlager zu packen, sahnen sie ab. Erkunden sie ein sogenanntes Endlager, das alleinig dem Zweck dient, die AKW weiterlaufen lassen zu können, sahnen sie ab. Reißen sie ein Atomkraftwerk ab, sahnen sie wieder ab. Und während sie unermüdlich Atomstrom produzieren, passiert die ganze Zeit genau dasselbe, sie sahnen ab. Dabei spielt es für Niemand unter den Absahnern eine Rolle, daß ununterbrochen Strahlung produziert wird, unsere Verseuchung voranschreitet mit jeder Mark, die die Taschen füllt der BetreiberInnen, PolitikerInnen, RichterInnen, aller die davon profitieren, im kleinen wie im großen Stil.

Der wendländische Widerstand

Der Widerstand im Wendland hat mit Sicherheit einige nennenswerte Charakteristika, die mensch als normal empfinden kann, wenn er nichts anderes kennt, die aber durchaus nicht an allen Orten anzutreffen sind, wo Widerstand existiert. Erstmal ist da die unumstößliche Tatsache, daß seit 20 Jahren kontinuierlich gegen die Entwicklung des Landkreises zum nationalen Atomklo gearbeitet wird. Das weitere Besondere ist die Breite des Protestes. Vom Spießbürgerlichen bis zum Militanten ist alles zu finden und alle sind gemeinsam mit der gleichen Aufgabe beschäftigt, den Ausstieg aus der Atomkraft zu erreichen. Durch einen fortlaufenden Austausch ist es möglich, daß jedeR Einzelne und jede Gruppierung gemeinsam mit anderen oder nebeneinander Aktionen plant, durchführt und bestenfalls auch noch aufarbeitet.

Bäuerliche Notgemeinschaft, SchülerInnen, Gorlebenfrauen, Ini 60, ÄrztInnen, PastorInnen, LehrerInnen, in unzähligen Dörfern organisierte Ortsgruppen. Dazu ist es wichtig zu wissen, daß diese Strukturen langsam gewachsen sind. Mit der Standortbenennung Gorlebens war eine große Sympathie derjenigen geweckt, die den Landkreis bereits kannten. Viele Menschen sind seitdem hierher gezogen, unter ihnen etliche StädterInnen. Die wendländische praktikable BäuerInnenschläue und städtische intellektuelle politische Bildung muß eine interessante, für die Mächtigen brisante Mischung gewesen sein. In jedem Dorf gibt es AtomkraftgegnerInnen, in vielen bilden sie die Mehrheit. In einem Land, das sich die "Nutzung der Kernenergie" fett auf die Fahne schreibt, ist das ein nicht selbstverständlicher Zustand. Schließlich investiert der Staat reichlich, um genau diesen Umstand zu vermeiden. Neben Schmiergeldern, „Ausgleichszahlungen", für die Gemeinden, einer haarsträubenden Informationspolitik und massiven Repressionen wächst und gedeiht ein Widerstand, der sich konkret gegen die Entwicklung des Atomstaates stellt, außerdem aber eigene Alternativen entwickelt. Nirgends in Deutschland gibt es so viel Protest gegen Atomanlagen und -transporte wie in Gorleben und auch nirgends so eine bunte Widerstandskultur. Lebens- und Arbeitszusammenhänge sind hier gewachsen, Kollektive, Kommunen, Wohngemeinschaften, Kindergruppen, Tagungshäuser, Naturkostläden, kulturelle Veranstaltungsorte, Kneipen, ein Windrad, Solaranlagen, biologische Landwirtschaften, selbverwaltete Betriebe in allen möglichen Branchen, ein Tauschring sind Beispiele dafür, welch alternative Möglichkeiten das Leben bietet. Und in den Alltag all der Menschen, die in diesen Projekten agieren, ist der Widerstand fest eingebunden. Demonstrationen und Aktionen sind ein Bestandteil des persönlichen Lebensstils.

Hinter so gelebtem Widerstand stecken ungeahnte Kräfte.

Anmerkung zu Seite 248:

Aufruf von Subcomandante Insurgente Marcos zum 1. Interkontinentalen Treffen im Lakandonischen Urwald, Chiapas, Mexico für eine menschlichere Gesellschaft und gegen den Neoliberalismus. 4.000 Menschen aus ca. 70 Ländern diskutierten in 5 Arbeitsgruppen. Für November '97 ist das 2.Treffen geplant, das in Europa stattfinden soll. Die Forderungen der Zapatistas sind die nach Arbeit, Land, Wohnung, Ernährung, Gesundheit, Erziehung, Unabhängigkeit, Freiheit, Demokratie, Gerechtigkeit und Frieden (siehe Literaturliste).

Siebtes Kapitel

Sonnige Zukunft

Helmuth Jacob

Atomausstieg

Wenn es in der Diskussion um die Frage des Ausstiegs aus der Atomtechnik geht, werden schnell Ängste wach, ob dieser denn auch ohne Lebensqualitätsverluste möglich sei. Diese Tatsache wird von denen, die am Atomstrom verdienen, sofort ausgenutzt und argumentativ untermauert, um weiterhin ihren Geschäften nachgehen zu können. Wie die „PolitikerInnen" damit umgehen, ist im Kapitel „Atomfilz" nachzulesen. Wenn der Wille zur Veränderung bei den Machthabern da wäre, würde sich alles auf das „Wie" reduzieren.

Zwei Studien, welche die Durchführbarkeit der Energiewende in der gesamten Bundesrepublik Deutschland belegen und die Vorteile (Kostenersparnis, Schadstoffvermeidung, Schaffung von Arbeitsplätzen) erläutern, seien hier kurz vorgestellt. Das ENERGIE–SZENARIO 2020, welches das Öko-Institut Freiburg im Auftrag der Bundestagsfraktion und der Landtagsfraktion NRW von Bündnis 90/ Grüne sowie der Heinrich-Böll-Stiftung erstellt hat, geht von einem sofortigem Ausstieg im Jahre 1996 aus. Der Ausgangspunkt der zweiten Studie, Greenpeace WAS KOSTET DER ATOMAUSSTIEG lautet: alle AKW bis zum Jahre 2000 vom Netz.

Öko–Institut

Hier wird nachgewiesen, daß alle in der BRD installierten und in Betrieb befindlichen Atomkraftwerke noch innerhalb des Jahres 1996 abgeschaltet werden können, ohne daß es zu Engpässen bei der Stromversorgung kommen würde. Aufgrund der großen Überkapazitäten stünde auch beim Abschalten aller AKW immer noch eine Reserveleistung von ca. 15% der am Tage der Höchstlast des Jahres 1994 benötigten Leistung zur Verfügung. Dazu ein paar Zahlen:

- die Leistung aller Kraftwerke in Deutschland beträgt 107 Gigawatt (GW),
- am Tag der Höchstlast im Jahr 1994 betrug die benötigte Kraftwerksleistung 71 GW und
- alle vorhandenen AKW haben eine Gesamtleistung von 20 GW.

Dies bedeutet, selbst wenn die AKW nicht da wären, hätte es an diesem Tag mit der Jahreshöchstlast aus dem Jahr 1994 immer noch 16 GW Reserve gegeben. Dies entspricht gut 15% des tatsächlichen Bedarfs. Auch wenn revisions- oder systembedingt nicht die absolut installierte Kraftwerksleistung zur Verfügung steht, wäre kein Licht ausgegangen –weder an diesem Tag mit der „Lastspitze", noch an anderen Tagen.

In Deutschland installierte Kraftwerksleistung

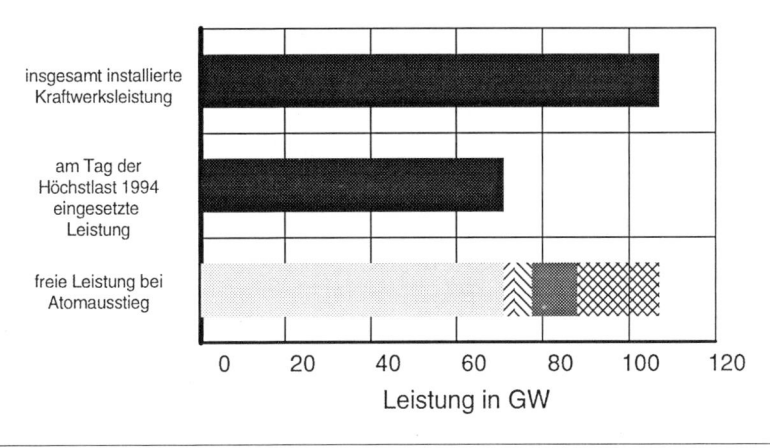

Bar chart: insgesamt installierte Kraftwerksleistung (~105 GW); am Tag der Höchstlast 1994 eingesetzte Leistung (~65 GW); freie Leistung bei Atomausstieg (mit Komponenten: nicht verfügbar systembedingt, nicht verfügbar revisionsbedingt, Reserveleistung bei Atomausstieg, AKW-Leistung). Leistung in GW (0–120).

Legende: Kraftwerksleistung; nicht verfügbar (systembedingt); nicht verfügbar (revisionsbedingt); Reserveleistung bei Atomausstieg; AKW-Leistung.

Das Energiewende-Szenario nennt auch andere Maßnahmen, welche mittel- und langfristig positive Veränderungen auf dem Energiesektor herbeiführen:

- rationelle Energienutzung (Wärmedämmung, Stromeinsparung, effizientere Produktionsprozesse). Dadurch ist es möglich, den Energieverbrauch bis 2010 um 15% und bis 2020 um 25% gegenüber dem Wert von 1992 zu senken.
- gezielter Ausbau der Wärme-Kraft-Kopplung.
- forcierte Einführung erneuerbarer Energie vor allem in der Stromerzeugung. Dadurch ließe sich der Anteil bei der Stromproduktion von 4% (1992) auf 35% in 2020 steigern.
- öffentliche Verkehrsmittel, Nahverkehr, Güterverkehr auf die Bahn.

Der Ausstieg hat auch emissionsseitig einige Verbesserungen zur Folge. Der radikale Umbau des Energiesystems führt zu einer enormen CO_2-Reduktion, die bis 2005 ca. 25% und bis 2020 50% beträgt. Die vorübergehende Zunahme der CO_2-Emissionen in den Jahren nach dem Sofortausstieg wird durch den Umbau des Kraftwerkparks und Einsparerfolge schon vier Jahre nach dem Ausstieg unter den heutigen Wert gedrückt.

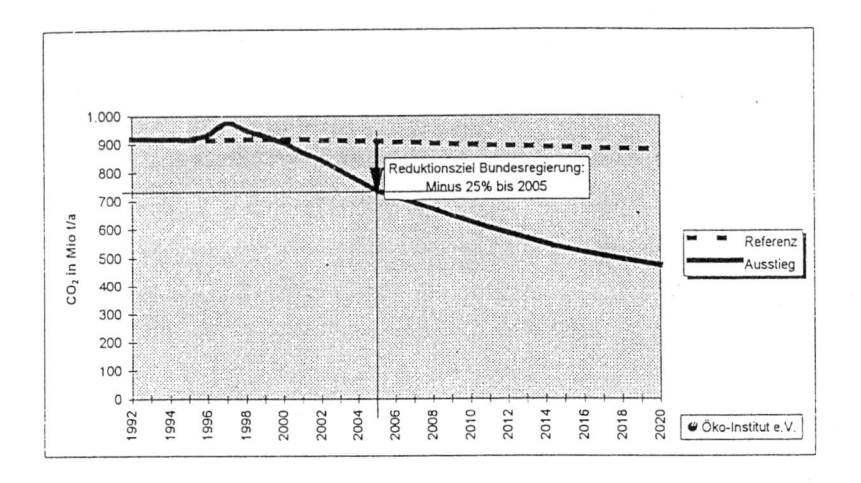

Greenpeace

Die Studie WAS KOSTET DER ATOMAUSSTIEG hat ihre Vorgeschichte: Anläßlich der sogenannten „Energiekonsensgespräche" veröffentlichte Greenpeace bereits 1992 ein Ausstiegsszenario. Basierend auf einer Untersuchung des Öko-Instituts Freiburg (1991, im Auftrag von Greenpeace) modifizierte Greenpeace diese Untersuchung dahingehend, daß die Atommeiler schrittweise in jenem Jahr abzuschalten sind, in dem die kraftwerkseigenen Abklingbecken für atomare Brennelemente ihre maximale Aufnahmekapazität erreicht haben. Danach würde das letzte AKW in der Bundesrepublik Deutschland bis zum Jahr 2000 stillgelegt sein. Daß die Versorgungssicherheit in Deutschland auch ohne Atomstrom möglich ist, bestätigten 1993 Dr. Dietmar Kuhnt (Vorstandsvorsitzender der RWE Energie AG) sowie Bundeswirtschaftsminister Günther Rexrodt.

Doch war in keiner Sekunde daran zu denken, daß die Atomlobbyisten die Möglichkeit des Atomausstiegs in Betracht ziehen. Stattdessen kamen zwei „Totschlagargumente", die den Ausstieg a priori zerschlagen sollten. Zum einen die CO_2-Emissionen, welche die Menschheit in die Klimakatastrophe zu führen droht. Zweitens wurde damit Propaganda gemacht, daß ein Ausstieg volkswirtschaftlich nicht zu bezahlen sei. Daß AKW nicht zur CO_2-Minderung beitragen, ist mittlerweile unumstritten, lediglich eine Verringerung des Energieeinsatzes und die Wende zur Sonnenenergie bringen hier die Lösung. Die jetzige Greenpeace-Studie befaßt sich mit den Kosten des Ausstiegs und zeigt, daß es volkswirtschaftlich geradezu unumgänglich ist, den Weg der Atomenergie zu verlassen. Sie beinhaltet eine vergleichende Betrachtung dreier möglicher Energiesituationsentwicklungen bis zum Jahr 2010:

- Trend-Szenario: eine von der PROGNOS AG aufgestellte Entwicklungsprognose der Energiewirtschaft ohne geändertes politisches Handeln.
- Öko- Sofortausstiegs-Szenario: vom Öko- Institut in Freiburg aufgestellte Entwicklungsprognose bei sofortigem Abschalten der AKW.
- Greenpeace- Szenario: von Greenpeace modifizierte Entwicklungsprognose mit oben beschriebenem schrittweisem Abschalten der AKW bei vollen kraftwerkseigenen Abklingbecken.

Bei allen Szenarien wird davon ausgegangen, daß keine Wirschaftskrisen, Kriege oder sonstige Katastrophen eintreten.

Beim Trendszenario wird außerdem davon ausgegangen, daß keine einschneidende Veränderung gegenüber der bisherigen Energiepolitik eintritt. Es werden lediglich die Trendentwicklungen, die bereits seit einigen Jahren nachvollziehbar sind, in die Zukunft verlängert. Diese Politik des „Nicht–viel–Tuns" hat zur Folge, daß die Energieeinsparungen in den Haushalten (hauptsächlich durch verbesserte Elektrogeräte) durch Verbrauchszuwächse bei den sogenannten Kleinverbrauchern und bei der Industrie aufgefressen werden. Bis 2010 wird der Gesamtenergieverbrauch (insbesondere der Stromverbrauch) ansteigen.

Das Sofortausstiegsszenario setzt auf einen Umstrukturierungsprozeß sowohl bei der Stromerzeugung als auch auf der Nutzerseite in den Bereichen Haushalt, Kleinverbraucher und Industrie. Dazu sind entschieden stärkere politische Entscheidungsprozesse und Problemlösungsansätze nötig, zum Teil gegen wirtschaftliche Interessen der Stromerzeuger. Letztendlich wird hier eine längst überfällige Novellierung des Energiewirtschaftsgesetzes aus dem Jahr 1935 gefordert, damit Kraft-Wärme-Kopplung und solare Stromerzeugung einen wesentlichen Anteil bei der Stromerzeugung abdecken können. Durch Anlagen mit besserem Wirkungsgrad, gekoppelt mit Fern- und Nahwärmenetzen, wird die Effizienz der Energieerzeugung als grundlegendes Entscheidungskriterium verbessert. Außerdem werden verstärkt regenerative Energien (Sonne, Wasser, Wind und Biomasse) eingesetzt. Neben einer Senkung des Gesamtenergieverbrauchs wird vor allem der Stromverbrauch um 36% gesenkt.

Das Greenpeaceszenario verläuft sehr ähnlich zum Sofortausstiegsszenario, lediglich die Ausstiegsgeschwindigkeit ist geringer und der Anteil regenerativer Energieträger bei der Stromerzeugung im Jahr 2010 ist etwas niedriger. Der Vorteil des Greenpeaceszenarios liegt darin, daß es erstens näher an der Realität des Handelns in Politik und Wirtschaft liegt und zweitens auf der „volkswirtschaftlichen Seite": Der verzögerte Ausstieg aus der Atomenergienutzung bewirkt, daß die Sonderabschreibungen aufgrund abgeschalteter AKW 23,5 Milliarden DM weniger als beim Sofortausstiegsszenario betragen.

Aufgrund von demographischen Daten (Bevölkerung, Wohnungsentwicklung etc.), Wirtschaftsdaten (Bruttosozialprodukt, branchenspezifische Wachstumsentwicklung etc.) und Brennstoffkosten der Energieträger werden die zu erwartenden Kostenentwicklungen „durchgespielt". Das Ergebnis wird bezüglich drei unterschiedlicher Ebenen dargestellt:

- Ebene 1: alle betriebswirtschaftlichen Aufwendungen (Kraftwerkspark, Brennstoffkosten etc.)
- Ebene 2: zusätzliche volkswirtschaftliche Kosten (insbesondere beim Atomausstieg: Energieberatungsprogramme, Förderung regenerativer Energien etc.)
- Ebene 3: hier wird versucht, Kosten aufgrund eines möglichen AKW-Unfalls zu erfassen.

Daraus ergibt sich letztendlich folgende Tabelle:

Kosten in Milliarden DM	Trend	Sofortausstieg	Greenpeace
Ebene 1 betriebswirtschaftliche Kosten	454,3	374	359,6
Ebene 2 zusätzliche volkswirtschaftliche Kosten	0	108,8	56,6
Ebene 3 AKW - Unfallkosten	67,1	0	20
1 + 2 + 3	521,4	482,8	436,2

Ohne dieses Ergebnis jetzt hier detailliert zu diskutieren (dies ist in WAS KOSTET DER ATOMAUSSTIEG nachzulesen) zeigt sich der Gehalt der „Totschlagargumente" und die Verlogenheit der Atomlobbyisten. Weder volkswirtschaftliche Kosten noch CO_2-Emissionen sprechen gegen den Atomausstieg ... geradezu das Gegenteil ist der Fall.

HELMUTH JACOB
Sonnenenergie

Die Menschheit steht kurz vor dem Eintritt in ein solares Zeitalter: Dieser Satz klingt ungemein gut und scheint doch so immens weit entfernt von einer Realisierung. Dabei scheitert die „Energiewende" nicht an den technischen Mitteln sondern an sozialen Ungerechtigkeiten (Nord/Süd), finanziellen Interessen (Energieversorger) und einer Überforderung der Politik (Planlosigkeit, Entscheidungsangst). ...Und doch muß der Weg gefunden werden, um nicht im Umweltkollaps das Ende des Planeten Erde einzuleiten. Wir brauchen ein „Jahrzehnt der Entscheidung".

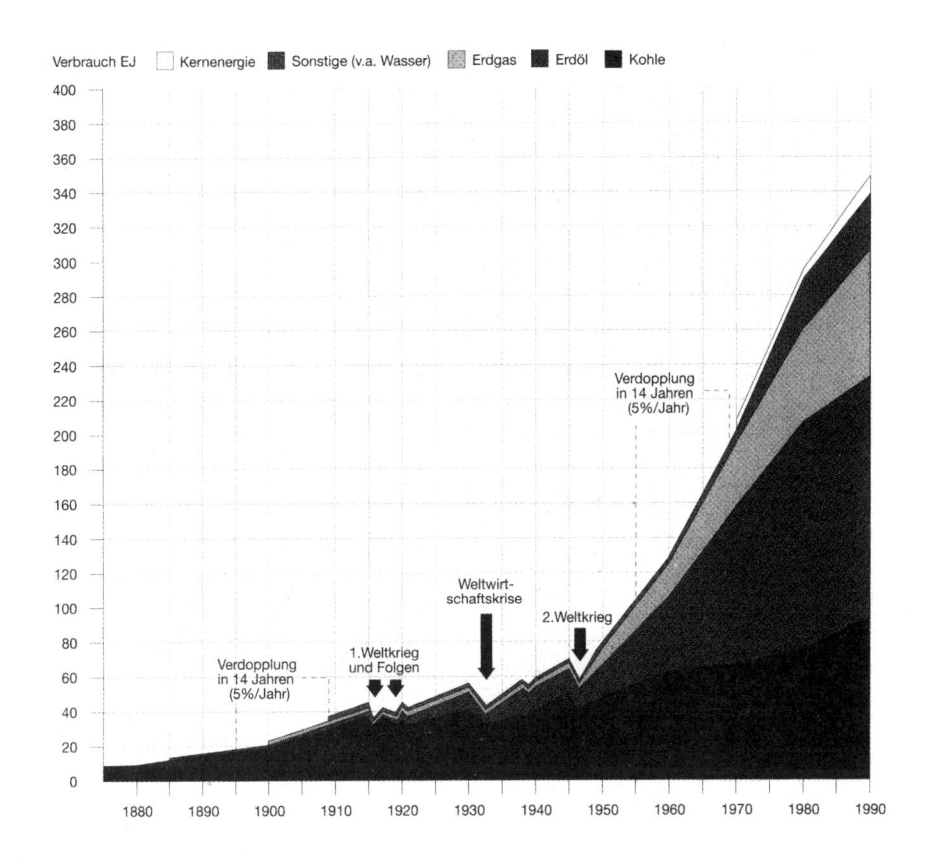

Weltprimärenergieverbrauch 1880 bis 1990

Kleiner Exkurs
1 EJ (Exa Joule) = 10^{18} J = 1 000 000 000 000 000 000 J $\cong$ 277 777 777 778 kWh

Daten und Fakten

Die Entwicklung des weltweiten Primärenergieverbrauchs in den letzten Jahrzehnten zeigt, wie enorm der Bedarf gestiegen ist. Primärenergieverbrauch gibt die eingesetzte Energiemenge an, die nach Umwandlung, Transport etc. einen bestimmten Nutzen, z.B. das Drehen der Bohrmaschine, ermöglicht. Das Ansteigen des Energiebedarfs bedeutet eine regelrechte Plünderung der Energieressourcen. Jahrmillionen wurden zur Entstehung der fossilen Bodenschätze benötigt, heute verbraucht die Menschheit an einem Tag mehr fossile Energie als sich in tausend Jahren Erdgeschichte gebildet hat. Dabei konsumiert ein Viertel der Weltbevölkerung (Industrienationen) mehr als 70% der weltweit bereitgestellten Energie, während Dreiviertel der Weltbevölkerung (vorwiegend die sogenannten „Dritte-Welt-Länder") mit weniger als 30% auskommen müssen.

Die Aufteilung auf die verschiedenen Energieträger am Weltenergieverbrauch 1995 verdeutlicht, daß bisher hauptsächlich die fossilen Bodenschätze genutzt werden.

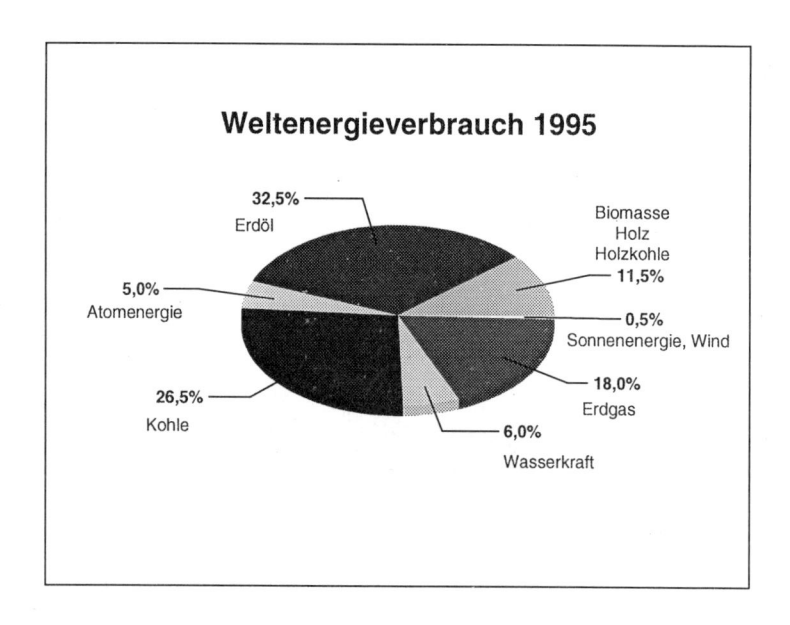

Weltenergieverbrauch 1995

- 32,5% Erdöl
- 5,0% Atomenergie
- 26,5% Kohle
- 6,0% Wasserkraft
- 18,0% Erdgas
- 0,5% Sonnenenergie, Wind
- 11,5% Biomasse, Holz, Holzkohle

Folgen dieser Entwicklung sind ständig in den Nachrichten zu hören: Saurer Regen, künstlicher Treibhauseffekt, drohende Temperaturerhöhung mit Ansteigen der Weltmeere. ... Durch das Abholzen der tropischen Regenwälder wird das Ganze noch verstärkt, da weniger Sauerstoff aus CO_2 gebildet wird. Besonders gravierend ist die enorme CO_2-Freisetzung aus dem Kohlenstoff (C) der fossilen Bodenschätze. Dieser Kohlenstoff war durch die Sonne im Erdboden gebunden und aus der Atmosphäre verschwunden. Über die Verbrennung und die damit verbundenen Bildung des Treibhausgases CO_2 wird er wieder in die Atmosphäre freigegeben und bewirkt so die Erhöhung der mittleren Erdtemperatur. Bei den Treibhausgasen gilt CO_2 mit 50%-Anteil als Klimakiller Nummer Eins, gefolgt von Flurkohlenwasserstoffen (FCKW, 17%), Methan (CH_4, 13%), Ozon (O_3, 7%) und Lachgas (N_2O, 5%). Daß Atomenergie keine Lösung dieses Problems ist, wird an anderer Stelle aufgezeigt.

Zumindest seit den sogenannten Ölkrisen in den 70iger Jahren wird über zukünftige Entwicklungen der Energiesituation und mögliche „Auswege" verstärkt diskutiert und gestritten. Was fehlt, ist entschiedenes Handeln, was nur über Politik und Gesetzgebung sowie internationale Festlegungen erreicht werden kann. Der Bericht des „Club of Rome" („Das Ende des Wachstums", 1972), die „Energie-Wende" des Öko-Instituts Freiburg (1980), der Bericht der Enquete-Kommission für den Deutschen Bundestag (1982), die weltweite Umweltkonferenz in Rio (1992) samt nachfolgendem Klimagipfel in Berlin (1995) bis hin zu den bereits erwähnten „Ausstiegsszenarien" sind einige Stationen der Suche nach der Zündschnur für das solare Zeitalter.

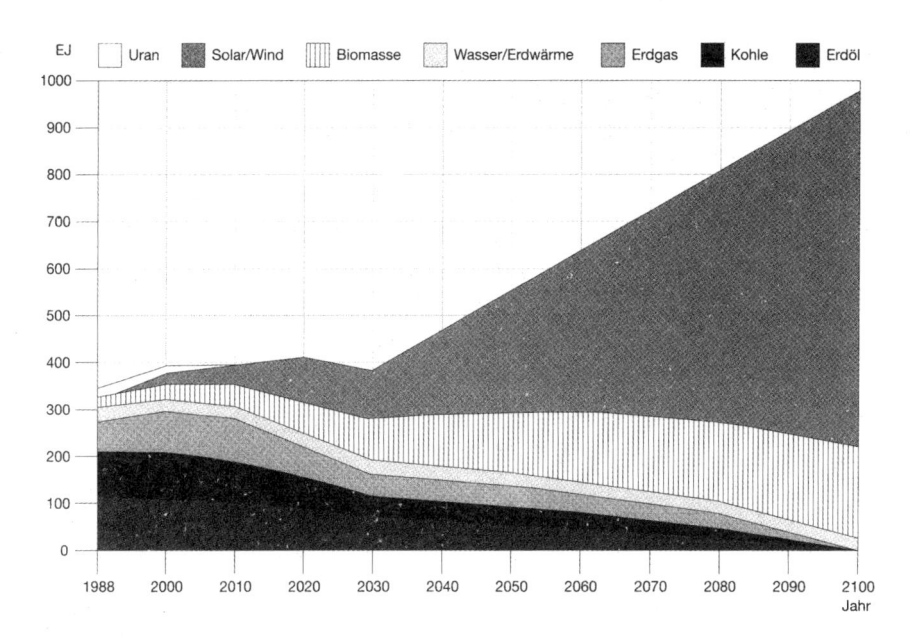

Daß der Ausstieg sowohl aus den fossilen Energieträgern bis 2100 wie auch das Ende der Atomenergie bis 2010 technisch machbar ist, zeigt wiederum eine Studie, die im Auftrag von Greenpeace erstellt wurde, „Sonnige Zukunft–Energieversorgung jenseits von Öl und Uran". Dabei erfolgt ein schrittweiser Wandel ohne die „gefürchteten" Komfort-Verluste durch konsequentes politisches Handeln. Nach Einschätzung der WissenschaftlerInnen ist ein Umbau des Energie-Systems machbar, ohne die Wirtschaft aus den Angeln zu heben oder mit Mehrkosten zu belasten. Die mögliche Entwicklung ist in vorangegangenem Diagramm dargestellt.

Welches Potential in der Sonnenenergie enthalten ist, läßt sich am besten graphisch veranschaulichen:

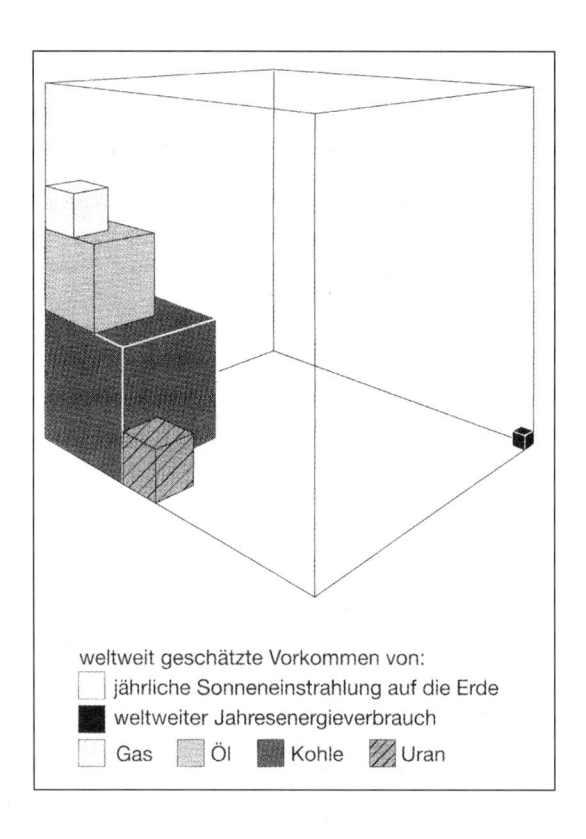

weltweit geschätzte Vorkommen von:
- jährliche Sonneneinstrahlung auf die Erde
- weltweiter Jahresenergieverbrauch
- Gas
- Öl
- Kohle
- Uran

Der weltweite Jahresenergieverbrauch erscheint winzig im Vergleich zu der jährlichen Sonneneinstrahlung auf die Erde. Selbst die weltweit bekannten Kohle-, Öl-, Gas- und Uranvorkommen betragen nur einen Bruchteil der Energiemenge, die jährlich von der Sonne zur Erde gesandt wird. Die eintreffende Sonnenenergie wird:

- zu 46,7 % in Wärme umgewandelt
- zu 30 % an der äußeren Erdatmosphäre reflektiert
- zu 23 % für Verdunstung und Niederschlag genutzt
- zu 0,2% in Windenergie umgewandelt und
- zu 0,1% für Biomasse (Photosynthese) genutzt.

Intelligenter Energieeinsatz

Nach wie vor gilt der Satz: die größte zur Verfügung stehende Energiequelle ist das Energiesparen. Nach wie vor gilt auch, daß Butter nicht mit der Kettensäge zerschnitten werden muß. In der Zeit, als Energie scheinbar im Überfluß vorhanden war, wurden Geräte, Maschinen, Autos bis hin zum Wohnungsbau nicht auf einen möglichst geringen Energieverbrauch konzipiert. Dieses Potential läßt sich nutzen.

Durch völlig unterschiedliche Maßnahmen von Informationsverbreitung über Wärmeschutzverordnungen bis zur „Energiesteuer" läßt sich ein Wandel herbeiführen. Im sogenannten Bereich „Haushalte" ist in den vergangenen Jahren eine Menge an Bewußtseinsveränderung passiert: eine Energiesparlampe kennt mittlerweile jedeR, beim Kauf von Kühl- und/oder Waschmaschine wird auf den Stromverbrauch geachtet und ein 3-Liter Auto ist auch nicht mehr in utopischer Ferne. Nichtsdestotrotz bleibt auch im Bereich „Haushalte" noch eine ganze Menge Einsparpotential vorhanden, insbesondere bei den elektrischen Maschinen und der Raumwärme.

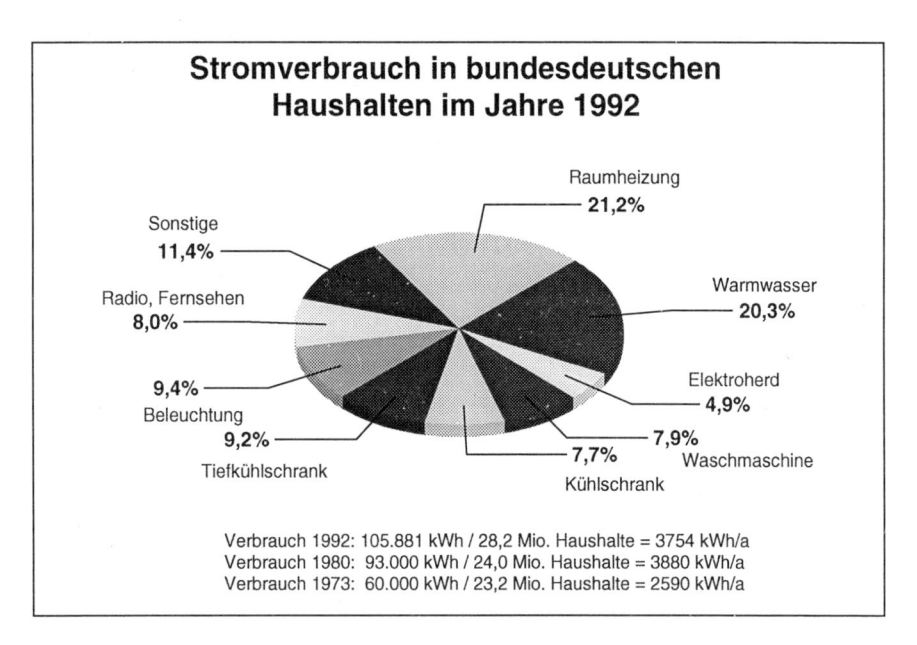

Stromverbrauch in bundesdeutschen Haushalten im Jahre 1992

- Raumheizung 21,2%
- Sonstige 11,4%
- Radio, Fernsehen 8,0%
- 9,4% Beleuchtung
- 9,2% Tiefkühlschrank
- 7,7% Kühlschrank
- 7,9% Waschmaschine
- Elektroherd 4,9%
- Warmwasser 20,3%

Verbrauch 1992: 105.881 kWh / 28,2 Mio. Haushalte = 3754 kWh/a
Verbrauch 1980: 93.000 kWh / 24,0 Mio. Haushalte = 3880 kWh/a
Verbrauch 1973: 60.000 kWh / 23,2 Mio. Haushalte = 2590 kWh/a

Schwieriger wird die Sache in den Bereichen „Kleinverbraucher" und „Industrie", die 17,6% bzw. 26,3% des Primärenergieverbrauchs ausmachen. Hier lassen sich Energieeinsparungen schwerer durchsetzen, weil Brennstoffkosten als „laufende Kosten" betriebswirtschaftlich direkt als „Ausgaben" verbucht werden können. Dagegen lassen sich Investitionen zur Reduzierung der Energieverluste häufig nur als „Abschreibungen" über mehrere Jahre gegenüber dem Finanzamt geltend machen. Außerdem fördern Energietarife einen großen Verbrauch: wer viel verbraucht, zahlt pro kWh weniger. Dies sind die offensichtlichsten Effekte, derentwegen der gesamte Sparprozeß in diesen Bereichen zäher in Gang kommt und es entsprechender Maßnahmen durch Politik und Gesetzgebung bedarf.

Es geht beim „Energiesparen" nicht um „weniger machen können", sondern um „für den gleichen Nutzen lediglich weniger Energieressourcen zu benötigen". Daher ist das häufig zum Energiesparen gemalte Bild „Zurück in die Steinzeit" reine Propaganda der Energieverkäufer. Es geht um einen intelligenten, rationellen Energieeinsatz. Technisch machbar ist heute schon vieles, ohne daß es mehr kosten würde. Viele konkrete Beispiele und die Verdeutlichung, welche Möglichkeiten da schlummern, zeigt das Buch „Faktor Vier" von Ernst Ulrich von Weizäcker, Amory B. Lovins und L. Hunter Lovins.

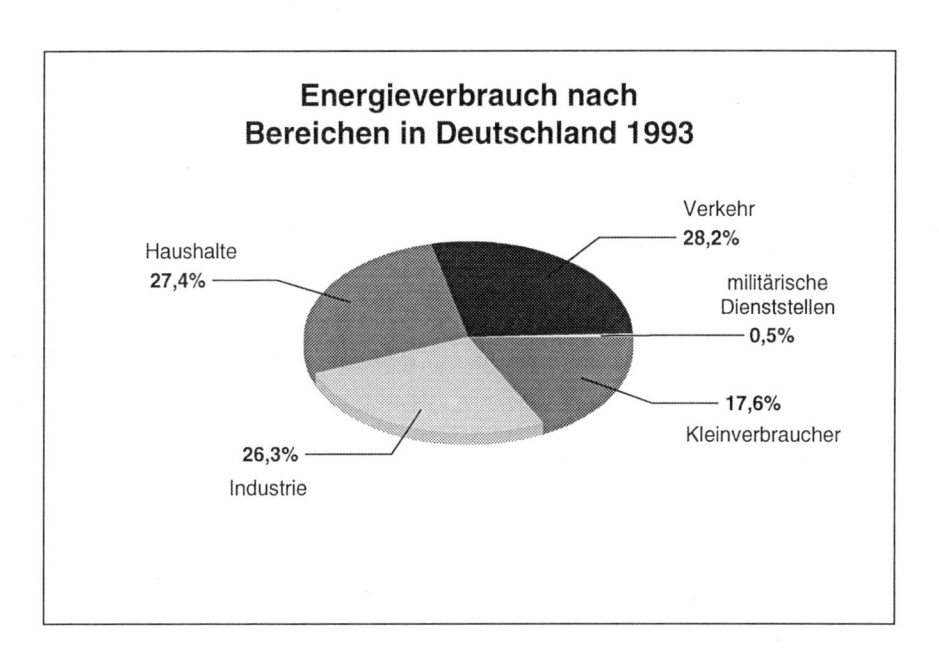

Energieverbrauch nach Bereichen in Deutschland 1993

- Verkehr 28,2%
- Haushalte 27,4%
- militärische Dienststellen 0,5%
- 17,6% Kleinverbraucher
- 26,3% Industrie

Sonnenfänger sind gefragt

Der größte Anteil (46,7%) der Sonnenenergie wird in Form von Wärme umgesetzt. Leben ist auf unserem Planeten überhaupt erst durch die entsprechende Temperatur der Erdoberfläche möglich. Die Sonne sendet ihre Energie in Form von elektromagnetischer Strahlung mit einer Mischung verschiedener Wellenlängen (Spektrum) aus. Die Erdatmosphäre läßt jedoch wie ein Filter nur bestimmte

Wellenlängenbereiche durch, haupsächlich im Bereich des sichtbaren Lichts. Aus der Differenz zwischen dem extraterrestischen und dem terrestischen Spektrum (also dem Bereich, der auf der Erdoberfläche ankommt) ergeben sich die 30% der Reflexion, die in der Abbildung Seite 263 angegeben ist.

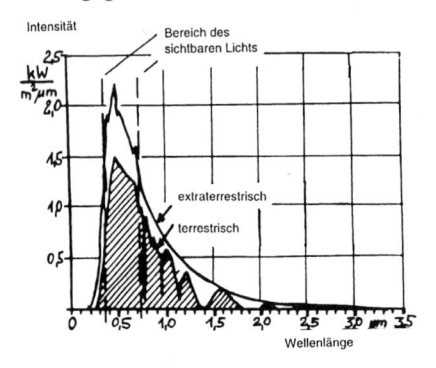

Sonnenspektrum

Als einen groben Anhaltswert können wir in Deutschland davon ausgehen, daß pro m^2 und Jahr circa 1.000 kWh zur Verfügung stehen. Soweit das Angebot der Sonne–jetzt kommt es darauf an, dieses Potential zu nutzen.

Passive Nutzung der Sonnenwärme

Unter „Passiver Sonnenenergienutzung" wird alles verstanden, was bei der Nutzbarmachung von Sonnenenergie ohne technische Hilfsmittel möglich ist. Das einfachste Beispiel sind die Planzen, die mit Hilfe von Sonnenenergie im Chlorophyll CO_2 in O_2 umwandeln und Energie speichern, die uns beim Verzehr zugute kommt. Ein anderes Beispiel ist die Wärme, die uns das Leben überhaupt erst ermöglicht.

Auch bei der Gebäudekonstruktion kann darauf geachtet werden, daß Gewinne durch Sonneneinstrahlung genutzt werden. Beginnend bei der Gebäudeausrichtung und Nutzungseinteilung nach Himmelsrichtung, Verwendung von Wärmeschutzgläsern und ausreichender Wärmedämmung sind die ersten Schritte zur passiven Sonnenenergienutzung getan. Zum einen werden die Energieverluste des Gebäudes minimiert und zum anderen, durch die Ausrichtung entsprechender Glasflächen in südlicher Richtung, eintreffende Sonneneinstrahlung gefangen.

Darüber hinaus gibt es noch ganz gezielte Maßnahmen, diese Effekte zu steigern (z.B. Glaswand vor der Gebäudefassade, Wintergarten, Begrünung der Außenwand). Wer ein Haus neu baut und solche Aspekte nicht bedenkt, muß dieses Versäumnis später mit höheren Energiekosten bezahlen.

Gesetzgeberisch beeinflussen läßt sich diese Begrenzung der Wärmeverluste durch festgelegte Grenzwerte in Wärmeschutzverordnungen, die Mindestanforderungen an Bauelemente vorschreiben. Energiesparhäuser sind auf minimale Wärmeverluste optimiert und zeigen, daß Konstruktionen möglich sind, die nur einen Bruchteil an Energiekosten für die BenutzerInnen bedeuten als bei heute sonst (noch) üblichen Gebäudekonstruktionen. Gerade die passive Nutzung der Sonnenenergie verursacht kaum zusätzliche Kosten.

In der Praxis sind in den letzten Jahren viele Beispiele realisiert worden. Die Erfahrungen reichen vom „Nullenergiehaus" bis zum „Energiesparhaus im Baukastensystem". Auf dem Gebiet der Baustoffe und spezieller Konstruktionselemente liegen mittlerweile langjährige Erfahrungen vor, auf die beim Neubau zurückgegriffen werden kann.

Thermische Solaranlagen

Eine sehr einfache Möglichkeit, Sonnenenergie mit „technischen Mitteln" zu nutzen, liegt in der Warmwasserbereitung. Wenn die Anlagen gut dimensioniert sind, kann in den Sommermonaten das Warmwasser komplett mit der Solaranlage erwärmt werden. Übers Jahr gesehen läßt sich ein solarer Deckungsanteil von 60% an der Warmwasserbereitung erreichen.

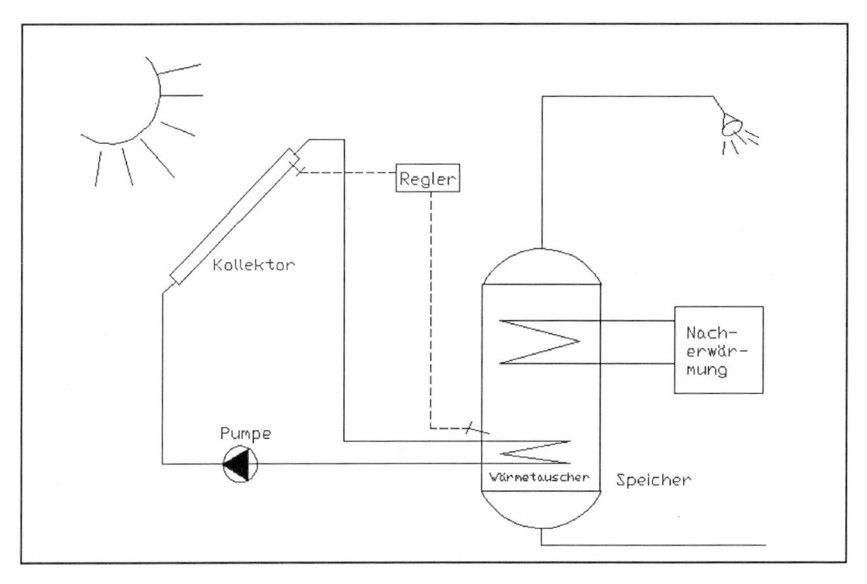

Die Energie der Sonne wird im Kollektor an den Solarkreis übertragen. Dabei gelangen die kurzwelligen Sonnenstrahlen durch die gläserne Abdeckung und erwärmen den Absorber. Die bei der Erwärmung auftretende langwellige Wärmestrahlung kann nicht durch die transparente Abdeckung dringen und damit bleibt die Energie im Kollektor gefangen. Der Absorber wird vom Solarkreislauf durchflossen und über diesen Kreislauf wird die eingefangene Energie über einen Wärmetauscher an das Brauchwasser übertragen. Geregelt wird das Ganze über zwei Temperaturfühler: Einer am Kollektor, einer im Speicher. Immer wenn es im Kollektor wärmer ist als im Speicher setzt die Pumpe den Kreislauf in Betrieb.

Die vorangegangene Beschreibung gibt nur die prinzipielle Funktionsweise für eine solare Warmwasserbereitung an. Es gibt viele sehr unterschiedliche Kollektoren und nach verschiedenen Prinzipien arbeitende Gesamtsysteme. Eine Heizungsunterstützung mit Sonnenenergie ist im Einzelfall lohnend. Technisch ausgereift sind alle Komponenten der Anlagen mittlerweile ebenfalls. Die Produktpalette reicht von der einfachsten Anlage (schwarzer Behälter in der Sonne oder wassergefüllte Schlauchschnecke zur Gartendusche) bis hin zu eher für höhere Nutztemperaturen einzusetzende Vakuumröhrenkollektoren. Bei den Anlagensystemen reichen die Möglichkeiten ebenfalls von Anlagen für Einfamilienhäuser über große Anlagen (bis 1.000m² Kollektorfläche) für ganze Wohnblocks bis zur Anhebung der Rücklauftemperatur in Nahwärmesystemen.

Als ein kleines Beispiel ist in den nachfolgenden Diagrammen der gemessene Kalt- und Warmwasserverbrauch einer etwa 15-köpfigen Gruppe über ein Jahr aufgetragen und im zweiten Diagramm die gemessenen Energiegewinne der 12m²-Solaranlage zur Warmwasserbereitung.

Kalt- und Warmwasserverbrauch 1995

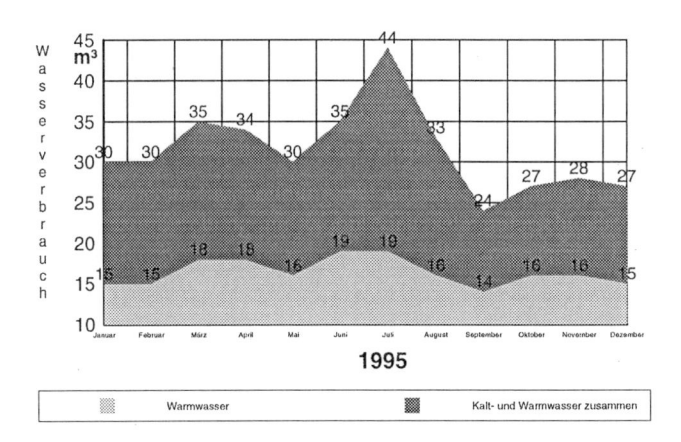

Solarer Energieertrag 1995

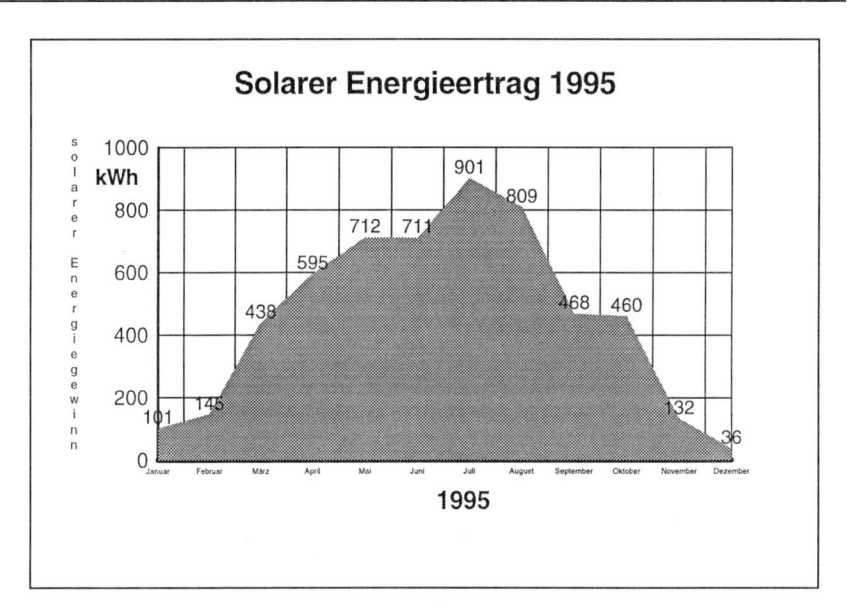

Monat	kWh
Januar	101
Februar	145
März	438
April	595
Mai	712
Juni	711
Juli	901
August	809
September	468
Oktober	460
November	132
Dezember	36

Solare Stromerzeugung

Mit Hilfe der Photovoltaikzelle läßt sich Strahlungsenergie der Sonne in elektrische Energie umwandeln. Bis vor 20 Jahren wurde diese Technik nur in der Raumfahrt (Stromerzeugung für Satelliten) und zu militärischen Zwecken eingesetzt. Seit Beginn der Entwicklung zur allgemeinen photovoltaischen Stromerzeugung sind enorme Fortschritte gemacht worden und die Anlagen mit ihren Komponenten sind recht ausgereift. Trotzdem werden mittelfristig bei einzelnen Bestandteilen, insbesondere den Photovoltaikzellen Leistungssteigerungen erwartet.

Die Entwicklung könnte schneller voranschreiten, wenn dies nicht durch die Interessen bestimmter Industriezweige gebremst würde. Wenn die Firma Siemens Atomreaktoren baut, hat sie kein Interesse, sich mit Photovoltaik Konkurrenz zu machen. Die Energieversorger bauen lieber selber Kraftwerke als dieses Privileg durch dezentrale „Kleine Kraftwerke" unter das Volk zu streuen und damit ihre Monopolstellung aufzugeben.

In der Photovoltaikzelle, die aus mehreren Schichten unterschiedlicher Materialien besteht, werden Elektronen mit Sonnenenergie in Bewegung gebracht. Dadurch entsteht eine elektrische Leistung. Die Leistung ist definiert als Produkt aus Strom und Spannung. Mehrere Zellen werden zu einem „Modul" zusammengefaßt, für das dann eine maximale Leistung charakteristisch ist. Es entsteht ein Gleichstrom, der in einem „Wandler" (Wechselrichter) in einen sinusförmigen Wechselstrom „gewandelt" wird. Über einen Stromzähler (zu Abrechnungszwecken) läßt sich die Verbindung zum öffentlichen Stromnetz herstellen.

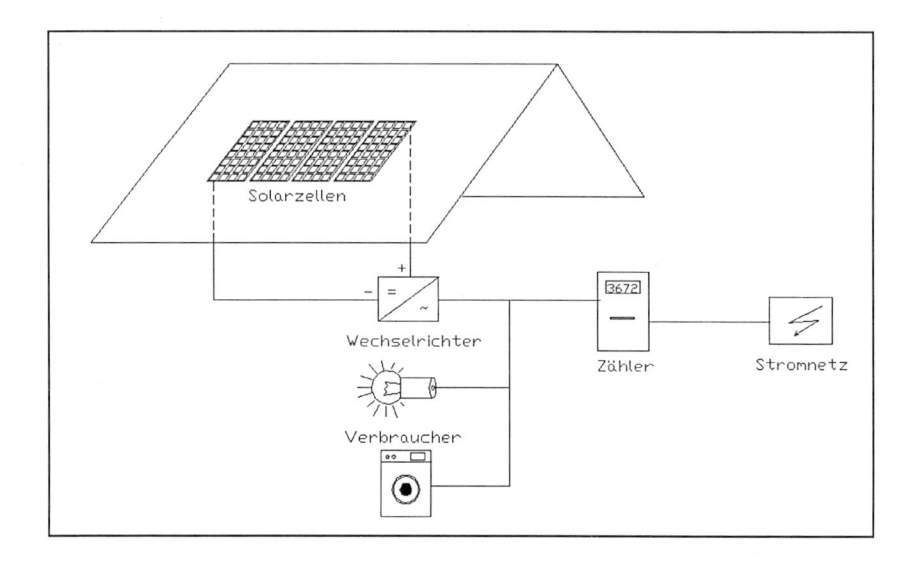

[Schema: Solarzellen auf Dach → Wechselrichter → Zähler (3672) → Stromnetz; Verbraucher (Waschmaschine, Lampe) angeschlossen]

Die technische Lebensdauer kann mit 30 Jahren angesetzt werden. Bis Ende 1993 waren in Deutschland 6,7 MW netzgekoppelt installiert. Mit dem „1.000 Dächer Förderprogramm" war im Jahre 1991 ein deutlicher Anstieg der installierten Leistung zu erkennen. Es kamen 2.250 Photovoltaikanlagen mit je 1 bis 5 kW Leistung dazu. Da bisher recht wenig Anlagen installiert sind, andererseits aber fast jede nach Süden geneigte Dachfläche, Fassade und genügend Freiflächen als Aufstellungsort geeignet sind, läßt sich der Photovoltaikanteil an der Stromerzeugung enorm steigern.

Ohne unterstützende Maßnahmen wird dies aber nicht geschehen, da momentan die spezifischen Stromgestehungskosten bei 1,73 bis 2,04 DM/kWh liegen. Die Stromgestehungskosten setzen sich aus Gesamtinvestitionskosten, Abschreibungsdauer und Betriebskosten zusammen. Inwieweit sich dies besonders durch Entwicklungen und Produktionskostensenkungen bei den Photovoltaikzellen reduzieren läßt, ist schwer vorherzusagen.

Die energetische Amortisation beträgt 60 bis 108 Monate. Damit ist die Zeit gemeint, die benötigt wird, bis die erzeugte Energie den Energieeinsatz für den Bau der Anlage kompensiert hat.

Windkraft

Die windtechnische Stromerzeugung erlebt in den letzten Jahren einen enormen Aufschwung. Schon in den zwanziger und dreißiger Jahren dieses Jahrhunderts wurden Prototypen von Windkraftanlagen entwickelt, verloren aber wieder an Bedeutung. Erst Ende der achtziger Jahre begann, unterstützt durch das „250 MW-Windförderprogramm" und vor allem die geänderte Einspeisevergütung, der Aufwärtstrend. Heute sind weit über 4.000 Windkraftanlagen, vornehmlich in Norddeutschland, aber auch im Binnenland, in Betrieb. Bezogen auf die gesamte Stromerzeugung entsprach der Anteil 1993 jedoch nur 0,27%. Insgesamt möglich wäre eine Verzehnfachung des Windanteils bei der Stromerzeugung.

„Wind" entsteht durch die global recht unterschiedliche Erwärmung der Erdoberfläche, die in der Atmosphäre zu unterschiedlichen Temperaturen und damit verbundenen Luftdruckdifferenzen führt. Dies löst „Ausgleichsströmungen" aus, die als Wind bezeichnet werden. Das Potential ist jahreszeitlich, regional und selbst über den Tag sehr unterschiedlich. Die bewegten Luftmassen bringen den Rotor in Bewegung, welche im Generator in elektrischen Strom gewandelt wird. In einer Trafostation erfolgt die Ankopplung an das öffentliche Netz.

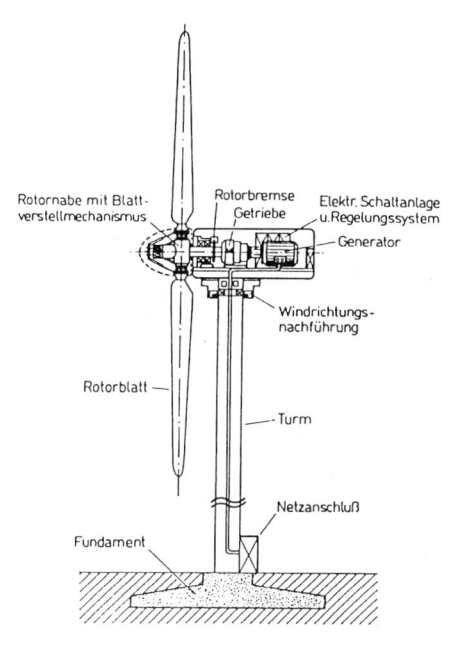

Die spezifischen Stromgestehungskosten liegen zwischen 7 und 27 Pf/kWh, je nach nutzbaren Windgeschwindigkeiten. Die energetische Amortisationszeit wird auf 4 bis 28 Monate angesetzt.

Wasserkraft

Während Windkraft und Photovoltaik erst seit einigen Jahren in größerem Maße zur Stromerzeugung genutzt werden, begann die Stromerzeugung mit

Wasserkraft zur Zeit der Industriealisierung. Basierend auf dem natürlichen Wasserkreislauf von Verdunstung über Luftbewegung und Niederschlag (Regen, Schnee), lassen sich die jährlich durchschnittlichen 500 bis 1.200 mm Niederschlag zur Erzeugung von elektrischem Strom nutzen. Die Technik gilt seit Jahren als ausgereift.

Prinzipiell gibt es zwei unterschiedliche Anlagentypen: Laufwasserwerke und Speicherwasserwerke. Bei den Laufwasserwerken handelt es sich meist um kleinere Anlagen, die an Bach- oder Flußläufen zu finden sind. Zwischen „Oberwasser" und „Unterwasser" besteht ein Höhenunterschied, der neben der zur Verfügung stehenden Wassermenge die erzeugte elektrische Energie bestimmt. Die Energieumwandlung findet in einer Turbine statt.

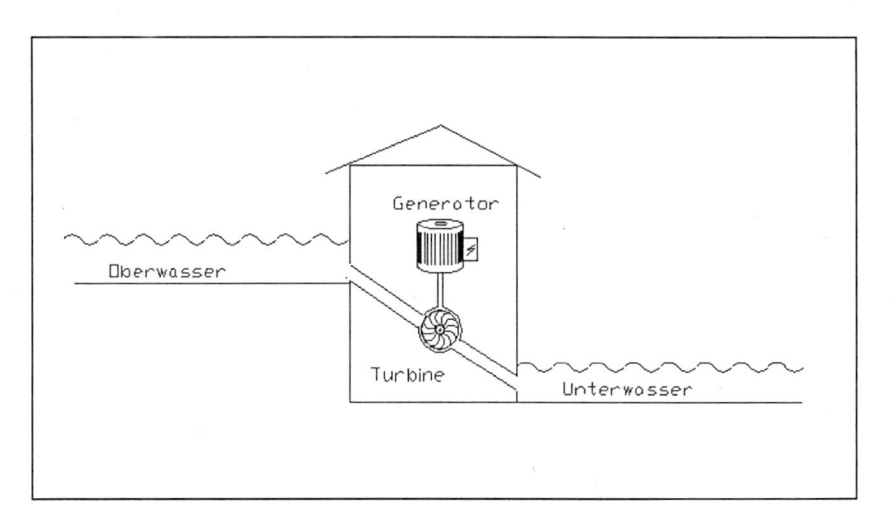

Speicherwasserwerke funktionieren nach dem gleichen Prinzip, nur daß Wasserläufe aufgestaut werden (z.B. Talsperren) und dann über Rohrleitungen große Höhenunterschiede und Wasservolumen zur Verfügung stehen. Dadurch sind diese Anlagen in ihrer Leistung größer und auch leichter regelbar als Laufwasserwerke. Sie erfordern aber für den „Staubereich" einen oft nicht unerheblichen Eingriff in die natürliche Umgebung.

In Deutschland betrug 1993 der Anteil der Wasserkraft an der Stromerzeugung etwa 4,7%. Die Möglichkeiten der Wasserkraftnutzung liegen zu 55% in Bayern und zu 25% in Baden-Württemberg. Die restlichen 20% verteilen sich auf alle anderen Bundesländer. Bisher werden etwa Dreiviertel der nutzbaren Wasserkraft ausgeschöpft, so daß keine allzu großen Zuwachsraten zu erwarten sind. Zum Vergleich sei angemerkt, daß in anderen Ländern zum Teil ein höherer Anteil der

Wasserkraft bei der Stromerzeugung zu erreichen ist (z.B. in Österreich 69% oder in Schweden 47%).

Die Stromgestehungskosten liegen bei Anlagen mit 1 und mehr Megawatt Leistung bei 8 bis 15 Pf/kWh, bei kleineren Anlagen bei 10 bis 30 Pf/kWh. Die primärenergetische Amortisationszeit liegt bei 4 bis 5 Monaten.

Biomasse

Es gibt vielfältige Möglichkeiten zur Nutzung von Biomasse:

Brennholz wird traditionell zur Wärmeerzeugung genutzt. Dies ist in ländlichen Gebieten und in Bergregionen noch immer weit verbreitet. Solange dadurch der Waldbestand nicht reduziert wird, ist die Verwendung von Brennholz CO_2-neutral und damit umweltschonend.

Biogas kann in Kläranlagen aus kommunalen Abwässern gewonnen oder in der Viehzucht aus Gülle erzeugt werden und zum Heizen, Kochen oder über Kraft-Wärme-Kopplung zur Stromerzeugung eingesetzt werden.

Mülldeponien setzen große Mengen des Treibhausgases Methan frei, das ungenutzt zur Erwärmung der Erdatmosphäre beiträgt. Es kann aufgefangen und in Kraft-Wärme-Kopplung-Anlagen zur Stromerzeugung eingesetzt werden.

Nachwachsende Rohstoffe: Durch den gezielten Anbau von Energiepflanzen kann Sonnenenergie gebunden und zur Erzeugung von Brenn- und Treibstoff genutzt werden. Der Landwirtschaft kommen damit neue Aufgaben im Bereich der Energieversorgung zu.

Pflanzenöle, die aus Raps, aber auch Soja und Sonnenblumen gewonnen werden, können direkt in dafür angepaßten Pflanzenölmotoren verbrannt und zur Energiegewinnung genutzt werden. Durch chemische Verfahren kann Pflanzenöl in einen Kraftstoff umgewandelt werden, der dem Mineralöl ebenbürtig oder sogar überlegen ist: Biodiesel.

Dabei wird unter Zugabe von Methanol mit Hilfe eines Katalysators das im Pflanzenmolekül eingebundene Glyzerin herausgelöst. Das entstehende Pflanzenöl-Methyl-Ester ist dünnflüssig und von seinen wesentlichen Eigenschaften her (Cetazahl, Viskosität und Heizwert) mit mineralischem Diesel vergleichbar. Es enthält darüber hinaus kaum Schwefel- und aromatische Verbindungen, verbrennt daher schadstoffarm und verlängert sogar die Lebensdauer der Motoren. Biodiesel ist mit herkömmlichem Dieselkraftstoff mischbar; so ist eine Streckung und schrittweise Substitution der fossilen Treibstoffe denkbar.

Die Treibstofferzeugung aus Rapsöl ist allerdings umstritten, weil sie mit großem Energieaufwand beim Anbau (Kunstdüngereinsatz) und bei der Weiterverarbeitung (Veresterung zu Biodiesel) verbunden ist. Der Energieertrag aus Biodiesel ist nur um den Faktor 1,1 höher als der Aufwand zu seiner Erzeugung.

Vielversprechend dagegen ist der Anbau von sogenannten C_4-Pflanzen, die mit Hilfe von Sonnenlicht einen hohen Anteil an Kohlenstoff zu binden vermögen, wie z.b. Schilfgras oder Hanf.

Schlußbemerkung

„Ohne Kernenergie geht es nicht" müssen wir uns immer wieder sagen lassen. Aber wenn das so ist, warum beschränken wir uns nicht auf den Atom- (fusions-) reaktor, der in sicherer Entfernung von 150 Millionen Kilometern seit 6 Milliarden Jahren störungsfrei arbeitet und jährlich 17.000 so viel Energie auf unsere Erde einstrahlt, wie wir weltweit verbrauchen – unsere Sonne!

Es gäbe noch vieles mehr über erneuerbare Energien zu sagen. Festgehalten werden kann:

- Es steht ein Überangebot an Energie zur Verfügung.
- Die Energie fällt in den unterschiedlichsten Erscheinungsformen an (Wärme, Luft, Wasser, Wellen, Biomasse).
- Es gibt heute bereits ein breites Spektrum von Technologien zur Nutzung der verschiedenen Energieformen.

Vieles mag noch nicht ausgereift sein, aber das Fernsehen hat auch nicht mit dem Farb-TV begonnen. Hemmnis bei der Entwicklung ist jedoch in keinem Fall die fehlende Technologie, sondern mangelnde Wirtschaftlichkeit.

Doch nicht die regenerativen Energien sind zu teuer! Solange die fossilen Energieträger zu Schleuderpreisen zur Verfügung stehen und niemand für den unwiederbringlichen Verlust an Rohstoffen, noch für die klimatischen und gesundheitlichen Folgen deren Verbrennung aufkommen muß, haben andere Energieformen wenig Chancen.

Zukünftig werden Themen wie Wasserstofftechnologie, Brennstoffzellen oder Gezeitenkraftwerke immer mehr in unsere Diskussionen einbezogen werden. Die im Artikel verwendeten Daten, vor allem zu den Bereichen Photovoltaik, Wind- und Wasserkraft, sind dem Buch: Kaltschmitt/Fischedick: „Wind- und Solarstrom im Kraftwerksverbund" entnommen.

DIETER SCHAARSCHMIDT
Laßt 1000 Türme blühen !
oder was man aus(f) einem Turm noch alles so machen kann

Erfahrungen beim Bau der 1. Windkraftanlage im Wendland

Bei dem jahrzehntelangen Widerstandsmarathon gegen die Gorlebener Atomanlagen kamen die Ansätze zur alternativen Energieversorgung und zur alternativen Lebensweise meistens zu kurz. Obwohl Ideen und Träume in vielen Köpfen herumgeisterten, war neben Alltag und politischem Widerstand zu wenig Zeit, um sich mit anderen Menschen um die Organisation positiver Lebensentwürfe zu kümmern. So blieb es bei vereinzelten Experimenten, aber auch professionellen Bemühungen, z.B. der Solargruppe Dannenberg, das Solarzeitalter einzuläuten.

Durch die monatliche Stromrechnung von 1.000 DM beim Meuchefitzer Gasthof kam dann der entscheidende Anstoß, ein erstes Windgutachten wurde 1991 in Auftrag gegeben. Weil sich eine Kleinanlage in der Nähe des Ortes als zu teuer und unwirtschaftlich erwies, kam gleich die Idee einer Gemeinschaftsanlage auf. Mit einer Betreibergemeinschaft, so hofften wir, hätten wir auch mehr politische Durchschlagskraft und Durchhaltevermögen, denn bis dahin waren alle Bauanträge von Landwirten und Einzelpersonen an der Baubehörde des Landkreises gescheitert.

So wurde auch die erste Bauvoranfrage der Meuchefitzer 1992 wegen fehlender Wirtschaftlichkeitsberechnung zurückgewiesen. 1993 gründeten 7 Personen und die Meuchefitzer Gasthof und Werkstätten GmbH die Wendland Wind GmbH, zu der 50.000 DM Startkapital aufgebracht werden mußten. Diese GmbH hat die Planung, den Bau und Betrieb von Umweltschutzanlagen, Alternativenergieanlagen und insbesondere Windenergieanlagen zum Ziel. Für die gerade konkret geplanten Projekte organisiert sie Kommanditgesellschaften. Die dazugehörigen KommanditistInnen geben die notwendigen Geldeinlagen, haben aber außer der Überwachung der GmbH mittels Beirat und Mitgliederversammlung mit der praktischen Durchführung wenig bis nichts zu tun. Wir waren nach langen Überlegungen zu dieser etwas abschreckend klingenden Firmenkonstruktion gekommen, weil es einerseits möglich sein mußte, trotz vieler beteiligter Personen handlungsfähig zu sein, da nur bei dieser Konstruktion die Steuervorteile auch für alle Beteiligten nutzbar sind und die Haftung auf die eigene Einlage beschränkt ist.

Als wir 1994 den Antrag auf Landesfördermittel stellten, wurden uns für das Binnenland noch 25% Förderung versprochen. Als wir für den Standort zwischen Ganse und Meuchefitz im September 1994 einen positiven Bauvorbescheid erhielten, begannen wir mit unserer 28-seitigen Beteiligungsbroschüre um Geldgeber zu werben. Wir hatten natürlich Angst, die von uns angestrebten 300.000 DM Eigenkapital nicht voll zu bekommen. Um so überraschter waren wir über den folgenden Ansturm, so daß wir schon im Dezember auf die Bremse treten mußten. Aus steuerlichen Gründen wollten wir nicht mehr als 500.000 DM Eigenkapital erreichen. Anschließend erwies es sich allerdings als sehr nützlich, daß wir eine dicke Eigenkapitaldecke hatten, da die einstmals versprochenen Fördermittel schnell zusammengestrichen wurden.

Weil wir am Standort Ganse eine Nachbarschaftszustimmung nicht bekamen und wegen eines 200m breiten Richtfunkkorridors nicht ausweichen konnten, mußten wir den Standort nach Jeetzel verschieben. Obwohl der neue Standort nur 3km entfernt liegt und die Landschaft dort genauso ausgeräumt ist, konnten wir den Bauvorbescheid nicht übertragen. Ja, nach langem Hin und Her mußten wir sogar den Flächennutzungsplan ändern und bekamen so die Baugenehmigung erst nach einem weiteren Jahr im Dezember 1995. Immerhin haben wir jetzt im Flächennutzungsplan gleich drei Windkraftanlagen vorgesehen, so daß wir für die nächsten Anlagen keine Schwierigkeiten erwarten.

Ab Dezember ging dann alles sehr schnell, noch vor Wintereinbruch wurde die Baugrube ausgehoben und im Januar bei -12 Grad der Fundamentkorb geflochten. Mitte Februar, als die Temperatur kurzfristig über Null lag, konnten dann die 180cbm Beton geschüttet werden. 6 Wochen später war es so weit, die großen Kräne und die Schwerlasttransporter rollten nachts mit Turm, Maschinenhaus und Flügeln an. Bei dem wilden Blinklicht mit Polizeibegleitung fürchteten manche gar, es handele sich um einen Atommülltransport. Um so größer war die Überraschung für die Verfolger, als ihnen im Dunkeln der Nacht plötzlich eine 2m große Anti-Atomsonne vom Maschinenhaus entgegenlachte. Auch in Lüchow gab es eine halbstündige „Blaulichtblockade", weil ein 30m langes Turmteil, mit Zugmaschine 35m lang, nicht um die Kurve kam. Erst nachdem alle Verkehrsschilder entfernt worden waren, ging es nach einer halben Stunde weiter.

Am 19. März, einen Tag früher als geplant, wurde dann die 50m hohe Windkraftanlage bei strahlendem Sonnenschein aufgestellt. Das war schon ein großartiges Schauspiel und zog viele Schaulustige an, weil es natürlich weit zu sehen war. Auch die Mitarbeiter und Monteure der Herstellerfirma AN-Maschinenbau aus Bremen sind politisch recht engagiert. Sie waren stolz auf ihre „sonnige" Anlage, einer ihrer Mitarbeiter hatte die große Sonne während seines Erziehungsurlaubs kostenlos auf das Maschinenhaus gemalt. Und so zögerten die Kollegen auch nicht und kauften sich einen Satz neuer Monteursmützen mit dem Aufdruck "Stop Castor".

Als die Anlage abends fix und fertig dastand, war die Begeisterung schon groß und es gab viel Lob dafür, daß eine Betreibergemeinschaft aus ganz normalen Leuten so ein "Millionending" hinbekommen hat. Diese Anlage wird in Zukunft rechnerisch den Strombedarf von ca. 260 Durchschnittshaushalten abdecken, also viel mehr als den Bedarf des Gasthauses in Meuchefitz, mit dem alles anfing. Und jetzt rechnet es sich auch noch: wer sich beteiligt hat, kann mit einer Rückzahlung seiner Einlage und 5% Verzinsung rechnen. Hinzu kommen die Steuervorteile.

Deshalb wäre mein Vorschlag auch, das Geld zur Deckung der Turmprozeßkosten zum großen Teil in die nächsten beiden Windkraftanlagen zu stecken. Und wenn wir den Prozeß schließlich doch in letzter Instanz verlieren sollten, dann wird die HASTRA, „unser" Stromversorgungsunternehmen, die Raten über die Einspeisevergütung abzahlen. Und wenn wir gewinnen, haben wir eine dauerhafte Geldquelle für andere Gorlebenprozesse.

Kontaktadresse:
Wendland Wind GmbH & Co.KG,
c/o. Dieter Schaarschmidt,
Landstr.6,
29462 Güstritz
Tel + Fax: 05843 / 444

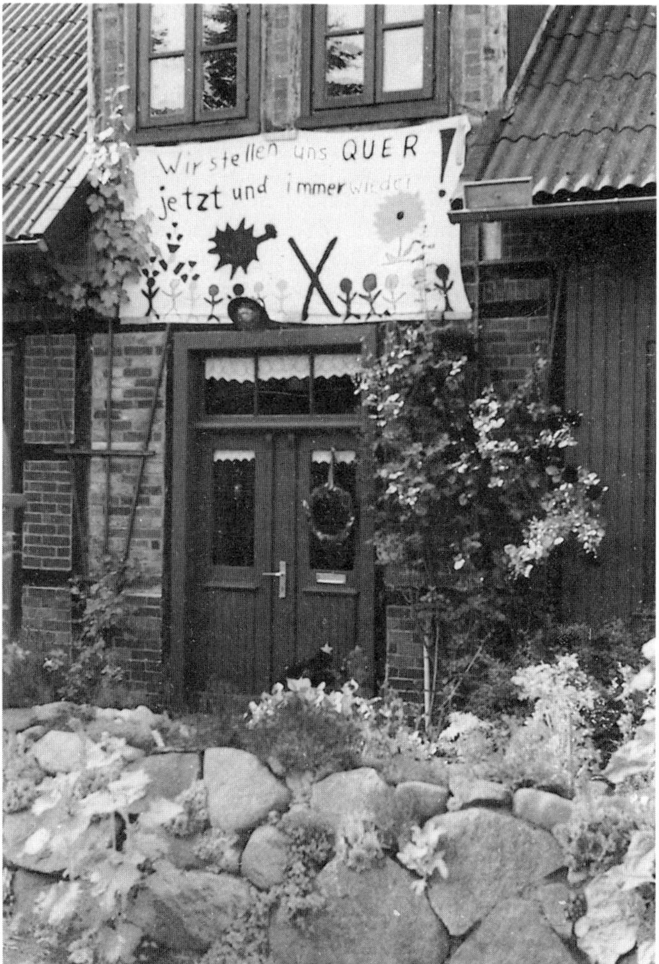
Wir stellen uns QUER!
jetzt und immer wieder

Hinterher

Mitte September 1996, der Herbst beginnt, ein heißer Herbst im Wendland. Der Widerstand gegen die Atomindustrie und ihrem Helfershelfer, der Staatsgewalt, ist beständig und wird zunehmen. In dieser Zeit beenden wir die Arbeit am Buch, dessen Titel **Leben im Atomstaat** erst vor drei Monaten feststand. Der TurmbesetzerInnen-Prozeß wird eines Tages das Bundesverfassungsgericht beschäftigen. Atomstaat und Demokratie vertragen sich nicht. Diese Erfahrung haben wir auf der Straße besonders bei den Atommülltransporten im Wendland gemacht.

Wir freuen uns sehr, im Buch authentische Beiträge von sieben Atommüllstandorten zusammen zu bringen. Wir stehen gemeinsam gegen die Pläne von Atomikern, wie den GeschäftsführerInnen von LaHague und Sellafield, die in einer gemeinsamen Erklärung forderten: *„Der Mensch produziert Müll, das ist ganz normal. Es ist unsere Aufgabe, den Menschen klarzumachen, daß auch radioaktiver Müll einfach nur weggelagert werden muß, wie jeder andere Hausmüll auch."* Die Betreiber und die, die ihnen den Hintern lecken, gehen in der Frage des Atommülls überall mit unglaublicher Ignoranz und Konzeptionslosigkeit vor. SIE haben die Macht des Geldes - WIR die der Phantasie. Die Transporte stoppen, die AKW abschalten, die Macht der Konzerne brechen, und dezentrale, solare Energieversorgung aufbauen. Global denken, lokal handeln. Wir hoffen, das Buch wird euch zu regen Diskussionen und vielen Aktionen ermutigen.

Vieles von dem Chaos schafften wir nur mit Unterstützung von:
Klaus Esche und Stephan Dahlmann, die Texte gelesen und viele praktische Tips zur Buchproduktion beigesteuert haben, Birgit Nitsche, die neben der Titelgraphik die meisten anderen gezeichnet hat, Frank Turowski und Chris Pirke, von denen ebenfalls Graphiken stammen und den AutorInnen der namentlich gekennzeichneten Artikel, die mit ihrem Wissen und Wirken zum Gelingen dieses Buches beigetragen haben.

Wie so oft im Leben ist vieles anders geworden, als vorher gedacht. So sind die Filz- und Justiz-Kapitel um einiges kürzer als vorher geplant. Zugleich ist der Teil zum **Widerstand** und zur **Sonnigen Zukunft** hinzugekommen. Eigentlich ganz gut. Gut zu wissen, daß Sie uns nicht klein kriegen.

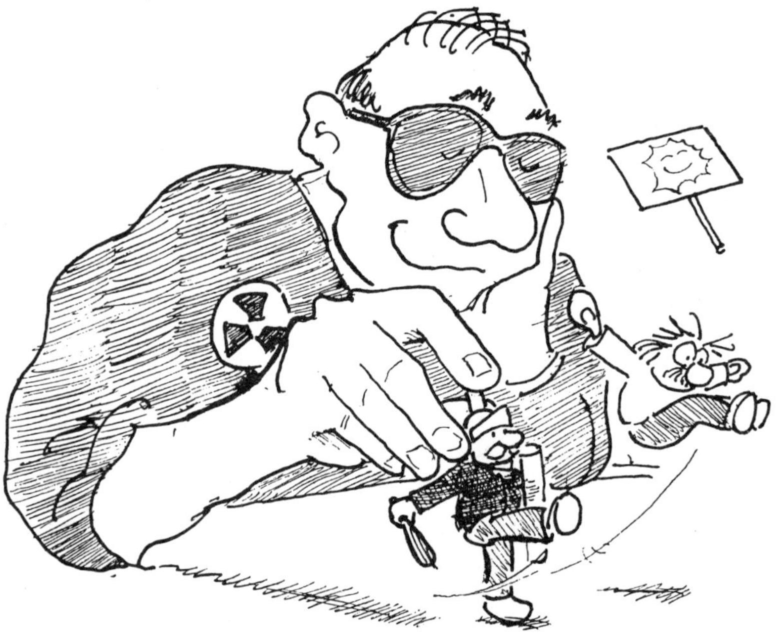

Anhang

Chronologie der Gorlebener Atomanlagen und des Widerstandes (1977-1996)

1977

22.Februar:	Standortverkündung durch den niedersächsischen Ministerpräsidenten Albrecht
12. März:	Großkundgebung in Gorleben, ca. 20.000 Teilnehmer
Sommer:	internationales Sommercamp in Gartow. Erntehilfe, Wiederaufforstung der Waldbrandflächen, auf denen die DWK (Deutsche Gesellschaft zur Wiederaufarbeitung von Kernbrennstoffen) eine WAA errichten will.
Herbst:	Der Aufruf „Gorleben soll leben" erscheint
17.Oktober:	OVG Lüneburg verfügt Baustopp für Brokdorf, der Weiterbau des AKW wird an Entsorgungsnachweise (Gorleben) gebunden

1978

Jan.-April:	Landkäufe der DWK. Bespitzelung von Bürgern durch ein Stader Wachkommando
10.-17. Juli:	innerhalb von 5 Tagen sammelt die BI 800.000 DM, um der DWK beim Grundstückskauf zuvorzukommen, der Eigentümer verkauft schließlich doch an die DWK
Sommer:	2. internationales Sommercamp
Oktober:	bundesweite Aktionstage „Gorleben soll leben"

1979

Januar:	mobile Waldwache im Vorfeld erster Baugrunduntersuchungen (Flachbohrungen)
14. März:	Beginn der Bohrungen, Blockadeaktionen
19. März:	Bauern blockieren die Bohrfahrzeuge in ihrem Depot
25.-31.März:	Treck nach Hannover, dort findet zeitgleich das „internationale Gorleben-Symposium" statt
16.Mai:	Ministerpräsident Albrecht lehnt den Bau einer WAA in Gorleben ab, hält an dem Endlager fest
September:	massiver Polizeieinsatz zur Einrichtung der ersten Tiefbohrstelle (1003) für die „Erkundung" des Salzstocks Gorleben-Rambow

1980

5.Januar:	Beginn der ersten Tiefbohrung
Ende Januar:	Errichtung des zweiten Tiefbohrplatzes (1002)

Ostern:	internationales Frauentreffen in Gorleben, 5000 Teilnehmerinnen
3. Mai:	Besetzung der Bohrstelle 1004, Errichtung eines Hüttendorfes („Freie Republik Wendland")
4. Juni:	gewaltsame Räumung von 1004, bundesweite Proteste
Herbst:	Gerüchte, in Gorleben sei ein Zwischenlager geplant, verdichten sich

1981

28.Januar:	Anhörung der PTB (Physikalisch-Technische Bundesanstalt) zu den Zwischenlagern (Faßlager und Brennelement-Zwischenlager) in Gorleben
April:	Kanzler Schmidt und Oppositionsführer Kohl besuchen das Wendland und geben den Kommunalpolitikern Rückendeckung
26./27. Mai:	Ratsentscheidung der Samtgemeinde Gartow zu den Zwischenlagern zugunsten des Antrags der DWK, gekoppelt an ein Nein zur WAA

1982

27. Januar:	Grenzbesetzung auf dem Gebiet der DDR als Protest gegen den Baubeginn des Zwischenlagers
April:	Frauenblockade der Baustelle
4.Sept.	Tanz auf dem Vulkan, Großkundgebung am Zwischenlager mit 10.000 TeilnehmerInnen, militante Auseinandersetzungen
1. November:	die BI enthüllt Pläne zum Bau einer WAA in Dragahn

1983

Januar:	Fußmarsch von einer Abordnung verschiedener Widerstandsgruppen nach Hannover, wo die Arche Wendland errichtet wird. Der Kreistag entscheidet mehrheitlich, daß die WAA gebaut werden soll
29. Januar:	Ende des Marsches, erst 10, dann 100, schließlich 1.000 Menschen (vorwiegend aus dem Wendland) protestieren in Hannover
20. Februar:	300 Traktoren und 2.500 Lüchow-DannenbergerInnen demonstrieren in Dragahn
Mai:	Besetzung des Bahnwärterhäuschens bei Dragahn, Störungen und Behinderungen der Baugrunduntersuchungen
6. August:	am Hiroshima-Tag demonstrieren ca. 2000 Menschen in Dragahn gegen zivile und militärische Nutzung der Atomenergie

1984

März:	Erörterungstermin zur Errichtung der WAA in Dragahn
24. März:	Menschenkette von Hitzacker bis Clenze, ca. 12.000 TeilnehmerInnen
30. April:	Wendlandblockade, für 12 Stunden werden alle wichtigen Zufahrtsstraßen nach Gorleben gesperrt
8. Oktober:	Tag X, erster Atommülltransport, danach andauernde Proteste und Barrikaden auf den Straßen Unter den Fässern sind auch falsch deklarierte und illegal verschobene Fässer (Trans-Nuclear Skandal)
Dezember:	Gewerbeaufsichtsamt verfügt Einlagerungsstopp wegen der Baumängel

1985

4. Februar:	DWK entscheidet: die WAA soll nicht in Dragahn, sondern in Wackersdorf gebaut werden
16. Februar:	Sonderbusse aus Lüchow-Dannenberg fahren zur Großdemo nach Wackersdorf
23. Februar:	Aktionstag im Wendland, Enthüllung eines Mahnsteins
August:	das Brennelement-Zwischenlager bleibt gerichtlich blockiert
Oktober:	nach einjährigem Einlagerungsstopp neue Atomtransporte zum Faßlager in Gorleben, erfolgreiche Behinderungs aktionen

1986

17. Februar:	500 Lüchow-DannenbergerInnen protestieren gegen Rodungen für die Einrichtung einer Abraum- und Salzhalde, die im Zuge des Endlagerbaus aufgeschüttet werden soll
Ende April:	wenige Tage nach dem sowjetischen Super-GAU in Tschernobyl stellt die DWK den Antrag zur Errichtung einer Konditionierungsanlage in Gorleben.
8./9. Mai:	Endlagerspektakel in Gorleben, ca. 5.000TeilnehmerInnen ; danach: Eltern und Kinder fordern die Stillegung aller Atomanlagen in Ost und West
15. Juli:	Biobauern besetzen das Kreishaus aus Protest gegen die Einstellung der unentgeltlichen staatlichen Meßprogramme
18. Sept.:	Fest des „ersten Kübels" in Gorleben, das Abteufen des ersten Schachtes zur Errichtung des Endlagers beginnt unter lautstarken Protest
Mitte November:	Staatsanwaltschaft Lüneburg erhebt Anklage gegen drei AKW-Gegner aus dem Wendland, u.a. wegen der Bildung einer kriminellen Vereinigung

1987

25.Jan.	Lilo Wollny kommt in den Bundestag
Februar	10 Jahre Gorleben Standortbenennung
29.März	40 Trecker + 1.000 DemonstrantInnen protestieren in Gorleben gegen den geplanten Bau der PKA
12.Mai	Schwerer Unfall im Schacht 1 in Gorleben, ein Stahlring war gebrochen und auf sechs Arbeiter gestürzt. Sechs Schwerverletzte, einer tödlich.
23.Juni	20 AtomkraftgegnerInnen besetzen das Bergamt Celle, anschließend fehlen wichtige Unterlagen, die belegen, daß der Unfall im Schacht fahrlässig zustande kam. Durch die Strafanzeige der BI und der daraus resultierenden staatsanwaltschaftlichen Ermittlungen kommt es zum Baustop für eineinhalb Jahre.
22. Juli	Die INITIATIVE 60 demonstriert im Umweltministerium in Hannover für ein Stop in Gorleben.
Oktober	Das Widerstanscamp in Gedelitz hat in Gorleben einen Beobachtungsturm gebaut, sie rechnen bald mit dem ersten Castortransport.
Dezember	Der Transnuclear-Skandal erreicht seinen Höhepunkt, mehrere Atommanager haben bereits Selbstmord begangen. Schwachaktive Atommüllfässer waren illegal mit Plutonium etc. vermischt worden.

1988

Januar bis März	Einwendungsfrist für die Pilotkonditionierungsanlage, der Sicherheitsbericht liegt aus.
13.Januar	In einem Stück Rotwild bei Nienwalde werden 3.346 bq/kg Cäsium gemessen.
21./22.Januar	70 Bauern blockieren mit ihren Treckern für 2 Tage das Zwischenlager. Die „Blähfässer" sollen abtransportiert und das Lager geschlossen werden.
5.März	8.000 Menschen demonstrieren in Gorleben gegen die Atomanlagen und für den Ausstieg aus der Atomenergie. Robert Jungk ist Hauptredner.
18.März	Der Grill/Licht Bestechungsskandal wir bekannt.
27.März	Der Kreuzweg für die Schöpfung von Wackersdorf zu Fuß nach Gorleben beginnt mit 600 Menschen.
1. Mai	Das 300-Leute Konzept zur Castor-Blockade wird vorgestellt.
13.-15.Mai	Frühjahrskonferenz der Anti-AKW-Bewegung in Trebel.
25. Mai	Erörterungstermin für die Pilotkonditionierungsanlage in Gartow wird nach Tumulten vertagt.

28.Mai	Nach 63 Tagen erreicht der „Kreuzweg für die Schöpfung" von Wackersdorf seinen Zielort Gorleben, wo das Kreuz neben dem ersten Kreuz in der Nähe des Endlagers aufgestellt wird.
2.Juni	Nach 7 Verhandlungstagen wird der PKA-Erörterungstermin beendet.
13.Juni	Undine von Blottnitz, Grüne Europaabgeordnete, hat eine Privataudienz bei Papst in Rom. Er will aber nicht zur nächsten Demo kommen.
6.September	Die PTB ordnet den Sofortvollzug für die CASTOR-Einlagerung in das Gorlebener Zwischenlager an.
7.September	Der Landtag in Hannover mit seiner CDU/FDPMehrheit stimmt dem Bau der PKA in Gorleben zu.
14.Oktober	Der erste kalte, leere CASTOR wird fast unbemerkt nach Gorleben transportiert.
25.Oktober	Gerichtlicher Baustop des Endlagerbergwerkes durch Graf von Bernstorffs Klage.

1989

2.Januar	Die Vorbereitungen für die Wiederaufnahme der Arbeiten an den Schächten haben begonnen.
23.Januar	Nach 20 Monaten Baustop wird weiter abgeteuft.
22.Februar	3 Stunden Streik am Lüchower Gymnasium, weil die Bezirksregierung einen Informationstag zur Atomenergie verboten hat.
26.Februar	Mit einem Anti-Castor Sonderzug kommen 200 DemonstrantInnen aus Hamburg nach Dannenberg und mit Bussen weiter nach Gorleben.
28.Februar	Das Verwaltungsgericht in Lüneburg stoppt wenige Stunden vor dem geplanten CASTOR-Transport aus dem AKW Stade die geplante Einlagerung in Gorleben. Auch die Beschwerde der DWK/BLG wird vom Oberverwaltungsgericht zurückgewiesen.
15.März	Findet der Projekttag Kernenergie im Lüchower Gymnasium statt.
28.März	10 Jahre Harrisburg-Unfall, damals wurden bei einer teilweisen Kernschmelze große Mengen von Radioaktivität freigesetzt, obwohl die Öffentlichkeit darüber belogen wurde, fliehen über 100.000 Menschen aus der Region. Anschließend wurden in den USA die Sicherheitsauflagen verschärft, so daß 110 in Planung und Bau befindliche AKW gestoppt wurden.

13.April	Der VEBA-Konzern läutet das Ende von Wackersdorf ein. Er verhandelt mit der COGEMA über eine Beteiligung an der WAA in Frankreich.
30.Mai	Baustop in Wackersdorf, endgültiges „Aus" für die WAA
1.+2.Juli	Tag und Nacht gegen die PKA, Aktionswochenende mit Übernachtung im PKA-Wald, bei Dauerregen.
14.August	Der Hochtemperaturreaktor in Hamm wird auf Beschluß der NRW-Regierung endgültig stillgelegt.
23.August	5 leere CASTOR-Behälter werden zu Übungszwecken fast unbemerkt nach Gorleben gebracht.
7./8.Oktober	Widerstandswochenende gegen die Europäisierung der Atomwirtschaft in Gorleben. Auf gräflichem Boden wird eine Schutzhütte errichtet.
18.Dezember	Der Gorlebener Gemeinderat stimmt mit 5:3 für den Bau der Pilotkonditionierungsanlage.

1990

10.Januar	Im Schacht I wird in 256 m Tiefe der Salzstock erreicht.
31.Januar	Die atomrechtliche Teilbaugenehmigung für die PKA wird von Hannover erteilt, der Landkreis folgt mit der Baugenehmigung. Die BI-Anwälte beantragen beim OVG Lüneburg den sofortigen Baustopp.
1.Februar	Seit 5 Uhr morgens haben ca.100 AKW-GegnerInnen den PKA-Wald besetzt und mit dem Hüttenbau begonnen.
3.Februar	5.000 Menschen aus Ost und West demonstrieren zum ersten Mal gemeinsam in Gorleben gegen den drohenden Bau der PKA und gegen Atomenergie in Ost und West.
6.Februar	Räumung des Hüttendorfes und Baubeginn. Angesichts der großen staatlichen Übermacht gehen die Besetzer freiwillig vom Platz, nur die Initiative 60 bleibt und läßt sich nach langen Diskussionen wegtragen.
10.Februar	Waldspaziergang um die PKA-Baustelle mit 400 Menschen.
19.Februar	ab 5.30 Uhr blockieren ca.200 Atokraftgegner die Zufahrten zum Zwischenlager und der PKA-Baustelle. Am Nachmittag räumt die Polizei die Blockaden sehr gewalttätig ab.
8.März	Das Bundesverwaltungsgericht hat die Revision von drei Klägern gegen das Endlagerbergwerk zurückgewiesen. Es gibt keinen Baustop.
10.März	Beim Waldspaziergang um die PKA wird der Bauzaun von 250 DemonstrantInnen beschädigt. 50 AKW-GegnerInnen aus Wackersdorf schlossen sich am Nachmittag der Demonstration an.
11.März	7.000 Menschen aus Ost und West demonstrieren in Stendal gegen das Atomkraftwerk.

28.März	Aus Protest gegen die Entscheidung des OVG-Lüneburg zum PKA-Weiterbau ketten sich 15 Leute an die Tore des Zwischenlagers.
17.April	Frühstücksblockade der BI wird abgeräumt.
6.Mai	Treppenbesetzung des PKA-Geländes von 50 AtomkraftgegnerInnen. Um 14 Uhr freiwillig beendet. Mit Hilfe von Leitern und Treppen waren Sie bequem über die Sicherungsanlagen eingestiegen.
7.Mai	Ab diesem Montag finden jeden Montag Blockaden vor den Atomanlagen statt, von verschiedenen Gruppen vorbereitet unter wechselndem Motto. Die Polizei griff nicht ein.
14.Mai	Zu dieser Montagsblockade der Familien waren schon etwa 100 Kinder und Erwachsene gekommen. Die Aktion verlief phantasievoll ohne Räumung.
13.Mai	Landtagswahlen, im hiesigen Wahlbereich gewinnt der CDU-Kandidat Grill mit 127 Stimmen Vorsprung das Mandat. Ansonsten gewinnt Rot/Grün, Hannes Kempmann kommt über die Liste in den Landtag.
21.Mai	Klassische Konzertblockade der Lebenslaute.
24.Mai	Samba-Nacht und „Fahrindiehöh" am Endlagerbergwerk. Die ganze Nacht geht der bunte Festumzug.
4.Juni	Die Montagsblockaden gehen weiter und verstärken den Druck zum Ausstieg auf die neue Landesregierung. Eine Schülerblockade, eine Biobauernblockade und ein Malwettbewerb erfolgen.
Juni	10 Jahre nach der Hüttendorfräumung 1004 findet eine Fotoausstellung dazu großen Anklang.
12.Juni	Umweltministerin Griefhahn und Hannes Kempmann erklären auf einer Veranstaltung in Gorleben die niedersächsische Vorstellung vom Atomausstieg. Die BI bleibt jedoch skeptisch.
21./22.Juni	14 Leute besetzen die beiden Endlagerschächte in Gorleben aus Anlaß des Regierungsantritts in Hannover. Die Bergbauarbeiten werden tatsächlich eingestellt, aber Gerhard Schröder löst in Hannover sein Versprechen zum dauerhaften Gorlebenstop nicht ein. Die letzten BesetzerInnen verlassen am Morgen des 22.Juni freiwillig den Turm.
23.Juni	Etwa 70 AtomkraftgegnerInnen beginnen in Gorleben mit Hammer und Meißel den Abbruch der Endlagermauer unter dem Motto „irgendwann fällt jede Mauer", als die Polizei nach einer halben Stunde kommt, ist bereits alles vorbei.
24.Juni	Die Montagsblockade gestaltet einen Malwettbewerb zur zukünftigen Nutzung der Atomanlagen.
6.August	Das staatliche Gewerbeaufsichtsamt hebt die Beschlagnahmung der 1.290 in Gorleben lagernden

	Atommüllfässer auf. Sie können jetzt zur Untersuchung nach Karlsruhe gebracht werden.
6.August	Montagsblockade zum Hiroshimagedenktag.
13.August	Montagsblockade mit Tschernobyl-Familien.
29.August	Die Sonderkommission aus 40 Kripobeamten hat ihre Arbeit in Lüchow Dannenberg ergebnislos eingestellt. Atomkraft gegnerInnen wurden monatelang beobachtet, abgehört und über 2.000 Personen überprüft. Der Verdacht der „Bildung einer kriminellen Vereinigung" konnte nicht erhärtet werden.
3.-5.September	Mit einer 3-tägigen Abschlußblockade enden die seit Mai regelmäßig stattfindenden Montagsblockaden. Zweimal wird dabei sogar von der Polizei geräumt. Allerdings gerät die Polizei in Schwierigkeiten, als 600 Schafe die Blockade für einige Stunden verstärken, die zu diesem Zweck extra vom Elbdeich angewandert waren. Den Abschluß vor einigen Hundert BlockiererInnen bilden Theater, Kabbaret und Jogleure.
6. September	27 von 1.290 illegalen Fässern sind zum Abtransport geprüft und sollen abtransportiert werden.
28.September	Nach langem juristischem Hick-Hack reißt der Landkreis die auf gräflichem Boden errichtete Schutzhütte wieder ab.
7.Oktober	Abtäufarbeiten in den Gorlebenschächten werden eingestellt. Es liegt keine gültige Genehmigung mehr vor, da 5 Bürger Widerspruch eingelegt haben. Die Landesregierung weigert sich den Sofortvollzug anzuordnen.
15.Oktober	Eine Blockade des Endlagers soll dem Baustop nachhelfen, da dort ohne Rechtsgrundlage weitergearbeitet wird. Am Abend verkünden Gerhard Schröder und Monika Griefhahn ihre Ausstiegspläne für Gorleben in der völlig überfüllten „Alten Burg" in Gorleben.
11.November	Zusammen mit 300 Ärzten die bundesweit in der IPPNW organisiert sind, demonstrieren in Gorleben 800 Menschen gegen die Atomkraftnutzung.-
6.Dezember	Mit verkleideten Nicoläusen findet eine Blockade vor den Atomzufahrten statt.

1991

6.Februar	Zum Jahrestag der PKA-Hüttendorfräumung besetzen 22 AtomkraftgegnerInnen die PKA-Baustelle. Um sechs Uhr früh, bei eisiger Kälte klettern sogar einige auf die Baukräne.
20.Februar	Das Verwaltungsgericht Lüneburg hebt den Baustop für das Endlagererkundungsbergwerk auf.
6.März	Das Niedersächsische Umweltministerium erteilt den neuen Hauptbetriebsplan für das Erkundungsbergwerk und ordnet

	die Einstellung der Arbeiten wegen fehlender Salzlagerstätte an.
19.März	Bei einem Unfall im Schacht werden zwei Arbeiter verletzt.
25.April	Das Umweltministerium ordnet über das Bergamt Celle den sofortigen Stop der Arbeiten am Endlagerbergwerk an. Das Bundesamt für Strahlenschutz zieht dagegen vor Gericht.
14.Juni	Drei Container, die auf dem Weg von Mol nach Gorleben sind, werden vom Land Niedersachsen gestoppt und in der Lüchower Polizeikaserne untergestellt. Währenddessen blockierten 200 DemonstrantInnen mit Treckern die Zufahrten in Gorleben.
16.Juni	Mit einer Weisung zwingt Töpfer das niedersächsische Umweltministerium zum Weitertransport des Transnuklear-Mülls nach Gorleben.
18.Juni	Mit brutalster Polizeigewalt werden die Gorleben-Blockaden abgeräumt und die Container im Zwischenlager eingelagert.
16.Juli	Obwohl das Verwaltungsgericht Lüneburg die Klagen gegen die Gorlebener Rahmenbetriebspläne abweist, wird nicht weitergearbeitet, weil das Land nach wie vor die Zustimmung verweigert.
4.September	Mit zahlreichen Blockaden vor den Toren und auf den Zufahrtswegen zur PKA-Baustelle versuchen Atomkraftgegnerlnnen vergeblich die zahlreich anrollenden Betonmischer zu stoppen. Nach kurzer Zeit wurden sie abgeräumt.
6.Oktober	Bei der Kommunalwahl verliert die CDU ihre absolute Mehrheit im Kreistag und in einigen Städten. Es bildet sich eine bunte Koalition.
15.November	Verwaltungsgericht Stade bestätigt Die Dringlichkeit der Salzstockuntersuchung in seiner schriftlichen Urteisbegründung vom 16.Juli.

1992

2.Januar	Laugenzuflüsse in Schacht I stellen erneut die Eignung des Salzstockes in Frage.
5.Februar	Die neue Kreistagsmehrheit beschließt eine Resolution zu Gorleben, in der PKA, Endlager und Zwischenlager gestoppt und abgebrochen werden sollen.
12.Mai	Die staatsanwaltschaftlichen Ermittlungen wegen der illegalen Einlagerung von Mol-Müll 1987 sind eingestellt worden.
11.Juni	Die BLG will das CASTOR-Lager mit mehr Aktivität und mehr Behältern füllen und beantragt dafür eine erweiterte Genehmigung.

23.Juni	Der letzte der TurmbesetzerInnenprozesse endete wie die vorhergegangenen mit einer Verfahrenseinstellung gegen Zahlung einer Geldbuße.
8.Juli	Es beginnt die oft angekündigte Auslagerung von 1.290 Transnuklear-Skandalfässern. Sie sollen nun doch in Duisburg untersucht werden.
28.August	Die Standsicherheit der Schächte in Gorleben wird durch die Laugenzuflüsse nicht gefährdet sagt das Landesumweltministerium.
8.September	Das NMU fordert eine Umweltverträglichkeitsprüfung für das Erkundungsbergwerk, vorher dürfe nicht weitergeteäuft werden. Die DBE droht erneut mit einer Klage.
13.-19.Sept.	World Uranium Hearing in Sazburg. Vertreter von Ureinwohnern aus der ganzen Welt treffen sich und berichten von den Folgen des Uranabbaues, der Atommüllagerung und der Atomtests, die meisten gegen den Willen auf dem Land von Ureinwohnern und Indianern stattfinden.
19.Oktober	Das Zwischenlager in Gorleben soll erweitert werden und der Gorlebener Gemeinderat stimmt mit 4:3 Stimmen zu.
22.Oktober	Die BLG erklärt, daß in den letzten Wochen des Jahres mit dem ersten CASTOR zu rechnen ist.
23.Oktober	Umweltministerin Griefhahn lehnt weitere Zwischenlager in Gorleben ab.
15./16.Nov.	Herbstkonferenz der Anti-Atombewegung findet in Schnackenburg mit 80 Delegierten statt.
20.November	In Gartow öffnet die Informationsstelle Gorleben schon vor der offiziellen Eröffnung am 14. Dezember mit Monika Griefhahn. Gudrun Scharmer ist Leiterin dieser lange verwaisten Stelle.
14.Dezember	Zur Eröffnung der INFO-Stelle erhält Griefhahn einen kleinen CASTOR-Behälter, gleichzeitig wird der CASTOR-Verladekran bei Dannenberg von AtomkraftgegnerInnen besetzt.
16.Dezember	Wegen der Blockade des Zwischenlagers werden 6 auf dem Weg von Karlsruhe nach Gorleben befindliche „Mosaikbehälter" gestoppt und im AKW Esensham versteckt.
18.Dezember	Mit knapp 300 Traktoren blockieren und protestieren die Bauern anläßlich der Eröffnung der Dömitzer Brücke gegen Atommüll und Gattabkommen.

1993

1.Januar	300 DemonstrantInnen übersteigen anläßlich eines Neujahresempfanges am Endlager die Mauer mit Hilfe einer Holztreppe. Das Bergwerksgelände wird für die nachatomare

10.Januar	Nutzung neu verplant. Nach Abschluß der etwa 1-stündigen Aktion verlassen alle unbehelligt das Gelände durchs Tor. In Schacht I wird in 345m Tiefe mit dem festen Schachtausbau begonnen.
19.Januar	Mit massivem Polizeiaufgebot werden die beiden seit Dezember versteckten Atommüllcontainer nach Gorleben gebracht. Etwa 800 PolizistInnen beseitigen die Barikaden und räumen die 500 SitzblockiererInnen, unter ihnen Landrat Zühlke und viele MitgliederInnen der Initiative 60, ab.
30.März	Aus Protest gegen die Pläne zur Erweiterung des Zwischenlagers mauern 40 DemonstrantInnen das Tor des Zwischenlagers zu.
31.März	Der Gartower Samtgemeinderat erhebt Einwendung gegen die geplante Zwischenlagererweiterung.
7.April	Die Auslagerung des Skandal-Mülls aus Gorleben stockt, weil für die Untersuchung der ersten 9 Fässer ein Spezialbohrer fehlt
23.Juni	Das Bundesamt für Strahlenschutz fordert von den 14 TurmbesetzerInnen Schadensersatz in Höhe von 126.901,10 DM für die Stillstandszeit.
27.Juli	Die Sternfahrt mit Fahrrädern zum Umweltfestival in Magdeburg macht Station in Gorleben. 200 Jugendliche klettern über die Endlagermauern und machen einen Schachtbesuch.
1.August	Töpfer bekommt keinen Pfennig, bekunden die 14 TurmsetzerInnen auf einer Infoveranstaltung zum Thema der Mahnbescheide.
4.August	Wieder einmal soll es zügig Losgehen mit der Auslagerung und Untersuchung der Skandalfässer.
10.August	Die staatsanwaltschaftlichen Ermittlungen gegen die BLG, wegen illegaler Atommüllagerung, werden eingestellt.
13.August	5 Transportbehälter mit schwachaktivem Müll wurden eingelagert, nachdem 300 PolizistInnen etwa 100 SitzblockiererInnen abgeräumt hatten.
6.-9.September	Zu Beginn des Erörterungstermins für die Nutzungserweiterung des Zwischenlagers steigen rund 15 Männer und Frauen der BLG auf das Dach. Unter dem Motto abreißen statt erweitern, beginnen sie mit dem Abdecken der Dachziegel. Auch die BI nimmt am Erörterungstermin (Alibiveranstaltung) nicht teil.
9.September	Griefhahn stoppt erneut die Erkundungsarbeiten in Gorleben, da eine Enteignung des Grafen von Bernstorff laut Gutachten nicht möglich ist.

11./12.Sept.	CASTOR-HALLE-LUJA vor dem Zwischenlager. Eine Blockade mit Podiumsdiskussion zu den Konsens gesprächen, mit Kinderfest, Lifemusik und Theater, findet anläßlich des 10 Jahre erfolgreich verhinderten ersten CASTORs statt. Ein Mittelalterlicher Rammbock wurde gebaut.
24.September	Das Ziel des Atomausstiegs ist nicht verhandelbar, sagt Schröder vor den Konsensgesprächen.
22.Dezember	Mehrere Hundert UnterzeichnerInnen erklären sich in einer Zeitungsanzeige solidarisch mit den 14 TurmbsetzerInnen.
29.Dezember	Das Verwaltungsgericht Lüneburg äußert Zweifel an der Eilbedürftigkeit des Endlagerprojektes. Endgültige Entscheidung fällt erst im Februar.

1994

30.Januar	Die Herkunft der Laugenzuflüsse in Schacht I ist weiterhin unbekannt. DBE will weiterbauen.
3.Februar	Tritium in der Schachtlauge deutet darauf hin, daß diese entweder von der Oberfläche kommt oder von Tritiuminjektionen bei der Salzstockerkundung.
4.Februar	Beim Bau der PKA wurden Änderungen ohne Genehmigung durchgeführt. Die GNS tauscht daraufhin drei Verantwortliche für den Bau aus. Das NMU will daher die 2.Teilerrichtungs genehmigung nicht erteilen.
21.Februar	Beim Anhörungstermin zum Bergwerk in Gorleben vor dem Verwaltungsgericht in Lüneburg wird bezweifelt, ob Gorleben als Endlager noch politisch erwünscht ist. Entscheidung ist am 7.März.
7.März	Das Verwaltungsgericht entscheidet für den Weiterbau des Erkundungsbergwerkes. Damit ist der Baustop seit dem Jahreswechsel aufgehoben.
3.April	Am Ostersonntag begräbt die BI vor dem Endlager die Wahlversprechen der rot-grünen Regierung.
14.April	Nach dem Gerichtsurteil genehmigt jetzt auch das NMU den Schachtweiterbau in Gorleben.
20.-22.Mai	Belagerung der Atomanlagen mit mittelalterlichen Geräten. Etwa 300 Menschen bauen bei diesem Pfingstspektakel einen Belagerungsturm, Wurfmaschinen und den bekannten Ramm bock auf. Kurzzeitig gibt es Rangeleien mit der Polizei.
21.Juni	Im Vorfeld des erwarteten CASTOR-Transportes verübt die „Gruppe Waschbär" einen Anschlag auf das BLG-Infohaus in Gorleben. 20.000 DM Schaden.
21.Juni	Über 100 SchülerInnen blockieren die Lüchower Innenstadt aus Protest gegen den CASTOR.

23.Juni	Alle Pastoren des Kirchenkreises Dannenberg haben sich gegen den CASTOR-Transport ausgesprochen.
23.Juni	Bei einem Bahnanschlag auf der Güterbahnstrecke Uelzen-Dannenberg wurden 19 Bahnschwellen zersägt und die Schienen verbogen.
30.Juni	Über 30 Trecker demonstrieren in Dannenberg zur Wochenmarktzeit gegen den drohenden CASTOR.
6.Juli	Erneut Anschläge auf Bahnstrecken. Eisen und Bäume liegen auf den Bahnschienen. Im Gorlebener Forst entsteht ein Hüttendorf gegen den drohenden CASTOR-Transport.
7.Juli	Am frühen Morgen werden auf allen Zufahrtsstraßen des Landkreises die verschiedensten Blockaden errichtet. In einer Erklärung wird Monika Griefhahn an ihr Versprechen erinnert, mit zu blockieren, wenn der CASTOR kommt.
10.Juli	Das CASTORNIX-Hüttendorf ist am Wochenende auf 1.000 Menschern angewachsen, der Belagerungsturm und 30 Trecker unterstützen die Dauerblockade.
13.Juli	Rund 800 PolizistInnen räumen die Dauerblockade ab. Der Turm wird zersägt, Straßenuntertunnelungen wieder zugeschüttet. Bis zur CASTOR-Einlagerung gilt jetzt ein Demonstrationsverbot.
14.Juli	Robert Jungk stirbt in Salzburg mit 81 Jahren.
15.Juli	Der CASTOR-Transport wird vorläufig abgesagt, das Versammlungsverbot wieder aufgehoben.
16.Juli	Trotzdem ziehen 2.000 Menschen zum Zwischenlager. Am Hüttendorf wird weitergebaut. Nachts ist Lifemusik mit vier Bands aus Hamburg, Stuttgart und Lüchow-Dannenberg.
20.Juli	Die Polizei kämpft Umweltminister Töpfer den Weg zu einer Veranstaltung in Scharnebeck frei. In der Nähe des Verladekranes unterhöhlen 200 Atomkraftgegnerlnnen 28 Bahnschwellen. Unterdessen wird der CASTOR-Behälter in Phillipsburg auf den Bahnwagon verladen. Auf Weisung von Töpfer genehmigt Griefhahn den Weiterbau der PKA: 2.Teilerrichtungsgenehmigung.
26.Juli	Wegen Waldbrandgefahr zieht das CASTORNIX-Hüttendorf auf eine Wiese an der Elbe um.
2.August	Töpfer stellt Griefhahn ein Ultimatum zur Bearbeitung der CASTOR Transportpapiere bis 15 Uhr.
August	Auf 13 Bahnhöfen im ganzen Bundesgebiet haben die Gorleben-Frauen Station gemacht und über die Gefahren der CASTOR-Transporte informiert.
19.August	klassische Konzertblockade der Gruppe „Lebenslaute" über den ganzen Tag. Mittags werden in einer Blitzaktion die

	beiden Tore des zwischenlagers mit Leitern überschritten. Trotz einiger „Ausraster" der Wachleute kann das Konzert „drinnen" und „draußen" stattfinden.
20.August	20 Trecker blockieren als CASTOR-Protest die Dömitzer Brücke. Eine „CASTORNIX-Karawane" zieht über die Atommüll transportwege von Gorleben nach Phillipsburg, sie informiert über CASTOR-Gefahren.
15.Oktober	Schüler blockieren mehrmals die Lüchower Innenstadt aus Protest gegen den CASTOR.
26.Oktober	Töpfer weist Griefhahn an, innerhalb von 14 Tagen der CASTOR-Einlagerung zuzustimmen.
5.November	1.000 Menschen blockieren mit verschiedenartigen Blockaden die Zufahrtsstraßen in den Landkreis.
10.November	Nächtliche Barrikaden aus Baumstämmen und brennenden Strohballen machen viele Zufahrtsstraßen stundenlang unpassierbar.
14.November	Anschlag auf Bahnoberleitung zwischen Celle und Garßen. Es werden Castor-Aufkleber gefunden.
19.November	Trotz Versammlungsverbotes demonstrieren 2.000 Leute auf den Bahngleisen gegen den CASTOR. Die Räte der Stadt und Samtgemeinde Dannenberg sprechen sich erneut gegen die CASTOR-Transporte aus.
20.November	Für die Zeit bis zum CASTOR-Transport erläßt die Bezirks-regierung ein 6-Zeitungsseiten langes Versammlungsverbot.
21.November	Aus einer Demonstration in Gorleben wurde ein Freudenfest, als der CASTOR-Stop des Verwaltungsgerichtes Lüneburg bekannt wird. Über 3.000 Menschen feiern ihren Sieg.

1995

21.Januar	Verschiedene Castor-Gruppen, die „Unbeugsamen" und die „Gorleben Frauen" veröffentlichen das Konzept zum „Zivilen Ungehorsam" - einer „Öffentlichen und gemeinsamen Schienendemontage" vor dem Dannenberger Castor-Verlade kran.
24.Januar	OVG Lüneburg hebt den Einlagerungsstopp für das Gorlebener Zwischenlager auf, damit ist der gerichtliche Weg für den Castor aus Philippsburg frei. Spontan versammeln sich vor dem Verladekran, auf dem Lüchower Marktplatz und vor dem Zwischenlager mehrere 100 Menschen, um ihren Unmut gegen die Entscheidung kundzutun.
26.Januar	Auf die Bahnstrecke zwischen Uelzen und Hamburg wird ein Anschlag verübt, die Oberleitung abgerissen. Menschen

	werden nicht gefährdet. Zettel mit der Aufschrift „Stoppt Castor" gefunden.
10.Februar	Über 300 UnterzeichnerInnen bekennen sich öffentlich in einer Zeitungsanzeige zu zivilem Ungehorsam im Rahmen der Aktion „Ausrangiert"
11.Februar	Mittels Luftballons fliegt ein Castormodell in die Luft und der Zaun um den Verladekran wird mit Toilettenpapier eingehüllt.
16.Februar	Merkel weist Griefahn an, binnen einer Woche, dem Castor-Transport zuzustimmen.
20.Februar	Eine Kreuzung in Dannenberg wird von 50 Atomkraft gegnerInnen „dichtgemacht".
1.März	3. Verhandlungstermin vor dem Landgericht Lüneburg gegen die 14 TurmbesetzerInnen wegen Schadensersatz forderungen der BRD. Das Urteil wird für den 3. Mai angekündigt.
10.März	Der Landkreis verbietet per „Allgemeinverfügung" die für Sonntag angekündigte Aktion „Ausrangiert".
12.März	Etwa 800 Menschen zeigen trotz „Allgemeinverfügung" ihren Ungehorsam und gelangen trotz massiver Polizei- und BGS-Präsenz auf die Gleise und beginnen mit der Demontage.
23.März	Mehrere Hundert AtomkraftgegnerInnen prodestieren vor dem Zwischenlager und in Lüchow gegen den Besuch von Bundesumweltministerin Merkel im Erkundungsbergwerk. Dabei vergleicht Merkel die Pannen beim Beladen des Castors in Philippsburg damit, daß in jeder Küche „beim Kuchenbacken mal etwas Bachpulver danebengeht". Dies könnte der Spruch des Jahres werden.
13.April	Unbekannte verüben erneut einen Anschlag auf die Bahnstrecke Lüneburg-Dannenberg. Aus den Schienensträngen werden jeweils etwa 2 m lange Stücke herausgeschnitten und zu einem X aufgerichtet. Ein außerplanmäßiger Güterzug überfährt die Stelle, entgleist aber nicht. Schaden: 20.000 DM.
15.April	Für die erneute Aktion zivilen Ungehorsams, „Abschalten", ergeht wieder eine Allgemeinverfügung des Landkreises. Auktionator „Mister X" versteigert die Endlager-Erkundungstürme zugunsten der Prozeßkosten für die TurmbesetzerInnen.
16.April	1.500 BGS- und PolizeibeamtInnen verhindern, daß 400 AtomkraftgegnerInnen in die Nähe des Verladekrans zum „Abschalten" auf die Schienen gelangen.
19.April	Erneut Anschläge auf die Bahnstrecke zwischen Uelzen und Celle. Leit- und Signalkabel werden zertrennt und „Stopp Castor" Plakate gefunden.
21.April	OVG Lüneburg gibt den Weg für den Castor frei.

22. und 23.April	Mehr als 4.000 Menschen protestieren in Dannenberg, aber auch im gesamten Landkreis gegen den unmittelbar bevorstehenden Castor-Transport. Dabei kommt es zu Demonstationen, Barrikadenbau, Gleisbesetzungen, Errichtung eines Hüttendorfes und vielen anderen Aktionen.
24.April 20.05 Uhr	Der Castor beginnt in Philippsburg seine Fahrt gen Gorleben.
Dienstag 25.April	**Tag X** Die gesamte Castor-Transportstrecke ist Ziel von Anschlägen und Protesten. AtomkraftgegnerInnenleisten im Wendland leisten erbitterten Widerstand. Nach 14 Stunden Bahnfahrt trifft der Castor gegen 10.30 Uhr in Dannenberg ein, wird verladen und setzt sich gegen 12 Uhr auf die 18 km lange Strecke nach Gorleben in Bewegung. 6.500 BeamtInnen von Polizei und BGS bahnen dem Transport unter Einsatz von Schlagstöcken und Wasserwerfern den Weg. Es kommt zu zahlreichen Verletzten. Um 17.12 Uhr schließen sich hinter ihm die Tore des Zwischenlagers in Gorleben. Die Kosten des Transports werden mit 55 Millionen DM angesetzt.
1.Mai	1.000 Menschen „flüchten" im Treck vor der atomaren Bedrohung und ziehen mit Sack und Pack durch Dannenberg.
3.Mai	Landgericht Lüneburg verurteilt die TurmbesetzerInnen zu 126.901,10 DM (+ Zinsen) Schadensersatz wegen Stillstandskosten bei den Erkundungsarbeiten im Gorlebener Salzstock. Die TurmbesetzerInnen beantragen Berufung beim Oberlandesgericht Celle gegen dieses Urteil.
12.Mai	Mehr als 3.000 Menschen sagen erneut in einer Zeitungsanzeige „Nein zum Castor".
13.Mai	Etwa 15.000 Menschen und 250 Trecker demonstrieren in Hannover gegen Castor-Transporte.
9.Juni	Die Bäuerliche Notgemeinschaft protestiert mit 100 AtomkraftgegnerInnen gegen den Besuch von Monika Griefahn in Hitzacker
9.Juli	Die „Castornix Karavane" startet zu ihrer zweiten Reise, diesmal durch Norddeutschland.
26.Juli	BfS ordnet den Sofortvollzug für weitere Castortransporte an. Erstmals sollen auch Glaskokillen aus der WAA La Hague nach Gorleben transportiert werden.
1.August	Nuklearmediziner Prof. Horst Kuni bestätigt in einem Gutachten, daß Transporte mit Brennelementen aus AKW wesentlich gefährlicher sind, als bisher angenommen.
21.August	Anschläge auf den Verladekran und das Zwischenlager in Gorleben verursachen Schäden von über 300.000 DM.
26. und 27.August	„Stay rude - Stay rebel", Benefitz-Open-Air-Festival, mit 24 Bands in Grabow.

24.September	Malefiz in Gorleben. 1.000 Menschen demonstrieren am Gorlebener Erkundungsbergwerk. Es kommt zu Rangeleien mit der Polizei, Schlagstock- und Wasserwerfereinsatz.
24.Oktober	Sechs Anschläge auf Bahnlinien im Kreis Uelzen. Menschen kommen nicht zu Schaden. Ein Bekennerbrief zeigt den Zusammenhang zu Castor-Transporten nach Gorleben.

1995

Ende Februar	„Gorleben-Frauen" übergeben bei der Siemens-Aktionärsversammlung mehr als 2.000 im Wendland gesammelter Unterschriften boykottwilliger VerbraucherInnen. Es sollen solange keine Produkte von Siemens gekauft werden, solange der Konzern an der Atomwirtschaft festhält.
24.März	Polizei klaut Prozeßakten aus PKW. Ein Bio-Bauer soll bei einer Treckerdemonstration PolizeibeamtInnen gefährdet haben. Wenige Tage vor Prozeßtermin beim Dannenberger Amtsgericht, verschwinden die Prozeßakten des Verteidigers und werden kurz danach von der Dannenberger Polizei zurückgegeben.
30.März	Mehr als 50 Motorräder nehmen an einer Protestaktion der Gruppe IDAS teil.
6.April	„Frühjahrsputz" im Wendland mit gut 2.000 DemonstrantInnen
13.April	Wieder ergeht eine „Allgemeinverfügung" des Landkreises gegen ein erneutes „Ausrangiert".
14.April	Trotzdem lassen sich mehr als 1.000 Menschen nicht abschrecken und versuchen erneut die Schienen öffentlich zu demontieren. Die Polizei verhindert dies mit Härte (Hunde, Wasserwerfer).
Noch April	Vor dem Amtsgericht in Dannenberg beginnt eine Prozeßflut wegen Widerspruchsverfahren, die mit dem letztjährigen Castortransport zusammenhängen.
16.April	200 AtomkraftgegnerInnen besetzen die Gleise zum Verladekran. Damit beginnt die Zeit des „Feierabendsägens" in Dannenberg.
20. und 21.April	**Tag B** ca. 1.000 AtomkraftgegnerInnen begutachten den Zustand der Brücken auf den Castor-Bahn-Strecken Uelzen- bzw. Lüneburg-Dannenberg.
24.April	Strommast bei Lüchow wird erklommen und ein riesiges Transparent entfaltet: Stop AKW
26.April	Tschernobyl - 10 Jahre danach. Bundesweite Aktionen für die sofortige Stillegung aller Atomanlagen.
27.April	OVG Lüneburg gibt grünes Licht für die Einlagerung von Glaskokillen aus La Hague.

27.April	Zwischen Lüneburg und Dannenberg explodiert ein Srengsatz an einer Brücke der Bahnstrecke.
30.April	Hüttendorf Castornix bei Spietau entsteht.
1.Mai	Anschlag auf Bahnstrecke Uelzen-Hannover. Ein umgesägter Strommast beschädigt die Oberleitungen von 4 Gleisen. 100 Kinder protestieren mit Trommeln und Trillerpfeifen in Lüchow.
2.Mai	erneutes „Demonstrationsverbot" für den Landkreis Lüchow-Dannenberg entlang der Schienen und der Straße nach Gorleben.
2. und 3. Mai	Die ohnehin seit drei Wochen hohe Polizeidichte rund um Dannenberg wächst ins Unermeßliche.
3.Mai	28 Gorleben-Frauen sind mit Performance in U-Bahn schächten der Großstädten unterwegs und zeigen, daß Gorleben überall ist.
4.Mai	Mehr als 10.000 Menschen demonstrieren in Dannenberg. 400 werden im Anschluß bei Karwitz an der Bahnstrecke von der Polizei eingekesselt.
6. und 7.Mai	Der Widerstand geht weiter. Viele kleinere und größere Aktionen begleiden das Warten auf den nahenden Castor. Unter anderem kommt es in Jameln zu einer Blockade des Tiefladers, in deren Verlauf der Landwirt Adi Lambke aus seinem Trecker geprügelt wird.
7.Mai	Gegen 12 Uhr überquert der Castor bei Lauterbourg die deutsch-französische Grenze und beginnt in Deutschland seine von Protesten begleitete Reise ins Wendland.
8.Mai	**Tag X**[2] Ein Landkreis im Ausnahmezustand. Gegen 6.00 Uhr erreicht der Castor aus La Hague Dannenberg. Für die Strecke vom Verladekran zum Zwischenlager werden 6 Stunden benötigt. 10.000 Polizei- und BGS-BeamtInnen bahnen unter massivem Wasserwerfer- und Schlagstockeinsatz den Weg gegen den Widerstand der etwa 10.000 DemonstrantInnen. Im Morgengrauen werden weit entfernt von der Transportstrecke die Trecker der Bäuerlichen Notgemeinschaft beschädigt und stillgelegt. Ca. 500 DemonstrantInnen werden an diesem Tag in polizeilichen Gewahrsam genommen, mehr als 100 Personen verletzt. Dieser Polizeieinsatz, einer der größten in der Geschichte der BRD, zeigt unverblümt das Gesicht eines **Atom-Polizeistaat**es.

Abkürzungen

AKW	Atomkraftwerk
ALG	Abfallager Gorleben
ASG	Arbeitsgemeinschaft Schächte Gorleben
AtG	Atomgesetz
atw	Zeitschrift atomwirtschaft/atomtechnik
BAM	Bundesanwaltschaft für Materialprüfung
BDI	Bundesverband der Deutschen Industrie
BE	Brennelement
BEZ	Brennelement-Zwischenlager
BfS	Bundesamt für Strahlenschutz
BGR	Bundesanstalt für Geowissenschaften und Rohstoffe
BGS	Bundesgrenzschutz
BI	BürgerInneninitiative
BLG	Brennelement-Lagergesellschaft Gorleben
bmb+f	Bundesministerium für Bildung, Wissenschaft, Forschung und Technologie
BMFT	Bundesministerium für Forschung und Technologie
BMU	Bundesministerium für Umwelt, Naturschutz und Reaktorsicherheit
bq	Becquerel
BZA	Brennelement-Zwischenlager Ahaus
CDU	Christlich demokratische Union
CO_2	Kohlendioxid
COGEMA	
DAtF	Deutsches Atomforum
DAtK	Deutsche Atomkommission
DBE	Deutsche Gesellschaft zum Bau und Betrieb von Endlagern für Abfallstoffe mbH
Degussa	Deutsche Gold- und Silberscheideanstalt
DGB	Deutscher Gewerkschaftsbund
DIN	Deutsches Institut für Normung
DVG	Deutsche Verbundgesellschaft
DWK	Deutsche Gesellschaft für Wiederaufarbeitung von Kernbrennstoffen
E.A.	Ermittlungs-Ausschuß Gorleben
ENS	Europäische Nukleargesellschaft
ERAM	Endlager für radioaktive Abfälle Morsleben
EU	Europäische Union
EVU	Energieversorgungsunternehmen
EWN	Energiewerke Nord
EZLN	Ejércib Zapatista de Libéracion Nacional (Zapatistische Befreiungsarmee)

Gaa	Gewerbeaufsichtsamt
GAU	Größter anzunehmender Unfall
GG	Grundgesetz
GK	Grundkapital
GmbH	Gesellschaft mit beschränkter Haftung
GNB	Gesellschaft für Nuklearbehälter
GNS	Gesellschaft für Nuklearservice
GKSS	Gesellschaft für Kernenergieverwertung in Schiffahrt und Schiffbau
GRS	Gesellschaft für Reaktorsicherheit
GSF	Gesellschaft für Strahlen- und Umweltforschung
gy	Gray (Maßeinheit für „Energiedosis")
HAW	High Active Waiste
HEW	Hamburger Elektizitätswerke
HGB	Handelsgesetzbuch
HTR	Hochtemperaturreaktor
HWZ	Halbwertzeit
IAEO	Internationale Atomenergieorganisation
ICRP	International Commission on Radiological Protection
IG	Industriegewerkschaft
IPPNW	International Physicians for the Prevention of Nuclear War (Internationale Ärzte für die Verhinderung des Atomkriegs)
IST	Institut für Sicherheitstechnologie
ITER	Internationaler Thermonuklearer Experimenteller Reaktor
KFA	Kernforschungsanlage Jülich
KKN	Atomkraftwerk Niederaichbach
KTA	Kerntechnischer Ausschuß
KTG	Kerntechnische Gesellschaft
kWh	Kilowattstunde
KWU	Kraftwerksunion
LWR	Leichtwasserreaktor
MOX	Mischoxid
MW	Megawatt
NAGRA	Nationale Genossenschaft zur Lagerung radioaktiver Abfälle (Schweiz)
NEZ	Nukleares Entsorgungszentrum
NGO	Nichtregierungsorganisation
NWK	Nordwestdeutsche Kraftwerke
O.M.G.U.S.	
ÖTV	Gewerkschaft Öffentliche Dienste, Transport und Verkehr
OVG	Oberverwaltungsgericht
OKD	Oberkreisdirektor

PSI	Paul-Scherrer-Institut
PTB	Physikalisch-Technische Bundesanstalt
Q-Faktor	Qualitätsfaktor
rem	Radiation equivalent man
RSK	Reaktorsicherheitskommission
RWE	Rheinischwestfälische Elektrizitätswerke
SPD	Sozialdemokratische Partei Deutschland
SSK	Strahlenschutzkommission
StK	Stammkapital
Sv	Sievert
TEG	Teilerrichtungsgenehmigung
THTR	Thorium-Hochtemperaturreaktor
TNT	Trinitrotoluol
TU	Technische Universität
TÜV	Technischer Überwachungsverein
VdTÜV	Vereinigung der Technischen Überwachungsvereine
VEAG	Vereinigte Energieanlagengesellschaft
VEBA	Vereinigte Elektrizitäts- und Bergwerksgesellschaft
VIAG	Vereinigte Industrie-Unternehmen AG
WAA	Wiederaufbereitungsanlage
WAU	Wiederaufgearbeitetes Uran
WTI	Wissenschaftlich-Technische Ingenieurberatung
ZAB	Zentrales Brennelementlager
ZLN	Zwischenlager Nord

Die AutorInnen

Andreas Fox, Jahrgang 1954, Lehrerstudium an der TU Braunschweig, Zusatzausbildung Wirtschaft. Mitarbeit in der Initiative gegen das Atommüllendlager Morsleben.

Andreas Graf von Bernstorff, geb. 1942, verheiratet, 5 Kinder, Dipl.-Forstwirt, mit 25 Jahren Land- und Forstwirtschaftlichen Betrieb übernommen. Neben diesem gilt mein Interresse kulturellen Belangen, besonders der Musik. Initiator und Mitveranstalter der GartowerSchloßkonzerte, Vorsitzender des Westwendischen Kunstvereins und Kuratoriumsvorsitzender der Gartower Stiftung, die das Musikkonservatorium in St. Petersburg unterstützt. Ansonsten besonders im Sozialen Bereich engagiert.Eigentümer der Salzabbaugerechtigkeiten, die für das atomare Endlager gebraucht werden.Ich habe mich sowohl gegen den Verkauf für die ursprünglich geplante WAA gewehrt und werde auch meine Salzabbaugerechtigkeiten nicht freiwillig abgeben.

Andreas Wessel, Jahrgang 1962, seit 1988 aktiv in der Anti-AKW-Bewegung. Nach einigen Jahren im Vorstand der Arbeitsgemeinschaft Schacht Konrad bin ich heute in eher selbstbestimmten Aktionsbündnissen aktiv. Ansonsten bin ich neben meiner Erwerkslosigkeit als Energieberater und Planer für Haustechnik aktiv, da politische Arbeit wie ich sie verstehe in dieser Gesellschaft nicht zum Geldverdienen taugt.

Axel Mayer ist Kreisrat im Landkreis Emmendingen und Geschäftsführer beim BUND Regionalverband Oberrhein in Freiburg. Er kommt aus der grenzüberschreitenden Umweltbewegung im Dreyeckland, die vor 20 Jahren die AKW in Wyhl (D), Kaisergut (CH) und Gerstheim verhindern konnte und war lange Jahre Sprecher einer der Badisch Elsässischen Bürgerinitiativen. Er beschäftigt sich intensiv mit den neuen Durchsetzungsstategien der AKW Betreiber und Umweltzerstörer und beackert die Umweltprobleme in der Region Südlicher Oberrhein.

Dieter Magsam, 46 Jahre, seit 1977 Rechtsanwalt in Hamburg.

Dieter Schaarschmidt, Jahrgang 1956, verheiratet, 3 Kinder, lebt in einer Gemeinschaft im Wendland. Seit 1975 (Bauplatzbesetzung in Wyhl) in der Anti-Atombewegung. Gehört zur TurmbesetzerInnengruppe. Zur Zeit Geschäftsführer der Wendland Wind Betreibergemeinschaft und angestellt beim Büro für Regionalentwicklung. Sonst gelernter Zimmerer und Bio-Bauer.

Dr. Lutz Mez, Geschäftsführer der Forschungsstelle für Umweltpolitik, Fachbereich Politische Wissenschaft, Freie Universität Berlin. Autor zahlreicher Bücher und Artikel zur Atomindustrie, Energie- und Umweltpolitik.

Dr. Reiner Geulen: Rechtsanwalt in Berlin, vertritt seit 1978 Graf Bernstorff, den Miteigentümer des Salzstockes Gorleben, gegenüber den Endlagerplanungen; darüber hinaus eine Vielzahl von Verfahren gegen atomrechtliche Großanlagen, so etwa die Kläger gegen den Schnellen Brüter Kalkar, die Stadt Neuwied gegenüber dem stillgelegten Reaktor Mühlheim-Kärlich sowie beispielsweise das Land Hessen bei der Stillegung der Brennelementefabriken der Firma Siemens in Hanau; Großverfahren zum Beispiel gegenüber militärischen Anlagen (wie Bombenabwurfplatz Wittstock oder Truppenübungsplatz Colbitzer Heide). Ferner bekannt durch Vertretung gegenüber dem Kohlekraftwerk Buschhaus und gegen große Autobahnvorhaben.

Francis B. Althoff, Jahrgang 1960, lebt im Wendland, ist als Turmbesetzer angeklagt und gehört zur Redaktionsgruppe dieses Buches. Beschäftigt sich seit 1979 mit dem Problem Atomindustrie, ist Vorstand im Rondel e.V. (Verein für lebensnotwendige Alternativen) und Beisitzer im Vorstand der B.I. Umweltschutz Lüchow-Dannenberg.

Hans Grossmann Dr. Oec., Maintal (bei Hanau), Jahrgang 1922, Wirtschaftsjournalist in Freiburg, Bielefeld, Berlin, Frankfurt am Main, seit 1986 im Ruhestand. Bis 1995 Mitglied im Bundesarbeitskreis Energie und mittlere Technologie beim Bund für Umwelt und Naturschutz Deutschland (BUND) und Mitglied der Arbeitsgemeinschaft Atomenergie. Beim BUND Main-Kinzig/Hanau Beirat für Atompolitik.

Hartmut Liebermann, 47 Jahre alt, als Lehrer (Studiendirektor) am städtischen Alexander-Hegius-Gymnasium in Ahaus, Mitbegründer (1977) und langjähriger Vorsitzender der Bürgerinitiative „Kein Atommüll in Ahaus", von 1978-1980 auch einmal zwei Jahre lang Mitglied des BBU-Vorstandes.

Helmuth Jacob, geboren 1956, lebt im Wendland, gehört zu den TurmbesetzerInnen und zur Rekaktionsgruppe dieses Buches. Aus den Erfahrungen der Vergangenheit ist neben dem Studium in Energie- und Verfahrenstechnik, der Beschäftigung mit Alternativen Energien, Erleben der Hausbesetzerzeit Anfang der 80er Jahre in Berlin und dem Leben in kommunitären Zusammenhängen ein Bild für Ansätze gesellschaftlicher Veränderungen entstanden. Dieses Buch ist ein Schritt auf diesem Weg.

Herbert Waltke, 44 Jahre, verheiratet, 3 Kinder. Seit 14 Jahren im Wendland, davon seit 10 Jahren als Allgemeinarzt in Lüchow. Seit vielen Jahren Mitglied der Bürgerinitiative Umweltschutz Lüchow-Dannenberg, IPPNW- und Grüne/Bündnis 90 - Mitglied.

Jochen Stay, geb. 1965 in Mannheim, Studium der Germanistik und Politik, seit 15 Jahren aktiv in außerparlamentarischen Bewegungen. 1990-95 Redakteur der Zeitung „Graswurzelrevolution", lebt seit 1992 (inzwischen mit zwei Kindern) im Wendland. Autor, Verleger, Vortragsreisender, Organisator und Aktivist in Sachen Anti-Atom.

Jörn Rehbein: geboren 1964 in Dannenberg/Elbe; Abitur in Lüchow; Volontär und Redakteur bei der Elbe-Jeetzel-Zeitung in Lüchow; Studium Politikwissenschaft und Soziologie an der Uni Hamburg; freier Journalist; Mitarbeiter der Europaabgeordneten Undine von Blottnitz; wohnhaft in Hamburg.

Karl-Friedrich Kassel, geb. 20.9.1947 in Langelsheim/Harz, Wirtschaftsabitur Braunschweig, 1969-75 Studium Volkswirtschaftslehre FU Berlin, 1980 aus Frankfurt nach Lüchow-Dannenberg gezogen, seitdem freier Journalist.

Kerstin Rudek, 28 Jahre, 4 Kinder, Kommune Meuchefitz, Eingeborene aus dem Wendland, seit Tanz auf dem Vulkan 1982 widerständisch, ohne Berufung, auf der Suche nach Demokratie, Freiheit und Gerechtigkeit.

Mario Meusel, Apotheker, wissenschaftlicher Assistent Fachrichtung Pharmazie an der Ernst Moritz Arndt Universität Greifswald, Mitglied der Bürgergruppe „Maikäfer flieg!" (Greifswald).

Markus Maaß, Umweltberater, Redakteur des Pressedienstes des Atomplenums Greifswald, Mitarbeit am Greifswalder Anti-Atom-Rundbrief.

Martin Graffenberger, Rechtsanwalt aus Greifswald und 2.Vorsitzender der Bl.

Rainer Brumshagen, Jahrgang 1955, selbständiger Zimmerer und Schachtturmbesetzer, lebt seit 79 im Wendland und seit 92 dort in einer Landkommune.

Wolf-Dieter Narr: geboren 1937, an der FU Berlin seit 1971, Sprecher des Komitee für Grundrechte und Demokratie.

Wolfgang Ehmke, 1947 in Gartow geboren, in Lüchow aufgewachsen. Nach dem Abi Studium in Hamburg, beruflich dort auch hängengeblieben als Oberstudienrat im Wirtschaftsgymnasium, arbeitet auch publizistisch und als freier Journalist. Pendelt zwischen dem Wendland und der Hansestadt. 1977 in die Bl Umweltschutz Lüchow-Dannenberg eingetreten und seitdem aktiv, zur Zeit Vorstandsmitglied.

Fotoliste

Seite

1. Kapitel

23	Bahntransport	Matthias Woernle
25	Straßentransport	unbekannt
30	Strahlenmeßtrupp in Tschernobyl	unbekannt
49	Bemalte Kindergesichter	Rainer Erhard
54	Turm der Freien Republik Wendland	Dieter Schaarschmidt

2. Kapitel

67	Ahaus-Demo	BI „Kein Atommüll in Ahaus"
70	Fässer in der Asse II	Jürgen Siebert
72	Asse von außen	Reinhard Hübener
76	AKW Leibstadt	Axel Mayer
77	Reinigungsarbeiten in Würrenlingen	Axel Mayer
84	Zwischenlager Gorleben mit X	Christian Jungeblodt/SIGNUM
85	Gorleben bebt	Kerstin Rudek
88	Baustelle Greifswald, Zwischenlager	Rolf Walter
91	Demo Greifswald	Rolf Walter
96	Morsleben aus der Luft	unbekannt
106	Schacht Konrad mit Castornix-Hütte	unbekannt

3. Kapitel

108	Beobachtung einer Atombombenexplosion	US-Armee ?

4. Kapitel

169	zerbrochener Gedenkstein	Kai Horstmann

6. Kapitel

191	Salz vorm Endlager (malefiz-Aktion)	Rainer Erhard
193	Transpi zum Schadensersatz	Hanna Wiedemann
220	Aufstieg zum Schacht 2	Dieter Schaarschmidt
221	Schacht 1	Dieter Schaarschmidt
224	Turmpostkarte	Dieter Schaarschmidt
225	Protesttransparent „Sonne gegen atom"	Ute Schmeling
226	Montagsblockade	Hanna Wiedemann
229	Zersägte Bahnschwellen	Hagen Jung
231	Spargel vor Bullen	Wolfgang Krantz
233	Trafo Platenlaase	Rainer Erhard
235	Trecker auf Kundgebung in Dannenberg	Frauke Lampe
235	Trecker on tour	Frauke Lampe
235	Die Staatsgewalt läßt Luft ab	Wolfgang Schuhkraft
236	Platter Trecker ohne Bulle	Frauke Lampe
236	Adi Lambke verletzt beim Interview	Detlef Boik, EJZ
238	Kran bei Nacht	Heiko Karn
248	Zapatistas	Medienfonds der EZLN
250	Gegen Neoliberalismus ...	Kerstin Rudek
251	Chaoten beim Barrikadenbau	Marc Schneider
252	Indigenas in La Garrucha	Kerstin Rudek

7. Kapitel

277	Windrad „Wendolina"	Dieter Schaarschmidt

Hinterher

279	Bleibe im Lande und weehre dich	Ingrid und Werner Lowin

Buchrückseite   Manfred Vornhold, dpa

Literaturhinweise

JAQUES ATTALI	**Strahlende Geschäfte**, Gefahren des internationalen Atomschmuggels, Wissenschaftliche Buchges., 1996
AG ATOMINDUSTRIE	**Wer mit wem** in Atomstaat und Atomindustrie, Zweitausendeins - 1987
BI LÜCHOW-DANNENBERG	**Entsorgungsfiasko**, Reihe „Zur Sache" Nr.2, 1995
BUNDESAMT FÜR STRAHLENSCHUTZ	**Der Salzstock Gorleben**, Fischerdruck, 1995
BUNDESANSTALT FÜR MATERIALPRÜFUNG	**Jahresbericht 1994**
COMMERZBANK AG	**Wer gehört zu wem**, Schwann-Bagel, 1994
TH. DERSEE	**„Strahlentelex"**, Informationsdienst, Rouxeler Weg 6, 13507 Berlin, Fax : 030 - 4352840
DEUTSCHER BUNDESTAG	**Bericht der Budesregierung zur Entsorgung der Kernkraftwerke**, 1988
NIKOLAUS ECKARDT, MARGITTA MEINERZHAGEN, ULRICH JOCHIMSEN	**Die Strom Diktatur**, Rasch und Röhring, 1985
EDITION ID-ARCHIV	**Die Früchte des Zorns**, Texte und Materialien zur Geschichte der Revolutionären Zellen und der Roten Zora
HANS OTTO EGLAU	**Wie Gott in Frankfurt**, Heyne, 1993
WOLFGANG EHMKE	**Zwischenschritte**, Die Anti-Atomkraftbewegung zwischen Gorleben und Wackersdorf, Kölner Volksblatt Verlag,1987
WOLFGANG FACH, GEORG SIMONIS	**Die Stärke des Staates im Atomkonflikt**, Frankreich und Bundesrepublik im Vergleich, Campus, 1987
FISCHER, HAHN, KÜPPERS	**Der Atommüll Report**, Knaur-Sachbuch, Droemer, 1989
FREIE REPUBLIK WENDLAND	**Dokumentation zum Turmprozeß**, 1995, 29439 Rondel

ROLF GÖSSNER	Polizei im Zwielicht, Campus, 1996
ECKHARD GRIMMEL	Kreisläufe und Kreislaufstörungen der Erde, Rowohlt, 1993
JÖRG HEIMBRECHT	Das Milliardending, Plambeck, 1984
E. HEUSE, W. WIENHOLD	Stellungnahmen zu Kernenergiefragen, GRS, 1981
INDUSTRIEVERWALTUNGS-GESELLSCHAFT AG	Geschäftsbericht 1994
IPPNW	Die Endlagerung radioaktiver Abfälle, Hirzel, 1995
WOLFGANG IRREK	Volkswirtschaftliche Vorteile und höhere Finanzierungssicherheit durch Stillegungs- und Entsorgungsfonds, Wuppertal Papers
ROBERT JUNGK	Heller als tausend Sonnen, Heyne Sachbuch Nr. 108
ROBERT JUNGK	Der Atomstaat, Heyne Sachbuch Nr. 184
KALTSCHMITT / FISCHEDICK	Wind - und Solarstrom im Kraftwerksverbund C. F. Müller Verlag, 1995
KARL-HEINZ KARNISCH, JOACHIM WILLE	Der Tschernobyl Schock, Fischer 1996
HEINZ LADENER	Solaranlagen, Planung und Bau, Ökobuch, 1994
HEINZ LADENER	Solare Stromversorgung, Grundlagen, Planung, Anwendung, Ökobuch, 1995
HARRY LEHMANN, THORSTEN REETZ	Zukunftsenergien, Strategien einer neuen Energiepolitik, Birkhäuser, 1995
RÜDIGER LIEDKE	Wem gehört die Republik, Eichborn, 1995
RÜDIGER LIEDKE	Konzerne, Rowohlt
LUTZ MEZ	RWE - ein Riese mit Ausstrahlung, Kiepenheuer & Witsch, 1996

HENRIK PAULITZ	**Manager der Klimakatastrophe**, Die Werkstatt, 1994
REGENBOGENFRAKTION IM EUROPAPARLAMENT / GRAEL	**Transnuklear Affäre**, Kube und Partner, 1988
GERD ROSENKRANZ, IRENE MEICHSNER, MANFRED KRIENER	**Die neue Offensive der Atomwirtschaft**, Greenpeace-Buch, Bd 493
MICHAEL SALEWSKI	**Das Zeitalter der Bombe**, Beck, 1995
HERMANN SCHEER	**Das Solarzeitalter**, C.F.Müller, 1989
HELMUT SPITZLEY	**Eine Zukunft ohne Atomstrom**, Fischer alternativ 1996
SUBCOMANDANTE MARCOS	**Botschaften aus dem Lakandonischen Urwald**, Edition Nautilus
TOPITAS	**Ya Basta!** Der Aufstand der Zapatistas, Libertäre Assoziation, 1995
TÜV BERLIN - BRANDENBURG E.V.	**Jahresbericht 1994**
HANS-PETER EBERT	**Heizen mit Holz**, Ökobuch, 1995
ERNST ULLRICH V. WEIZSÄCKER, AMORY B. LOVINS, L. HUNTER LOVINS	**Faktor Vier**, Knaur Sachbuch, Droemer, 1995
CARL-JOCHEN WINTER	**Die Energie der Zukunft heißt Sonnenenergie**, Knaur Taschenbuch 77146, Droemer, 1993
VERBAND DER TÜV E.V.	**Geschäftsbericht 1994/95**

Wenn ihr unser Leben nicht achtet...
Der zweite Bildband über den Castor-Widerstand

Nachdem "Castor – das Buch", der Bildband über den wendländischen Widerstand 1994, fast vergriffen ist, erscheint jetzt die Fortsetzung: Fotos von den beiden Castor-Transporten nach Gorleben 1995 und 1996 und von der Zeit dazwischen. Texte, die manches Hintergründiges und Vordergründiges kurz beleuchten.

ca. 180 Seiten, zum Teil in Farbe, 35 DM,
Rabatte für WiederverkäuferInnen

Bestelladresse:
Tolstefanz, Wendländisches Verlagsprojekt,
Landstr. 6, 29462 Güstritz, Tel./Fax: 05843/7527

Anachronismus oder gelebte Utopie?

Mit der '68er Studentenrevolte begann auch die neuere Geschichte der Kommunen in Deutschland. Inzwischen leben und arbeiten mehrere tausend Menschen in solchen Projekten. Einige von ihnen haben Bilanz gezogen: Was ist geblieben von alten Idealen? Mit welchen Problemen haben sie zu kämpfen: Alltagssorgen, Ökologie contra Ökonomie, Chaos contra Organisation, Probleme zwischen Männern und Frauen...? Ein fundierter, authentischer und ehrlicher Einblick.

Das KommuneBuch

Alltag zwischen Widerstand, Anpassung und gelebter Utopie

Kollektiv KommuneBuch

VERLAG DIE WERKSTATT
Lotzestr. 24a · 37083 Göttingen · Fax 0551/7703412

304 Seiten, ISBN 3-89533-162-7
DM 29,80 / sFr 26,80 / öS 221,–

UNRUHIGES HINTERLAND

PORTRAITS AUS DEM WIDERSTAND IM WENDLAND *(in Text und Bild)*

Hg.: Kirsten Alers, Philip Banse, BI Lüchow-Dannenberg e.V.

Das Buch erscheint im DIN A4-Format zum Frühjahr 1997. Es hat 150 Seiten und wird ca. 30,– DM kosten.

Bestellungen und Informationen:
Kirsten Alers, Ulrich Ahrend
Kommune Niederkaufungen
Kirchweg 1, 34260 Kaufungen
Telefon (0 56 05) 80 07-0

Anzeige

anti atom aktuell — Sonderheft Nr. 71/72

Castor-Dokumentation

Erlittenes, Geleistetes, Gesehenes, Erlebtes

vom Widerstand gegen die Einlagerung von Atommüll in Gorleben

Berichte, Einschätzungen und viele, viele Bilder auf 88 Seiten, 8 DM + Porto

anti atom aktuell
Helgenstockstrasse 15
35 394 Giessen

Kompetente und freundliche Beratung sind bei uns selbstverständlich.
Und Service wird groß geschrieben! Darunter verstehen wir die telefonische Bestellannahme, den 24-Stunden-Bestelldienst für über 200.000 Titel und die Titelsuche per Computer.

Schauen Sie doch einfach mal rein!

Alte Jeetzel
BUCH-HANDLUNG

▶ Lange Straße 47
29439 Lüchow
☎ (0 58 41) 57 56
☎ (0 58 41) 61 21

Gorleben lebt!

Unter diesem Motto haben wir dem Sinnbild menschlichen Größenwahns von Anfang an entgegengesetzt. Und schon immer hat uns das „trotzdem" gereizt. Die Lust, dem Teufel auf der Nase zu tanzen! Die Lust ist uns auch 20 Jahre später nicht vergangen. Wir sind keine kriminellen Chaoten, sondern Menschen, die Verantwortung für sich und ihre Kinder übernehmen und eine lebenswerte Umwelt zu verteidigen haben.

Bürgerinitiative Umweltschutz Lüchow-Dannenberg e.V.
Drawehner Str. 3, 29439 Lüchow
Tel. 05841/4684 Fax 3197

Spendenkonto:
Kreissparkasse Lüchow 2060721 (BLZ 258 513 35)

Stadtbuch München

München aus der Sicht von unten

Ab September erhältlich!

ISBN 3-980-1594-50

★Geschichte ★Stadtteile ★Initiativen
★politisches und kulturelles Leben
★viele Tips und Adressen u.v.m.

450 Seiten für 19,80 DM im Buchhandel

oder direkt vom Verlag

andreas bohl Verlag,
Weißenburger Str. 17/II,
81667 München
Tel.: 0 89/4 48 25 63

Bruno Leuschner *spezial*
Rundbriefe zur aktuellen Situation rund um die kerntechnischen Anlagen in Lubmin

regelmäßige Rubriken für Adressen und Spendenkonten der Anti-Atom-Gruppen, Termine, Aktionsideen, Gruppenvorstellungen, ein Fortsetzungslexikon, Grundlagenwissen der Kernphysik und als spezielles Bonbon immer die „EWN-Entgleisung"
Alle 2 Wochen zwei DIN A4 Seiten mit aktuellen Informationen und Betrachtungen zur Atomtechnik und -politik.
Heute noch abonieren oder Probe-Exemplar anfordern (gegen 1 DM Porto bitte) bei

Redaktionsadresse: „Bruno Leuschner *spezial*"
Lange Str. 14a, 17489 Greifswald
Telefon. und Fax 03834-894523
e-mail: projektwerkstatt@gryps.comlink.apc.org

VERÄNDERUNG braucht DRUCK von unten

RADIX-druck GmbH Welfenstr. 3 30161 Hannover Tel. 0511 · 31 49 55 Fax 0511 · 31 11 63